女性参政70周年記念
# 女性と政治資料集

公益財団法人市川房枝記念会女性と政治センター

# 発行によせて

　ご承知のように「参政権」とは「選挙権・被選挙権・公職就任権」を指し、本資料集もこの権利を中心にデータをまとめました。

　男性も女性も平等であるべきとの信条から1919（大正8）年、新婦人協会を平塚らいてう（1886～1971）、市川房枝（1893～1981）等が立ちあげ、これは婦選獲得同盟へと引き継がれて女性参政権は女性解放運動の中心的目標となりました。大正デモクラシーの波で男性の普通選挙は1925（大正14）年に実現しましたが、女性の参政権は満州事変から日中戦争への戦時体制下、運動を制限され、実現までにさらに20年を要しました。

　敗戦後の1945（昭和20）年10月10日、日本政府は女性参政権付与を閣議決定し、その翌日にはGHQ（連合国軍総司令部）も日本の民主化政策の第一に参政権付与による女性解放を掲げました。戦中、女性たちが耐えて運動した姿が政府に影響を与えて1日早い閣議決定になったのではないかと、市川房枝は自負していました。そして同年12月17日に衆議院議員選挙法が改正され、男性と同じく選挙権、被選挙権が確立したのでした。

　市川房枝はこれを記念して翌1946（昭和21）年12月、婦選会館を現在地に建て、1962（昭和37）年11月には「財団法人婦選会館」（現公益財団法人市川房枝記念会女性と政治センター）を創立しました。以来、女性の政治教育の他、女性の地位向上のための調査出版などの事業を行い、女性の参政権行使状況をまとめた本資料集は、『婦人参政20周年記念　婦人参政関係資料集』（1965年）以来10年ごとに発行し、今回で6回目となりました。

　全体は5部構成ですが、「公職」として従来取り上げてきた国や地方自治体の審議会委員、管理職、採用試験合格者等は、内閣府が毎年詳細なデータをHP上でも公表するようになりましたので、今回は大臣、裁判官、大使などに限定しました。本資料集掲載のデータや情報が現状把握に役立ち、さらに次の10年間の女性の政治参画の飛躍のためにそれぞれの活動の場で活かされることを願っています。

　最後に、発行に当たり、総務省はじめ関係機関、関係者に多大なご協力をいただきました。編集は久保公子常務理事を中心にスタッフの今川淳子、清水容子、東條怜美、二階堂阿弥さん、ボランティアの松鵜光子、八木博子さん、そして山猫印刷所の久保田直恵さんにも辛抱強く支えていただきました。皆さまに、心よりお礼を申し上げます。

2018年5月15日
公益財団法人市川房枝記念会女性と政治センター
理事長　山口　みつ子

# 目 次

発行によせて

凡例

## 第1部　政治への参画

### I　国会

| | | |
|---|---|---|
| 1 | 衆議院総選挙における有権者数・投票率(1946〜2017年) | 8 |
| 2 | 衆議院総選挙における女性の候補者・当選者(1946〜2017年) | 9 |
| 3 | 参議院通常選挙における有権者数・投票率(1947〜2016年) | 10 |
| 4 | 参議院通常選挙における女性の候補者・当選者(1947〜2016年) | 12 |
| 5 | 衆議院総選挙における女性の候補者・当選者(1946年〜2017年)グラフ | 14 |
| 6 | 参議院通常選挙における女性の候補者・当選者(1947〜2016年)グラフ | 14 |
| 7 | 衆議院総選挙における党派別女性当選者(1946〜2017年)グラフ | 15 |
| 8 | 参議院通常選挙における党派別女性当選者(1947〜2016年)グラフ | 16 |
| 9 | 女性の歴代国会議員氏名(1946〜2017年) | 17 |
| 10 | 都道府県別選挙区選出女性国会議員当選状況(1946〜2017年) | 29 |
| 11 | 選挙制度別女性国会議員当選状況(1946〜2017年) | 30 |
| 12 | 選挙制度別女性国会議員の初当選時平均年齢(1946〜2017年) | 30 |
| 13 | 女性国会議員の当選回数(1946〜2017年)グラフ | 30 |
| 14 | 当選回数別女性国会議員氏名(1946〜2017年) | 31 |
| 15 | 女性の歴代衆参議長・副議長(1993〜2018年) | 31 |

### II　地方議会

| | | |
|---|---|---|
| 1 | 統一地方選挙 投票率(1947〜2015年) | 32 |
| 2 | 統一地方選挙 都道府県議会議員選挙における女性の候補者・当選者(1947〜2015年) | 33 |
| 3 | 統一地方選挙 市区議会議員選挙における女性の候補者・当選者(1947〜2015年) | 34 |
| 4 | 統一地方選挙 町村議会議員選挙における女性の候補者・当選者(1947〜2015年) | 35 |
| 5 | 統一地方選挙 都道府県議会議員選挙における女性の候補者・当選者(1947〜2015年)グラフ | 36 |
| 6 | 統一地方選挙 市区議会議員選挙における女性の候補者・当選者(1947〜2015年)グラフ | 36 |
| 7 | 統一地方選挙 町村議会議員選挙における女性の候補者・当選者(1947〜2015年)グラフ | 36 |
| 8 | 統一地方選挙 都道府県別女性当選者の割合(1947〜2015年) | 37 |
| 9 | 統一地方選挙 首長選における女性の候補者・当選者・当選率(1947〜2015年) | 38 |
| 10 | 地方議会の議会別女性議員(1971〜2015年) | 38 |
| 11 | 地方議会の党派別女性議員(1975〜2015年) | 39 |
| 12 | 地方議会の都道府県別女性議員・女性議員進出議会(1991〜2015年)グラフ | 40 |
| 13 | 議会別・女性議員数別の地方議会(2007・2011・2015年) | 42 |
| 14 | 議会別・人口規模別・割合別の女性議員進出状況(2011・2015年) | 43 |
| 15 | 女性議員割合全国ランキング上位5位の議会(1995〜2015年) | 45 |
| 16 | 女性議員ゼロ議会(1991〜2015年) | 45 |
| 17 | 議会別女性議員の平均年齢(1987〜2015年) | 45 |
| 18 | 沖縄県の選挙における女性の当選者(1958〜2017年) | 46 |
| 19 | 地図で見る地方議会の女性議員進出状況(2016年12月31日現在) | 47 |
| 20 | 都道府県別・議会別・党派別女性議員(2016年12月31日現在) | 48 |
| 21 | 女性の歴代首長(1947〜2018年) | 52 |
| 22 | 女性の歴代副知事(1991〜2018年) | 54 |

Ⅲ　政党 ･･････････････････････････････････････････････････････････････ 55

1　政党における女性(2017年) ･･････････････････････････････････････ 55
2　政党幹事長・書記長アンケート(2016年) ･･･････････････････････････ 56
3　女性国会議員アンケート(2016年)グラフ ･･････････････････････････ 57

## 第2部　公職への参画

1　女性の歴代大臣(1960～2018年) ･･･････････････････････････････ 60
2　女性の歴代最高裁判所判事・裁判所長(1972～2018年) ･･･････････ 63
3　女性の歴代特命全権大使(1980～2018年) ･･･････････････････････ 65
4　国連総会政府代表団への歴代NGO参加者(1957～2017年) ･･･････ 66
5　国連女性の地位委員会の歴代日本代表(1958～2018年) ･･･････････ 67
6　国連女性差別撤廃委員会の歴代日本人委員(1987～2018年) ･･･････ 67
7　写真で見る歴代内閣と女性大臣の一例(1984～2017年) ･･････････ 68

## 第3部　世界の女性と参政権

1　世界の女性参政権獲得年リスト(1893～2018年) ･･･････････････････ 70
2　世界の女性の歴代大統領・首相(1960～2018年) ･･････････････････ 74
3　世界の女性国会議長(1995～2017年)グラフ ･･････････････････････ 76
4　世界の女性大臣割合ランキング(2017・2005年) ･･････････････････ 77
5　世界の女性大臣担当分野ランキング(2017・2005年) ･･････････････ 82
6　世界女性国会議員割合ランキング(2017年12月1日現在) ･･････････ 83
7　選挙制度別に見た2016年選挙と女性 ･･･････････････････････････ 85
8　地域別女性国会議員の平均割合(1995～2015年) ･････････････････ 86
9　G7諸国の女性議員数・割合の推移(1945～2018年) ･･･････････････ 86
10　世界のHDI、GII、GGIランキング(2015・2017年) ･･･････････････ 87
11　男女別の政治参加阻害要因ベスト5位(2008年) ･･････････････････ 88

## 第4部　女性参政年表(1868～2018年) ･･･････････････････････････ 89

## 第5部　資料編

1　集会及政社法〈抜粋〉 ･･････････････････････････････････････････ 138
2　治安警察法〈抜粋〉 ･･･････････････････････････････････････････ 138
3　連合国軍総司令部の五大改革〈抜粋〉 ･･････････････････････････ 138
4　衆議院議員選挙法〈抜粋〉 ･････････････････････････････････････ 138
5　日本国憲法〈抜粋〉 ･･･････････････････････････････････････････ 139
6　参議院議員選挙法〈抜粋〉 ･････････････････････････････････････ 139
7　公職選挙法〈抜粋〉 ･･･････････････････････････････････････････ 139
8　婦人の参政権に関する条約〈抜粋〉 ･････････････････････････････ 140
9　市民的及び政治的権利に関する国際規約〈抜粋〉 ･･････････････････ 140
10　女性差別撤廃条約〈抜粋〉 ･････････････････････････････････････ 140
11　男女共同参画社会基本法〈抜粋〉 ･･･････････････････････････････ 141
12　ジェンダーに配慮した議会のための行動計画〈抜粋〉 ･････････････ 143
13　第4次男女共同参画基本計画〈抜粋〉 ･･･････････････････････････ 149
14　国連女性差別撤廃委員会第63会期 第7・8次日本定期報告に関する総括所見〈抜粋〉 ･･ 151
15　議会におけるジェンダーへの配慮の評価 自己評価ツールキット〈抜粋〉 ･･ 151
16　政治分野における男女共同参画推進法 ･････････････････････････ 156

付録1　都道府県別女性衆議院議員氏名(大選挙区・中選挙区・小選挙区　1946～2017年)
付録2　都道府県別女性参議院議員氏名(地方区・選挙区　1947～2016年)

5

## 凡例

1 年号の表記は基本的に西暦を用い、「第4部 女性参政年表」のみ元号を補足した。

2 漢字の表記は、固有名詞も含めて新字体が常用漢字に含まれる場合は、原則として新字体を用いた。

3 表の割合の算出については、小数点第2位以下を四捨五入した。構成比も同様にしたため、合計が100.0にならないものもある。

4 原資料のデータに誤りがあると思われる箇所がある場合、可能な限り調査、訂正したが、調査が及ばず、原データのままになっているものもある。

5 注記については、原資料の注記も出来る限り記載したが、誌面の都合等で省略したものもある。

6 資料出所については以下のようにした。

　(1) 資料出所は調査名、報告書名、調査機関名などで表示した。

　(2) 使用した主な資料は以下の通り。

　　　総務省（自治省）『衆議院議員総選挙・最高裁判所裁判官国民審査結果調』

　　　　　　　　　　『参議院議員通常選挙結果調』『地方選挙結果調』（以上各選挙執行時）

　　　　　　　　　　『地方公共団体の議会の議員及び長の所属党派別人員調等』（2016年）

　　　内閣府　　『男女共同参画白書』（2017年）

　　　IPU（列国議会同盟）『WOMEN IN PARLIAMENTS 1945-1995 A World Statistical Survey』（1995年）

　　　　　　　　　　『WOMEN IN POLITICS: 1945-2005』（2005年）

　　　　　　　　　　『Women in Politics: 2005』（2005年）

　　　　　　　　　　『Plan of Action for Gender-sensitive Parliaments』（2013年）

　　　　　　　　　　『Women in Parliament: 20 years in review』（2015年）

　　　　　　　　　　『Evaluating the gender sensitivity of parliaments A self-assessment toolkit』（2016年）

　　　　　　　　　　『Women in Politics: 2017』（2017年）

　　　　　　　　　　『Women in parliament in 2016 The year in review』（2017年）

　　　　　　　　　　『Women in national parliaments as of 1st December 2017』（2018年）

　　　IDEA（民主主義・選挙支援国際研究所）『Atlas of Electoral Gender Quotas』（2013年）

　　　UNDP（国連開発計画）『2016 Human Development Reports』（2016年）

　　　WEF（世界経済フォーラム）『Global Gender Gap Report 2017』（2017年）

　　　公益財団法人市川房枝記念会女性と政治センター

　　　　　　　　　　『婦人参政40周年記念　婦人参政関係資料集』（1986年）

　　　　　　　　　　『女性参政50周年記念　女性参政関係資料集』（1997年）

　　　　　　　　　　『女性参政60周年記念　女性参政関係資料集』（2006年）

　　　　　　　　　　『女性参政資料集　全地方議会女性議員の現状』1991年版（1991年）／1995年版（1996年）／1999年版（1999年）／2003年版（2003年）／2007年版（2008年）／2011年版（2011年）／2015年版（2015年）

　　　　　　　　　　『女性展望』各号

　　　HP　　　首相官邸 https://kantei.go.jp/　　　衆議院 http://www.shugiin.go.jp/

　　　　　　　参議院 http://www.sangiin.go.jp/　　　総務省 http://www.soumu.go.jp/

　　　　　　　内閣府男女共同参画局 http://gender.go.jp

　　　　　　　列国議会同盟（IPU）https://www.ipu.org

　　　　　　　国連女性差別撤廃委員会（CEDAW）http://www.ohchr.org/EN/HRBodies/CEDAW/Pages/CEDAWIndex.aspx

　(3) 「第4部 女性参政年表」の参考資料は別記した。

7 氏名リストの敬称は省略した。

# 第1部 | 政治への参画

　選挙権の行使（投票率）は、国政・地方選挙とも1950、60年代から女性が男性を上回ったが、国政選挙で近年逆転した。この背景には何があるのか。あらためて女性の政治意識が問われている。

　被選挙権は、1946年の衆議院総選挙で女性は初めて行使し、39人（8.4%）が当選した。人数・割合とも当時の比較できるデータでG7諸国中トップ（P.86参照）だったことはあまり知られていないが、その後選挙制度の影響などで減少し、現在は10.1%で最下位。地方議会も女性議員割合は現在12.1%、女性ゼロ議会も約2割を占め、依然として政治は女性の参画が最も遅れている分野である。

　政党アンケートでは、いずれも女性議員の役割を評価し、また女性議員増のためのクオータ制も法律型・政党型の違いはあるが、必要性では一致した。女性国会議員アンケートでは、DV防止法、男女共同参画社会基本法、雇用機会均等法制定を女性議員による成果とし、8割近くが「女性議員増のための選挙制度改正は必要」とした。「女性議員は政治を変えられる」も8割、女性総理誕生は「10年以内」が半数を占め、女性の政治参画への政党の期待と女性議員の意欲が見える。

# Ⅰ　国　会

## 1　衆議院総選挙における有権者数・投票率（1946～2017年）

| 区分 | 当日有権者数 | | | 投票率 | | |
|---|---|---|---|---|---|---|
| | 女性 | 男性 | 計 | 女性 | 男性 | 計 |
| | 人 | 人 | 人 | % | % | % |
| 第22回（1946.4.10） | 20,557,668 | 16,320,752 | 36,878,420 | 66.97 | 78.52 | 72.08 |
| 第23回（1947.4.25） | 21,329,727 | 19,577,766 | 40,907,493 | 61.60 | 74.87 | 67.95 |
| 第24回（1949.1.23） | 22,044,778 | 20,060,522 | 42,105,300 | 67.95 | 80.74 | 74.04 |
| 第25回（1952.10.1） | 24,459,823 | 22,312,761 | 46,772,584 | 72.76 | 80.46 | 76.43 |
| 第26回（1953.4.19） | 24,609,577 | 22,480,590 | 47,090,167 | 70.44 | 78.35 | 74.22 |
| 第27回（1955.2.27） | 25,678,542 | 23,556,833 | 49,235,375 | 72.06 | 79.95 | 75.84 |
| 第28回（1958.5.22） | 27,130,119 | 24,883,410 | 52,013,529 | 74.42 | 79.79 | 76.99 |
| 第29回（1960.11.20） | 28,350,831 | 25,962,162 | 54,312,993 | 71.23 | 76.00 | 73.51 |
| 第30回（1963.11.21） | 30,397,537 | 27,884,141 | 58,281,678 | 70.02 | 72.36 | 71.14 |
| 第31回（1967.1.29） | 32,748,180 | 30,244,616 | 62,992,796 | 73.28 | 74.75 | 73.99 |
| 第32回（1969.12.27） | 35,799,080 | 33,461,344 | 69,260,424 | 69.12 | 67.85 | 68.51 |
| 第33回（1972.12.10） | 38,098,550 | 35,671,086 | 73,769,636 | 72.46 | 71.01 | 71.76 |
| 第34回（1976.12.5） | 40,202,572 | 37,724,016 | 77,926,588 | 74.05 | 72.81 | 73.45 |
| 第35回（1979.10.7） | 41,367,765 | 38,802,159 | 80,169,924 | 68.56 | 67.42 | 68.01 |
| 第36回（1980.6.22） | 41,753,906 | 39,171,128 | 80,925,034 | 75.36 | 73.72 | 74.57 |
| 第37回（1983.12.18） | 43,448,438 | 40,804,170 | 84,252,608 | 68.30 | 67.56 | 67.94 |
| 第38回（1986.7.6） | 44,584,739 | 41,842,106 | 86,426,845 | 72.52 | 70.21 | 71.40 |
| 第39回（1990.2.18） | 46,555,038 | 43,767,870 | 90,322,908 | 74.61 | 71.93 | 73.31 |
| 第40回（1993.7.18） | 48,649,594 | 45,828,222 | 94,477,816 | 68.09 | 66.39 | 67.26 |
| 第41回（1996.10.20）<br>小選挙区<br>比例代表 | 50,295,683 | 47,385,036 | 97,680,719 | 60.23<br>60.20 | 59.03<br>59.01 | 59.65<br>59.62 |
| 第42回（2000.6.25）<br>小選挙区<br>比例代表 | 51,735,761<br>51,761,453 | 48,698,037<br>48,730,875 | 100,433,798<br>100,492,328 | 62.94<br>62.90 | 62.02<br>61.97 | 62.49<br>62.45 |
| 第43回（2003.11.9）<br>小選挙区<br>比例代表 | 52,726,517<br>52,761,704 | 49,506,427<br>49,544,980 | 102,232,944<br>102,306,684 | 60.03<br>59.99 | 59.68<br>59.63 | 59.86<br>59.81 |
| 第44回（2005.9.11）<br>小選挙区<br>比例代表 | 53,153,968<br>53,194,247 | 49,831,245<br>49,873,719 | 102,985,213<br>103,067,966 | 68.18<br>68.13 | 66.80<br>66.75 | 67.51<br>67.46 |
| 第45回（2009.8.30）<br>小選挙区<br>比例代表 | 53,709,627 | 50,239,815 | 103,949,442 | 69.12<br>69.11 | 69.46<br>69.44 | 69.28<br>69.27 |
| 第46回（2012.12.16）<br>小選挙区<br>比例代表 | 53,755,363 | 50,204,503 | 103,959,866 | 58.55<br>58.55 | 60.14<br>60.13 | 59.32<br>59.31 |
| 第47回（2014.12.14）<br>小選挙区<br>比例代表 | 53,782,155 | 50,180,630 | 103,962,785 | 51.72<br>51.71 | 53.66<br>53.65 | 52.66<br>52.65 |
| 第48回（2017.10.22）<br>小選挙区<br>比例代表 | 54,820,247 | 51,270,982 | 106,091,229 | 53.31<br>53.31 | 54.08<br>54.08 | 53.68<br>53.68 |

《注》第22回総選挙は大選挙区制限連記制、第23回～40回は中選挙区制、第41回以降は小選挙区比例代表並立制。
　　　第42回から比例代表で在外投票が行われるようになったため小選挙区と当日有権者数が異なるが、第45回以
　　　降は小選挙区でも在外投票が行われ、同数となった。
資料出所：各回『衆議院議員総選挙結果調』（総務省）

第1部 政治への参画－国会

## 2 衆議院総選挙における女性の候補者・当選者（1946 ～ 2017 年）

| 区分 | 候補者 | | | 当選者 | | | 女性の当選率 | 男性の当選率 |
|---|---|---|---|---|---|---|---|---|
| | 女性 | 総数 | 女性の割合 | 女性 | 総数 | 女性の割合 | | |
| | 人 | 人 | ％ | 人 | 人 | ％ | ％ | ％ |
| 第22回 （1946.4.10） | 79 | 2,770 | 2.9 | 39 | 464 | 8.4 | 49.4 | 15.8 |
| 第23回 （1947.4.25） | 85 | 1,590 | 5.3 | 15 | 466 | 3.2 | 17.6 | 30.0 |
| 第24回 （1949.1.23） | 44 | 1,364 | 3.2 | 12 | 466 | 2.6 | 27.3 | 34.4 |
| 第25回 （1952.10.1） | 24 | 1,242 | 1.9 | 9 | 466 | 1.9 | 37.5 | 37.5 |
| 第26回 （1953.4.19） | 22 | 1,027 | 2.1 | 9 | 466 | 1.9 | 40.9 | 45.5 |
| 第27回 （1955.2.27） | 23 | 1,017 | 2.3 | 8 | 467 | 1.7 | 34.8 | 46.2 |
| 第28回 （1958.5.22） | 19 | 951 | 2.0 | 11 | 467 | 2.4 | 57.9 | 48.9 |
| 第29回 （1960.11.20） | 21 | 940 | 2.2 | 7 | 467 | 1.5 | 33.3 | 50.1 |
| 第30回 （1963.11.21） | 18 | 917 | 2.0 | 7 | 467 | 1.5 | 38.9 | 51.2 |
| 第31回 （1967.1.29） | 15 | 917 | 1.6 | 7 | 486 | 1.4 | 46.7 | 53.1 |
| 第32回 （1969.12.27） | 21 | 945 | 2.2 | 8 | 486 | 1.6 | 38.1 | 51.7 |
| 第33回 （1972.12.10） | 20 | 895 | 2.2 | 7 | 491 | 1.4 | 35.0 | 55.3 |
| 第34回 （1976.12.5） | 25 | 899 | 2.8 | 6 | 511 | 1.2 | 24.0 | 57.8 |
| 第35回 （1979.10.7） | 23 | 891 | 2.6 | 11 | 511 | 2.2 | 47.8 | 57.6 |
| 第36回 （1980.6.22） | 28 | 835 | 3.4 | 9 | 511 | 1.8 | 32.1 | 62.2 |
| 第37回 （1983.12.18） | 28 | 848 | 3.3 | 8 | 511 | 1.6 | 28.6 | 61.3 |
| 第38回 （1986.7.6） | 35 | 838 | 4.2 | 7 | 512 | 1.4 | 20.0 | 62.9 |
| 第39回 （1990.2.18） | 66 | 953 | 6.9 | 12 | 512 | 2.3 | 18.2 | 56.4 |
| 第40回 （1993.7.18） | 70 | 955 | 7.3 | 14 | 511 | 2.7 | 20.0 | 56.2 |
| 第41回 （1996.10.20）<br>小選挙区<br>比例代表<br>計（重複を除く） | 127<br>74<br>153 | 1,261<br>808<br>1,503 | 10.1<br>9.2<br>10.2 | 7<br>16<br>23 | 300<br>200<br>500 | 2.3<br>8.0<br>4.6 | 5.5<br>21.6<br>15.0 | 25.8<br>25.1<br>35.3 |
| 第42回 （2000.6.25）<br>小選挙区<br>比例代表<br>計（重複を除く） | 166<br>102<br>202 | 1,199<br>904<br>1,404 | 13.8<br>11.3<br>14.4 | 13<br>22<br>35 | 300<br>180<br>480 | 4.3<br>12.2<br>7.3 | 7.8<br>21.6<br>17.3 | 27.8<br>19.7<br>37.0 |
| 第43回 （2003.11.9）<br>小選挙区<br>比例代表<br>計（重複を除く） | 132<br>75<br>149 | 1,026<br>745<br>1,159 | 12.9<br>10.1<br>12.9 | 14<br>20<br>34 | 300<br>180<br>480 | 4.7<br>11.1<br>7.1 | 10.6<br>26.7<br>22.8 | 32.0<br>23.9<br>44.2 |
| 第44回 （2005.9.11）<br>小選挙区<br>比例代表<br>計（重複を除く） | 123<br>84<br>147 | 989<br>778<br>1,131 | 12.4<br>10.8<br>13.0 | 19<br>24<br>43 | 300<br>180<br>480 | 6.3<br>13.3<br>9.0 | 15.4<br>28.6<br>29.3 | 32.4<br>22.5<br>44.4 |
| 第45回 （2009.8.30）<br>小選挙区<br>比例代表<br>計（重複を除く） | 184<br>128<br>229 | 1,139<br>888<br>1,374 | 16.2<br>14.4<br>16.7 | 24<br>30<br>54 | 300<br>180<br>480 | 8.0<br>16.7<br>11.3 | 13.0<br>23.4<br>23.6 | 28.9<br>19.7<br>37.2 |
| 第46回 （2012.12.16）<br>小選挙区<br>比例代表<br>計（重複を除く） | 193<br>144<br>225 | 1,294<br>1,117<br>1,504 | 14.9<br>12.9<br>15.0 | 16<br>22<br>38 | 300<br>180<br>480 | 5.3<br>12.2<br>7.9 | 8.3<br>15.3<br>16.9 | 25.8<br>16.2<br>34.6 |
| 第47回 （2014.12.14）<br>小選挙区<br>比例代表<br>計（重複を除く） | 142<br>125<br>198 | 959<br>841<br>1,191 | 14.8<br>14.9<br>16.6 | 18<br>27<br>45 | 295<br>180<br>475 | 6.1<br>15.0<br>9.5 | 12.7<br>21.6<br>22.7 | 33.9<br>21.4<br>43.3 |
| 第48回 （2017.10.22）<br>小選挙区<br>比例代表<br>計（重複を除く） | 157<br>145<br>209 | 936<br>855<br>1,180 | 16.8<br>17.0<br>17.7 | 23<br>24<br>47 | 289<br>176<br>465 | 8.0<br>13.6<br>10.1 | 14.6<br>16.6<br>22.5 | 34.1<br>21.4<br>43.0 |

《注》 第22回総選挙は大選挙区制限連記制、第23回～40回は中選挙区制、第41回以降は小選挙区比例代表並立制。総選挙後の繰上げ当選などは含まない。
資料出所：各回『衆議院議員総選挙結果調』（総務省）

## 3 参議院通常選挙における有権者数・投票率 (1947 ～ 2016 年)

| 区分 | 当日有権者数 | | |
|---|---|---|---|
| | 女性 | 男性 | 計 |
| 第1回 （1947.4.20） | 21,351,075 人 | 19,607,513 人 | 40,958,588 人 |
| 第2回 （1950.6.4） | 22,698,869 | 20,762,502 | 43,461,371 |
| 第3回 （1953.4.24） | 24,582,538 | 22,454,016 | 47,036,554 |
| 第4回 （1956.7.8） | 26,189,879 | 23,988,009 | 50,177,888 |
| 第5回 （1959.6.2） | 27,905,499 | 25,610,974 | 53,516,473 |
| 第6回 （1962.7.1） | 29,305,713 | 26,831,582 | 56,137,295 |
| 第7回 （1965.7.4） | 31,044,308 | 28,500,099 | 59,544,407 |
| 第8回 （1968.7.7） | 34,176,584 | 31,709,561 | 65,886,145 |
| 第9回 （1971.6.27） | 36,765,667 | 34,412,000 | 71,177,667 |
| 第10回 （1974.7.7） | 38,904,791 | 36,451,277 | 75,356,068 |
| 第11回 （1977.7.10） | 40,410,488 | 37,911,227 | 78,321,715 |
| 第12回 （1980.6.22） | 41,753,906 | 39,171,128 | 80,925,034 |
| 第13回 （1983.6.26） | 43,161,920 | 40,520,496 | 83,682,416 |
| 第14回 （1986.7.6） | 44,584,739 | 41,842,106 | 86,426,845 |
| 第15回 （1989.7.23） | 46,334,489 | 43,556,869 | 89,891,358 |
| 第16回 （1992.7.26） | 48,028,863 | 45,225,162 | 93,254,025 |
| 第17回 （1995.7.23） | 49,802,028 | 46,956,997 | 96,759,025 |
| 第18回 （1998.7.12） | 51,010,009 | 48,038,691 | 99,048,700 |
| 第19回 （2001.7.29）<br>比例代表<br>選挙区 | 52,184,874<br>52,151,416 | 49,124,806<br>49,084,613 | 101,309,680<br>101,236,029 |
| 第20回 （2004.7.11）<br>比例代表<br>選挙区 | 52,921,904<br>52,882,951 | 49,666,507<br>49,624,575 | 102,588,411<br>102,507,526 |
| 第21回 （2007.7.29）<br>比例代表<br>選挙区 | 53,544,296 | 50,165,739 | 103,710,035 |
| 第22回 （2010.7.11）<br>比例代表<br>選挙区 | 53,759,947 | 50,269,188 | 104,029,135 |
| 第23回 （2013.7.21）<br>比例代表<br>選挙区 | 53,858,340 | 50,294,250 | 104,152,590 |
| 第24回 （2016.7.10）<br>比例代表<br>選挙区 | 54,876,259 | 51,326,614 | 106,202,873 |

《注》 第1回～18回は全国区と地方区だったが、全国区は第13回から拘束名簿式比例代表制、第19回から非拘束名簿式
比例代表制に、地方区も第13回から選挙区に改正された。第19回から比例代表で在外投票が行われるようになっ
たため選挙区と当日有権者数が異なるが、第21回以降は選挙区でも在外投票が行われ、同数となった。
資料出所：各回『参議院議員通常選挙結果調』（総務省）

| 投票率 | | | | | | 区分 |
|---|---|---|---|---|---|---|
| 全国区／比例代表 | | | 地方区／選挙区 | | | |
| 女性 | 男性 | 計 | 女性 | 男性 | 計 | |
| %<br>54.03 | %<br>68.44 | %<br>60.93 | %<br>54.24 | %<br>68.61 | %<br>61.12 | 第1回 （1947.4.20） |
| 66.74 | 78.40 | 72.19 | 66.74 | 78.16 | 72.19 | 第2回 （1950.6.4） |
| 58.92 | 67.84 | 63.18 | 58.92 | 67.85 | 63.18 | 第3回 （1953.4.24） |
| 57.73 | 66.88 | 62.10 | 57.73 | 66.89 | 62.11 | 第4回 （1956.7.8） |
| 55.24 | 62.56 | 58.74 | 55.24 | 62.57 | 58.75 | 第5回 （1959.6.2） |
| 66.51 | 70.07 | 68.21 | 66.51 | 70.08 | 68.22 | 第6回 （1962.7.1） |
| 66.13 | 67.97 | 67.01 | 66.14 | 67.97 | 67.02 | 第7回 （1965.7.4） |
| 68.97 | 68.89 | 68.93 | 68.98 | 68.90 | 68.94 | 第8回 （1968.7.7） |
| 59.33 | 59.13 | 59.23 | 59.33 | 59.14 | 59.24 | 第9回 （1971.6.27） |
| 73.63 | 72.73 | 73.20 | 73.64 | 72.74 | 73.20 | 第10回 （1974.7.7） |
| 69.26 | 67.65 | 68.48 | 69.27 | 67.66 | 68.49 | 第11回 （1977.7.10） |
| 75.30 | 73.67 | 74.51 | 75.33 | 73.69 | 74.54 | 第12回 （1980.6.22） |
| 57.10 | 56.88 | 57.00 | 57.11 | 56.89 | 57.00 | 第13回 （1983.6.26） |
| 72.44 | 70.14 | 71.32 | 72.47 | 70.17 | 71.36 | 第14回 （1986.7.6） |
| 65.62 | 64.35 | 65.01 | 65.63 | 64.36 | 65.02 | 第15回 （1989.7.23） |
| 50.84 | 50.56 | 50.70 | 50.86 | 50.57 | 50.72 | 第16回 （1992.7.26） |
| 44.36 | 44.66 | 44.50 | 44.37 | 44.67 | 44.52 | 第17回 （1995.7.23） |
| 59.27 | 58.36 | 58.83 | 59.28 | 58.38 | 58.84 | 第18回 （1998.7.12） |
| 56.86 | 55.95 | 56.42 | 56.88 | 55.98 | 56.44 | 第19回 （2001.7.29） |
| 56.51 | 56.58 | 56.54 | 56.54 | 56.61 | 56.57 | 第20回 （2004.7.11） |
| 58.42 | 58.86 | 58.63 | 58.42 | 58.87 | 58.64 | 第21回 （2007.7.29） |
| 57.49 | 58.37 | 57.92 | 57.49 | 58.38 | 57.92 | 第22回 （2010.7.11） |
| 51.79 | 53.49 | 52.61 | 51.79 | 53.50 | 52.61 | 第23回 （2013.7.21） |
| 54.29 | 55.12 | 54.69 | 54.30 | 55.13 | 54.70 | 第24回 （2016.7.10） |

## 4 参議院通常選挙における女性の候補者・当選者（1947〜2016年）

| 区分 | 候補者 女性 | | | 候補者 総数 | | | 候補者 女性の割合 | | | 当選者 女性 | | |
|---|---|---|---|---|---|---|---|---|---|---|---|---|
| | 全国区／比例代表 | 地方区／選挙区 | 計 | 全国区／比例代表 | 地方区／選挙区 | 計 | 全国区／比例代表 | 地方区／選挙区 | 計 | 全国区／比例代表 | 地方区／選挙区 | 計 |
| | 人 | 人 | 人 | 人 | 人 | 人 | % | % | % | 人 | 人 | 人 |
| 第1回（1947.4.20） | 13 | 6 | 19 | 246 | 331 | 577 | 5.3 | 1.8 | 3.3 | 8 | 2 | 10 |
| 第2回（1950.6.4） | 15 | 9 | 24 | 311 | 252 | 563 | 4.8 | 3.6 | 4.3 | 3 | 2 | 5 |
| 第3回（1953.4.24） | 17 | 11 | 28 | 234 | 213 | 447 | 7.3 | 5.2 | 6.3 | 6 | 4 | 10 |
| 第4回（1956.7.8） | 10 | 7 | 17 | 150 | 191 | 341 | 6.7 | 3.7 | 5.0 | 3 | 2 | 5 |
| 第5回（1959.6.2） | 10 | 8 | 18 | 122 | 208 | 330 | 8.2 | 3.8 | 5.5 | 5 | 3 | 8 |
| 第6回（1962.7.1） | 9 | 6 | 15 | 107 | 221 | 328 | 8.4 | 2.7 | 4.6 | 6 | 2 | 8 |
| 第7回（1965.7.4） | 8 | 5 | 13 | 99 | 233 | 332 | 8.1 | 2.1 | 3.9 | 7 | 2 | 9 |
| 第8回（1968.7.7） | 8 | 3 | 11 | 93 | 212 | 305 | 8.6 | 1.4 | 3.6 | 4 | 1 | 5 |
| 第9回（1971.6.27） | 9 | 6 | 15 | 106 | 199 | 305 | 8.5 | 3.0 | 4.9 | 5 | 3 | 8 |
| 第10回（1974.7.7） | 9 | 9 | 18 | 112 | 237 | 349 | 8.0 | 3.8 | 5.2 | 5 | 3 | 8 |
| 第11回（1977.7.10） | 18 | 18 | 36 | 102 | 218 | 320 | 17.6 | 8.3 | 11.3 | 6 | 2 | 8 |
| 第12回（1980.6.22） | 8 | 10 | 18 | 93 | 192 | 285 | 8.6 | 5.2 | 6.3 | 6 | 3 | 9 |
| 第13回（1983.6.26） | 30 | 25 | 55 | 191 | 239 | 430 | 15.7 | 10.5 | 12.8 | 8 | 2 | 10 |
| 第14回（1986.7.6） | 53 | 29 | 82 | 243 | 263 | 506 | 21.8 | 11.0 | 16.2 | 5 | 5 | 10 |
| 第15回（1989.7.23） | 97 | 49 | 146 | 385 | 285 | 670 | 25.2 | 17.2 | 21.8 | 12 | 10 | 22 |
| 第16回（1992.7.26） | 65 | 58 | 123 | 329 | 311 | 640 | 19.8 | 18.6 | 19.2 | 6 | 7 | 13 |
| 第17回（1995.7.23） | 46 | 78 | 124 | 181 | 386 | 567 | 25.4 | 20.2 | 21.9 | 13 | 8 | 21 |
| 第18回（1998.7.12） | 38 | 72 | 110 | 158 | 316 | 474 | 24.1 | 22.8 | 23.2 | 10 | 10 | 20 |
| 第19回（2001.7.29） | 58 | 79 | 137 | 204 | 292 | 496 | 28.4 | 27.1 | 27.6 | 11 | 7 | 18 |
| 第20回（2004.7.11） | 31 | 35 | 66 | 128 | 192 | 320 | 24.2 | 18.2 | 20.6 | 8 | 7 | 15 |
| 第21回（2007.7.29） | 47 | 44 | 91 | 159 | 218 | 377 | 29.6 | 20.2 | 24.1 | 12 | 14 | 26 |
| 第22回（2010.7.11） | 45 | 55 | 100 | 186 | 251 | 437 | 24.2 | 21.9 | 22.9 | 9 | 8 | 17 |
| 第23回（2013.7.21） | 34 | 71 | 105 | 162 | 271 | 433 | 21.0 | 26.2 | 24.2 | 11 | 11 | 22 |
| 第24回（2016.7.10） | 36 | 60 | 96 | 164 | 225 | 389 | 22.0 | 26.7 | 24.7 | 11 | 17 | 28 |

《注》 第1回〜18回は全国区と地方区だったが、全国区は第13回から拘束名簿式比例代表制、第19回から非拘束名簿式比例代表制に、地方区も第13回から選挙区に改正された。通常選挙後の繰り上げ当選および補欠選挙は含まない。但し、第7回通常選挙と合併して行われた補欠選挙は含む。

資料出所：各回『参議院議員通常選挙結果調』（総務省）

| 当選者 | | | | | | 女性の当選率 | | | 男性の当選率 | | | 区分 |
|---|---|---|---|---|---|---|---|---|---|---|---|---|
| 総数 | | | 女性の割合 | | | | | | | | | |
| 全国区/比例代表 | 地方区/選挙区 | 計 | 全国区/比例代表 | 地方区/選挙区 | 計 | 全国区/比例代表 | 地方区/選挙区 | 計 | 全国区/比例代表 | 地方区/選挙区 | 計 | |
| 人 100 | 人 150 | 人 250 | % 8.0 | % 1.3 | % 4.0 | % 61.5 | % 33.3 | % 52.6 | % 39.5 | % 45.5 | % 43.0 | 第1回 (1947.4.20) |
| 56 | 76 | 132 | 5.4 | 2.6 | 3.8 | 20.0 | 22.2 | 20.8 | 17.9 | 30.5 | 23.6 | 第2回 (1950.6.4) |
| 53 | 75 | 128 | 11.3 | 5.3 | 7.8 | 35.3 | 36.4 | 35.7 | 21.7 | 35.1 | 28.2 | 第3回 (1953.4.24) |
| 52 | 75 | 127 | 5.8 | 2.7 | 3.9 | 30.0 | 28.6 | 29.4 | 35.0 | 39.7 | 37.7 | 第4回 (1956.7.8) |
| 52 | 75 | 127 | 9.6 | 4.0 | 6.3 | 50.0 | 37.5 | 44.4 | 42.0 | 36.0 | 38.1 | 第5回 (1959.6.2) |
| 51 | 76 | 127 | 11.8 | 2.6 | 6.3 | 66.7 | 33.3 | 53.3 | 45.9 | 34.4 | 38.0 | 第6回 (1962.7.1) |
| 52 | 75 | 127 | 13.5 | 2.7 | 7.1 | 87.5 | 40.0 | 69.2 | 49.5 | 32.0 | 37.0 | 第7回 (1965.7.4) |
| 51 | 75 | 126 | 7.8 | 1.3 | 4.0 | 50.0 | 33.3 | 45.5 | 55.3 | 35.4 | 41.2 | 第8回 (1968.7.7) |
| 50 | 75 | 125 | 10.0 | 4.0 | 6.4 | 55.6 | 50.0 | 53.3 | 46.4 | 37.3 | 40.3 | 第9回 (1971.6.27) |
| 54 | 76 | 130 | 9.3 | 3.9 | 6.2 | 55.6 | 33.3 | 44.4 | 47.6 | 32.0 | 36.9 | 第10回 (1974.7.7) |
| 50 | 76 | 126 | 12.0 | 2.6 | 6.3 | 33.3 | 11.1 | 22.2 | 52.4 | 37.0 | 41.5 | 第11回 (1977.7.10) |
| 50 | 76 | 126 | 12.0 | 3.9 | 7.1 | 75.0 | 30.0 | 50.0 | 51.8 | 40.1 | 43.8 | 第12回 (1980.6.22) |
| 50 | 76 | 126 | 16.0 | 2.6 | 7.9 | 26.7 | 8.0 | 18.2 | 26.1 | 34.6 | 30.9 | 第13回 (1983.6.26) |
| 50 | 76 | 126 | 10.0 | 6.6 | 7.9 | 9.4 | 17.2 | 12.2 | 23.7 | 30.3 | 27.4 | 第14回 (1986.7.6) |
| 50 | 76 | 126 | 24.0 | 13.2 | 17.5 | 12.4 | 20.4 | 15.1 | 13.2 | 28.0 | 19.8 | 第15回 (1989.7.23) |
| 50 | 77 | 127 | 12.0 | 9.1 | 10.2 | 9.2 | 12.1 | 10.6 | 16.7 | 27.7 | 22.1 | 第16回 (1992.7.26) |
| 50 | 76 | 126 | 26.0 | 10.5 | 16.7 | 28.3 | 10.3 | 16.9 | 27.4 | 22.1 | 23.7 | 第17回 (1995.7.23) |
| 50 | 76 | 126 | 20.0 | 13.2 | 15.9 | 26.3 | 13.9 | 18.2 | 33.3 | 27.0 | 29.1 | 第18回 (1998.7.12) |
| 48 | 73 | 121 | 22.9 | 9.6 | 14.9 | 19.0 | 8.9 | 13.1 | 25.3 | 31.0 | 28.7 | 第19回 (2001.7.29) |
| 48 | 73 | 121 | 16.7 | 9.6 | 12.4 | 25.8 | 20.0 | 22.7 | 41.2 | 42.0 | 41.7 | 第20回 (2004.7.11) |
| 48 | 73 | 121 | 25.0 | 19.2 | 21.5 | 25.5 | 31.8 | 28.6 | 32.1 | 33.9 | 33.2 | 第21回 (2007.7.29) |
| 48 | 73 | 121 | 18.8 | 11.0 | 14.0 | 20.0 | 14.5 | 17.0 | 27.7 | 33.2 | 30.9 | 第22回 (2010.7.11) |
| 48 | 73 | 121 | 22.9 | 15.1 | 18.2 | 32.4 | 15.5 | 21.0 | 28.9 | 31.0 | 30.2 | 第23回 (2013.7.21) |
| 48 | 73 | 121 | 22.9 | 23.3 | 23.1 | 30.6 | 28.3 | 29.2 | 28.9 | 33.9 | 31.7 | 第24回 (2016.7.10) |

第1部 政治への参画－国会

5 衆議院総選挙における女性の候補者・当選者 （1946～2017年）

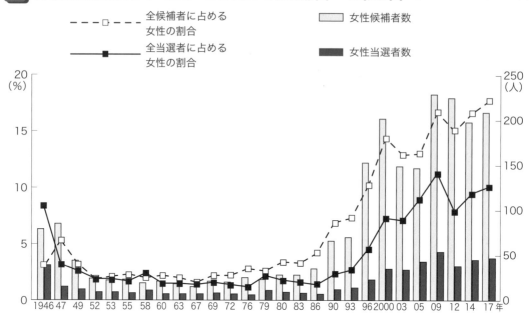

《注》総選挙後の繰り上げ当選などは含まない。各年の数値は2を参照のこと。
資料出所：各回『衆議院議員総選挙結果調』（総務省）

6 参議院通常選挙における女性の候補者・当選者 （1947～2016年）

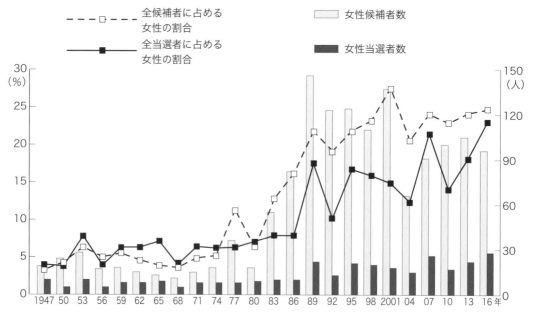

《注》通常選挙と同日に行われた補欠選挙を含む（1965年）。通常選挙後の繰り上げ当選などは含まない。
各年の数値は4を参照のこと。
資料出所：各回『参議院議員通常選挙結果調』（総務省）

第1部　政治への参画－国会

## 7 衆議院総選挙における党派別女性当選者 （1946 ～ 2017 年）

単位：人　（　）内%

| 回次 | 年 | 人 | 党派別内訳 |
|---|---|---|---|
| ㉒ | 1946 | 39 | 諸派10(25.6)　無所属9(23.1)　社会8(20.5)　進歩6(15.4)　自由5(12.8)　共産1(2.6) |
| ㉓ | 1947 | 15 | 社会9(60.0)　民主3(20.0)　自由3(20.0) |
| ㉔ | 1949 | 12 | 社会5(41.7)　共産3(25.0)　民自2(16.7)　労農1(8.3)　諸派1(8.3) |
| ㉕ | 1952 | 9 | 社会右4(44.4)　自由2(22.2)　改進1(11.1)　社会左1(11.1)　協同1(11.1) |
| ㉖ | 1953 | 9 | 社会右4(44.4)　社会左3(33.3)　改進1(11.1)　自由(吉)1(11.1) |
| ㉗ | 1955 | 8 | 社会右4(50.0)　社会左2(25.0)　自由1(12.5)　諸派1(12.5) |
| ㉘ | 1958 | 11 | 社会8(72.7)　自民3(27.3) |
| ㉙ | 1960 | 7 | 社会4(57.1)　自民2(28.6)　民社1(14.3) |
| ㉚ | 1963 | 7 | 社会4(57.1)　自民2(28.6)　民社1(14.3) |
| ㉛ | 1967 | 7 | 自民3(42.9)　社会3(42.9)　民社1(14.3) |
| ㉜ | 1969 | 8 | 自民3(37.5)　社会2(25.0)　公明2(25.0)　共産1(12.5) |
| ㉝ | 1972 | 7 | 自民2(28.6)　社会2(28.6)　共産2(28.6)　無所属1(14.3) |
| ㉞ | 1976 | 6 | 社会2(33.3)　共産2(33.3)　自民1(16.7)　無所属1(16.7) |
| ㉟ | 1979 | 11 | 共産7(63.6)　社会2(18.2)　自民1(9.1)　無所属1(9.1) |
| ㊱ | 1980 | 9 | 共産7(77.8)　社会2(22.2) |
| ㊲ | 1983 | 8 | 共産4(50.0)　社会2(25.0)　無所属2(25.0) |
| ㊳ | 1986 | 7 | 共産4(57.1)　社会2(28.6)　無所属1(14.3) |
| ㊴ | 1990 | 12 | 社会7(58.3)　共産2(16.7)　無所属2(16.7)　公明1(8.3) |
| ㊵ | 1993 | 14 | 無所属4(28.6)　社会3(21.4)　公明2(14.3)　日本新2(14.3)　共産2(14.3)　自民1(7.1) |
| ㊶ | 1996 | 23 | 新進8(34.8)　自民4(17.4)　共産4(17.4)　社民3(13.0)　民主3(13.0)　無所属1(4.3)　保守1(2.9)　自由1(2.9) |
| ㊷ | 2000 | 35 | 社民10(28.6)　自民8(22.9)　民主6(17.1)　共産4(11.4)　公明3(8.6)　無所属の会1(2.9)　無所属1(2.9) |
| ㊸ | 2003 | 34 | 民主15(44.1)　自民9(26.5)　公明4(11.8)　社民3(8.8)　共産2(5.9)　無所属1(2.9) |
| ㊹ | 2005 | 43 | 自民26(60.5)　民主7(16.3)　公明4(9.3)　共産2(4.7)　社民2(4.7)　無所属2(4.7) |
| ㊺ | 2009 | 54 | 民主40(74.1)　自民8(14.8)　公明3(5.6)　社民2(3.7)　共産1(1.9) |
| ㊻ | 2012 | 38 | 自民23(60.5)　日本維新5(13.2)　民主3(7.9)　公明3(7.9)　日本未来3(7.9)　共産1(2.6) |
| ㊼ | 2014 | 45 | 自民25(55.6)　民主9(20.0)　共産6(13.3)　公明3(6.7)　維新2(4.4)　希望2(4.3) |
| ㊽ | 2017 | 47 | 自民20(42.6)　立憲民主12(25.5)　公明4(8.5)　共産3(6.4)　日本維新1(2.1)　無所属5(10.6) |

《注》 各回総選挙における女性当選者の党派別（立候補時）人数と構成比。女性当選者の多い順。
　　　総選挙後の繰り上げ当選などは含まない。丸囲み数字は選挙回次、続いて選挙年、当選者総数。
資料出所：各回『衆議院議員総選挙結果調』（総務省）

*15*

第1部　政治への参画－国会

## 8　参議院通常選挙における党派別女性当選者 （1947 ～ 2016 年）

単位:人　（ ）内%

| № | 年 | 人 | | | | | |
|---|---|---|---|---|---|---|---|
| ① | 1947 | 10 | 社会3（30.0） | 無所属3（30.0） | 進歩2（20.0） | 諸派2（20.0） | |
| ② | 1950 | 5 | 社会3（60.0） | 国民民主2（40.0） | | | |
| ③ | 1953 | 10 | 無所属4（40.0） | 緑風3（30.0） | 自由(吉)1（10.0） | 改進1（10.0） | 社会右1（10.0） |
| ④ | 1956 | 5 | 社会3（60.0） | 自民2（40.0） | | | |
| ⑤ | 1959 | 8 | 自民3（37.5） | 社会2（25.0） | 無所属2（25.0） | 緑風1（12.5） | |
| ⑥ | 1962 | 8 | 自民5（62.5） | 社会2（25.0） | 無所属1（12.5） | | |
| ⑦ | 1965 | 9 | 無所属3（33.3） | 自民2（22.2） | 社会2（22.2） | 民社1（11.1） | 公明1（11.1） |
| ⑧ | 1968 | 5 | 社会2（40.0） | 自民1（20.0） | 民社1（20.0） | 共産1（20.0） | |
| ⑨ | 1971 | 8 | 自民3（37.5） | 社会3（37.5） | 民社1（12.5） | 公明1（12.5） | |
| ⑩ | 1974 | 8 | 共産3（37.5） | 自民2（25.0） | 社会1（12.5） | 諸派1（12.5） | 無所属1（12.5） |
| ⑪ | 1977 | 8 | 自民3（37.5） | 公明2（25.0） | 共産2（25.0） | 社会1（12.5） | |
| ⑫ | 1980 | 9 | 自民3（33.3） | 共産3（33.3） | 社会1（11.1） | 諸派1（11.1） | 無所属1（11.1） |
| ⑬ | 1983 | 10 | 自民3（30.0） | 社会2（20.0） | 公明2（20.0） | 共産2（20.0） | 民社1（10.0） |
| ⑭ | 1986 | 10 | 自民4（40.0） | 共産3（30.0） | 社会2（20.0） | 公明1（10.0） | |

⑮ 1989　22　社会11（50.0）　共産3（13.6）　自民2（9.1）　公明2（9.1）　連合の会2（9.1）　無所属2（9.1）

⑯ 1992　13　社会4（30.8）　自民3（23.1）　公明3（23.1）　共産1（7.7）　日本新1（7.7）　諸派1（7.7）

⑰ 1995　21　新進7（33.3）　自民4（19.0）　社会4（19.0）　共産3（14.3）　さきがけ1（4.8）　民改連1（4.8）　無所属1（4.8）

⑱ 1998　20　共産7（35.0）　民主4（20.0）　社民3（15.0）　自民2（10.0）　公明2（10.0）　無所属2（10.0）

⑲ 2001　18　自民8（44.4）　民主3（16.7）　公明2（11.1）　共産2（11.1）　社民1（5.6）　保守1（5.6）　自由1（5.6）

⑳ 2004　15　民主7（46.7）　自民3（20.0）　公明3（20.0）　社民1（6.7）　無所属1（6.7）

㉑ 2007　26　民主14（53.8）　自民8（30.8）　公明1（3.8）　共産1（3.8）　国民1（3.8）　無所属1（3.8）

㉒ 2010　17　自民8（47.1）　民主6（35.3）　公明1（5.9）　共産1（5.9）　社民1（5.9）

㉓ 2013　22　自民9（40.9）　民主4（18.2）　共産3（13.6）　公明2（9.1）　みんな2（9.1）　維新1（4.5）　諸派1（4.5）

㉔ 2016　28　自民10（35.7）　民進7（25.0）　公明3（10.7）　共産2（7.1）　おおさか維新2（7.1）　社民1（3.6）　生活1（3.6）　無所属2（7.1）

《注》 各回通常選挙における女性当選者の党派別（立候補時）人数と構成比。女性当選者の多い順。通常選挙後の繰
　　　り上げ当選などは含まない。但し、第7回通常選挙と合併して行われた補欠選挙は含む。丸囲み数字は選挙回次、
　　　続いて選挙年、当選者総数。
　　資料出所：各回『参議院議員通常選挙結果調』（総務省）

16

# 9 女性の歴代国会議員氏名 （1946 ～ 2017 年）

## 衆議院

| 選挙区 | 氏　名 | 初当選時年齢 | 党　派 | 当選回数 |
|---|---|---|---|---|
| **第 22 回総選挙（1946. 4. 10）　39 人** | | | | |
| 北海道1 | 柄澤　とし子 | 35 | 日本共産党 | ① |
| 北海道1 | 新妻　イト | 56 | 日本社会党 | ① |
| 岩　手 | 菅原　エン | 46 | 日本進歩党 | ① |
| 秋　田 | 和崎　ハル | 61 | 無所属 | ① |
| 山　形 | 米山　文子 | 44 | 諸派 | ① |
| 福　島 | 榊原　千代 | 47 | 日本社会党 | ① |
| 福　島 | 山下　春江 | 45 | 日本進歩党 | ① |
| 茨　城 | 杉田　馨子 | 45 | 日本自由党 | ① |
| 栃　木 | 戸叶　里子 | 37 | 諸派 | ① |
| 群　馬 | 最上　英子 | 43 | 日本進歩党 | ① |
| 千　葉 | 竹内　歌子 | 31 | 諸派 | ① |
| 東　京1 | 竹内　茂代 | 65 | 日本自由党 | ① |
| 東　京1 | 山口　静枝 | 29 | 日本社会党 | ① |
| 東　京2 | 加藤　シヅエ | 49 | 日本社会党 | ① |
| 東　京2 | 松谷　天光光 | 27 | 諸派 | ① |
| 神奈川 | 松尾　トシ | 39 | 日本社会党 | ① |
| 神奈川 | 吉田　セイ | 36 | 諸派 | ① |
| 新　潟1 | 村島　喜代 | 54 | 日本進歩党 | ① |
| 新　潟2 | 野村　ミス | 49 | 無所属 | ① |
| 石　川 | 米山　久 | 49 | 日本社会党 | ① |
| 福　井 | 今井　はつ | 44 | 日本自由党 | ① |
| 長　野 | 安藤　はつ | 34 | 諸派 | ① |
| 静　岡 | 山崎　道子 | 45 | 日本社会党 | ① |
| 愛　知1 | 越原　はる | 60 | 諸派 | ① |
| 三　重 | 澤田　ひさ | 47 | 日本社会党 | ① |
| 京　都 | 大石　ヨシエ | 49 | 無所属 | ① |
| 京　都 | 木村　チヨ | 55 | 無所属 | ① |
| 京　都 | 冨田　ふさ | 52 | 日本自由党 | ① |
| 大　阪1 | 三木　キヨ子 | 26 | 諸派 | ① |
| 大　阪2 | 本多　花子 | 56 | 諸派 | ① |
| 兵　庫1 | 中山　たま | 55 | 無所属 | ① |
| 和歌山 | 斉藤　てい | 40 | 日本進歩党 | ① |
| 鳥　取 | 田中　たつ | 49 | 無所属 | ① |
| 岡　山 | 近藤　鶴代 | 44 | 無所属 | ① |
| 広　島 | 武田　キヨ | 49 | 日本自由党 | ① |
| 徳　島 | 紅露　みつ | 52 | 無所属 | ① |
| 福　岡1 | 森山　ヨネ | 55 | 日本進歩党 | ① |
| 熊　本 | 山下　ツヤ子 | 47 | 無所属 | ① |
| 宮　崎 | 大橋　喜美 | 41 | 諸派 | ① |

| 選挙区 | 氏　名 | 初当選時年齢 | 党　派 | 当選回数 |
|---|---|---|---|---|
| **第 23 回総選挙（1947. 4. 25）　15 人** | | | | |
| 福　島1 | 榊原　千代 | | 日本社会党 | ② |
| 福　島2 | 山下　春江 | | 民主党 | ② |
| 栃　木1 | 戸叶　里子 | | 日本社会党 | ② |
| 群　馬3 | 最上　英子 | | 民主党 | ② |
| 千　葉1 | 成島　憲子 | 49 | 民主党 | ① |
| 東　京2 | 加藤　シヅエ | | 日本社会党 | ② |
| 東　京6 | 山口　静枝 | | 日本社会党 | ② |
| 東　京7 | 松谷　天光光 | | 日本社会党 | ② |
| 神奈川1 | 松尾　トシ | | 日本社会党 | ② |
| 静　岡2 | 山崎　道子 | | 日本社会党 | ② |
| 京　都2 | 大石　ヨシエ | | 日本社会党 | ② |
| 大　阪2 | 中山　マサ | 56 | 日本自由党 | ① |
| 岡　山 | 近藤　鶴代 | | 日本自由党 | ② |
| 広　島2 | 武田　キヨ | | 日本自由党 | ② |
| 福　岡1 | 福田　昌子 | 35 | 日本社会党 | ① |
| **第 24 回総選挙（1949. 1. 23）　12 人** | | | | |
| 北海道4 | 柄澤　とし子 | | 日本共産党 | ② |
| 栃　木1 | 戸叶　里子 | | 日本社会党 | ③ |
| 東　京6 | 山口　シヅエ | | 日本社会党 | ③ |
| 東　京7 | 松谷　天光光 | | 労働者農民党 | ③ |
| 神奈川1 | 松尾　トシ子 | | 日本社会党 | ③ |
| 愛　知1 | 田島　ひで | 47 | 日本共産党 | ① |
| 滋　賀 | 堤　　ツルヨ | 34 | 日本社会党 | ① |
| 京　都2 | 大石　ヨシエ | | 社会革新党 | ③ |
| 大　阪2 | 中山　マサ | | 民主自由党 | ② |
| 岡　山1 | 苅田　アサノ | 43 | 日本共産党 | ① |
| 岡　山2 | 近藤　鶴代 | | 民主自由党 | ③ |
| 福　岡1 | 福田　昌子 | | 日本社会党 | ② |
| **第 25 回総選挙（1952. 10. 1）　9 人** | | | | |
| 福　島2 | 山下　春江 | | 改進党 | ③ |
| 栃　木1 | 戸叶　里子 | | 日本社会党右 | ④ |
| 東　京6 | 山口　シヅエ | | 日本社会党右 | ④ |
| 神奈川1 | 松尾　トシ子 | | 日本社会党右 | ④ |
| 滋　賀 | 堤　　ツルヨ | | 日本社会党右 | ② |
| 京　都2 | 大石　ヨシエ | | 協同党 | ④ |
| 大　阪2 | 中山　マサ | | 自由党 | ③ |
| 岡　山2 | 近藤　鶴代 | | 自由党 | ④ |
| 福　岡1 | 福田　昌子 | | 日本社会党左 | ③ |

第1部　政治への参画－国会

| 選挙区 | 氏名 | 初当選時年齢 | 党派 | 当選回数 |
|---|---|---|---|---|
| **第26回総選挙　（1953.4.19）　9人** | | | | |
| 福島2 | 山下春江 | | 改進党 | ④ |
| 栃木1 | 戸叶里子 | | 日本社会党右 | ⑤ |
| 東京5 | 神近市子 | 64 | 日本社会党左 | ① |
| 東京6 | 山口シヅエ | | 日本社会党右 | ⑤ |
| 長野4 | 萩元たけ子 | 53 | 日本社会党左 | ① |
| 滋賀 | 堤ツルヨ | | 日本社会党右 | ③ |
| 京都2 | 大石ヨシエ | | 日本社会党右 | ⑤ |
| 大阪2 | 中山マサ | | 自由党(吉田) | ④ |
| 福岡1 | 福田昌子 | | 日本社会党左 | ④ |
| **第27回総選挙　（1955.2.27）　8人** | | | | |
| 福島2 | 山下春江 | | 諸派 | ⑤ |
| 福島2 | 平田ヒデ | 52 | 日本社会党右 | ① |
| 栃木1 | 戸叶里子 | | 日本社会党右 | ⑥ |
| 東京5 | 神近市子 | | 日本社会党左 | ② |
| 東京6 | 山口シヅエ | | 日本社会党右 | ⑥ |
| 神奈川1 | 松尾トシ子 | | 日本社会党右 | ⑤ |
| 大阪2 | 中山マサ | | 自由党 | ⑤ |
| 福岡1 | 福田昌子 | | 日本社会党左 | ⑤ |
| **第28回総選挙　（1958.5.22）　11人** | | | | |
| 福島2 | 山下春江 | | 自由民主党 | ⑥ |
| 栃木1 | 戸叶里子 | | 日本社会党 | ⑦ |
| 東京3 | 本島百合子 | 50 | 日本社会党 | ① |
| 東京4 | 菊川君子 | 52 | 日本社会党 | ① |
| 東京5 | 神近市子 | | 日本社会党 | ③ |
| 東京6 | 山口シヅエ | | 日本社会党 | ⑦ |
| 神奈川1 | 松尾トシ子 | | 日本社会党 | ⑥ |
| 愛知3 | 河野孝子 | 44 | 自由民主党 | ① |
| 愛知4 | 伊藤よし子 | 52 | 日本社会党 | ① |
| 滋賀 | 堤ツルヨ | | 日本社会党 | ④ |
| 大阪2 | 中山マサ | | 自由民主党 | ⑥ |
| **第29回総選挙　（1960.11.20）　7人** | | | | |
| 栃木1 | 戸叶里子 | | 日本社会党 | ⑧ |
| 埼玉2 | 松山千恵子 | 46 | 自由民主党 | ① |
| 東京1 | 浅沼享子 | 56 | 日本社会党 | ① |
| 東京3 | 本島百合子 | | 民主社会党 | ② |
| 東京6 | 山口シヅエ | | 日本社会党 | ⑧ |
| 三重1 | 小林ちず | 56 | 日本社会党 | ① |
| 大阪2 | 中山マサ | | 自由民主党 | ⑦ |
| **第30回総選挙　（1963.11.21）　7人** | | | | |
| 福島1 | 粟山秀 | 55 | 自由民主党 | ① |
| 栃木1 | 戸叶里子 | | 日本社会党 | ⑨ |
| 埼玉2 | 松山千恵子 | | 自由民主党 | ② |
| 東京3 | 本島百合子 | | 民主社会党 | ③ |
| 東京5 | 神近市子 | | 日本社会党 | ④ |
| 東京6 | 山口シヅエ | | 日本社会党 | ⑨ |
| 愛知4 | 伊藤よし子 | | 日本社会党 | ② |
| **第31回総選挙　（1967.1.29）　7人** | | | | |
| 福島1 | 粟山秀 | | 自由民主党 | ② |
| 栃木1 | 戸叶里子 | | 日本社会党 | ⑩ |
| 東京3 | 本島百合子 | | 民主社会党 | ④ |
| 東京3 | 広川シズエ | 54 | 自由民主党 | ① |
| 東京5 | 神近市子 | | 日本社会党 | ⑤ |
| 東京6 | 山口シヅエ | | 日本社会党 | ⑩ |
| 大阪2 | 中山マサ | | 自由民主党 | ⑧ |
| **第32回総選挙　（1969.12.27）　8人** | | | | |
| 福島1 | 粟山ひで | | 自由民主党 | ③ |
| 栃木1 | 戸叶里子 | | 日本社会党 | ⑪ |
| 埼玉2 | 松山千恵子 | | 自由民主党 | ① |
| 東京1 | 渡部通子 | 39 | 公明党 | ① |
| 東京3 | 多田時子 | 44 | 公明党 | ① |
| 東京6 | 山口シヅエ | | 自由民主党 | ⑪ |
| 東京10 | 小林政子 | 45 | 日本共産党 | ① |
| 兵庫2 | 土井たか子 | 41 | 日本社会党 | ① |
| **第33回総選挙　（1972.12.10）　7人** | | | | |
| 福島1 | 粟山ひで | | 自由民主党 | ④ |
| 東京4 | 金子みつ | 58 | 日本社会党 | ① |
| 東京10 | 小林政子 | | 日本共産党 | ② |
| 新潟1 | 高橋千寿 | 51 | 自由民主党 | ① |
| 静岡1 | 栗田翠 | 40 | 日本共産党 | ① |
| 愛知1 | 田中美智子 | 50 | 無所属 | ① |
| 兵庫2 | 土井たか子 | | 日本社会党 | ② |
| **第34回総選挙　（1976.12.5）　6人** | | | | |
| 東京4 | 金子みつ | | 日本社会党 | ② |
| 東京6 | 山口シヅエ | | 自由民主党 | ⑫ |
| 東京10 | 小林政子 | | 日本共産党 | ③ |
| 愛知1 | 田中美智子 | | 無所属 | ② |
| 京都1 | 藤原ひろ子 | 50 | 日本共産党 | ① |
| 兵庫2 | 土井たか子 | | 日本社会党 | ③ |
| **繰り上げ当選　（1976.12.5／76.12.24）　1人** | | | | |
| 千葉3 | 千葉千代世 | 69 | 日本社会党 | ① |
| **第35回総選挙　（1979.10.7）　11人** | | | | |
| 東京4 | 金子みつ | | 日本社会党 | ③ |
| 東京6 | 山口シヅエ | | 自由民主党 | ⑬ |
| 東京10 | 小林政子 | | 日本共産党 | ④ |
| 東京11 | 岩佐恵美 | 40 | 日本共産党 | ① |

| 選挙区 | 氏 名 | 初当選時年齢 | 党 派 | 当選回数 |
|---|---|---|---|---|
| 静　岡1 | 栗田　翠 | | 日本共産党 | ② |
| 愛　知1 | 田中　美智子 | | 無所属 | ③ |
| 京　都1 | 藤原　ひろ子 | | 日本共産党 | ② |
| 大　阪5 | 藤田　スミ | 46 | 日本共産党 | ① |
| 大　阪7 | 四ツ谷　光子 | 52 | 日本共産党 | ① |
| 兵　庫2 | 土井　たか子 | | 日本社会党 | ④ |
| 島　根 | 中林　佳子 | 33 | 日本共産党 | ① |
| **第36回総選挙（1980.6.22）　9人** | | | | |
| 東　京4 | 金子　みつ | | 日本社会党 | ④ |
| 東　京10 | 小林　政子 | | 日本共産党 | ⑤ |
| 東　京11 | 岩佐　恵美 | | 日本共産党 | ② |
| 岐　阜1 | 蓑輪　幸代 | 38 | 日本共産党 | ① |
| 静　岡1 | 栗田　翠 | | 日本共産党 | ③ |
| 京　都1 | 藤原　ひろ子 | | 日本共産党 | ③ |
| 大　阪5 | 藤田　スミ | | 日本共産党 | ② |
| 大　阪7 | 四ツ谷　光子 | | 日本共産党 | ② |
| 兵　庫2 | 土井　たか子 | | 日本社会党 | ⑤ |
| **第37回総選挙（1983.12.18）　8人** | | | | |
| 北海道1 | 竹村　泰子 | 50 | 無所属 | ① |
| 東　京4 | 金子　みつ | | 日本社会党 | ⑤ |
| 岐　阜1 | 蓑輪　幸代 | | 日本共産党 | ② |
| 愛　知1 | 田中　美智子 | | 無所属 | ④ |
| 大　阪5 | 藤田　スミ | | 日本共産党 | ③ |
| 兵　庫2 | 土井　たか子 | | 日本社会党 | ⑥ |
| 兵　庫2 | 藤木　洋子 | 50 | 日本共産党 | ① |
| 島　根 | 中林　佳子 | | 日本共産党 | ② |
| **第38回総選挙（1986.7.6）　7人** | | | | |
| 東　京4 | 金子　みつ | | 日本社会党 | ⑥ |
| 東　京11 | 岩佐　恵美 | | 日本共産党 | ③ |
| 愛　知1 | 田中　美智子 | | 無所属 | ⑤ |
| 京　都1 | 藤原　ひろ子 | | 日本共産党 | ④ |
| 大　阪5 | 藤田　スミ | | 日本共産党 | ④ |
| 大　阪6 | 石井　郁子 | 45 | 日本共産党 | ① |
| 兵　庫2 | 土井　たか子 | | 日本社会党 | ⑦ |
| **第39回総選挙（1990.2.18）　12人** | | | | |
| 北海道1 | 伊東　秀子 | 46 | 日本社会党 | ① |
| 宮　城1 | 岡崎　トミ子 | 46 | 日本社会党 | ① |
| 東　京1 | 鈴木　喜久子 | 54 | 日本社会党 | ① |
| 東　京4 | 外口　玉子 | 52 | 無所属 | ① |
| 東　京6 | 吉田　和子 | 40 | 日本社会党 | ① |
| 東　京7 | 大野　由利子 | 48 | 公明党 | ① |
| 東　京11 | 長谷　百合子 | 42 | 日本社会党 | ① |
| 大　阪3 | 菅野　悦子 | 47 | 日本共産党 | ① |

| 選挙区 | 氏 名 | 初当選時年齢 | 党 派 | 当選回数 |
|---|---|---|---|---|
| 大　阪5 | 藤田　スミ | | 日本共産党 | ⑤ |
| 兵　庫1 | 岡崎　宏美 | 38 | 無所属 | ① |
| 兵　庫2 | 土井　たか子 | | 日本社会党 | ⑧ |
| 愛　媛1 | 宇都宮　真由美 | 40 | 日本社会党 | ① |
| **第40回総選挙（1993.7.18）　14人** | | | | |
| 北海道1 | 伊東　秀子 | | 日本社会党 | ② |
| 宮　城1 | 岡崎　トミ子 | | 日本社会党 | ② |
| 栃　木2 | 青山　二三 | 54 | 公明党 | ① |
| 埼　玉4 | 武山　百合子 | 45 | 日本新党 | ① |
| 東　京7 | 大野　由利子 | | 公明党 | ② |
| 東　京11 | 岩佐　恵美 | | 日本共産党 | ④ |
| 新　潟3 | 田中　真紀子 | 49 | 無所属 | ① |
| 岐　阜1 | 野田　聖子 | 32 | 自由民主党 | ① |
| 大　阪5 | 藤田　スミ | | 日本共産党 | ⑥ |
| 兵　庫1 | 岡崎　宏美 | | 無所属 | ② |
| 兵　庫2 | 土井　たか子 | | 日本社会党 | ⑨ |
| 兵　庫2 | 小池　百合子 | 41 | 日本新党 | ① |
| 奈　良 | 高市　早苗 | 32 | 無所属 | ① |
| 岡　山2 | 石田　美栄 | 55 | 無所属 | ① |

| 小選挙区／比例ブロック | | 氏 名 | 初当選時年齢 | 党 派 | 当選回数 |
|---|---|---|---|---|---|
| **第41回総選挙（1996.10.20）　23人** | | | | | |
| 小選挙区 | 埼　玉13 | 土屋　品子 | 44 | 無所属 | ① |
| | 東　京20 | 大野　由利子 | | 新進党 | ③ |
| | 新　潟5 | 田中　真紀子 | | 自由民主党 | ② |
| | 岐　阜1 | 野田　聖子 | | 自由民主党 | ② |
| | 兵　庫6 | 小池　百合子 | | 新進党 | ② |
| | 兵　庫7 | 土井　たか子 | | 社会民主党 | ⑩ |
| | 奈　良1 | 高市　早苗 | | 新進党 | ② |
| 比例代表 | 北海道 | 丸谷　佳織 | 31 | 新進党 | ① |
| | 北関東 | 青山　二三 | | 新進党 | ② |
| | 北関東 | 武山　百合子 | | 新進党 | ② |
| | 北関東 | 森山　眞弓 | 68 | 自由民主党 | ① |
| | 東　京 | 石毛　鍈子 | 58 | 民主党 | ① |
| | 東　海 | 瀬古　由起子 | 49 | 日本共産党 | ① |
| | 東　海 | 山中　燁子 | 50 | 新進党 | ① |
| | 近　畿 | 藤田　スミ | | 日本共産党 | ⑦ |
| | 近　畿 | 石井　郁子 | | 日本共産党 | ② |
| | 近　畿 | 藤木　洋子 | | 日本共産党 | ② |
| | 近　畿 | 池坊　保子 | 54 | 新進党 | ① |
| | 近　畿 | 辻元　清美 | 36 | 社会民主党 | ① |
| | 近　畿 | 中川　智子 | 49 | 社会民主党 | ① |

| 小選挙区／比例ブロック | 氏　名 | 初当選時年齢 | 党　派 | 当選回数 |
|---|---|---|---|---|
| 比例代表　近畿 | 肥田　美代子 | 55 | 民主党 | ① |
| 比例代表　中国 | 能勢　和子 | 57 | 自由民主党 | ① |
| 比例代表　九州 | 松本　惟子 | 60 | 民主党 | ① |

### 繰り上げ当選（1996.10.20／97.11.14）　1人

| 小選挙区／比例ブロック | 氏　名 | 初当選時年齢 | 党　派 | 当選回数 |
|---|---|---|---|---|
| 比　中国 | 中林　佳子 | | 日本共産党 | ③ |

### 繰り上げ当選（1996.10.20／99.1.27）　1人

| 小選挙区／比例ブロック | 氏　名 | 初当選時年齢 | 党　派 | 当選回数 |
|---|---|---|---|---|
| 比　中国 | 知久馬　二三子 | 59 | 社会民主党 | ① |

### 第42回総選挙（2000.6.25）　35人

| 小選挙区／比例ブロック | 氏　名 | 初当選時年齢 | 党　派 | 当選回数 |
|---|---|---|---|---|
| 小選挙区　宮城2 | 鎌田　さゆり | 35 | 民主党 | ① |
| 小選挙区　栃木1 | 水島　広子 | 32 | 民主党 | ① |
| 小選挙区　群馬5 | 小渕　優子 | 26 | 自由民主党 | ① |
| 小選挙区　埼玉13 | 土屋　品子 | | 無所属の会 | ② |
| 小選挙区　神奈川4 | 大石　尚子 | 63 | 民主党 | ① |
| 小選挙区　新潟5 | 田中　真紀子 | | 自由民主党 | ③ |
| 小選挙区　岐阜1 | 野田　聖子 | | 自由民主党 | ③ |
| 小選挙区　静岡1 | 上川　陽子 | 47 | 無所属 | ① |
| 小選挙区　大阪10 | 辻元　清美 | | 社会民主党 | ② |
| 小選挙区　大阪17 | 岡下　信子 | 60 | 自由民主党 | ① |
| 小選挙区　兵庫6 | 小池　百合子 | | 保守党 | ③ |
| 小選挙区　兵庫7 | 土井　たか子 | | 社会民主党 | ⑪ |
| 小選挙区　沖縄3 | 東門　美津子 | 57 | 社会民主党 | ① |
| 比例代表　北海道 | 丸谷　佳織 | | 公明党 | ② |
| 比例代表　北海道 | 山内　恵子 | 60 | 社会民主党 | ① |
| 比例代表　北関東 | 青山　二三 | | 公明党 | ③ |
| 比例代表　北関東 | 武山　百合子 | | 自由党 | ③ |
| 比例代表　北関東 | 森山　眞弓 | | 自由民主党 | ② |
| 比例代表　南関東 | 阿部　知子 | 52 | 社会民主党 | ① |
| 比例代表　南関東 | 原　陽子 | 25 | 社会民主党 | ① |
| 比例代表　東京 | 石毛　鍈子 | | 民主党 | ② |
| 比例代表　東京 | 松島　みどり | 43 | 自由民主党 | ① |
| 比例代表　北陸信越 | 山口　わか子 | 65 | 社会民主党 | ① |
| 比例代表　東海 | 瀬古　由起子 | | 日本共産党 | ① |
| 比例代表　東海 | 大島　令子 | 48 | 社会民主党 | ① |
| 比例代表　東海 | 山谷　えり子 | 49 | 民主党 | ① |
| 比例代表　近畿 | 石井　郁子 | | 日本共産党 | ③ |
| 比例代表　近畿 | 高市　早苗 | | 自由民主党 | ③ |
| 比例代表　近畿 | 藤木　洋子 | | 日本共産党 | ③ |
| 比例代表　近畿 | 池坊　保子 | | 公明党 | ② |
| 比例代表　近畿 | 中川　智子 | | 社会民主党 | ② |
| 比例代表　近畿 | 肥田　美代子 | | 民主党 | ② |
| 比例代表　近畿 | 北川　れん子 | 46 | 社会民主党 | ① |
| 比例代表　中国 | 中林　佳子 | | 日本共産党 | ④ |
| 比例代表　九州 | 西川　京子 | 54 | 自由民主党 | ① |

### 繰り上げ当選（2000.6.25／03.7.16）　1人

| 小選挙区／比例ブロック | 氏　名 | 初当選時年齢 | 党　派 | 当選回数 |
|---|---|---|---|---|
| 比　東北 | 田名部　匡代 | 30 | 民主党 | ① |

### 補欠選挙（2000.10.22）　1人

| 小選挙区／比例ブロック | 氏　名 | 初当選時年齢 | 党　派 | 当選回数 |
|---|---|---|---|---|
| 小　東京21 | 川田　悦子 | 51 | 無所属 | ① |

### 補欠選挙（2003.4.27）　1人

| 小選挙区／比例ブロック | 氏　名 | 初当選時年齢 | 党　派 | 当選回数 |
|---|---|---|---|---|
| 小　東京6 | 小宮山　洋子 | 55 | 民主党 | ① |

### 第43回総選挙（2003.11.9）　34人

| 小選挙区／比例ブロック | 氏　名 | 初当選時年齢 | 党　派 | 当選回数 |
|---|---|---|---|---|
| 小選挙区　宮城2 | 鎌田　さゆり | | 民主党 | ② |
| 小選挙区　栃木2 | 森山　眞弓 | | 自由民主党 | ③ |
| 小選挙区　群馬5 | 小渕　優子 | | 自由民主党 | ② |
| 小選挙区　埼玉7 | 小宮山　泰子 | 38 | 民主党 | ① |
| 小選挙区　埼玉13 | 土屋　品子 | | 自由民主党 | ③ |
| 小選挙区　東京6 | 小宮山　洋子 | | 民主党 | ② |
| 小選挙区　東京14 | 松島　みどり | | 自由民主党 | ② |
| 小選挙区　神奈川4 | 大石　尚子 | | 民主党 | ② |
| 小選挙区　新潟1 | 西村　智奈美 | 36 | 民主党 | ① |
| 小選挙区　新潟4 | 菊田　真紀子 | 34 | 民主党 | ① |
| 小選挙区　新潟5 | 田中　真紀子 | | 無所属 | ④ |
| 小選挙区　岐阜1 | 野田　聖子 | | 自由民主党 | ④ |
| 小選挙区　大阪10 | 肥田　美代子 | | 民主党 | ③ |
| 小選挙区　福岡3 | 藤田　一枝 | 54 | 民主党 | ① |
| 比例代表　北海道 | 丸谷　佳織 | | 公明党 | ③ |
| 比例代表　北海道 | 小林　千代美 | 34 | 民主党 | ① |
| 比例代表　北海道 | 仲野　博子 | 44 | 民主党 | ① |
| 比例代表　東北 | 高橋　千鶴子 | 44 | 日本共産党 | ① |
| 比例代表　北関東 | 武山　百合子 | | 民主党 | ④ |
| 比例代表　北関東 | 水島　広子 | | 民主党 | ② |
| 比例代表　南関東 | 阿部　知子 | | 社会民主党 | ② |
| 比例代表　南関東 | 青木　愛 | 38 | 民主党 | ① |
| 比例代表　南関東 | 古屋　範子 | 47 | 公明党 | ① |
| 比例代表　東京 | 石毛　鍈子 | | 民主党 | ③ |
| 比例代表　東京 | 高木　美智代 | 51 | 公明党 | ① |
| 比例代表　東海 | 上川　陽子 | | 自由民主党 | ② |
| 比例代表　近畿 | 土井　たか子 | | 社会民主党 | ⑫ |
| 比例代表　近畿 | 石井　郁子 | | 日本共産党 | ④ |
| 比例代表　近畿 | 小池　百合子 | | 自由民主党 | ④ |
| 比例代表　近畿 | 池坊　保子 | | 公明党 | ③ |
| 比例代表　中国 | 能勢　和子 | | 自由民主党 | ② |
| 比例代表　四国 | 高井　美穂 | 31 | 民主党 | ① |
| 比例代表　九州 | 東門　美津子 | | 社会民主党 | ② |
| 比例代表　九州 | 西川　京子 | | 自由民主党 | ② |

### 第44回総選挙（2005.9.11）　43人

| 小選挙区／比例ブロック | 氏　名 | 初当選時年齢 | 党　派 | 当選回数 |
|---|---|---|---|---|
| 小　北海道7 | 仲野　博子 | | 民主党 | ② |

| 小選挙区／比例ブロック | | 氏　名 | 初当選時年齢 | 党　派 | 当選回数 |
|---|---|---|---|---|---|
| 小選挙区 | 栃木2 | 森山眞弓 | | 自由民主党 | ④ |
| | 群馬5 | 小渕優子 | | 自由民主党 | ③ |
| | 埼玉13 | 土屋品子 | | 自由民主党 | ④ |
| | 千葉2 | 山中燁子 | | 自由民主党 | ② |
| | 東京10 | 小池百合子 | | 自由民主党 | ⑤ |
| | 東京14 | 松島みどり | | 自由民主党 | ③ |
| | 新潟1 | 西村智奈美 | | 民主党 | ② |
| | 新潟4 | 菊田真紀子 | | 民主党 | ② |
| | 新潟5 | 田中真紀子 | | 無所属 | ⑤ |
| | 福井1 | 稲田朋美 | 46 | 自由民主党 | ① |
| | 岐阜1 | 野田聖子 | | 無所属 | ⑤ |
| | 静岡1 | 上川陽子 | | 自由民主党 | ③ |
| | 静岡7 | 片山さつき | 46 | 自由民主党 | ① |
| | 大阪2 | 川条志嘉 | 35 | 自由民主党 | ① |
| | 大阪7 | 渡嘉敷奈緒美 | 43 | 自由民主党 | ① |
| | 大阪17 | 岡下信子 | | 自由民主党 | ② |
| | 奈良2 | 高市早苗 | | 自由民主党 | ④ |
| | 福岡10 | 西川京子 | | 自由民主党 | ③ |
| 比例代表 | 北海道 | 丸谷佳織 | | 公明党 | ④ |
| | 北海道 | 飯島夕雁 | 41 | 自由民主党 | ① |
| | 東北 | 高橋千鶴子 | | 日本共産党 | ② |
| | 東北 | 田名部匡代 | | 民主党 | ② |
| | 東北 | 郡和子 | 48 | 民主党 | ① |
| | 北関東 | 小宮山泰子 | | 民主党 | ② |
| | 北関東 | 中森福代 | 55 | 自由民主党 | ① |
| | 北関東 | 永岡桂子 | 51 | 自由民主党 | ① |
| | 南関東 | 阿部知子 | | 社会民主党 | ③ |
| | 南関東 | 古屋範子 | | 公明党 | ② |
| | 東京 | 小宮山洋子 | | 民主党 | ③ |
| | 東京 | 高木美智代 | | 公明党 | ② |
| | 東京 | 猪口邦子 | 53 | 自由民主党 | ① |
| | 東海 | 佐藤ゆかり | 44 | 自由民主党 | ① |
| | 東海 | 藤野真紀子 | 55 | 自由民主党 | ① |
| | 近畿 | 石井郁子 | | 日本共産党 | ⑤ |
| | 近畿 | 池坊保子 | | 公明党 | ④ |
| | 近畿 | 辻元清美 | | 社会民主党 | ③ |
| | 近畿 | 井沢京子 | 42 | 自由民主党 | ① |
| | 近畿 | 井脇ノブ子 | 59 | 自由民主党 | ① |
| | 近畿 | 近藤三津枝 | 52 | 自由民主党 | ① |
| | 中国 | 阿部俊子 | 46 | 自由民主党 | ① |
| | 四国 | 西本勝子 | 55 | 自由民主党 | ① |
| | 九州 | 広津素子 | 52 | 自由民主党 | ① |

| 小選挙区／比例ブロック | | 氏　名 | 初当選時年齢 | 党　派 | 当選回数 |
|---|---|---|---|---|---|
| 繰り上げ当選（2005.9.11／05.12.21）1人 | | | | | |
| 比 | 四国 | 高井美穂 | | 民主党 | ② |
| 補欠選挙（2006.4.23）1人 | | | | | |
| 小 | 千葉7 | 太田和美 | 26 | 民主党 | ① |
| 第45回総選挙（2009.8.30）54人 | | | | | |
| 小選挙区 | 北海道5 | 小林千代美 | | 民主党 | ② |
| | 宮城1 | 郡和子 | | 民主党 | ② |
| | 秋田3 | 京野公子 | 59 | 民主党 | ① |
| | 福島2 | 太田和美 | | 民主党 | ② |
| | 茨城6 | 大泉博子 | 59 | 民主党 | ① |
| | 群馬5 | 小渕優子 | | 自由民主党 | ④ |
| | 埼玉7 | 小宮山泰子 | | 民主党 | ③ |
| | 東京6 | 小宮山洋子 | | 民主党 | ④ |
| | 東京10 | 江端貴子 | 49 | 民主党 | ① |
| | 東京12 | 青木愛 | | 民主党 | ② |
| | 東京23 | 櫛渕万里 | 41 | 民主党 | ① |
| | 神奈川1 | 中林美恵子 | 48 | 民主党 | ① |
| | 神奈川3 | 岡本英子 | 44 | 民主党 | ① |
| | 新潟1 | 西村智奈美 | | 民主党 | ③ |
| | 新潟4 | 菊田真紀子 | | 民主党 | ③ |
| | 新潟5 | 田中真紀子 | | 民主党 | ⑥ |
| | 福井1 | 稲田朋美 | | 自由民主党 | ② |
| | 愛知1 | 佐藤夕子 | 46 | 民主党 | ① |
| | 愛知7 | 山尾志桜里 | 35 | 民主党 | ① |
| | 大阪10 | 辻元清美 | | 社会民主党 | ④ |
| | 兵庫1 | 井戸正枝 | 43 | 民主党 | ① |
| | 徳島2 | 高井美穂 | | 民主党 | ③ |
| | 福岡3 | 藤田一枝 | | 民主党 | ② |
| | 長崎2 | 福田衣里子 | 28 | 民主党 | ① |
| 比例代表 | 北海道 | 仲野博子 | | 民主党 | ② |
| | 北海道 | 工藤仁美 | 54 | 民主党 | ① |
| | 北海道 | 山崎摩耶 | 62 | 民主党 | ① |
| | 東北 | 高橋千鶴子 | | 日本共産党 | ③ |
| | 東北 | 田名部匡代 | | 民主党 | ③ |
| | 東北 | 中野渡詔子 | 38 | 民主党 | ① |
| | 東北 | 和嶋未希 | 37 | 民主党 | ① |
| | 北関東 | 永岡桂子 | | 自由民主党 | ② |
| | 北関東 | 玉木朝子 | 57 | 民主党 | ① |
| | 北関東 | 三宅雪子 | 44 | 民主党 | ① |
| | 南関東 | 阿部知子 | | 社会民主党 | ④ |
| | 南関東 | 古屋範子 | | 公明党 | ③ |
| | 南関東 | 相原史乃 | 35 | 民主党 | ① |
| | 東京 | 小池百合子 | | 自由民主党 | ⑥ |

| 小選挙区／比例ブロック | | 氏名 | 時初当選年齢 | 党派 | 当選回数 |
|---|---|---|---|---|---|
| 比例代表 | 東京 | 石毛 鍈子 | | 民主党 | ④ |
| | 東京 | 高木 美智代 | | 公明党 | ③ |
| | 東京 | 早川 久美子 | 38 | 民主党 | ① |
| | 北陸信越 | 田中 美絵子 | 33 | 民主党 | ① |
| | 東海 | 野田 聖子 | | 自由民主党 | ⑥ |
| | 東海 | 磯谷 香代子 | 43 | 民主党 | ① |
| | 東海 | 笠原 多見子 | 44 | 民主党 | ① |
| | 東海 | 小林 正枝 | 37 | 民主党 | ① |
| | 近畿 | 池坊 保子 | | 公明党 | ⑤ |
| | 近畿 | 高市 早苗 | | 自由民主党 | ⑤ |
| | 近畿 | 近藤 三津枝 | | 自由民主党 | ② |
| | 近畿 | 小原 舞 | 35 | 民主党 | ① |
| | 近畿 | 河上 満栄 | 38 | 民主党 | ① |
| | 近畿 | 室井 秀子 | 53 | 民主党 | ① |
| | 中国 | 阿部 俊子 | | 自由民主党 | ② |
| | 四国 | 永江 孝子 | 49 | 民主党 | ① |

**第46回総選挙（2012.12.16）　38人**

| 小選挙区／比例ブロック | | 氏名 | 時初当選年齢 | 党派 | 当選回数 |
|---|---|---|---|---|---|
| 小選挙区 | 北海道11 | 中川 郁子 | 53 | 自由民主党 | ① |
| | 群馬5 | 小渕 優子 | | 自由民主党 | ⑤ |
| | 埼玉4 | 豊田 真由子 | 38 | 自由民主党 | ① |
| | 埼玉13 | 土屋 品子 | | 自由民主党 | ⑤ |
| | 東京1 | 山田 美樹 | 38 | 自由民主党 | ① |
| | 東京10 | 小池 百合子 | | 自由民主党 | ⑦ |
| | 東京14 | 松島 みどり | | 自由民主党 | ④ |
| | 神奈川17 | 牧島 かれん | 36 | 自由民主党 | ① |
| | 新潟4 | 金子 恵美 | 34 | 自由民主党 | ① |
| | 福井1 | 稲田 朋美 | | 自由民主党 | ③ |
| | 山梨2 | 宮川 典子 | 33 | 自由民主党 | ① |
| | 岐阜1 | 野田 聖子 | | 自由民主党 | ⑦ |
| | 静岡1 | 上川 陽子 | | 自由民主党 | ④ |
| | 大阪7 | 渡嘉敷 奈緒美 | | 自由民主党 | ② |
| | 奈良2 | 高市 早苗 | | 自由民主党 | ⑥ |
| | 沖縄3 | 比嘉 奈津美 | 54 | 自由民主党 | ① |
| 比例代表 | 北海道 | 高橋 美穂 | 47 | 日本維新の会 | ① |
| | 東北 | 高橋 千鶴子 | | 日本共産党 | ④ |
| | 東北 | 郡 和子 | | 民主党 | ③ |
| | 東北 | 大久保 三代 | 36 | 自由民主党 | ① |
| | 東北 | 菅野 佐智子 | 59 | 自由民主党 | ① |
| | 東北 | 高橋 比奈子 | 54 | 自由民主党 | ① |
| | 北関東 | 小宮山 泰子 | | 日本未来の党 | ④ |
| | 北関東 | 永岡 桂子 | | 自由民主党 | ③ |
| | 南関東 | 阿部 知子 | | 日本未来の党 | ⑤ |
| | 南関東 | 古屋 範子 | | 公明党 | ④ |
| | 南関東 | 堀内 詔子 | 47 | 自由民主党 | ① |
| | 東京 | 高木 美智代 | | 公明党 | ④ |
| | 東京 | 青木 愛 | | 日本未来の党 | ③ |
| | 北陸信越 | 菊田 真紀子 | | 民主党 | ④ |
| | 近畿 | 辻元 清美 | | 民主党 | ⑤ |
| | 近畿 | 上西 小百合 | 29 | 日本維新の会 | ① |
| | 近畿 | 浮島 智子 | 49 | 公明党 | ① |
| | 近畿 | 杉田 水脈 | 45 | 日本維新の会 | ① |
| | 近畿 | 西根 由佳 | 37 | 日本維新の会 | ① |
| | 近畿 | 三木 圭恵 | 46 | 日本維新の会 | ① |
| | 中国 | 阿部 俊子 | | 自由民主党 | ③ |
| | 九州 | 西川 京子 | | 自由民主党 | ④ |

**繰り上げ当選（2012.12.16／13.6.3）　1人**

| 小選挙区／比例ブロック | | 氏名 | 時初当選年齢 | 党派 | 当選回数 |
|---|---|---|---|---|---|
| 比 | 北海道 | 鈴木 貴子 | 26 | 新党大地 | ① |

**第47回総選挙（2014.12.14）　45人**

| 小選挙区／比例ブロック | | 氏名 | 時初当選年齢 | 党派 | 当選回数 |
|---|---|---|---|---|---|
| 小選挙区 | 北海道11 | 中川 郁子 | | 自由民主党 | ② |
| | 山形3 | 加藤 鮎子 | 35 | 自由民主党 | ① |
| | 群馬5 | 小渕 優子 | | 自由民主党 | ⑥ |
| | 埼玉4 | 豊田 真由子 | | 自由民主党 | ② |
| | 埼玉13 | 土屋 品子 | | 自由民主党 | ⑥ |
| | 東京1 | 山田 美樹 | | 自由民主党 | ② |
| | 東京10 | 小池 百合子 | | 自由民主党 | ⑧ |
| | 東京14 | 松島 みどり | | 自由民主党 | ⑤ |
| | 神奈川17 | 牧島 かれん | | 自由民主党 | ② |
| | 新潟4 | 金子 恵美 | | 自由民主党 | ② |
| | 福井1 | 稲田 朋美 | | 自由民主党 | ④ |
| | 岐阜1 | 野田 聖子 | | 自由民主党 | ⑧ |
| | 静岡1 | 上川 陽子 | | 自由民主党 | ⑤ |
| | 愛知7 | 山尾 志桜里 | | 民主党 | ② |
| | 大阪7 | 渡嘉敷 奈緒美 | | 自由民主党 | ③ |
| | 大阪10 | 辻元 清美 | | 民主党 | ⑥ |
| | 大阪11 | 佐藤 ゆかり | | 自由民主党 | ② |
| | 奈良2 | 高市 早苗 | | 自由民主党 | ⑦ |
| 比例代表 | 北海道 | 鈴木 貴子 | | 民主党 | ② |
| | 東北 | 高橋 千鶴子 | | 日本共産党 | ⑤ |
| | 東北 | 郡 和子 | | 民主党 | ④ |
| | 東北 | 高橋 比奈子 | | 自由民主党 | ② |
| | 東北 | 金子 恵美 | 49 | 民主党 | ① |
| | 北関東 | 小宮山 泰子 | | 民主党 | ⑤ |
| | 北関東 | 永岡 桂子 | | 自由民主党 | ④ |
| | 北関東 | 梅村 早江子 | 50 | 日本共産党 | ① |
| | 北関東 | 尾身 朝子 | 53 | 自由民主党 | ① |
| | 北関東 | 木村 弥生 | 49 | 自由民主党 | ① |

| 小選挙区／比例ブロック | | 氏　名 | | 初当選時年齢 | 党　派 | 当選回数 |
|---|---|---|---|---|---|---|
| 比例代表 | 南関東 | 阿部 | 知子 | | 民主党 | ⑥ |
| | 南関東 | 古屋 | 範子 | | 公明党 | ⑤ |
| | 南関東 | 太田 | 和美 | | 維新の党 | ③ |
| | 南関東 | 堀内 | 詔子 | | 自由民主党 | ② |
| | 南関東 | 宮川 | 典子 | | 自由民主党 | ② |
| | 南関東 | 斉藤 | 和子 | 40 | 日本共産党 | ① |
| | 南関東 | 畑野 | 君枝 | 57 | 日本共産党 | ① |
| | 東　京 | 高木 | 美智代 | | 公明党 | ⑤ |
| | 東　京 | 池内 | 沙織 | 32 | 日本共産党 | ① |
| | 東　京 | 前川 | 恵 | 39 | 自由民主党 | ① |
| | 北陸信越 | 菊田 | 真紀子 | | 民主党 | ⑤ |
| | 北陸信越 | 西村 | 智奈美 | | 民主党 | ④ |
| | 東　海 | 本村 | 伸子 | 42 | 日本共産党 | ① |
| | 近　畿 | 上西 | 小百合 | | 維新の党 | ② |
| | 近　畿 | 浮島 | 智子 | | 公明党 | ② |
| | 中　国 | 阿部 | 俊子 | | 自由民主党 | ④ |
| | 九　州 | 比嘉 | 奈津美 | | 自由民主党 | ② |

**第48回総選挙（2017.10.22）　47人**

| 小選挙区／比例ブロック | | 氏　名 | | 初当選時年齢 | 党　派 | 当選回数 |
|---|---|---|---|---|---|---|
| 小選挙区 | 北海道11 | 石川 | 香織 | 33 | 立憲民主党 | ① |
| | 山　形3 | 加藤 | 鮎子 | | 自由民主党 | ② |
| | 福　島1 | 金子 | 恵美 | | 無所属 | ② |
| | 茨　城6 | 国光 | 文乃 | 38 | 自由民主党 | ① |
| | 群　馬1 | 尾身 | 朝子 | | 自由民主党 | ② |
| | 群　馬5 | 小渕 | 優子 | | 自由民主党 | ⑦ |
| | 埼　玉13 | 土屋 | 品子 | | 自由民主党 | ⑦ |
| | 東　京14 | 松島 | みどり | | 自由民主党 | ⑥ |
| | 神奈川4 | 早稲田 | 夕季 | 58 | 立憲民主党 | ① |
| | 神奈川12 | 阿部 | 知子 | | 立憲民主党 | ⑦ |
| | 神奈川17 | 牧島 | かれん | | 自由民主党 | ③ |
| | 新　潟1 | 西村 | 智奈美 | | 立憲民主党 | ⑤ |
| | 新　潟4 | 菊田 | 真紀子 | | 無所属 | ⑥ |
| | 福　井1 | 稲田 | 朋美 | | 自由民主党 | ⑤ |
| | 山　梨2 | 堀内 | 詔子 | | 無所属 | ③ |
| | 岐　阜1 | 野田 | 聖子 | | 自由民主党 | ⑨ |
| | 静　岡1 | 上川 | 陽子 | | 自由民主党 | ⑥ |
| | 愛　知7 | 山尾 | 志桜里 | | 無所属 | ③ |
| | 大　阪7 | 渡嘉敷 | 奈緒美 | | 自由民主党 | ④ |
| | 大　阪10 | 辻元 | 清美 | | 立憲民主党 | ⑦ |
| | 奈　良2 | 高市 | 早苗 | | 自由民主党 | ⑧ |
| | 岡　山3 | 阿部 | 俊子 | | 無所属 | ⑤ |
| | 長　崎1 | 西岡 | 秀子 | 53 | 希望の党 | ① |
| 比 | 北海道 | 鈴木 | 貴子 | | 自由民主党 | ③ |
| | 北海道 | 池田 | 真紀 | 45 | 立憲民主党 | ① |

| 小選挙区／比例ブロック | | 氏　名 | | 初当選時年齢 | 党　派 | 当選回数 |
|---|---|---|---|---|---|---|
| 比例代表 | 東　北 | 高橋 | 千鶴子 | | 日本共産党 | ⑥ |
| | 東　北 | 高橋 | 比奈子 | | 自由民主党 | ③ |
| | 東　北 | 岡本 | 章子 | 53 | 立憲民主党 | ① |
| | 北関東 | 小宮山 | 泰子 | | 希望の党 | ⑥ |
| | 北関東 | 永岡 | 桂子 | | 自由民主党 | ⑤ |
| | 北関東 | 大河原 | 雅子 | 64 | 立憲民主党 | ① |
| | 北関東 | 山川 | 百合子 | 48 | 立憲民主党 | ① |
| | 南関東 | 古屋 | 範子 | | 公明党 | ⑥ |
| | 南関東 | 宮川 | 典子 | | 自由民主党 | ③ |
| | 南関東 | 畑野 | 君枝 | | 日本共産党 | ② |
| | 東　京 | 高木 | 美智代 | | 公明党 | ⑥ |
| | 東　京 | 山田 | 美樹 | | 自由民主党 | ③ |
| | 北陸信越 | 山本 | 和嘉子 | 49 | 立憲民主党 | ① |
| | 東　海 | 本村 | 伸子 | | 日本共産党 | ② |
| | 近　畿 | 浮島 | 智子 | | 公明党 | ③ |
| | 近　畿 | 佐藤 | ゆかり | | 自由民主党 | ③ |
| | 近　畿 | 木村 | 弥生 | | 自由民主党 | ② |
| | 近　畿 | 尾辻 | かな子 | 42 | 立憲民主党 | ① |
| | 近　畿 | 森 | 夏枝 | 36 | 日本維新の会 | ① |
| | 近　畿 | 鰐淵 | 洋子 | 45 | 公明党 | ① |
| | 中　国 | 亀井 | 亜紀子 | 52 | 立憲民主党 | ① |
| | 中　国 | 杉田 | 水脈 | | 自由民主党 | ② |

《注》衆議院総選挙及び繰り上げ当選、補欠選挙の女性当選者を列挙した。掲載は、総選挙回数、選挙期日、当該選挙における女性当選者数。続いて選挙区毎（ブロック毎）に当選回数順の氏名、初当選時の年齢、立候補届け出時の党派、当選回数を記し、当選回数が同じ場合は50音順とした。繰り上げ当選の場合は、当初立候補した選挙の期日と繰り上げ当選した期日を併記した。

第22、23回当選の山崎道子は参議院の藤原道子と同一人物。また同一人物でも「子」の有無など、表記が異なるものもあるが、元資料のママとした。

選挙制度は、大選挙区制限連記制（第22回）、中選挙区単記制（第23〜40回）、小選挙区比例代表並立制（第41回〜）へと改正された。

資料出所：衆議院事務局、総務省、（公財）市川房枝記念会女性と政治センター

## 参議院

| 全国区／地方区 | | 氏　名 | 初当選時年齢 | 党　派 | 当選回数 |
|---|---|---|---|---|---|
| **第1回通常選挙（1947.4.20）　10人** | | | | | |
| 全国区 | | 赤　松　常　子 | 50 | 日本社会党 | ① |
| | | 井　上　な　つ　ゑ | 48 | 無所属 | ① |
| | | 奥　　　む　め　お | 51 | 国民協同党 | ① |
| | | 河　崎　ナ　ツ | 60 | 日本社会党 | ① |
| | | 木　内　キ　ヤ　ウ | 64 | 日本進歩党 | ① |
| | | 高　良　と　み | 51 | 日本進歩党 | ① |
| | | 宮　城　タ　マ　ヨ | 55 | 無所属 | ① |
| | | 以上6年議員 | | | |
| | | 小　杉　イ　子 | 48 | 世界平和党 | ① |
| | | 以上3年議員 | | | |
| 地方区 | 東　京 | 深　川　タ　マ　エ | 44 | 無所属 | ① |
| | 山　梨 | 平　野　成　子 | 48 | 日本社会党 | ① |
| | | 以上3年議員 | | | |
| **補欠選挙（1947.8.15）　1人** | | | | | |
| 地方区 | 徳　島 | 紅　露　み　つ | 53 | 民主党 | ① |
| | | 以上3年議員 | | | |
| **第2回通常選挙（1950.6.4）　5人** | | | | | |
| 全国区 | | 加　藤　シ　ヅ　エ | 53 | 日本社会党 | ① |
| | | 高　田　な　ほ　子 | 45 | 日本社会党 | ① |
| | | 藤　原　道　子 | 50 | 日本社会党 | ① |
| 地方区 | 東　京 | 深　川　タ　マ　エ | | 国民民主党 | ② |
| | 徳　島 | 紅　露　み　つ | | 国民民主党 | ② |
| **第3回通常選挙（1953.4.24）　10人** | | | | | |
| 全国区 | | 赤　松　常　子 | | 日本社会党右 | ② |
| | | 奥　　　む　め　お | | 緑風会 | ② |
| | | 高　良　と　み | | 緑風会 | ② |
| | | 宮　城　タ　マ　ヨ | | 緑風会 | ② |
| | | 西　岡　ハ　ル | 47 | 自由党 | ① |
| | | 横　山　フ　ク | 46 | 無所属 | ① |
| 地方区 | 群　馬 | 最　上　英　子 | 50 | 改進党 | ① |
| | 東　京 | 市　川　房　枝 | 59 | 無所属 | ① |
| | 愛　知 | 長谷部　ひ　ろ | 54 | 無所属 | ① |
| | 山　口 | 安　部　キ　ミ　子 | 45 | 無所属 | ① |
| **第4回通常選挙（1956.7.8）　5人** | | | | | |
| 全国区 | | 加　藤　シ　ヅ　エ | | 日本社会党 | ② |
| | | 高　田　な　ほ　子 | | 日本社会党 | ② |
| | | 藤　原　道　子 | | 日本社会党 | ② |
| 地方区 | 岡　山 | 近　藤　鶴　代 | 54 | 自由民主党 | ① |
| | 徳　島 | 紅　露　み　つ | | 自由民主党 | ③ |
| **第5回通常選挙（1959.6.2）　8人** | | | | | |
| 全国区 | | 赤　松　常　子 | | 日本社会党 | ③ |
| 全国区 | | 奥　　　む　め　お | | 緑風会 | ③ |
| | | 横　山　フ　ク | | 自由民主党 | ② |
| | | 千　葉　千代世 | 52 | 日本社会党 | ① |
| | | 山　本　　杉 | 55 | 自由民主党 | ① |
| 地方区 | 群　馬 | 最　上　英　子 | | 自由民主党 | ② |
| | 東　京 | 市　川　房　枝 | | 無所属 | ② |
| | 東　京 | 柏　原　ヤ　ス | 42 | 無所属 | ① |
| **第6回通常選挙（1962.7.1）　8人** | | | | | |
| 全国区 | | 加　藤　シ　ヅ　エ | | 日本社会党 | ③ |
| | | 藤　原　道　子 | | 日本社会党 | ③ |
| | | 中上川　ア　キ | 64 | 自由民主党 | ① |
| | | 林　　　塩 | 55 | 無所属 | ① |
| | | 森　田　タ　マ | 67 | 自由民主党 | ① |
| | | 山　下　春　江 | 61 | 自由民主党 | ① |
| 地方区 | 岡　山 | 近　藤　鶴　代 | | 自由民主党 | ② |
| | 徳　島 | 紅　露　み　つ | | 自由民主党 | ④ |
| **繰り上げ当選（1962.7.1／62.9.11）　1人** | | | | | |
| 全国区 | | 山　高　し　げ　り | 63 | 無所属 | ① |
| **第7回通常選挙（1965.7.4）　9人** | | | | | |
| 全国区 | | 横　山　フ　ク | | 自由民主党 | ③ |
| | | 柏　原　ヤ　ス | | 公明党 | ② |
| | | 千　葉　千代世 | | 日本社会党 | ② |
| | | 山　高　し　げ　り | | 無所属 | ② |
| | | 山　本　　杉 | | 自由民主党 | ② |
| | | 田　中　寿美子 | 55 | 日本社会党 | ① |
| | | 石　本　　茂* | 65 | 無所属 | ① |
| 地方区 | 東　京 | 市　川　房　枝 | | 無所属 | ③ |
| | 兵　庫 | 中　沢　伊登子 | 49 | 民主社会党 | ① |
| **第8回通常選挙（1968.7.7）　5人** | | | | | |
| 全国区 | | 加　藤　シ　ヅ　エ | | 日本社会党 | ④ |
| | | 藤　原　道　子 | | 日本社会党 | ④ |
| | | 山　下　春　江 | | 自由民主党 | ② |
| | | 小笠原　貞　子 | 48 | 日本共産党 | ① |
| 地 | 兵　庫 | 萩　原　幽香子 | 57 | 民主社会党 | ① |
| **第9回通常選挙（1971.6.27）　8人** | | | | | |
| 全国区 | | 柏　原　ヤ　ス | | 公明党 | ③ |
| | | 石　本　　茂 | | 自由民主党 | ② |
| | | 田　中　寿美子 | | 日本社会党 | ② |
| | | 志　村　愛　子 | 54 | 自由民主党 | ① |
| | | 鈴　木　美枝子 | 54 | 日本社会党 | ① |
| 地方区 | 静　岡 | 川野辺　　静 | 63 | 自由民主党 | ① |
| | 大　阪 | 佐々木　静　子 | 44 | 日本社会党 | ① |

| 全国区／地方区 | | 氏　名 | 初当選時年齢 | 党　派 | 当選回数 |
|---|---|---|---|---|---|
| 地 | 兵庫 | 中沢伊登子 | | 民社党 | ② |

**補欠選挙（1972.2.6）　1人**

| | | | | | |
|---|---|---|---|---|---|
| 地 | 茨城 | 中村登美 | 56 | 諸派 | ① |

**補欠選挙（1973.6.17）　1人**

| | | | | | |
|---|---|---|---|---|---|
| 地 | 大阪 | 沓脱タケ子 | 51 | 日本共産党 | ① |

**第10回通常選挙（1974.7.7）　8人**

| | | | | | |
|---|---|---|---|---|---|
| 全国区 | | 市川房枝 | | 無所属 | ④ |
| | | 大鷹淑子 | 54 | 自由民主党 | ① |
| | | 粕谷照美 | 50 | 日本社会党 | ① |
| | | 山東昭子 | 32 | 自由民主党 | ① |
| | | 山中郁子 | 42 | 日本共産党 | ① |
| 地方区 | 北海道 | 小笠原貞子 | | 日本共産党 | ② |
| | 茨城 | 岩上妙子 | 56 | 諸派 | ① |
| | 兵庫 | 安武洋子 | 45 | 日本共産党 | ① |

**第11回通常選挙（1977.7.10）　8人**

| | | | | | |
|---|---|---|---|---|---|
| 全国区 | | 柏原ヤス | | 公明党 | ④ |
| | | 石本茂 | | 自由民主党 | ③ |
| | | 田中寿美子 | | 日本社会党 | ③ |
| | | 志村愛子 | | 自由民主党 | ② |
| | | 下田京子 | 37 | 日本共産党 | ① |
| | | 林寛子[a] | 42 | 自由民主党 | ① |
| 地方区 | 大阪 | 沓脱タケ子 | | 日本共産党 | ② |
| | 兵庫 | 渡部通子 | 45 | 公明党 | ① |

**第12回通常選挙（1980.6.22）　9人**

| | | | | | |
|---|---|---|---|---|---|
| 全国区 | | 市川房枝 | | 無所属 | ⑤ |
| | | 大鷹淑子 | | 自由民主党 | ② |
| | | 粕谷照美 | | 日本社会党 | ② |
| | | 山東昭子 | | 自由民主党 | ② |
| | | 山中郁子 | | 日本共産党 | ② |
| | | 中山千夏 | 31 | 革新自由連合 | ① |
| 地方区 | 北海道 | 小笠原貞子 | | 日本共産党 | ③ |
| | 栃木 | 森山眞弓 | 52 | 自由民主党 | ① |
| | 兵庫 | 安武洋子 | | 日本共産党 | ② |

| 選挙区／比例代表 | | 氏　名 | 初当選時年齢 | 党　派 | 当選回数 |
|---|---|---|---|---|---|

**第13回通常選挙（1983.6.26）　10人**

| | | | | | |
|---|---|---|---|---|---|
| 比例代表 | | 石本茂 | | 自由民主党 | ④ |
| | | 志村愛子 | | 自由民主党 | ③ |
| | | 下田京子 | | 日本共産党 | ② |
| | | 林寛子[a] | | 自由民主党 | ② |
| | | 刈田貞子 | 51 | 公明党 | ① |
| | | 久保田真苗 | 58 | 日本社会党 | ① |
| | | 中西珠子 | 64 | 公明党 | ① |
| | | 吉川春子 | 42 | 日本共産党 | ① |
| 選挙区 | 千葉 | 糸久八重子 | 51 | 日本社会党 | ① |
| | 兵庫 | 抜山映子 | 49 | 民社党 | ① |

**繰り上げ当選（1983.6.26／84.9.4）　1人**

| | | | | | |
|---|---|---|---|---|---|
| 比例代表 | | 石井道子 | 51 | 自由民主党 | ① |

**繰り上げ当選（1983.6.26／86.6.22）　1人**

| | | | | | |
|---|---|---|---|---|---|
| 比例代表 | | 寺内弘子 | 50 | 自由民主党 | ① |

**第14回通常選挙（1986.7.6）　10人**

| | | | | | |
|---|---|---|---|---|---|
| 比例代表 | | 大鷹淑子 | | 自由民主党 | ③ |
| | | 粕谷照美 | | 日本社会党 | ③ |
| | | 山東昭子 | | 自由民主党 | ③ |
| | | 山中郁子 | | 日本共産党 | ③ |
| | | 広中和歌子 | 52 | 公明党 | ① |
| 選挙区 | 北海道 | 小笠原貞子 | | 日本共産党 | ④ |
| | 栃木 | 森山眞弓 | | 自由民主党 | ② |
| | 東京 | 小野清子 | 50 | 自由民主党 | ① |
| | 神奈川 | 千葉景子 | 38 | 日本社会党 | ① |
| | 大阪 | 沓脱タケ子 | | 日本共産党 | ③ |

**補欠選挙（1989.6.25）　1人**

| | | | | | |
|---|---|---|---|---|---|
| 選 | 新潟 | 大渕絹子 | 44 | 日本社会党 | ① |

**第15回通常選挙（1989.7.23）　22人**

| | | | | | |
|---|---|---|---|---|---|
| 比例代表 | | 石井道子 | | 自由民主党 | ② |
| | | 刈田貞子 | | 公明党 | ② |
| | | 久保田真苗 | | 日本社会党 | ② |
| | | 中西珠子 | | 公明党 | ② |
| | | 吉川春子 | | 日本共産党 | ② |
| | | 日下部禧代子 | 53 | 日本社会党 | ① |
| | | 清水嘉与子 | 53 | 自由民主党 | ① |
| | | 清水澄子 | 61 | 日本社会党 | ① |
| | | 堂本暁子 | 56 | 日本社会党 | ① |
| | | 林紀子 | 49 | 日本共産党 | ① |
| | | 肥田美代子 | 48 | 日本社会党 | ① |
| | | 三石久江 | 61 | 日本社会党 | ① |
| 選 | 北海道 | 高崎裕子 | 40 | 日本共産党 | ① |
| | 北海道 | 竹村泰子 | 55 | 無所属 | ① |

第1部　政治への参画－国会

| 選挙区／比例代表 | | 氏名 | 初当選時年齢 | 党派 | 当選回数 |
|---|---|---|---|---|---|
| 選挙区 | 千葉 | 糸久 八重子 | | 日本社会党 | ② |
| | 愛知 | 前畑 幸子 | 51 | 日本社会党 | ① |
| | 京都 | 笹野 貞子 | 56 | 連合の会 | ① |
| | 岡山 | 森 暢子 | 57 | 日本社会党 | ① |
| | 徳島 | 乾 晴美 | 54 | 連合の会 | ① |
| | 高知 | 西岡 瑠璃子 | 55 | 日本社会党 | ① |
| | 長崎 | 篠崎 年子 | 71 | 日本社会党 | ① |
| | 熊本 | 紀平 悌子 | 61 | 無所属 | ① |
| **繰り上げ当選（1989.7.23／93.7.16）　1人** | | | | | |
| 比例代表 | | 林 寛子[a] | | 自由民主党 | ③ |
| **補欠選挙（1990.6.10）　1人** | | | | | |
| 選 | 福岡 | 三重野 栄子 | 64 | 日本社会党 | ① |
| **補欠選挙（1992.4.12）　1人** | | | | | |
| 選 | 茨城 | 狩野 安 | 57 | 自由民主党 | ① |
| **第16回通常選挙（1992.7.26）　13人** | | | | | |
| 比例代表 | | 広中 和歌子 | | 公明党 | ② |
| | | 大脇 雅子 | 57 | 日本社会党 | ① |
| | | 川橋 幸子 | 54 | 日本社会党 | ① |
| | | 小池 百合子 | 40 | 日本新党 | ① |
| | | 武田 節子 | 67 | 公明党 | ① |
| | | 南野 知恵子 | 56 | 自由民主党 | ① |
| 選挙区 | 栃木 | 森山 眞弓 | | 自由民主党 | ③ |
| | 東京 | 小野 清子 | | 自由民主党 | ② |
| | 東京 | 浜四津 敏子 | 47 | 公明党 | ① |
| | 神奈川 | 千葉 景子 | | 日本社会党 | ② |
| | 新潟 | 大渕 絹子 | | 日本社会党 | ② |
| | 京都 | 西山 登紀子 | 48 | 日本共産党 | ① |
| | 広島 | 栗原 君子 | 46 | 護憲・ヒロシマの会 | ① |
| **繰り上げ当選（1992.7.26／93.7.16）　1人** | | | | | |
| 比例代表 | | 山崎 順子[b] | 45 | 日本新党 | ① |
| **繰り上げ当選（1992.7.26／95.8.25）　1人** | | | | | |
| 比例代表 | | 山東 昭子 | | 自由民主党 | ④ |
| **繰り上げ当選（1992.7.26／97.5.19）　1人** | | | | | |
| 比例代表 | | 長尾 立子 | 59 | 自由民主党 | ① |
| **第17回通常選挙（1995.7.23）　21人** | | | | | |
| 比例代表 | | 林 寛子[a] | | 新進党 | ④ |
| | | 石井 道子 | | 自由民主党 | ③ |
| | | 吉川 春子 | | 日本共産党 | ③ |
| | | 日下部 禧代子 | | 日本社会党 | ② |
| | | 清水 嘉与子 | | 自由民主党 | ② |
| | | 清水 澄子 | | 日本社会党 | ② |
| | | 竹村 泰子 | | 日本社会党 | ② |
| | | 堂本 暁子 | | 新党さきがけ | ② |
| | | 大森 礼子 | 46 | 新進党 | ① |
| | | 須藤 美也子 | 60 | 日本共産党 | ① |
| | | 橋本 聖子 | 30 | 自由民主党 | ① |
| | | 畑 恵 | 33 | 新進党 | ① |
| | | 但馬 久美 | 51 | 新進党 | ① |
| 選挙区 | 福島 | 和田 洋子 | 53 | 新進党 | ① |
| | 茨城 | 狩野 安 | | 自由民主党 | ② |
| | 埼玉 | 阿部 幸代 | 46 | 日本共産党 | ① |
| | 神奈川 | 西川 玲子[c] | 47 | 新進党 | ① |
| | 愛知 | 末広 真樹子 | 50 | 無所属 | ① |
| | 京都 | 笹野 貞子 | | 民主改革連合 | ② |
| | 岡山 | 石田 美栄 | 57 | 新進党 | ① |
| | 福岡 | 三重野 栄子 | | 日本社会党 | ② |
| **繰り上げ当選（1995.7.23／2001.3.16）　1人** | | | | | |
| 比例代表 | | 黒岩 秩子 | 55 | さきがけ | ① |
| **補欠選挙（1996.3.24）　1人** | | | | | |
| 選 | 岐阜 | 大野 つや子 | 64 | 諸派 | ① |
| **補欠選挙（1997.11.16）　1人** | | | | | |
| 選 | 宮城 | 岡崎 トミ子 | 53 | 民主党 | ① |
| **第18回通常選挙（1998.7.12）　20人** | | | | | |
| 比例代表 | | 大脇 雅子 | | 社会民主党 | ② |
| | | 川橋 幸子 | | 民主党 | ② |
| | | 南野 知恵子 | | 自由民主党 | ② |
| | | 林 紀子 | | 日本共産党 | ② |
| | | 円 より子[b] | | 民主党 | ② |
| | | 岩佐 恵美 | 59 | 日本共産党 | ① |
| | | 小宮山 洋子 | 49 | 民主党 | ① |
| | | 佐々木 知子 | 43 | 自由民主党 | ① |
| | | 沢 たまき | 61 | 公明党 | ① |
| | | 福島 瑞穂 | 42 | 社会民主党 | ① |
| 選挙区 | 千葉 | 広中 和歌子 | | 無所属 | ③ |
| | 東京 | 浜四津 敏子 | | 公明党 | ② |
| | 東京 | 井上 美代 | 62 | 日本共産党 | ① |
| | 神奈川 | 千葉 景子 | | 民主党 | ③ |
| | 神奈川 | 畑野 君枝 | 50 | 日本共産党 | ① |
| | 新潟 | 大渕 絹子 | | 社会民主党 | ③ |
| | 愛知 | 八田 広子 | 52 | 日本共産党 | ① |
| | 京都 | 西山 登紀子 | | 日本共産党 | ② |
| | 兵庫 | 大沢 辰美 | 57 | 日本共産党 | ① |
| | 徳島 | 高橋 紀世子 | 57 | 無所属 | ① |
| **第19回通常選挙（2001.7.29）　18人** | | | | | |
| 比例代表 | | 扇 千景[a] | | 保守党 | ⑤ |
| | | 山東 昭子 | | 自由民主党 | ⑤ |

| 選挙区／比例代表 | | 氏　名 | 時年齢初当選 | 党　派 | 当選回数 |
|---|---|---|---|---|---|
| 比例代表 | | 吉　川　春　子 | | 日本共産党 | ④ |
| | | 小　野　清　子 | | 自由民主党 | ③ |
| | | 清　水　嘉与子 | | 自由民主党 | ③ |
| | | 橋　本　聖　子 | | 自由民主党 | ② |
| | | 有　村　治　子 | 30 | 自由民主党 | ① |
| | | 紙　　　智　子 | 46 | 日本共産党 | ① |
| | | 神　本　美恵子 | 53 | 民主党 | ① |
| | | 田　嶋　陽　子 | 60 | 社会民主党 | ① |
| | | 山　本　香　苗 | 30 | 公明党 | ① |
| 選挙区 | 宮城 | 岡　崎　トミ子 | | 民主党 | ② |
| | 福島 | 和　田　洋　子 | | 民主党 | ② |
| | 茨城 | 狩　野　　　安 | | 自由民主党 | ③ |
| | 神奈川 | 松　　あきらc | | 公明党 | ② |
| | 新潟 | 森　　　裕　子 | 45 | 自由党 | ① |
| | 岐阜 | 大　野　つや子 | | 自由民主党 | ② |
| | 大分 | 後　藤　博　子 | 53 | 自由民主党 | ① |

**繰り上げ当選 （2001. 7. 29／03. 7. 7）　1人**

| | | | | | |
|---|---|---|---|---|---|
| 比例代表 | | 小　林　美恵子 | 42 | 共産党 | ① |

**第20回通常選挙 （2004. 7. 11）　15人**

| | | | | | |
|---|---|---|---|---|---|
| 比例代表 | | 南　野　知恵子 | | 自由民主党 | ③ |
| | | 浜四津　敏　子 | | 公明党 | ③ |
| | | 円　　より子b | | 民主党 | ③ |
| | | 福　島　瑞　穂 | | 社会民主党 | ② |
| | | 浮　島　智　子 | 41 | 公明党 | ① |
| | | 下　田　敦　子 | 63 | 民主党 | ① |
| | | 山　谷　えり子 | 53 | 自由民主党 | ① |
| | | 鰐　淵　洋　子 | 32 | 公明党 | ① |
| 選挙区 | 埼玉 | 嶋　田　智哉子 | 41 | 民主党 | ① |
| | 千葉 | 広　中　和歌子 | | 民主党 | ④ |
| | 東京 | 蓮　　　　　舫 | 36 | 民主党 | ① |
| | 神奈川 | 千　葉　景　子 | | 民主党 | ④ |
| | 静岡 | 坂　本　由起子 | 55 | 自由民主党 | ① |
| | 滋賀 | 林　　　久美子 | 31 | 民主党 | ① |
| | 沖縄 | 糸　数　慶　子 | 56 | 無所属 | ① |

**繰り上げ当選 （2004. 7. 11／06. 10. 4）　1人**

| | | | | | |
|---|---|---|---|---|---|
| 比例代表 | | 神　取　　　忍 | 39 | 自由民主党 | ① |

**補欠選挙 （2005. 10. 23）　1人**

| | | | | | |
|---|---|---|---|---|---|
| 選 | 神奈川 | 川　口　順　子 | 64 | 自由民主党 | ① |

**補欠選挙 （2007. 4. 22）　1人**

| | | | | | |
|---|---|---|---|---|---|
| 選 | 沖縄 | 島　尻　安伊子 | 42 | 諸派 | ① |

**第21回通常選挙 （2007. 7. 29）　26人**

| | | | | | |
|---|---|---|---|---|---|
| 比例代表 | | 山　東　昭　子 | | 自由民主党 | ⑥ |
| | | 橋　本　聖　子 | | 自由民主党 | ③ |

| 選挙区／比例代表 | | 氏　名 | 時年齢初当選 | 党　派 | 当選回数 |
|---|---|---|---|---|---|
| 比例代表 | | 有　村　治　子 | | 自由民主党 | ② |
| | | 紙　　　智　子 | | 日本共産党 | ② |
| | | 神　本　美恵子 | | 民主党 | ② |
| | | 川　口　順　子 | | 自由民主党 | ② |
| | | 山　本　香　苗 | | 公明党 | ② |
| | | 相　原　久美子 | 60 | 民主党 | ① |
| | | 青　木　　　愛 | 41 | 民主党 | ① |
| | | 石　井　みどり | 58 | 自由民主党 | ① |
| | | 中　山　恭　子 | 67 | 自由民主党 | ① |
| | | 吉　川　沙　織 | 30 | 民主党 | ① |
| 選挙区 | 宮城 | 岡　崎　トミ子 | | 民主党 | ③ |
| | 山形 | 舟　山　康　江 | 41 | 民主党 | ① |
| | 福島 | 金　子　恵　美 | 42 | 民主党 | ① |
| | 福島 | 森　　　雅　子 | 42 | 自由民主党 | ① |
| | 埼玉 | 行　田　邦　子 | 41 | 民主党 | ① |
| | 東京 | 大河原　雅　子 | 54 | 民主党 | ① |
| | 東京 | 丸　川　珠　代 | 36 | 自由民主党 | ① |
| | 神奈川 | 牧　山　弘　恵 | 42 | 民主党 | ① |
| | 新潟 | 森　　　裕　子 | | 民主党 | ② |
| | 愛知 | 谷　岡　郁　子 | 53 | 民主党 | ① |
| | 島根 | 亀　井　亜紀子 | 42 | 国民新党 | ① |
| | 岡山 | 姫　井　由美子 | 48 | 民主党 | ① |
| | 香川 | 植　松　恵美子 | 39 | 民主党 | ① |
| | 沖縄 | 糸　数　慶　子 | | 無所属 | ② |

**繰り上げ当選 （2007. 7. 29／07. 12. 28）　1人**

| | | | | | |
|---|---|---|---|---|---|
| 比例代表 | | 大　石　尚　子 | 70 | 民主党 | ① |

**第22回通常選挙 （2010. 7. 11）　17人**

| | | | | | |
|---|---|---|---|---|---|
| 比例代表 | | 福　島　瑞　穂 | | 社会民主党 | ③ |
| | | 山　谷　えり子 | | 自由民主党 | ② |
| | | 片　山　さつき | 51 | 自由民主党 | ① |
| | | 佐　藤　ゆかり | 48 | 自由民主党 | ② |
| | | 高　階　恵美子 | 46 | 自由民主党 | ① |
| | | 谷　　　亮　子 | 34 | 民主党 | ① |
| | | 田　村　智　子 | 45 | 共産党 | ① |
| | | 西　村　正　美 | 46 | 民主党 | ① |
| | | 三　原　じゅん子 | 45 | 自由民主党 | ① |
| 選挙区 | 北海道 | 徳　永　エ　リ | 48 | 民主党 | ① |
| | 栃木 | 上　野　通　子 | 52 | 自由民主党 | ① |
| | 千葉 | 猪　口　邦　子 | 58 | 自由民主党 | ① |
| | 東京 | 蓮　　　　　舫 | | 民主党 | ② |
| | 東京 | 竹　谷　とし子 | 40 | 公明党 | ① |
| | 愛知 | 安　井　美沙子 | 44 | 民主党 | ① |
| | 滋賀 | 林　　　久美子 | | 民主党 | ② |

| 選挙区／比例代表 | 氏名 | 時初年齢当選 | 党派 | 当選回数 |
|---|---|---|---|---|
| 選 沖縄 | 島尻 安伊子 | | 自由民主党 | ② |
| **繰り上げ当選（2007.7.29／11.11.10） 1人** | | | | |
| 比例代表 | 秦 知子 | 40 | 民主党 | ① |
| **繰り上げ当選（2007.7.29／13.5.23） 1人** | | | | |
| 比例代表 | 尾辻 かな子 | 32 | 民主党 | ① |
| **第23回通常選挙（2013.7.21） 22人** | | | | |
| 比例代表 | 山東 昭子 | | 自由民主党 | ⑦ |
| 比例代表 | 橋本 聖子 | | 自由民主党 | ④ |
| 比例代表 | 有村 治子 | | 自由民主党 | ③ |
| 比例代表 | 紙 智子 | | 共産党 | ③ |
| 比例代表 | 神本 美恵子 | | 民主党 | ③ |
| 比例代表 | 山本 香苗 | | 公明党 | ③ |
| 比例代表 | 相原 久美子 | | 民主党 | ② |
| 比例代表 | 石井 みどり | | 自由民主党 | ② |
| 比例代表 | 中山 恭子 | | 日本維新の会 | ② |
| 比例代表 | 吉川 沙織 | | 民主党 | ② |
| 比例代表 | 太田 房江 | 62 | 自由民主党 | ① |
| 選挙区 山形 | 大沼 瑞穂 | 34 | 自由民主党 | ① |
| 選挙区 福島 | 森 雅子 | | 自由民主党 | ② |
| 選挙区 埼玉 | 行田 邦子 | | みんなの党 | ② |
| 選挙区 東京 | 丸川 珠代 | | 自由民主党 | ② |
| 選挙区 東京 | 吉良 佳子 | 30 | 日本共産党 | ① |
| 選挙区 神奈川 | 牧山 弘恵 | | 民主党 | ② |
| 選挙区 神奈川 | 佐々木 さやか | 32 | 公明党 | ① |
| 選挙区 愛知 | 薬師寺 道代 | 49 | みんなの党 | ① |
| 選挙区 三重 | 吉川 有美 | 39 | 自由民主党 | ① |
| 選挙区 京都 | 倉林 明子 | 52 | 日本共産党 | ① |
| 選挙区 沖縄 | 糸数 慶子 | | 沖縄社会大衆党 | ③ |
| **第24回通常選挙（2016.7.10） 28人** | | | | |
| 比例代表 | 福島 瑞穂 | | 社会民主党 | ④ |
| 比例代表 | 山谷 えり子 | | 自由民主党 | ③ |
| 比例代表 | 青木 愛 | | 生活の党と山本太郎となかまたち | ② |
| 比例代表 | 片山 さつき | | 自由民主党 | ② |
| 比例代表 | 高階 恵美子 | | 自由民主党 | ② |
| 比例代表 | 田村 智子 | | 日本共産党 | ② |
| 比例代表 | 石井 苗子 | 62 | おおさか維新の会 | ① |
| 比例代表 | 今井 絵理子 | 32 | 自由民主党 | ① |
| 比例代表 | 岩渕 友 | 39 | 日本共産党 | ① |
| 比例代表 | 自見 英子 | 40 | 自由民主党 | ① |
| 比例代表 | 矢田 稚子 | 50 | 民進党 | ① |
| 選挙区 北海道 | 徳永 エリ | | 民進党 | ② |
| 選挙区 青森 | 田名部 匡代 | 47 | 民進党 | ① |
| 選挙区 山形 | 舟山 康江 | | 無所属 | ② |

| 選挙区／比例代表 | 氏名 | 時初年齢当選 | 党派 | 当選回数 |
|---|---|---|---|---|
| 選挙区 栃木 | 上野 通子 | | 自由民主党 | ② |
| 選挙区 千葉 | 猪口 邦子 | | 自由民主党 | ② |
| 選挙区 東京 | 蓮 舫 | | 民進党 | ③ |
| 選挙区 東京 | 竹谷 とし子 | | 公明党 | ② |
| 選挙区 神奈川 | 三原 じゅんこ | | 自由民主党 | ② |
| 選挙区 新潟 | 森 裕子 | | 無所属 | ③ |
| 選挙区 山梨 | 宮沢 由佳 | 53 | 民進党 | ① |
| 選挙区 静岡 | 平山 佐知子 | 45 | 民進党 | ① |
| 選挙区 愛知 | 伊藤 孝恵 | 41 | 民進党 | ① |
| 選挙区 大阪 | 高木 佳保里 | 43 | おおさか維新の会 | ① |
| 選挙区 大阪 | 松川 るい | 45 | 自由民主党 | ① |
| 選挙区 兵庫 | 伊藤 孝江 | 48 | 公明党 | ① |
| 選挙区 岡山 | 小野田 紀美 | 33 | 自由民主党 | ① |
| 選挙区 福岡 | 高瀬 弘美 | 34 | 公明党 | ① |

《注》参議院通常選挙及び繰り上げ当選、補欠選挙の女性当選者を列挙した。掲載は、通常選挙回数、選挙期日、当該選挙における女性当選者数。続いて全国区（比例代表）、地方区（選挙区）に分け、当選回数順に氏名、初当選時の年齢、立候補届け出時の党派、当選回数を記し、当選回数が同じ場合は50音順とした。繰り上げ当選の場合は、当初立候補した選挙の期日と繰り上げ当選した期日を併記した。

参議院は任期6年、半数が3年ごとに改選されるが、第1回通常選挙では得票数の多い順に半数を6年議員、半数を3年議員とした。

第7回選挙は定数52（改選数50＋欠員2）で行われ、得票数の上位50人を6年議員、51・52番目を3年議員とし、石本茂は52番目で当選した。

氏名に付したa、b、cは同一人物であることを示す。また藤原道子は衆議院の山崎道子と同一人物。

選挙制度は、全国区・地方区制（第1～12回）、拘束名簿式比例代表・選挙区制（第13～18回）、非拘束名簿式比例代表・選挙区制（第19回～）へと改正された。

資料出所：参議院事務局、総務省、（公財）市川房枝記念会女性と政治センター

# ⑩ 都道府県別選挙区選出女性国会議員当選状況（1946～2017年）

| | 衆議院 | | 参議院 | | 衆 参 合 計 | | | | | |
| | | | | | 延べ数 | 実数 | 割合 | | 順位 | |
| | 延べ数 | 実数 | 延べ数 | 実数 | | | 延べ数 | 実数 | 延べ数 | 実数 |
|---|---|---|---|---|---|---|---|---|---|---|
| 北海道 | 11 | 8 | 7 | 4 | 18 | 12 | 3.7 | 4.9 | 10 | 6 |
| 青　森 | 0 | 0 | 1 | 1 | 1 | 1 | 0.2 | 0.4 | 34 | 33 |
| 岩　手 | 1 | 1 | 0 | 0 | 1 | 1 | 0.2 | 0.4 | 34 | 33 |
| 宮　城 | 5 | 3 | 3 | 1 | 8 | 4 | 1.6 | 1.6 | 18 | 18 |
| 秋　田 | 2 | 2 | 0 | 0 | 2 | 2 | 0.4 | 0.8 | 31 | 26 |
| 山　形 | 3 | 2 | 3 | 2 | 6 | 4 | 1.2 | 1.6 | 22 | 18 |
| 福　島 | 15 | 6 | 5 | 3 | 20 | 9 | 4.1 | 3.7 | 7 | 7 |
| 茨　城 | 3 | 3 | 5 | 3 | 8 | 6 | 1.6 | 2.4 | 18 | 14 |
| 栃　木 | 15 | 4 | 5 | 2 | 20 | 6 | 4.1 | 2.4 | 7 | 14 |
| 群　馬 | 10 | 3 | 2 | 2 | 12 | 4 | 2.5 | 1.6 | 14 | 18 |
| 埼　玉 | 15 | 5 | 4 | 3 | 19 | 8 | 3.9 | 3.3 | 9 | 10 |
| 千　葉 | 5 | 5 | 6 | 3 | 11 | 8 | 2.2 | 3.3 | 17 | 10 |
| 東　京 | 72 | 27 | 20 | 11 | 92 | 38 | 18.8 | 15.5 | 1 | 1 |
| 神奈川 | 16 | 8 | 12 | 7 | 28 | 15 | 5.7 | 6.1 | 3 | 3 |
| 新　潟 | 19 | 7 | 6 | 2 | 25 | 9 | 5.1 | 3.7 | 5 | 7 |
| 富　山 | 0 | 0 | 0 | 0 | 0 | 0 | 0.0 | 0.0 | 45 | 45 |
| 石　川 | 1 | 1 | 0 | 0 | 1 | 1 | 0.2 | 0.4 | 34 | 33 |
| 福　井 | 6 | 2 | 0 | 0 | 6 | 2 | 1.2 | 0.8 | 22 | 26 |
| 山　梨 | 2 | 2 | 2 | 2 | 4 | 4 | 0.8 | 1.6 | 26 | 18 |
| 長　野 | 2 | 2 | 0 | 0 | 2 | 2 | 0.4 | 0.8 | 31 | 26 |
| 岐　阜 | 10 | 2 | 2 | 1 | 12 | 3 | 2.5 | 1.2 | 14 | 23 |
| 静　岡 | 11 | 4 | 3 | 3 | 14 | 7 | 2.9 | 2.9 | 12 | 12 |
| 愛　知 | 14 | 7 | 8 | 8 | 22 | 15 | 4.5 | 6.1 | 6 | 3 |
| 三　重 | 2 | 2 | 1 | 1 | 3 | 3 | 0.6 | 1.2 | 27 | 23 |
| 滋　賀 | 4 | 1 | 2 | 1 | 6 | 2 | 1.2 | 0.8 | 22 | 26 |
| 京　都 | 11 | 4 | 5 | 3 | 16 | 7 | 3.3 | 2.9 | 11 | 12 |
| 大　阪 | 33 | 13 | 6 | 4 | 39 | 17 | 8.0 | 6.9 | 2 | 2 |
| 兵　庫 | 19 | 6 | 9 | 7 | 28 | 13 | 5.7 | 5.3 | 3 | 5 |
| 奈　良 | 6 | 1 | 0 | 0 | 6 | 1 | 1.2 | 0.4 | 22 | 33 |
| 和歌山 | 1 | 1 | 0 | 0 | 1 | 1 | 0.2 | 0.4 | 34 | 33 |
| 鳥　取 | 1 | 1 | 0 | 0 | 1 | 1 | 0.2 | 0.4 | 34 | 33 |
| 島　根 | 2 | 1 | 1 | 1 | 3 | 2 | 0.6 | 0.8 | 27 | 26 |
| 岡　山 | 7 | 4 | 6 | 5 | 13 | 9 | 2.7 | 3.7 | 13 | 7 |
| 広　島 | 2 | 1 | 1 | 1 | 3 | 2 | 0.6 | 0.8 | 27 | 26 |
| 山　口 | 0 | 0 | 1 | 1 | 1 | 1 | 0.2 | 0.4 | 34 | 33 |
| 徳　島 | 2 | 2 | 6 | 3 | 8 | 5 | 1.6 | 2.0 | 18 | 17 |
| 香　川 | 0 | 0 | 1 | 1 | 1 | 1 | 0.2 | 0.4 | 34 | 33 |
| 愛　媛 | 1 | 1 | 0 | 0 | 1 | 1 | 0.2 | 0.4 | 34 | 33 |
| 高　知 | 0 | 0 | 1 | 1 | 1 | 1 | 0.2 | 0.4 | 34 | 33 |
| 福　岡 | 9 | 4 | 3 | 2 | 12 | 6 | 2.5 | 2.4 | 14 | 14 |
| 佐　賀 | 0 | 0 | 0 | 0 | 0 | 0 | 0.0 | 0.0 | 45 | 45 |
| 長　崎 | 2 | 2 | 1 | 1 | 3 | 3 | 0.6 | 1.2 | 27 | 23 |
| 熊　本 | 1 | 1 | 1 | 1 | 2 | 2 | 0.4 | 0.8 | 31 | 26 |
| 大　分 | 0 | 0 | 1 | 1 | 1 | 1 | 0.2 | 0.4 | 34 | 33 |
| 宮　崎 | 1 | 1 | 0 | 0 | 1 | 1 | 0.2 | 0.4 | 34 | 33 |
| 鹿児島 | 0 | 0 | 0 | 0 | 0 | 0 | 0.0 | 0.0 | 45 | 45 |
| 沖　縄 | 2 | 2 | 5 | 2 | 7 | 4 | 1.4 | 1.6 | 21 | 18 |
| 合　計 | 344 | 152 | 145 | 93 | 489 | 245 | 100.0 | 100.0 | | |

《注》1946～2017年に行われた衆議院総選挙、参議院通常選挙及び各繰り上げ当選、補欠選挙で当選した
　　　全女性議員数を選出の都道府県別に見た。衆議院比例代表選と参議院全国区・比例代表選当選者は
　　　除く。衆参合計欄の延べ数・実数は単純集計。都道府県別氏名リストは巻末付録の通り。
資料出所：衆参事務局、総務省、（公財）市川房枝記念会女性と政治センター

## 11 選挙制度別女性国会議員当選状況 （1946〜2017年）

| 区　分 | | 女性当選者 延べ数 | 女性当選者 実数 | 延べ当選者総数（男女合計） | 延べ当選者総数に占める延べ女性当選者の割合 |
|---|---|---|---|---|---|
| 衆議院 | 大選挙区（第22回） | 39人 | 39人 | 464人 | 8.4% |
| | 中選挙区（第23〜40回） | 168 | 67 | 8,774 | 1.9 |
| | 小選挙区（第41〜48回） | 137 | 64 | 2,384 | 5.7 |
| | 比例代表（第41〜48回） | 190 | 108 | 1,456 | 13.0 |
| | 小　計 | 534 | 278（衆院の実数220） | 13,078 | 4.1 |
| 参議院 | 全国区（第1〜12回） | 65 | 34 | 671 | 9.7 |
| | 地方区（第1〜12回） | 32 | 20 | 980 | 3.3 |
| | 比例代表（第13〜24回） | 128 | 76 | 588 | 21.8 |
| | 選挙区（第13〜24回） | 113 | 76 | 895 | 12.6 |
| | 小　計 | 338 | 206（参院の実数186） | 3,134 | 10.8 |
| 合　計 | | 872 | 484（全体の実数376） | 16,212 | 5.4 |

《注》1946〜2017年に行われた衆議院総選挙、参議院通常選挙及び各繰り上げ当選、補欠選挙で当選した全女性議員を選挙制度別に見た。小計欄と合計欄の延べ数と実数は各院、選挙制度ごとの人数の単純集計だが、各院全体の実数及び両院全体の実数はそれぞれ（　）で示した。延べ当選者総数（男女合計）は衆議院総選挙、参議院通常選挙時点の数の合計であり、補欠選挙の当選者総数を含まない。したがって、女性の割合は、選挙制度と女性の国会進出の関係を大まかに見たもので、厳密ではない。
資料出所：（公財）市川房枝記念会女性と政治センター

## 12 選挙制度別女性国会議員の初当選時平均年齢 （1946〜2017年）

| 区　分 | 年　次 | 選挙制度 | 平均年齢 |
|---|---|---|---|
| 衆議院 | 1946 | 大選挙区（第22回） | 45.8 |
| | 1947－1993 | 中選挙区（第23〜40回） | 47.2 |
| | 1996－2017 | 小選挙区・比例代表（第41〜48回） | 45.6 |
| | 小　計 | | 46.0 |
| 参議院 | 1947－1980 | 全国区・地方区（第1〜12回） | 51.3 |
| | 1983－2016 | 比例代表・選挙区（第13〜24回） | 48.6 |
| | 小　計 | | 49.3 |
| 全　体 | | | 47.5 |

《注》1946〜2017年に行われた衆議院総選挙、参議院通常選挙及び各繰り上げ当選、補欠選挙で当選した全女性議員の初当選時平均年齢を選挙制度別に見た。
資料出所：（公財）市川房枝記念会女性と政治センター

## 13 女性国会議員の当選回数 （1946〜2017年）

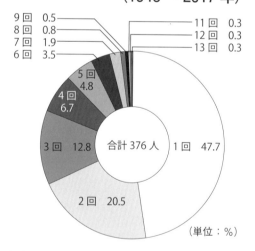

《注》衆参全女性国会議員の当選回数を見た。
平均当選回数（延べ数872÷実数376）は2.3回。
資料出所：（公財）市川房枝記念会女性と政治センター

第1部 政治への参画－国会

## 14 当選回数別女性国会議員氏名 （1946 ～ 2017 年）

| 当選回数 | 人数 | 氏　名 |
|---|---|---|
| 13 回 | 1 人 | 山口静枝（衆 1946） |
| 12 | 1 | 土井たか子（衆 1969） |
| 11 | 1 | 戸叶里子（衆 1946） |
| 9 | 2 | 小池百合子（参・衆 1992）　野田聖子（衆 1993） |
| 8 | 3 | 山下春江（衆・参 1946）　中山マサ（衆 1947）　高市早苗（衆 1993） |
| 7 | 7 | 山東昭子（参 1974）　藤田スミ（衆 1979）　森山眞弓（参・衆 1980）　辻元清美（衆 1996）<br>土屋品子（衆 1996）　阿部知子（衆 2000）　小渕優子（衆 2000） |
| 6 | 13 | 加藤シヅエ（衆・参 1946）　近藤鶴代（衆・参 1946）　松尾トシ（衆 1946）<br>山崎道子（藤原）（衆・参 1946）　金子みつ（衆 1972）　田中真紀子（衆 1993）<br>上川陽子（衆 2000）　松島みどり（衆 2000）　菊田真紀子（衆 2003）<br>小宮山泰子（衆 2003）　高木美智代（衆 2003）　高橋千鶴子（衆 2003）<br>古屋範子（衆 2003） |
| 5 | 18 | 大石ヨシエ（衆 1946）　紅露みつ（衆 1946）　福田昌子（衆 1947）　市川房枝（参 1953）<br>神近市子（衆 1953）　小林政子（衆 1969）　田中美智子（衆 1972）<br>林寛子（扇千景）（参 1977）　岩佐恵美（衆・参 1979）　石井郁子（衆 1986）<br>岡崎トミ子（衆・参 1990）　池坊保子（衆 1996）　小宮山洋子（参・衆 1998）<br>青木愛（衆・参 2003）　西村智奈美（衆 2003）　阿部俊子（衆 2005）<br>稲田朋美（衆 2005）　永岡桂子（衆 2005） |
| 4 | 25 | 氏名省略 |
| 3 | 47 | 氏名省略 |
| 2 | 78 | 氏名省略 |
| 1 | 180 | 氏名省略 |
| 合計 | 376 | |

《注》1946～2017年に行われた衆議院総選挙、参議院通常選挙及び各繰り上げ当選、補欠選挙で当選した全女性議員について、衆参通算の当選回数の多い順に5回までの氏名をまとめた。
　　　（　）内は、当選した衆参いずれかの院と初当選年次。両院で当選した場合は、先に当選した院について記した。同年に当選した場合は氏名の50音順。
資料出所：（公財）市川房枝記念会女性と政治センター

## 15 女性の歴代衆参議長・副議長 （1993 ～ 2018 年）

| 区　分 | | 氏　名 | 選出時の会派名 | 国会回次 | 在任期間 |
|---|---|---|---|---|---|
| 衆議院議長 | 第 68 代 | 土井　たか子 | 日本社会党 | 第 127 ～ 136 回 | 1993.8.6～1996.9.27 |
| 参議院議長 | 第 26 代 | 扇　　千景 | 自由民主党 | 第 160 ～ 166 回 | 2004.7.30～2007.7.28 |
| 参議院副議長 | 第 27 代 | 山東　昭子 | 自由民主党 | 第 167 ～ 175 回 | 2007.8.7～2010.7.30 |

《注》2018年3月現在
資料出所：衆議院・参議院各 HP

31

第1部 政治への参画－地方議会

# II　地方議会

## 1　統一地方選挙　投票率（1947 ～ 2015 年）

（単位：%）

| 区　　分 | | 都道府県議 | 都道府県知事 | 市区町村議 | 市区町村長 |
|---|---|---|---|---|---|
| 第1回<br>（1947.4.5, 30） | 女性 | 80.07 | 66.50 | 79.52 | 67.82 |
| | 男性 | 83.36 | 77.69 | 82.97 | 77.91 |
| | 計 | 81.65 | 71.85 | 81.17 | 72.69 |
| 第2回<br>（1951.4.23, 30） | 女性 | 81.26 | 80.85 | 90.98 | 90.00 |
| | 男性 | 84.89 | 84.49 | 91.06 | 90.29 |
| | 計 | 82.99 | 82.58 | 91.02 | 90.14 |
| 第3回<br>（1955.4.23, 30） | 女性 | 75.56 | 72.91 | 81.18 | 82.83 |
| | 男性 | 79.07 | 76.93 | 80.79 | 83.23 |
| | 計 | 77.24 | 74.85 | 80.99 | 83.02 |
| 第4回<br>（1959.4.23, 30） | 女性 | 78.61 | 77.17 | 83.13 | 85.14 |
| | 男性 | 80.43 | 79.40 | 81.55 | 84.46 |
| | 計 | 79.48 | 78.25 | 82.37 | 84.82 |
| 第5回<br>（1963.4.17, 30） | 女性 | 76.99 | 74.67 | 81.22 | 82.81 |
| | 男性 | 76.70 | 74.56 | 77.74 | 80.22 |
| | 計 | 76.85 | 74.62 | 79.55 | 81.57 |
| 第6回<br>（1967.4.15, 28） | 女性 | 72.05 | 69.53 | 79.09 | 78.50 |
| | 男性 | 70.51 | 67.81 | 74.50 | 73.93 |
| | 計 | 71.31 | 68.70 | 76.87 | 76.30 |
| 第7回<br>（1971.4.11, 25） | 女性 | 73.99 | 73.24 | 79.77 | 78.43 |
| | 男性 | 71.78 | 70.73 | 75.39 | 74.26 |
| | 計 | 72.93 | 72.01 | 77.65 | 76.41 |
| 第8回<br>（1975.4.13, 27） | 女性 | 75.00 | 73.06 | 77.40 | 74.65 |
| | 男性 | 72.81 | 70.72 | 73.25 | 70.46 |
| | 計 | 73.94 | 71.92 | 75.39 | 72.60 |
| 第9回<br>（1979.4.8, 22） | 女性 | 70.50 | 65.18 | 75.63 | 73.08 |
| | 男性 | 67.90 | 62.93 | 71.06 | 67.01 |
| | 計 | 69.24 | 64.08 | 73.42 | 71.59 |
| 第10回<br>（1983.4.10, 24） | 女性 | 69.79 | 64.92 | 75.23 | 72.10 |
| | 男性 | 66.75 | 61.40 | 70.18 | 67.07 |
| | 計 | 68.32 | 63.21 | 72.78 | 69.67 |
| 第11回<br>（1987.4.12, 26） | 女性 | 68.35 | 61.58 | 71.30 | 70.46 |
| | 男性 | 64.85 | 57.89 | 66.32 | 65.52 |
| | 計 | 66.66 | 59.78 | 68.89 | 68.07 |
| 第12回<br>（1991.4.7, 21） | 女性 | 62.40 | 56.41 | 66.61 | 68.04 |
| | 男性 | 58.45 | 52.36 | 60.83 | 62.31 |
| | 計 | 60.49 | 54.43 | 63.81 | 65.28 |
| 第13回<br>（1995.4.9, 23） | 女性 | 57.85 | 56.71 | 61.96 | 62.07 |
| | 男性 | 54.49 | 53.44 | 57.11 | 57.45 |
| | 計 | 56.23 | 55.12 | 59.61 | 59.84 |
| 第14回<br>（1999.4.11, 25） | 女性 | 58.08 | 58.25 | 62.48 | 63.19 |
| | 男性 | 55.21 | 55.23 | 58.09 | 58.89 |
| | 計 | 56.70 | 56.78 | 60.35 | 61.12 |
| 第15回<br>（2003.4.13, 27） | 女性 | 53.81 | 54.16 | 57.93 | 58.19 |
| | 男性 | 51.05 | 51.01 | 53.82 | 54.13 |
| | 計 | 52.48 | 52.63 | 55.94 | 56.23 |
| 第16回<br>（2007.4.8, 22） | 女性 | 53.09 | 55.84 | 56.06 | 55.09 |
| | 男性 | 51.34 | 53.79 | 53.03 | 52.15 |
| | 計 | 52.25 | 54.85 | 54.60 | 53.67 |
| 第17回<br>（2011.4.10, 24） | 女性 | 48.44 | 53.54 | 50.71 | 52.57 |
| | 男性 | 47.83 | 51.94 | 48.95 | 50.42 |
| | 計 | 48.15 | 52.77 | 49.86 | 51.54 |
| 第18回<br>（2015.4.12, 26） | 女性 | 45.23 | 47.47 | 48.04 | 50.91 |
| | 男性 | 44.85 | 46.78 | 46.57 | 49.06 |
| | 計 | 45.05 | 47.14 | 47.33 | 50.02 |

《注》市区町村議と市区町村長には、政令指定都市および特別区の議員と首長を含む。太字は、各選挙で初めて女性の
投票率が男性を上回ったことを表す。　　　資料出所：各回『地方選挙結果調』（総務省）

32

第1部 政治への参画－地方議会

## 2 統一地方選挙 都道府県議会議員選挙における女性の候補者・当選者 (1947 ～ 2015 年)

| 区　　分 | 候補者 | | | 当選者 | | | 女性の<br>当選率 | 男性の<br>当選率 |
|---|---|---|---|---|---|---|---|---|
| | 女性 | 総数 | 女性の割合 | 女性 | 総数 | 女性の割合 | | |
| | 人 | 人 | % | 人 | 人 | % | % | % |
| 第1回 （1947.4.5） | 111 | 7,115 | 1.6 | 22 | 2,490 | 0.9 | 19.8 | 35.2 |
| 第2回 （1951.4.23） | 99 | 6,010 | 1.6 | 34 | 2,617 | 1.3 | 34.3 | 43.7 |
| 第3回 （1955.4.23） | 80 | 5,556 | 1.4 | 29 | 2,613 | 1.1 | 36.3 | 47.2 |
| 第4回 （1959.4.23） | 85 | 4,860 | 1.7 | 36 | 2,656 | 1.4 | 42.4 | 54.9 |
| 第5回 （1963.4.17） | 79 | 4,567 | 1.7 | 39 | 2,688 | 1.5 | 49.4 | 59.0 |
| 第6回 （1967.4.15） | 51 | 4,317 | 1.2 | 30 | 2,553 | 1.2 | 58.8 | 59.1 |
| 第7回 （1971.4.11） | 67 | 4,282 | 1.6 | 21 | 2,556 | 0.8 | 31.3 | 60.1 |
| 第8回 （1975.4.13） | 126 | 4,681 | 2.7 | 29 | 2,609 | 1.1 | 23.0 | 56.6 |
| 第9回 （1979.4.8） | 65 | 3,919 | 1.7 | 28 | 2,645 | 1.1 | 43.1 | 67.9 |
| 第10回 （1983.4.10） | 212 | 4,558 | 4.7 | 30 | 2,660 | 1.1 | 14.2 | 60.5 |
| 第11回 （1987.4.12） | 180 | 4,118 | 4.4 | 52 | 2,670 | 1.9 | 28.9 | 66.5 |
| 第12回 （1991.4.7） | 171 | 3,810 | 4.5 | 64 | 2,693 | 2.4 | 37.4 | 72.2 |
| 第13回 （1995.4.9） | 177 | 3,701 | 4.8 | 73 | 2,607 | 2.8 | 41.2 | 71.9 |
| 第14回 （1999.4.11） | 323 | 4,013 | 8.0 | 136 | 2,669 | 5.1 | 42.1 | 68.6 |
| 第15回 （2003.4.13） | 383 | 3,854 | 9.9 | 164 | 2,634 | 6.2 | 42.8 | 71.2 |
| 第16回 （2007.4.8） | 367 | 3,773 | 9.7 | 190 | 2,544 | 7.5 | 51.8 | 69.1 |
| 第17回 （2011.4.10） | 347 | 3,457 | 10.0 | 180 | 2,330 | 7.7 | 51.9 | 69.1 |
| 第18回 （2015.4.12） | 379 | 3,272 | 11.6 | 207 | 2,284 | 9.1 | 54.6 | 71.8 |

資料出所：各回『地方選挙結果調』（総務省）

*33*

第1部 政治への参画－地方議会

## 3 統一地方選挙 　市区議会議員選挙における女性の候補者・当選者(1947～2015年)

| 区　　分 | 候補者 | | | 当選者 | | | 女性の当選率 | 男性の当選率 |
|---|---|---|---|---|---|---|---|---|
| | 女性 | 総数 | 女性の割合 | 女性 | 総数 | 女性の割合 | | |
| | 人 | 人 | % | 人 | 人 | % | % | % |
| 第1回 （1947.4.5, 30） | － | 20,135 | － | 94 | 8,167 | 1.2 | － | 40.9 |
| 第2回 （1951.4.23, 30） | 466 | 20,961 | 2.2 | 152 | 8,884 | 1.7 | 32.6 | 42.6 |
| 第3回 （1955.4.23, 30） | 412 | 19,395 | 2.1 | 166 | 9,972 | 1.7 | 40.3 | 51.7 |
| 第4回 （1959.4.23, 30） | 358 | 17,910 | 2.0 | 180 | 11,857 | 1.7 | 50.3 | 60.8 |
| 第5回 （1963.4.17, 30） | 363 | 18,171 | 2.0 | 207 | 13,115 | 1.6 | 57.0 | 72.5 |
| 第6回 （1967.4.15, 28） | 368 | 17,917 | 2.1 | 240 | 13,086 | 1.8 | 65.2 | 73.2 |
| 第7回 （1971.4.11, 25） | 393 | 17,420 | 2.3 | 296 | 13,491 | 2.2 | 75.3 | 77.5 |
| 第8回 （1975.4.13, 27） | 505 | 17,806 | 2.8 | 381 | 13,923 | 2.7 | 75.4 | 78.3 |
| 第9回 （1979.4.8, 22） | 463 | 16,551 | 2.8 | 386 | 14,038 | 2.7 | 83.4 | 84.9 |
| 第10回 （1983.4.10, 24） | 604 | 15,930 | 3.8 | 486 | 13,813 | 3.5 | 80.5 | 87.0 |
| 第11回 （1987.4.12, 26） | 777 | 15,384 | 5.1 | 637 | 13,329 | 4.8 | 82.0 | 86.9 |
| 第12回 （1991.4.7, 21） | 1,064 | 14,886 | 7.1 | 839 | 13,162 | 6.4 | 78.9 | 89.2 |
| 第13回 （1995.4.9, 23） | 1,239 | 14,522 | 8.5 | 1,043 | 12,731 | 8.2 | 84.2 | 88.0 |
| 第14回 （1999.4.11, 25） | 1,702 | 14,896 | 11.4 | 1,378 | 12,332 | 11.2 | 81.0 | 83.0 |
| 第15回 （2003.4.13, 27） | 1,927 | 14,288 | 13.5 | 1,552 | 11,886 | 13.1 | 80.5 | 83.6 |
| 第16回 （2007.4.8, 22） | 1,814 | 12,340 | 14.7 | 1,500 | 9,768 | 15.4 | 82.7 | 78.5 |
| 第17回 （2011.4.10, 24） | 1,786 | 11,148 | 16.0 | 1,412 | 8,849 | 16.0 | 79.1 | 79.4 |
| 第18回 （2015.4.12, 26） | 1,794 | 10,994 | 16.3 | 1,508 | 8,704 | 17.3 | 84.1 | 78.2 |

《注》市区議会には、政令指定都市および特別区を含む。第1回の候補者数は不明。
　　　資料出所：各回『地方選挙結果調』（総務省）

第1部 政治への参画－地方議会

**4** 統一地方選挙　**町村議会議員選挙における女性の候補者・当選者**(1947 ～ 2015 年)

| 区　　分 | 候補者 | | | 当選者 | | | 女性の当選率 | 男性の当選率 |
|---|---|---|---|---|---|---|---|---|
| | 女性 | 総数 | 女性の割合 | 女性 | 総数 | 女性の割合 | | |
| | 人 | 人 | % | 人 | 人 | % | % | % |
| 第 1 回（1947.4.30） | － | 231,121 | － | 677 | 183,224 | 0.4 | － | 79.6 |
| 第 2 回（1951.4.23） | 1,424 | 204,004 | 0.7 | 775 | 161,449 | 0.5 | 54.4 | 79.3 |
| 第 3 回（1955.4.30） | 326 | 56,152 | 0.6 | 206 | 43,948 | 0.5 | 63.2 | 78.4 |
| 第 4 回（1959.4.30） | 277 | 39,085 | 0.7 | 173 | 31,238 | 0.6 | 62.5 | 80.0 |
| 第 5 回（1963.4.30） | 285 | 37,685 | 0.8 | 192 | 30,094 | 0.6 | 67.4 | 80.0 |
| 第 6 回（1967.4.28） | 250 | 34,535 | 0.7 | 163 | 27,192 | 0.6 | 65.2 | 78.8 |
| 第 7 回（1971.4.25） | 194 | 30,701 | 0.6 | 133 | 24,879 | 0.5 | 68.6 | 81.1 |
| 第 8 回（1975.4.27） | 207 | 28,742 | 0.7 | 109 | 23,713 | 0.5 | 52.7 | 82.7 |
| 第 9 回（1979.4.22） | 163 | 26,518 | 0.6 | 120 | 23,267 | 0.5 | 73.6 | 87.8 |
| 第10回（1983.4.24） | 242 | 24,905 | 1.0 | 164 | 22,304 | 0.7 | 67.8 | 89.8 |
| 第11回（1987.4.26） | 339 | 23,383 | 1.4 | 269 | 21,096 | 1.3 | 79.4 | 90.4 |
| 第12回（1991.4.21） | 515 | 22,478 | 2.3 | 432 | 20,579 | 2.1 | 83.9 | 91.7 |
| 第13回（1995.4.23） | 728 | 22,287 | 3.3 | 591 | 20,149 | 2.9 | 81.2 | 90.7 |
| 第14回（1999.4.25） | 1,040 | 21,350 | 4.9 | 867 | 18,983 | 4.6 | 83.4 | 89.2 |
| 第15回（2003.4.27） | 1,192 | 19,297 | 6.2 | 1,034 | 17,563 | 5.9 | 86.7 | 91.3 |
| 第16回（2007.4.22） | 548 | 6,544 | 8.4 | 481 | 5,627 | 8.5 | 87.8 | 85.8 |
| 第17回（2011.4.24） | 465 | 5,026 | 9.3 | 409 | 4,423 | 9.2 | 88.0 | 88.0 |
| 第18回（2015.4.26） | 491 | 4,832 | 10.2 | 443 | 4,269 | 10.4 | 90.2 | 88.1 |

資料出所：各回『地方選挙結果調』（総務省）

*35*

第1部 政治への参画－地方議会

**5** 統一地方選挙　**都道府県議会議員選挙における女性の候補者・当選者**（1947～2015年）

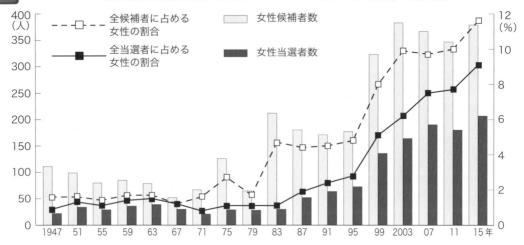

**6** 統一地方選挙　**市区議会議員選挙における女性の候補者・当選者**（1947～2015年）

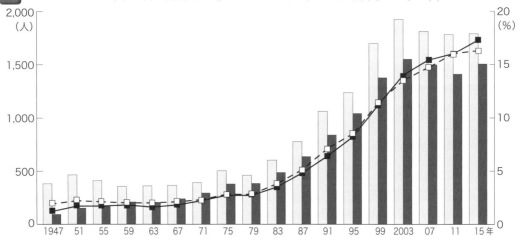

**7** 統一地方選挙　**町村議会議員選挙における女性の候補者・当選者**（1947～2015年）

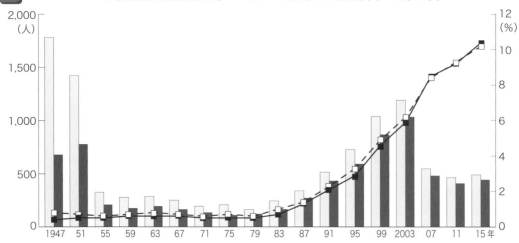

《注》**5 6 7** 各年の数値はそれぞれ**2 3 4**を参照のこと。**6**の市区議会には、政令指定都市および特別区を含む。
資料出所：各回『地方選挙結果調』（総務省）

## 8 統一地方選挙　都道府県別女性当選者の割合 （1947 ～ 2015 年）

(単位：%)

| 区分 | 1947 | 1951 | 1955 | 1959 | 1963 | 1967 | 1971 | 1975 | 1979 | 1983 | 1987 | 1991 | 1995 | 1999 | 2003 | 2007 | 2011 | 2015 |
|---|---|---|---|---|---|---|---|---|---|---|---|---|---|---|---|---|---|---|
| | 第1回 | 第2回 | 第3回 | 第4回 | 第5回 | 第6回 | 第7回 | 第8回 | 第9回 | 第10回 | 第11回 | 第12回 | 第13回 | 第14回 | 第15回 | 第16回 | 第17回 | 第18回 |
| 北海道 | − | 0.3 | 0.5 | 0.8 | 0.7 | 0.8 | 1.0 | 1.1 | 1.2 | 1.7 | 2.4 | 3.0 | 3.5 | 5.6 | 6.8 | 9.2 | 10.2 | 12.2 |
| 青森 | − | 0.3 | 0.3 | 0.2 | 0.2 | 0.1 | 0.3 | 0.4 | 0.8 | 0.9 | 1.2 | 1.8 | 1.8 | 2.6 | 3.6 | 4.0 | 4.8 | 5.2 |
| 岩手 | − | 0.5 | 0.5 | 1.0 | 0.8 | 0.8 | 0.6 | 0.7 | 0.6 | 0.9 | 0.9 | 1.2 | 2.4 | 3.3 | 4.8 | 6.9 | 6.8 | 11.4 |
| 宮城 | − | 0.4 | 0.4 | 0.9 | 0.7 | 1.0 | 0.9 | 1.1 | 1.5 | 1.4 | 1.7 | 2.9 | 3.8 | 4.7 | 6.7 | 13.0 | − | 7.1 |
| 秋田 | − | 0.5 | 0.4 | | − | 0.4 | 0.9 | 1.1 | 1.1 | 1.1 | 2.0 | 3.0 | 4.1 | 7.1 | 8.9 | 11.5 | 10.9 | |
| 山形 | − | 0.5 | 0.4 | 0.3 | 0.9 | 0.9 | 0.5 | 0.5 | 1.3 | 0.7 | 0.9 | 0.9 | 1.1 | 1.6 | 2.7 | 3.9 | 6.0 | 8.0 |
| 福島 | − | 0.3 | 0.6 | 0.6 | 0.5 | 0.5 | 0.3 | 0.1 | 0.3 | 0.9 | 1.1 | 2.1 | 2.4 | 3.5 | 5.0 | 6.5 | 2.9 | 6.9 |
| 茨城 | − | 0.7 | 0.5 | 0.6 | 0.4 | 0.3 | − | 0.8 | 1.2 | 1.9 | 2.4 | 3.5 | 6.0 | 8.0 | 10.5 | 10.4 | 12.0 | 14.2 |
| 栃木 | − | 0.4 | 0.1 | 0.9 | 0.6 | 0.2 | 0.1 | 0.1 | 0.3 | 0.7 | 1.4 | 2.8 | 3.7 | 5.3 | 8.7 | 9.8 | 11.7 | 14.5 |
| 群馬 | − | 0.4 | 0.4 | 0.5 | 0.2 | 0.3 | 0.4 | 0.5 | 0.5 | 0.5 | 0.7 | 1.1 | 2.2 | 4.8 | 5.3 | 8.1 | 8.3 | 9.0 |
| 埼玉 | − | 0.9 | 1.0 | 1.3 | 0.9 | 1.1 | 1.2 | 2.0 | 2.4 | 3.3 | 4.8 | 6.2 | 7.8 | 12.3 | 14.0 | 16.7 | 18.8 | 19.0 |
| 千葉 | − | 0.8 | 0.8 | 1.4 | 0.9 | 1.5 | 2.1 | 3.2 | 2.4 | 3.3 | 5.3 | 6.0 | 7.9 | 9.9 | 10.8 | 14.2 | 15.1 | 18.3 |
| 東京 | − | 2.7 | 3.9 | 5.1 | 5.0 | 5.8 | 6.4 | 6.4 | 6.8 | 7.7 | 10.0 | 12.5 | 15.8 | 21.0 | 21.8 | 24.3 | 25.5 | 27.0 |
| 神奈川 | − | 0.7 | 1.6 | 2.2 | 1.8 | 1.9 | 2.4 | 3.5 | 3.3 | 4.4 | 8.0 | 8.5 | 12.2 | 15.6 | 17.9 | 18.5 | 18.5 | 19.1 |
| 新潟 | − | 0.4 | 0.3 | 0.7 | 0.8 | 0.9 | 0.7 | 0.6 | 0.6 | 0.9 | 1.1 | 1.9 | 3.3 | 5.2 | 5.6 | 7.2 | 8.6 | 8.2 |
| 富山 | − | 0.1 | 0.6 | 0.6 | − | − | − | | 0.3 | 0.9 | 1.5 | 2.8 | 3.9 | 5.2 | 5.5 | 6.3 | 6.3 | |
| 石川 | − | 0.5 | 0.6 | 0.8 | 0.6 | 0.5 | 0.5 | 0.5 | 0.5 | 0.9 | 1.1 | 1.7 | 2.8 | 3.4 | 4.7 | 9.2 | 6.5 | 7.0 |
| 福井 | − | 0.5 | − | 0.3 | 0.9 | 0.3 | 1.4 | − | − | 0.4 | 0.8 | 2.4 | 4.1 | 3.9 | 6.3 | 8.1 | 10.9 | |
| 山梨 | − | 0.5 | 0.4 | 0.3 | 1.0 | 0.4 | 0.6 | 0.3 | 0.3 | 0.3 | 0.4 | 1.6 | 2.1 | 5.0 | 7.5 | 8.4 | 7.0 | 4.6 |
| 長野 | − | 1.1 | 1.0 | 1.0 | 0.6 | 0.6 | 0.5 | 0.5 | 1.1 | 1.1 | 2.9 | 4.5 | 7.4 | 10.3 | 14.7 | 13.9 | 14.3 | |
| 岐阜 | − | 0.3 | 0.6 | 0.5 | 0.6 | 0.4 | 0.7 | 0.2 | 1.1 | 2.2 | 2.2 | 3.5 | 5.5 | 6.8 | 9.7 | 9.8 | 10.7 | |
| 静岡 | − | 0.5 | 0.3 | 0.4 | 0.8 | 0.7 | 0.5 | 1.0 | 0.7 | 0.9 | 1.6 | 3.6 | 4.2 | 6.6 | 7.7 | 10.9 | 9.6 | 12.6 |
| 愛知 | − | 0.3 | 0.5 | 0.9 | 1.0 | 0.9 | 1.1 | 1.5 | 1.7 | 2.3 | 3.0 | 5.1 | 6.8 | 9.0 | 10.6 | 12.7 | 11.7 | 14.5 |
| 三重 | − | 0.4 | 0.7 | 0.4 | 0.7 | 0.7 | 0.5 | 0.5 | 1.1 | 1.3 | 2.2 | 4.0 | 7.0 | 8.4 | 8.1 | 8.3 | 9.1 | |
| 滋賀 | − | 0.3 | 0.2 | 0.4 | 0.2 | 0.7 | 1.2 | 1.7 | 2.5 | 3.3 | 4.6 | 4.9 | 5.7 | 10.1 | 12.2 | 16.0 | 16.4 | 17.3 |
| 京都 | − | 1.0 | 0.8 | 0.7 | 1.5 | 1.5 | 2.0 | 3.2 | 2.9 | 4.5 | 4.8 | 6.9 | 8.6 | 11.1 | 13.9 | 15.4 | 18.4 | 19.1 |
| 大阪 | − | 1.0 | 1.1 | 2.1 | 2.3 | 1.8 | 3.4 | 4.2 | 4.2 | 4.9 | 6.2 | 7.9 | 8.7 | 12.3 | 17.9 | 17.3 | 17.2 | 17.9 |
| 兵庫 | − | 0.7 | 0.8 | 1.5 | 1.3 | 1.4 | 1.7 | 1.9 | 1.7 | 2.6 | 4.1 | 6.2 | 7.5 | 10.3 | 10.5 | 16.2 | 17.3 | 18.6 |
| 奈良 | − | 0.4 | 0.7 | 1.1 | 1.1 | 0.7 | 1.1 | 0.7 | 1.1 | 2.0 | 3.6 | 5.8 | 6.9 | 9.6 | 9.1 | 10.7 | 11.2 | 12.1 |
| 和歌山 | − | 0.2 | 0.4 | 0.4 | 0.4 | 0.6 | 0.9 | 1.1 | 0.7 | 1.4 | 2.5 | 3.6 | 5.0 | 5.8 | 6.8 | 7.8 | | 13.0 |
| 鳥取 | − | 0.3 | 0.3 | 0.4 | − | 0.4 | | | 0.8 | 1.2 | 0.8 | 1.6 | 1.6 | 4.0 | 8.3 | 12.9 | 13.4 | 13.4 |
| 島根 | − | 0.4 | 0.6 | 0.7 | 1.6 | 1.1 | 0.8 | 0.6 | 1.0 | 1.0 | 1.9 | 2.1 | 4.1 | 5.6 | 6.6 | 5.6 | 7.1 | 10.9 |
| 岡山 | − | 0.8 | 1.5 | 0.7 | 0.8 | 0.7 | 1.0 | 0.5 | 0.5 | 0.7 | 1.9 | 3.1 | 4.5 | 6.9 | 8.5 | 10.6 | 10.4 | 11.4 |
| 広島 | − | 0.5 | 0.4 | 0.6 | 0.5 | 0.7 | 0.5 | 0.9 | 1.1 | 1.4 | 3.2 | 3.9 | 5.3 | 7.6 | 8.6 | 8.5 | 10.5 | |
| 山口 | − | 1.2 | | | | | | | | 1.2 | 1.9 | 2.7 | 5.7 | 7.9 | 10.8 | 14.1 | 17.5 | |
| 徳島 | − | 0.4 | 0.3 | 0.4 | 0.5 | 0.4 | 0.4 | 0.6 | 0.4 | 0.9 | 1.4 | 2.1 | 3.1 | 4.2 | 4.7 | 5.5 | 6.7 | 7.8 |
| 香川 | − | 0.5 | 0.6 | 0.4 | 0.4 | 0.3 | 0.5 | 0.2 | 0.5 | 0.5 | 1.4 | 3.0 | 3.9 | 6.2 | 6.4 | 6.9 | 7.7 | 8.3 |
| 愛媛 | − | 0.1 | 0.4 | 0.6 | 0.5 | 0.4 | 0.1 | 0.4 | 0.5 | 0.8 | 1.3 | 1.2 | 2.1 | 2.5 | 4.4 | 9.3 | 6.8 | 4.1 |
| 高知 | − | 0.5 | 0.5 | 0.6 | 0.8 | 1.2 | 1.8 | 1.5 | 2.0 | 2.1 | 3.3 | 4.7 | 5.4 | 6.4 | | 10.0 | 9.9 | |
| 福岡 | − | 0.4 | | | 0.9 | 0.8 | 1.0 | 0.8 | 1.3 | 3.6 | 5.2 | 7.1 | 9.3 | 12.5 | 11.6 | | | |
| 佐賀 | − | 0.9 | 0.8 | 1.3 | 1.7 | 1.3 | 1.1 | 0.6 | 0.5 | 0.9 | 2.0 | 2.7 | 3.8 | 5.9 | 7.0 | 7.9 | 8.7 | |
| 長崎 | − | 0.7 | 1.4 | 1.0 | 0.8 | | | | | 2.8 | 3.5 | 4.4 | 7.5 | 6.3 | | | | |
| 熊本 | − | 0.7 | 0.7 | 0.4 | 0.9 | 0.9 | 0.7 | 0.7 | 0.7 | 1.3 | 2.4 | 3.6 | 5.2 | 7.1 | 7.4 | 8.0 | 6.7 | |
| 大分 | − | 0.5 | 0.6 | 0.4 | 0.6 | 0.3 | 0.5 | 0.7 | 1.1 | 2.0 | 2.6 | 2.1 | 3.3 | 3.9 | 7.2 | 7.3 | 6.2 | |
| 宮崎 | − | 0.2 | 0.5 | 0.5 | 0.6 | 0.9 | 0.5 | 0.5 | 0.5 | 1.0 | 1.4 | 1.6 | 3.0 | 3.1 | 5.2 | 8.7 | 8.4 | 9.2 |
| 鹿児島 | − | 0.6 | 0.4 | 0.5 | 0.8 | 0.7 | 0.2 | 0.1 | 0.3 | 1.1 | 1.6 | 2.9 | 4.6 | 6.8 | 6.6 | 6.8 | | |
| 沖縄 | − | − | − | − | − | − | − | − | − | − | − | − | − | − | − | − | − | − |
| 全体 | 0.4 | 0.6 | 0.7 | 0.9 | 1.0 | 1.0 | 1.1 | 1.3 | 1.3 | 1.8 | 2.6 | 3.7 | 4.8 | 7.0 | 8.6 | 12.1 | 12.8 | 14.1 |

《注》統一地方選における各都道府県の女性当選者（都道府県議会・市区議会・町村議会の合計）の総定数に占める割合。
1947年の都道府県別数は不明。沖縄県は、米軍占領下の1945年、本土に先駆けて地方選挙が実施されたため、当初から統一地方選の期日とずれている。2011年、宮城県は東日本大震災のため選挙が延期された。

資料出所：各回『地方選挙結果調』（総務省）

第1部　政治への参画－国会

## 9 統一地方選挙　首長選における女性の候補者・当選者・当選率
### (1947 ～ 2015 年)

| | | 知事 | | | 指定市長 | | | 一般市長 | | | 特別区長 | | | 町村長 | | |
|---|---|---|---|---|---|---|---|---|---|---|---|---|---|---|---|---|
| | | 候補者 | 当選者 | 当選率 | 候補者 | 当選者 | 当選率 | 候補者 | 当選者 | 当選率 | 候補者 | 当選者 | 当選率 | 候補者 | 当選者 | 当選率 |
| 第 1 回 | 1947年 | 1 | 0 | 0.0 | 1 | 0 | 0.0 | 0 | 0 | - | 0 | 0 | - | - | 5 | - |
| 第 2 回 | 1951年 | 0 | 0 | - | 0 | 0 | - | 0 | 0 | - | 0 | 0 | - | 14 | 4 | 28.6 |
| 第 3 回 | 1955年 | 0 | 0 | - | 0 | 0 | - | 0 | 0 | - | 0 | 0 | - | 2 | 0 | 0.0 |
| 第 4 回 | 1959年 | 0 | 0 | - | 0 | 0 | - | 0 | 0 | - | 0 | 0 | - | 4 | 0 | 0.0 |
| 第 5 回 | 1963年 | 0 | 0 | - | 0 | 0 | - | 0 | 0 | - | 0 | 0 | - | 1 | 0 | 0.0 |
| 第 6 回 | 1967年 | 0 | 0 | - | 0 | 0 | - | 0 | 0 | - | 0 | 0 | - | 1 | 0 | 0.0 |
| 第 7 回 | 1971年 | 0 | 0 | - | 0 | 0 | - | 1 | 0 | 0.0 | 0 | 0 | - | 1 | 0 | 0.0 |
| 第 8 回 | 1975年 | 1 | 0 | 0.0 | 0 | 0 | - | 3 | 0 | 0.0 | 0 | 0 | - | 0 | 0 | - |
| 第 9 回 | 1979年 | 0 | 0 | - | 0 | 0 | - | 2 | 0 | 0.0 | 0 | 0 | - | 0 | 0 | - |
| 第10回 | 1983年 | 0 | 0 | - | 0 | 0 | - | 1 | 0 | 0.0 | 2 | 0 | 0.0 | 1 | 0 | 0.0 |
| 第11回 | 1987年 | 0 | 0 | - | 0 | 0 | - | 5 | 0 | 0.0 | 2 | 0 | 0.0 | 2 | 0 | 0.0 |
| 第12回 | 1991年 | 3 | 0 | 0.0 | 0 | 0 | - | 6 | 1 | 16.7 | 6 | 0 | 0.0 | 2 | 0 | 0.0 |
| 第13回 | 1995年 | 2 | 0 | 0.0 | 1 | 0 | 0.0 | 12 | 0 | 0.0 | 4 | 0 | 0.0 | 3 | 0 | 0.0 |
| 第14回 | 1999年 | 4 | 0 | 0.0 | 0 | 0 | - | 10 | 2 | 20.0 | 2 | 0 | 0.0 | 7 | 1 | 14.3 |
| 第15回 | 2003年 | 8 | 1 | 12.5 | 1 | 0 | 0.0 | 16 | 3 | 18.8 | 11 | 0 | 0.0 | 18 | 2 | 11.1 |
| 第16回 | 2007年 | 6 | 1 | 16.7 | 0 | 0 | - | 16 | 2 | 12.5 | 6 | 0 | 0.0 | 4 | 0 | 0.0 |
| 第17回 | 2011年 | 5 | 1 | 20.0 | 4 | 0 | 0.0 | 15 | 3 | 20.0 | 4 | 0 | 0.0 | 6 | 0 | 0.0 |
| 第18回 | 2015年 | 4 | 1 | 25.0 | 3 | 0 | 0.0 | 12 | 4 | 33.3 | 2 | 0 | 0.0 | 3 | 0 | 0.0 |

《注》第1回統一地方選挙の町村長については女性の候補者数不明。
資料出所：各回『地方選挙結果調』（総務省）

## 10 地方議会の議会別女性議員 （1971 ～ 2015 年）

| 区　分 | 1971 | 1975 | 1979 | 1983 | 1987 | 1991 | 1995 | 1999 | 2003 | 2007 | 2011 | 2015 | 15年議員数の前回比 |
|---|---|---|---|---|---|---|---|---|---|---|---|---|---|
| | 人 | 人 | 人 | 人 | 人 | 人 | 人 | 人 | 人 | 人 | 人 | 人 | % |
| 都道府県議会 | 28 | 34 | 34 | 36 | 63 | 82 | 90 | 153 | 194 | 222 | 230 | 259 | 112.6 |
| 市 区 議 会 | 341 | 464 | 504 | 648 | 848 | 1,157 | 1,492 | 1,976 | 2,360 | 2,755 | 2,719 | 2,775 | 102.1 |
| 町 村 議 会 | 232 | 218 | 255 | 321 | 509 | 791 | 1,114 | 1,635 | 2,050 | 1,066 | 993 | 1,044 | 105.1 |
| 合　　　計 | 601 | 716 | 793 | 1,005 | 1,420 | 2,030 | 2,696 | 3,764 | 4,604 | 4,043 | 3,942 | 4,078 | 103.5 |
| 定 数 に 占める割合% | 0.8 | 1.0 | 1.1 | 1.4 | 2.1 | 3.1 | 4.1 | 5.9 | 7.6 | 10.2 | 11.1 | 12.1 | － |

《注》各年6月1日現在の調査。市区議会には政令指定都市及び特別区を含む。
資料出所：各年版『女性参政資料集　全地方議会女性議員の現状』（(公財) 市川房枝記念会女性と政治センター）

第1部 政治への参画－地方議会

## 11 地方議会の党派別女性議員 （1975 ～ 2015 年）

| 区　分 | | 1975 | 1979 | 1983 | 1987 | 1991 | 1995 | 1999 | 2003 | 2007 | 2011 | 2015 |
|---|---|---|---|---|---|---|---|---|---|---|---|---|
| 自民党 | 議員数(人) | 39 | 41 | 48 | 42 | 52 | 54 | 53 | 80 | 120 | 127 | 187 |
| | 構成比(%) | 5.4 | 5.2 | 4.8 | 3.0 | 2.6 | 2.0 | 1.4 | 1.7 | 3.0 | 3.2 | 4.6 |
| 民主党 | 議員数(人) | 0 | 0 | 0 | 0 | 0 | 0 | 73 | 100 | 180 | 237 | 163 |
| | 構成比(%) | — | — | — | — | — | — | 1.9 | 2.2 | 4.5 | 6.0 | 4.0 |
| 公明党 | 議員数(人) | 24 | 27 | 60 | 114 | 215 | 315 | 590 | 869 | 888 | 892 | 901 |
| | 構成比(%) | 3.4 | 3.4 | 6.0 | 8.0 | 10.6 | 11.7 | 15.7 | 18.9 | 22.0 | 22.6 | 22.1 |
| みんなの党 | 議員数(人) | 0 | 0 | 0 | 0 | 0 | 0 | 0 | 0 | 0 | 34 | 0 |
| | 構成比(%) | — | — | — | — | — | — | — | — | — | 0.9 | — |
| 維　新 | 議員数(人) | 0 | 0 | 0 | 0 | 0 | 0 | 0 | 0 | 0 | 0 | 30 |
| | 構成比(%) | — | — | — | — | — | — | — | — | — | — | 0.7 |
| 共産党 | 議員数(人) | 264 | 330 | 440 | 620 | 745 | 871 | 1,234 | 1,289 | 1,069 | 989 | 1,004 |
| | 構成比(%) | 36.9 | 41.6 | 43.8 | 43.7 | 36.7 | 32.3 | 32.8 | 28.0 | 26.4 | 25.1 | 24.6 |
| 自由党 | 議員数(人) | 0 | 0 | 0 | 0 | 0 | 0 | 1 | 3 | 0 | 0 | 0 |
| | 構成比(%) | — | — | — | — | — | — | 0.0 | 0.1 | — | — | — |
| 社民党 | 議員数(人) | 101 | 109 | 124 | 175 | 247 | 211 | 99 | 82 | 65 | 51 | 43 |
| | 構成比(%) | 14.1 | 13.7 | 12.3 | 12.3 | 12.2 | 7.8 | 2.6 | 1.8 | 1.6 | 1.3 | 1.1 |
| 国民新党 | 議員数(人) | 0 | 0 | 0 | 0 | 0 | 0 | 0 | 0 | 2 | 0 | 0 |
| | 構成比(%) | — | — | — | — | — | — | — | — | 0.0 | — | — |
| 新社会党 | 議員数(人) | 0 | 0 | 0 | 0 | 0 | 0 | 12 | 16 | 11 | 8 | 0 |
| | 構成比(%) | — | — | — | — | — | — | 0.3 | 0.3 | 0.3 | 0.2 | — |
| ネット | 議員数(人) | 0 | 0 | 0 | 7 | 29 | 107 | 125 | 149 | 131 | 109 | 98 |
| | 構成比(%) | — | — | — | 0.5 | 1.4 | 4.0 | 3.3 | 3.2 | 3.2 | 2.8 | 2.4 |
| 諸　派 | 議員数(人) | 13 | 14 | 18 | 16 | 17 | 38 | 19 | 28 | 16 | 42 | 45 |
| | 構成比(%) | 1.8 | 1.8 | 5.7 | 1.1 | 0.8 | 1.4 | 0.5 | 0.6 | 0.4 | 1.1 | 1.1 |
| 無所属 | 議員数(人) | 275 | 272 | 315 | 446 | 725 | 1,100 | 1,558 | 1,988 | 1,561 | 1,453 | 1,607 |
| | 構成比(%) | 38.4 | 34.3 | 31.3 | 31.4 | 35.7 | 40.8 | 41.4 | 43.2 | 38.6 | 36.9 | 39.4 |
| 合　計 | 議員数(人) | 716 | 793 | 1,005 | 1,420 | 2,030 | 2,696 | 3,764 | 4,604 | 4,043 | 3,942 | 4,078 |
| | 構成比(%) | 100.0 | 100.0 | 100.0 | 100.0 | 100.0 | 100.0 | 100.0 | 100.0 | 100.0 | 100.0 | 100.0 |

《注》 各年6月1日現在の調査。党派（立候補届け出時）は2015年の調査結果より区分し、その他は便宜上「諸派」に入れた。「社民党」には旧社会党、「ネット」には各地の生活者ネットワークをまとめた。「諸派」の詳細については、各年の『女性参政資料集　全地方議会女性議員の現状』に詳しい。構成比は小数点第2位以下を四捨五入したため、合計が100.0にならないものがある。
資料出所：各年版『女性参政資料集　全地方議会女性議員の現状』（（公財）市川房枝記念会女性と政治センター）

## 12 地方議会の都道府県別女性議員・女性議員進出議会 (1991～2015年)

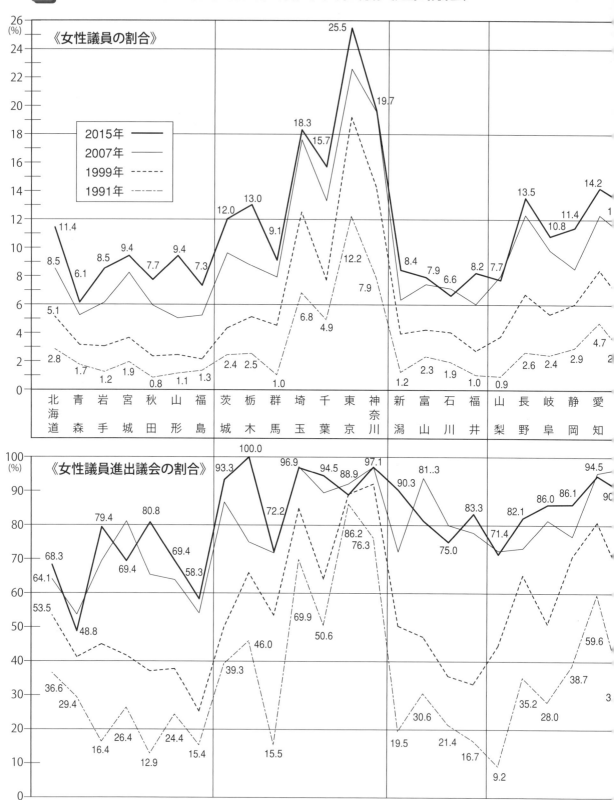

《注》各年6月1日現在の調査で、数値は北海道と合計を除き、1991年と2015年のもの。
資料出所：各年版『女性参政資料集　全地方議会女性議員の現状』((公財) 市川房枝記念会女性と政治センター)

第1部 政治への参画－地方議会

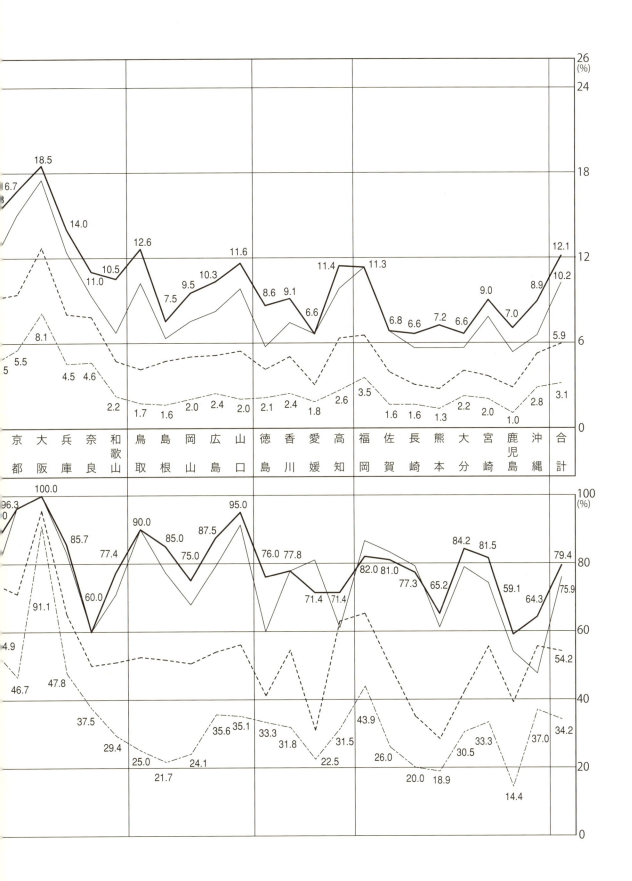

第1部 政治への参画－地方議会

## 13 議会別・女性議員数別の地方議会 （2007・2011・2015 年）

### 都道府県議会

| 区分 | 女性議員の数 | 0人 | 1人 | 2～5人 | 6～9人 | 10～15人 | 16人～ | 計 | 全議会数 |
|---|---|---|---|---|---|---|---|---|---|
| 2007年 | 議会数 | 1 | 1 | 32 | 9 | 3 | 1 | 46 | 47 |
| | 構成比 （%） | 2.1 | 2.1 | 68.1 | 19.1 | 6.4 | 2.1 | 97.9 | 100.0 |
| 2011年 | 議会数 | 0 | 3 | 29 | 12 | 2 | 1 | 47 | 47 |
| | 構成比 （%） | 0.0 | 6.4 | 61.7 | 25.5 | 4.3 | 2.1 | 100.0 | 100.0 |
| 2015年 | 議会数 | 0 | 3 | 26 | 12 | 4 | 2 | 47 | 47 |
| | 構成比 （%） | 0.0 | 6.4 | 55.3 | 25.5 | 8.5 | 4.3 | 100.0 | 100.0 |

### 市区議会

| 区分 | 女性議員の数 | 0人 | 1人 | 2～5人 | 6～9人 | 10～15人 | 16人～ | 計 | 全議会数 |
|---|---|---|---|---|---|---|---|---|---|
| 2007年 | 議会数 | 54 | 149 | 467 | 99 | 33 | 3 | 751 | 805 |
| | 構成比 （%） | 6.7 | 18.5 | 58.0 | 12.3 | 4.1 | 0.4 | 93.3 | 100.0 |
| 2011年 | 議会数 | 59 | 154 | 454 | 109 | 31 | 2 | 750 | 809 |
| | 構成比 （%） | 7.3 | 19.0 | 56.1 | 13.5 | 3.8 | 0.2 | 92.7 | 100.0 |
| 2015年 | 議会数 | 50 | 146 | 472 | 109 | 31 | 5 | 763 | 813 |
| | 構成比 （%） | 6.2 | 18.0 | 58.1 | 13.4 | 3.8 | 0.6 | 93.8 | 100.0 |

### 町村議会

| 区分 | 女性議員の数 | 0人 | 1人 | 2～5人 | 6～9人 | 10～15人 | 16人～ | 計 | 全議会数 |
|---|---|---|---|---|---|---|---|---|---|
| 2007年 | 議会数 | 396 | 349 | 270 | 7 | 0 | 0 | 626 | 1,022 |
| | 構成比 （%） | 38.7 | 34.1 | 26.4 | 0.7 | 0.0 | 0.0 | 61.3 | 100.0 |
| 2011年 | 議会数 | 348 | 330 | 254 | 6 | 0 | 0 | 590 | 938 |
| | 構成比 （%） | 37.1 | 35.2 | 27.1 | 0.6 | 0.0 | 0.0 | 62.9 | 100.0 |
| 2015年 | 議会数 | 318 | 342 | 264 | 4 | 0 | 0 | 610 | 928 |
| | 構成比 （%） | 34.3 | 36.9 | 28.4 | 0.4 | 0.0 | 0.0 | 65.7 | 100.0 |

### 総計

| 区分 | 女性議員の数 | 0人 | 1人 | 2～5人 | 6～9人 | 10～15人 | 16人～ | 計 | 全議会数 |
|---|---|---|---|---|---|---|---|---|---|
| 2007年 | 議会数 | 451 | 499 | 769 | 115 | 36 | 4 | 1,423 | 1,874 |
| | 構成比 （%） | 24.1 | 26.6 | 41.0 | 6.1 | 1.9 | 0.2 | 75.9 | 100.0 |
| 2011年 | 議会数 | 407 | 487 | 737 | 127 | 33 | 3 | 1,387 | 1,794 |
| | 構成比 （%） | 22.7 | 27.1 | 41.1 | 7.1 | 1.8 | 0.2 | 77.3 | 100.0 |
| 2015年 | 議会数 | 368 | 491 | 762 | 125 | 35 | 7 | 1,420 | 1,788 |
| | 構成比 （%） | 20.6 | 27.5 | 42.6 | 7.0 | 2.0 | 0.4 | 79.4 | 100.0 |

《注》 各年とも6月1日現在。市区議会には政令指定都市および特別区を含む。構成比は小数点第2位以下を四捨五入したため、合計が100.0にならないものがある。

資料出所：各年版『女性参政資料集　全地方議会女性議員の現状』（（公財）市川房枝記念会女性と政治センター）

第1部 政治への参画－地方議会

# 14 議会別・人口規模別・割合別の女性議員進出状況 （2011・2015 年）

## 都道府県議会

| 区分 | | 人口規模 | | | | | | 全議会に占める割合 |
|---|---|---|---|---|---|---|---|---|
| | | 300万以上 | 200万以上 | 150万以上 | 100万以上 | 100万未満 | 計 | |
| 2011年 | 割合別の議会数 0.0～5.0% | 2 | 3 | 1 | 4 | 1 | 11 | 23.4 |
| | 5.1～10.0% | 5 | 2 | 4 | 6 | 5 | 22 | 46.8 |
| | 10.1～15.0% | 2 | 3 | 1 | 6 | 1 | 13 | 27.7 |
| | 15.1～20.0% | 1 | 0 | 0 | 0 | 0 | 1 | 2.1 |
| | 計 | 10 | 8 | 6 | 16 | 7 | 47 | 100.0 |
| | 全議会数 | 10 | 8 | 6 | 16 | 7 | 47 | |
| | 女性進出議会の割合 | 100.0 | 100.0 | 100.0 | 100.0 | 100.0 | 100.0 | |
| 2015年 | 割合別の議会数 0.0～5.0% | 1 | 0 | 0 | 5 | 2 | 8 | 17.0 |
| | 5.1～10.0% | 3 | 6 | 2 | 7 | 3 | 21 | 44.7 |
| | 10.1～15.0% | 4 | 2 | 3 | 3 | 2 | 14 | 29.8 |
| | 15.1～20.0% | 2 | 1 | 0 | 1 | 0 | 4 | 8.5 |
| | 計 | 10 | 9 | 5 | 16 | 7 | 47 | 100.0 |
| | 全議会数 | 10 | 9 | 5 | 16 | 7 | 47 | |
| | 女性進出議会の割合 | 100.0 | 100.0 | 100.0 | 100.0 | 100.0 | 100.0 | |

## 市区議会

| 区分 | | 人口規模 | | | | | | | | | 全議会に占める割合 |
|---|---|---|---|---|---|---|---|---|---|---|---|
| | | 100万以上 | 50万以上 | 30万以上 | 20万以上 | 10万以上 | 5万以上 | 3万以上 | 3万未満 | 計 | |
| 2011年 | 割合別の議会数 0.0% | 0 | 0 | 0 | 0 | 2 | 15 | 27 | 15 | 59 | 7.3 |
| | 0.1～5.0% | 0 | 0 | 2 | 2 | 9 | 45 | 41 | 7 | 106 | 13.1 |
| | 5.1～10.0% | 1 | 3 | 10 | 8 | 47 | 67 | 54 | 22 | 212 | 26.2 |
| | 10.1～15.0% | 2 | 5 | 13 | 7 | 25 | 53 | 35 | 14 | 154 | 19.0 |
| | 15.1～20.0% | 4 | 7 | 11 | 12 | 28 | 40 | 26 | 4 | 132 | 16.3 |
| | 20.1～25.0% | 4 | 3 | 10 | 8 | 31 | 24 | 3 | 3 | 86 | 10.6 |
| | 25.1～30.0% | 0 | 2 | 3 | 3 | 12 | 11 | 0 | 0 | 31 | 3.8 |
| | 30.1～35.0% | 0 | 2 | 1 | 3 | 2 | 10 | 0 | 1 | 19 | 2.3 |
| | 35.1～40.0% | 0 | 0 | 0 | 2 | 6 | 2 | 0 | 0 | 10 | 1.2 |
| | 計 | 11 | 22 | 50 | 45 | 160 | 252 | 159 | 51 | 750 | 92.7 |
| | 全議会数 | 11 | 22 | 50 | 45 | 162 | 267 | 186 | 66 | 809 | |
| | 女性進出議会の割合 | 100.0 | 100.0 | 100.0 | 100.0 | 98.8 | 94.4 | 85.5 | 77.3 | 92.7 | |
| 2015年 | 割合別の議会数 0.0% | 0 | 0 | 0 | 0 | 2 | 13 | 21 | 14 | 50 | 6.2 |
| | 0.1～5.0% | 0 | 0 | 3 | 2 | 12 | 36 | 29 | 4 | 86 | 10.6 |
| | 5.1～10.0% | 1 | 1 | 5 | 8 | 39 | 65 | 50 | 25 | 194 | 23.9 |
| | 10.1～15.0% | 1 | 6 | 13 | 6 | 31 | 57 | 46 | 28 | 188 | 23.1 |
| | 15.1～20.0% | 5 | 7 | 11 | 16 | 26 | 44 | 21 | 4 | 134 | 16.5 |
| | 20.1～25.0% | 4 | 5 | 13 | 8 | 20 | 25 | 7 | 6 | 88 | 10.8 |
| | 25.1～30.0% | 0 | 2 | 5 | 3 | 12 | 12 | 2 | 0 | 36 | 4.4 |
| | 30.1～35.0% | 0 | 2 | 0 | 3 | 4 | 4 | 1 | 0 | 14 | 1.7 |
| | 35.1～40.0% | 0 | 0 | 0 | 2 | 7 | 7 | 0 | 1 | 17 | 2.1 |
| | 40.1～45.0% | 0 | 0 | 0 | 2 | 1 | 3 | 0 | 0 | 6 | 0.7 |
| | 計 | 11 | 23 | 50 | 50 | 152 | 253 | 156 | 68 | 763 | 93.8 |
| | 全議会数 | 11 | 23 | 50 | 50 | 154 | 266 | 177 | 82 | 813 | |
| | 女性進出議会の割合 | 100.0 | 100.0 | 100.0 | 100.0 | 98.7 | 95.1 | 88.1 | 82.9 | 93.8 | |

*43*

第1部　政治への参画－地方議会

## 町村議会

| 区分 | | | 人口規模 | | | | | | | | 計 | 全議会に占める割合 |
|---|---|---|---|---|---|---|---|---|---|---|---|---|
| | | | 4万以上 | 3.5万以上 | 3万以上 | 2万以上 | 1万以上 | 0.5万以上 | 0.1万以上 | 0.1万未満 | | |
| 2011年 | 割合別の議会数 | 0.0% | 1 | 0 | 1 | 17 | 74 | 109 | 127 | 19 | 348 | 37.1 |
| | | 0.1~5.0% | 0 | 0 | 0 | 3 | 3 | 0 | 0 | 0 | 6 | 0.6 |
| | | 5.1~10.0% | 3 | 2 | 9 | 36 | 116 | 89 | 42 | 0 | 297 | 31.7 |
| | | 10.1~15.0% | 8 | 5 | 14 | 22 | 42 | 13 | 25 | 3 | 132 | 14.1 |
| | | 15.1~20.0% | 4 | 6 | 1 | 19 | 35 | 22 | 7 | 2 | 96 | 10.2 |
| | | 20.1~25.0% | 6 | 1 | 3 | 6 | 10 | 6 | 2 | 1 | 35 | 3.7 |
| | | 25.1~30.0% | 1 | 0 | 1 | 3 | 2 | 4 | 1 | 0 | 12 | 1.3 |
| | | 30.1~35.0% | 1 | 2 | 0 | 1 | 2 | 0 | 0 | 0 | 6 | 0.6 |
| | | 35.1~40.0% | 0 | 0 | 0 | 1 | 0 | 1 | 0 | 0 | 2 | 0.2 |
| | | 40.1~45.0% | 0 | 0 | 1 | 0 | 0 | 1 | 0 | 0 | 2 | 0.2 |
| | | 45.1~50.0% | 0 | 0 | 2 | 0 | 0 | 0 | 0 | 0 | 2 | 0.2 |
| | | 計 | 23 | 16 | 31 | 91 | 210 | 136 | 77 | 6 | 590 | 62.9 |
| | 全議会数 | | 24 | 16 | 32 | 108 | 284 | 245 | 204 | 25 | 938 | |
| | 女性進出議会の割合 | | 95.8 | 100.0 | 96.9 | 84.3 | 73.9 | 55.5 | 37.7 | 24.0 | 62.9 | |
| 2015年 | 割合別の議会数 | 0.0% | 1 | 0 | 2 | 11 | 68 | 92 | 121 | 23 | 318 | 34.3 |
| | | 0.1~5.0% | 0 | 0 | 0 | 2 | 0 | 0 | 0 | 0 | 2 | 0.2 |
| | | 5.1~10.0% | 1 | 3 | 5 | 39 | 106 | 97 | 48 | 0 | 299 | 32.2 |
| | | 10.1~15.0% | 4 | 6 | 13 | 16 | 33 | 11 | 31 | 4 | 118 | 12.7 |
| | | 15.1~20.0% | 7 | 5 | 3 | 10 | 49 | 30 | 10 | 1 | 115 | 12.4 |
| | | 20.1~25.0% | 3 | 2 | 1 | 12 | 19 | 3 | 4 | 0 | 44 | 4.7 |
| | | 25.1~30.0% | 2 | 1 | 1 | 0 | 2 | 3 | 2 | 0 | 11 | 1.2 |
| | | 30.1~35.0% | 1 | 1 | 1 | 4 | 0 | 3 | 0 | 0 | 10 | 1.1 |
| | | 35.1~40.0% | 0 | 0 | 1 | 1 | 1 | 2 | 2 | 0 | 7 | 0.8 |
| | | 40.1~45.0% | 1 | 0 | 0 | 0 | 0 | 0 | 0 | 0 | 1 | 0.1 |
| | | 45.1~50.0% | 0 | 0 | 2 | 0 | 0 | 0 | 0 | 0 | 2 | 0.2 |
| | | 50.1~55.0% | 0 | 0 | 0 | 0 | 0 | 0 | 0 | 0 | | — |
| | | 55.1~60.0% | 0 | 0 | 1 | 0 | 0 | 0 | 0 | 0 | 1 | 0.1 |
| | | 計 | 19 | 18 | 28 | 84 | 210 | 149 | 97 | 5 | 610 | 65.7 |
| | 全議会数 | | 20 | 18 | 30 | 95 | 278 | 241 | 218 | 28 | 928 | |
| | 女性進出議会の割合 | | 95.0 | 100.0 | 93.3 | 88.4 | 75.5 | 61.8 | 44.5 | 17.9 | 65.7 | |

《注》　人口規模別議会数は、2011年は同年3月31日現在の住民基本台帳に基づいてまとめ、東日本大震災被災地の22市町村については2010年10月の国勢調査の人口を適用した。2015年は同年1月1日現在の住民基本台帳に基づいてまとめた。市区議会には、政令指定都市および特別区を含む。
資料出所：各年版『女性参政資料集　全地方議会女性議員の現状』（（公財）市川房枝記念会女性と政治センター）

## 15 女性議員割合全国ランキング上位5位の議会 （1995～2015年）

### 都道府県議会

| 1995 | | | 1999 | | | 2003 | | | 2007 | | | 2011 | | | 2015 | | |
|---|---|---|---|---|---|---|---|---|---|---|---|---|---|---|---|---|---|
| 順位 | 都道府県名 | 割合 | 順位 | 都道府県名 | 割合 | 順位 | 都道府県名 | 割合 | 順位 | 都道府県名 | 割合 | 順位 | 都道府県名 | 割合 | 順位 | 都道府県名 | 割合 |
| 1 | 東京都 | 8.6 | 1 | 東京都 | 11.8 | 1 | 東京都 | 15.0 | 1 | 長野県 | 19.0 | 1 | 東京都 | 19.7 | 1 | 京都府 | 20.0 |
| 2 | 京都府 | 7.7 | 2 | 埼玉県 | 10.6 | 2 | 滋賀県 | 14.9 | 2 | 東京都 | 17.3 | 2 | 滋賀県 | 14.9 | 2 | 東京都 | 18.9 |
| 3 | 神奈川県 | 7.0 | 3 | 滋賀県 | 10.4 | 3 | 長野県 | 13.8 | 3 | 滋賀県 | 17.0 | 3 | 沖縄県 | 14.6 | 3 | 滋賀県 | 18.2 |
| 4 | 福岡県 | 5.5 | 3 | 奈良県 | 10.4 | 4 | 兵庫県 | 13.0 | 4 | 奈良県 | 13.6 | 4 | 奈良県 | 13.6 | 4 | 神奈川県 | 16.2 |
| 5 | 埼玉県 | 5.3 | 5 | 山梨県 | 9.5 | 5 | 山梨県 | 11.9 | 5 | 鳥取県 | 13.2 | 5 | 兵庫県 | 13.5 | 5 | 秋田県 | 14.0 |

### 市区議会

| 1995 | | | 1999 | | | 2003 | | | 2007 | | | 2011 | | | 2015 | | |
|---|---|---|---|---|---|---|---|---|---|---|---|---|---|---|---|---|---|
| 順位 | 市区名 | 割合 | 順位 | 市区名 | 割合 | 順位 | 市区名 | 割合 | 順位 | 市区名 | 割合 | 順位 | 市区名 | 割合 | 順位 | 市区名 | 割合 |
| 1 | 田無市（東京） | 30.8 | 1 | 和光市（埼玉） | 33.3 | 1 | 和光市（埼玉） | 40.9 | 1 | 和光市（埼玉） | 40.9 | 1 | 多摩市（東京） | 38.5 | 1 | 清瀬市（東京） | 45.0 |
| 1 | 向日市（京都） | 30.8 | 2 | 多摩市（東京） | 32.1 | 2 | 小金井市（東京） | 37.5 | 2 | 我孫子市（千葉） | 40.0 | 2 | 浦安市（千葉） | 38.1 | 2 | 目黒区（東京） | 41.7 |
| 3 | 羽村市（東京） | 30.0 | 3 | 小金井市（東京） | 32.0 | 3 | 古賀市（福岡） | 35.0 | 3 | 多摩市（東京） | 38.5 | 3 | 小金井市（東京） | 37.5 | 2 | 小金井市（東京） | 41.7 |
| 4 | 目黒区（東京） | 28.9 | 4 | 東村山市（東京） | 30.8 | 4 | 多摩市（東京） | 34.6 | 4 | 小金井市（東京） | 37.5 | 4 | 江別市（北海道） | 37.0 | 4 | 文京区（東京） | 41.7 |
| 5 | 多摩市（東京） | 28.6 | 5 | 調布市（東京） | 30.0 | 5 | 白井市（千葉） | 33.3 | 5 | 江別市（北海道） | 37.0 | 5 | 狛江市（東京） | 36.4 | 5 | 牛久市（茨城） | 40.9 |
|  |  |  | 5 | 羽村市（東京） | 30.0 | 5 | 目黒区（東京） | 33.3 |  |  |  |  |  |  | 5 | 狛江市（東京） | 40.9 |

### 町村議会

| 1995 | | | 1999 | | | 2003 | | | 2007 | | | 2011 | | | 2015 | | |
|---|---|---|---|---|---|---|---|---|---|---|---|---|---|---|---|---|---|
| 順位 | 町村名 | 割合 | 順位 | 町村名 | 割合 | 順位 | 町村名 | 割合 | 順位 | 町村名 | 割合 | 順位 | 町村名 | 割合 | 順位 | 町村名 | 割合 |
| 1 | 島本町（大阪） | 30.0 | 1 | 葉山町（神奈川） | 38.9 | 1 | 島本町（大阪） | 44.4 | 1 | 大磯町（神奈川） | 50.0 | 1 | 葉山町（神奈川） | 50.0 | 1 | 大磯町（神奈川） | 57.1 |
| 2 | 加茂町（京都） | 27.8 | 2 | 関ヶ原町（岐阜） | 35.7 | 2 | 淡路町（兵庫） | 41.7 | 1 | 播磨町（兵庫） | 44.4 | 1 | 大磯町（神奈川） | 50.0 | 2 | 葉山町（神奈川） | 50.0 |
| 3 | 三芳町（埼玉） | 27.3 | 3 | 福間町（福岡） | 35.0 | 3 | 葉山町（神奈川） | 38.9 | 3 | 下諏訪町（長野） | 38.5 | 3 | 播磨町（兵庫） | 42.9 | 2 | 島本町（大阪） | 50.0 |
| 3 | 鷲宮町（埼玉） | 27.3 | 4 | 二宮町（神奈川） | 33.3 | 4 | 三芳町（埼玉） | 37.5 | 4 | 栗橋町（埼玉） | 37.5 | 4 | 立科町（長野） | 41.7 | 4 | 東浦町（愛知） | 43.8 |
| 3 | 東郷町（愛知） | 27.3 | 4 | 淡路町（兵庫） | 33.3 | 4 | 加茂町（京都） | 37.5 | 4 | 島本町（大阪） | 37.5 | 5 | 島本町（大阪） | 37.5 | 5 | 日吉津村（鳥取） | 40.0 |
|  |  |  |  |  |  |  |  |  |  |  |  |  |  |  | 5 | 和木町（山口） | 40.0 |

## 16 女性議員ゼロ議会 （1991～2015年）

| 年 | 都道府県 | 市区 | 町村 | 計 |
|---|---|---|---|---|
| 1991 | 27.7 % | 26.8 % | 76.7 % | 65.8 % |
| 1995 | 21.3 | 19.2 | 67.6 | 56.9 |
| 1999 | 6.4 | 10.5 | 56.1 | 45.8 |
| 2003 | 4.3 | 6.4 | 46.8 | 37.5 |
| 2007 | 2.1 | 6.7 | 38.7 | 24.1 |
| 2011 | 0.0 | 7.3 | 37.1 | 22.7 |
| 2015 | 0.0 | 6.2 | 34.3 | 20.6 |

## 17 議会別女性議員の平均年齢 （1987～2015年）

| 年 | 都道府県 | 市区 | 町村 | 全体 |
|---|---|---|---|---|
| 1987 | 48.7 歳 | 48.8 歳 | 51.3 歳 | 49.7 歳 |
| 1991 | 51.0 | 49.3 | 52.1 | 50.4 |
| 1995 | 51.2 | 50.6 | 53.7 | 51.9 |
| 1999 | 51.6 | 51.4 | 54.7 | 52.8 |
| 2003 | 52.1 | 52.9 | 56.2 | 54.3 |
| 2007 | 53.3 | 54.4 | 57.9 | 55.3 |
| 2011 | 53.1 | 55.2 | 59.6 | 56.2 |
| 2015 | 54.7 | 56.1 | 60.9 | 57.2 |

《注》 15 16 17 各年6月1日現在。市区議会には政令指定都市および特別区を含む。
資料出所：各年版『女性参政資料集　全地方議会女性議員の現状』（（公財）市川房枝記念会女性と政治センター）

第1部　政治への参画－地方議会

## 18 沖縄県の選挙における女性の当選者（1958～2017年）

| 区分 | 選挙年次 など | 当選者数（割合 %） |
|---|---|---|
| 琉球立法院議員 | 1958 | 1 |
| 県議会議員 | 1976 | 1 (2.2) |
| | 1980 | 2 (4.3) |
| | 1984 | 1 (2.1) |
| | 1988 | 2 (4.3) |
| | 1992 | 1 (2.1) |
| | 1996 | 3 (6.3) |
| | 2000 | 4 (8.3) |
| | 2004 | 5 (10.4) |
| | 2008 | 7 (14.6) |
| | 2012 | 6 (12.5) |
| | 2016 | 6 (12.5) |
| 市議会議員 | 1946 | 2 |
| | 1948 | 5 |
| | 1951 | 1 |
| | 1953 | 1 |
| | 1955 | 1 |
| | 1965 | 2 |
| | 1966 | 1 |
| | 1969 | 2 |
| | 1972 | 1 |
| | 1973 | 4 |
| | 1977 | 5 |
| | 1981 | 2 |
| | 1985 | 4 |
| | 1989 | 8 |
| | 1990 | 9 |
| | 1993 | 10 |
| | 1994 | 8 |
| | 1997 | 2 |
| | 2000 | 22 (7.7) |
| | 2005 | 30 (8.6) |
| | 2010 | 27 (9.0) |
| | 2015 | 33 (11.4) |
| | 2017 | 38 (13.3) |

| 区分 | 選挙年次 など | 当選者数（割合 %） |
|---|---|---|
| 町村議会議員 | 1946 | 5 |
| | 1948 | 7 |
| | 1949 | 1 |
| | 1950 | 1 |
| | 1958 | 1 |
| | 1974 | 2 |
| | 1977 | 1 |
| | 1978 | 3 |
| | 1981 | 2 |
| | 1982 | 3 |
| | 1985 | 2 |
| | 1986 | 6 |
| | 1988 | 1 |
| | 1989 | 1 |
| | 1990 | 12 |
| | 1992 | 1 |
| | 1993 | 1 |
| | 1994 | 12 |
| | 1997 | 1 |
| | 2000 | 29 (4.2) |
| | 2005 | 18 (3.6) |
| | 2010 | 16 (4.5) |
| | 2015 | 22 (6.2) |
| | 2017 | 24 (6.8) |

《注》沖縄県では1945年9月12日、米国軍政府による「地方行政緊急措置要綱」が発表され、その第5条に「年齢25歳以上の住民は選挙権及び被選挙権を有す」と明記された。その結果、沖縄の女性は全国に先駆けて地方参政権を獲得し、同年9月20日の市議会議員選挙に2人が立候補した（落選）。米国民政府布令第68号「琉球政府章典」により設置された琉球立法院は、1972年5月、施政権の日本返還後、沖縄県議会となる。
　これらの経緯で沖縄の選挙は当初より統一地方選挙の期日とずれているため、1997年までは各年の選挙結果から女性の当選者数をまとめた（本土復帰以前の奄美諸島を含む）。
　県議会議員は割合も記した。市議会議員と町村議会議員の2000年以降は、各年12月末現在の女性議員数と割合を5年ごとに記した。
　詳細な県下の女性議員輩出状況については、現在（公財）おきなわ女性財団が調査中。
資料出所：1946～1997年『沖縄戦後選挙史』第1～4巻（沖縄戦後選挙史編集委員会）、沖縄県選挙管理委員会。
　　2000年～沖縄県平和援護・男女参画課

# 19 地図で見る地方議会の女性議員進出状況 (2016年12月31日現在)

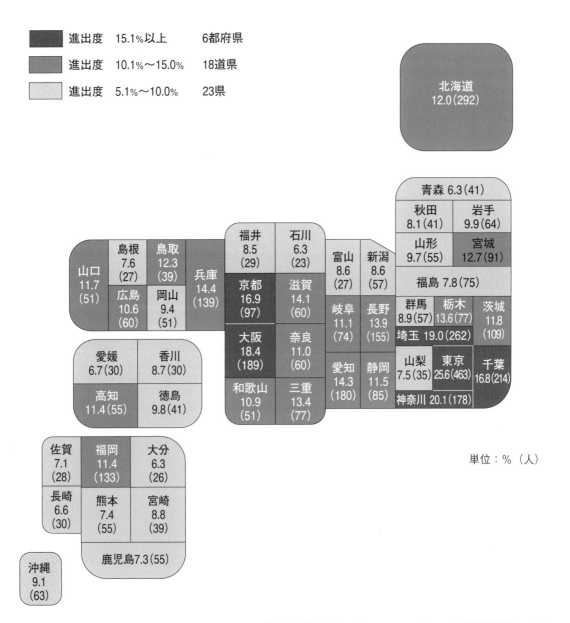

《注》都道府県名に続いて、それぞれの女性議員総数と、総定数に占める割合を進出度として表した。都道府県ごとの議会別データは20を参照。
資料出所:『地方公共団体の議会の議員及び長の所属党派別人員調等 2016.12.31現在』(総務省)

## 20　都道府県別・議会別・党派別女性議員 （2016年12月31日現在）

（単位：人）

| 区分 | 都道府県議会 | | | | | | | | | | | |
| --- | --- | --- | --- | --- | --- | --- | --- | --- | --- | --- | --- | --- |
| | 自民党 | 民進党 | 公明党 | 共産党 | 日本維新の会 | 自由党 | 社民党 | 諸派 | 無所属 | 合計 | 定数 | 女性の割合% |
| 北海道 | 2 | 5 | 1 | 3 | | | | | 2 | 13 | 101 | 12.9 |
| 青　森 | | | | 1 | | | | | 2 | 3 | 48 | 6.3 |
| 岩　手 | 1 | | | 1 | | | 1 | 1 | 3 | 7 | 48 | 14.6 |
| 宮　城 | | 2 | | 4 | | | | | 1 | 7 | 59 | 11.9 |
| 秋　田 | 2 | | | 1 | | | 2 | | 1 | 6 | 43 | 14.0 |
| 山　形 | 1 | | | 1 | | | | | | 2 | 44 | 4.5 |
| 福　島 | 3 | | | 4 | | | | | 1 | 8 | 58 | 13.8 |
| 茨　城 | | 1 | 1 | 3 | | | | | | 5 | 63 | 7.9 |
| 栃　木 | 1 | 1 | 1 | | | | | 3 | | 6 | 50 | 12.0 |
| 群　馬 | | 3 | | | | | | | | 3 | 50 | 6.0 |
| 埼　玉 | 1 | 4 | | 3 | | | | | 2 | 10 | 93 | 10.8 |
| 千　葉 | | 3 | | 2 | | | 1 | 2 | 1 | 9 | 95 | 9.5 |
| 東　京 | 3 | | 3 | 11 | | | | 7 | 1 | 25 | 127 | 19.7 |
| 神奈川 | 3 | 8 | 1 | 3 | | | | | 2 | 17 | 105 | 16.2 |
| 新　潟 | | | 1 | | | | | | 2 | 3 | 53 | 5.7 |
| 富　山 | 1 | | | 1 | | | 1 | | | 3 | 40 | 7.5 |
| 石　川 | 2 | | | | | | | | | 2 | 43 | 4.7 |
| 福　井 | 1 | | | | | | | | 2 | 3 | 37 | 8.1 |
| 山　梨 | | | | 1 | | | | | | 1 | 38 | 2.6 |
| 長　野 | | | 1 | 3 | | | | | 2 | 6 | 58 | 10.3 |
| 岐　阜 | 1 | 1 | | | | | | | 1 | 3 | 46 | 6.5 |
| 静　岡 | | 1 | 2 | | | | | | | 3 | 69 | 4.3 |
| 愛　知 | 2 | 4 | | 2 | | | | | | 8 | 102 | 7.8 |
| 三　重 | 1 | | | 2 | | | | | 3 | 6 | 51 | 11.8 |
| 滋　賀 | 1 | 2 | 1 | 2 | | | | | 1 | 7 | 44 | 15.9 |
| 京　都 | 2 | 2 | 1 | 6 | | | | | 1 | 12 | 60 | 20.0 |
| 大　阪 | | | 2 | 1 | | | | 1 | | 4 | 88 | 4.5 |
| 兵　庫 | 1 | 1 | | 4 | | | | 1 | 3 | 10 | 87 | 11.5 |
| 奈　良 | | | 1 | 3 | | | | | | 4 | 44 | 9.1 |
| 和歌山 | 1 | | | 1 | | | | | 1 | 3 | 42 | 7.1 |
| 鳥　取 | 1 | 1 | | 2 | | | | | | 4 | 35 | 11.4 |
| 島　根 | | 1 | | | | | | | 2 | 3 | 37 | 8.1 |
| 岡　山 | 2 | 1 | | 2 | | | | | 2 | 7 | 55 | 12.7 |
| 広　島 | 3 | | | 1 | | | | | | 4 | 64 | 6.3 |
| 山　口 | 1 | 1 | 1 | 1 | | | 1 | | 1 | 6 | 47 | 12.8 |
| 徳　島 | 1 | | | 2 | | | | | 1 | 4 | 39 | 10.3 |
| 香　川 | | 1 | | 1 | | | | | | 2 | 41 | 4.9 |
| 愛　媛 | | | | | | | 1 | | | 1 | 47 | 2.1 |
| 高　知 | | | | 2 | | | | | | 2 | 37 | 5.4 |
| 福　岡 | 2 | 3 | 1 | 2 | | | | | 1 | 9 | 86 | 10.5 |
| 佐　賀 | | | | 1 | | | | | | 1 | 38 | 2.6 |
| 長　崎 | 1 | 1 | | 1 | | | | | 1 | 4 | 46 | 8.7 |
| 熊　本 | 1 | | | | | | | | 2 | 3 | 48 | 6.3 |
| 大　分 | | | 1 | | | | | | 1 | 2 | 43 | 4.7 |
| 宮　崎 | | | | 1 | | | | | 1 | 2 | 39 | 5.1 |
| 鹿児島 | 1 | | | 1 | | | | | 2 | 4 | 51 | 7.8 |
| 沖　縄 | | | | 1 | | | 2 | 2 | 1 | 6 | 48 | 12.5 |
| 女性計 | 43 | 47 | 19 | 81 | 0 | 0 | 9 | 17 | 47 | 263 | 2,687 | 9.8 |
| 構成比〈1〉% | 16.3 | 17.9 | 7.2 | 30.8 | — | — | 3.4 | 6.5 | 17.9 | 100.0 | | |
| 男女合計 | 1,330 | 301 | 208 | 152 | 8 | 6 | 42 | 108 | 502 | 2,657 | | |
| 構成比〈2〉% | 3.2 | 15.6 | 9.1 | 53.3 | — | — | 21.4 | 15.7 | 9.4 | 9.9 | | |

《注》党派は立候補届出時。各表右端は、定数に占める女性議員の割合。空欄は0。構成比〈1〉は女性議員全体に占める各党女性議員の割合、〈2〉は各党に占める女性議員の割合。定数には欠員を含むため、議員総数と一致しない。

資料出所：『地方公共団体の議会の議員及び長の所属党派別人員調等　2016.12.31現在』（総務省）

## 市区議会

| 区分 | 自民党 | 民進党 | 公明党 | 共産党 | 日本維新の会 | 社民党 | こころ | 元気 | 諸派 | 無所属 | 合計 | 定数 | 女性の割合% |
|---|---|---|---|---|---|---|---|---|---|---|---|---|---|
| 北海道 | 11 | 7 | 34 | 20 | | | | | 4 | 46 | 122 | 738 | 16.5 |
| 青　森 | 3 | | 4 | 6 | | 2 | | | | 13 | 28 | 243 | 11.5 |
| 岩　手 | | | 5 | 7 | | 3 | | | | 14 | 29 | 336 | 8.6 |
| 宮　城 | 2 | 3 | 11 | 16 | | 1 | | | | 21 | 54 | 340 | 15.9 |
| 秋　田 | | | 6 | 9 | | 1 | | | | 8 | 24 | 310 | 7.7 |
| 山　形 | 2 | | 3 | 7 | | | | | | 23 | 35 | 271 | 12.9 |
| 福　島 | 2 | 1 | 7 | 9 | 1 | 3 | | | | 8 | 31 | 350 | 8.9 |
| 茨　城 | | 2 | 31 | 22 | | 1 | | | 5 | 26 | 87 | 684 | 12.7 |
| 栃　木 | 3 | | 15 | 5 | | | | | | 33 | 56 | 354 | 15.8 |
| 群　馬 | | | 9 | 8 | | | | | | 17 | 34 | 300 | 11.3 |
| 埼　玉 | 7 | 9 | 57 | 60 | | | | 1 | 5 | 61 | 200 | 974 | 20.5 |
| 千　葉 | 7 | 5 | 45 | 41 | | 1 | | | 14 | 66 | 179 | 945 | 18.9 |
| 東　京 | 49 | 36 | 96 | 90 | | 8 | | 1 | 60 | 85 | 425 | 1,551 | 27.4 |
| 神奈川 | 9 | 11 | 28 | 24 | | | | | 18 | 28 | 118 | 591 | 20.0 |
| 新　潟 | | 1 | 9 | 7 | | | | | | 24 | 41 | 487 | 8.4 |
| 富　山 | 4 | | 3 | 1 | | | | | 1 | 11 | 20 | 215 | 9.3 |
| 石　川 | 2 | | 4 | 7 | | | | | | 2 | 15 | 216 | 6.9 |
| 福　井 | | | 3 | 3 | | | | | | 12 | 18 | 194 | 9.3 |
| 山　梨 | | | 10 | 4 | | | | | | 12 | 26 | 257 | 10.1 |
| 長　野 | | | 14 | 15 | | | | | | 31 | 60 | 411 | 14.6 |
| 岐　阜 | | 1 | 10 | 12 | | | | | | 25 | 48 | 408 | 11.8 |
| 静　岡 | | | 10 | 13 | | | | | | 43 | 66 | 520 | 12.7 |
| 愛　知 | 1 | 10 | 43 | 39 | | 1 | | | 5 | 44 | 143 | 950 | 15.1 |
| 三　重 | 1 | | 13 | 10 | | | | | | 23 | 47 | 327 | 14.4 |
| 滋　賀 | 1 | 2 | 13 | 13 | | | | | | 18 | 47 | 306 | 15.4 |
| 京　都 | 2 | 3 | 12 | 33 | | 1 | | | 3 | 12 | 66 | 378 | 17.5 |
| 大　阪 | 10 | 5 | 49 | 53 | 1 | | | | 14 | 29 | 161 | 820 | 19.6 |
| 兵　庫 | 5 | 4 | 19 | 28 | 1 | 2 | | | 5 | 46 | 110 | 703 | 15.6 |
| 奈　良 | | 1 | 6 | 5 | | | | | | 13 | 25 | 233 | 10.7 |
| 和歌山 | 1 | | 7 | 8 | 1 | | | | | 9 | 26 | 186 | 14.0 |
| 鳥　取 | | 1 | 3 | 3 | | | | | | 3 | 10 | 91 | 11.0 |
| 島　根 | | | 5 | 5 | | | | | | 4 | 14 | 191 | 7.3 |
| 岡　山 | | 1 | 7 | 7 | | | | | | 19 | 34 | 353 | 9.6 |
| 広　島 | | | 12 | 9 | | 1 | | | | 20 | 42 | 373 | 11.3 |
| 山　口 | 2 | | 8 | 9 | | | | | | 15 | 34 | 321 | 10.6 |
| 徳　島 | | | 3 | 4 | | | | | | 10 | 17 | 179 | 9.5 |
| 香　川 | 1 | | 6 | 3 | | | | | | 10 | 20 | 184 | 10.9 |
| 愛　媛 | 1 | | 6 | 5 | | | | | | 10 | 22 | 276 | 8.0 |
| 高　知 | | | 7 | 9 | | | | | | 13 | 29 | 200 | 14.5 |
| 福　岡 | 2 | 2 | 25 | 18 | | 1 | | | 5 | 31 | 84 | 653 | 12.9 |
| 佐　賀 | 1 | 1 | 2 | 3 | | | | | | 9 | 16 | 230 | 7.0 |
| 長　崎 | | | 2 | 5 | | 2 | | | | 7 | 16 | 306 | 5.2 |
| 熊　本 | 1 | | 5 | 6 | | | | | 1 | 14 | 27 | 319 | 8.5 |
| 大　分 | | | 5 | 5 | | | | | | 10 | 20 | 317 | 6.3 |
| 宮　崎 | 1 | | 5 | 5 | | 2 | | | | 8 | 21 | 215 | 9.8 |
| 鹿児島 | 2 | | 7 | 11 | | 1 | | | | 17 | 38 | 420 | 9.0 |
| 沖　縄 | 1 | | 5 | 9 | | 4 | | | 1 | 13 | 33 | 293 | 11.3 |
| 女性計 | 134 | 106 | 689 | 691 | 4 | 35 | 0 | 2 | 141 | 1,016 | 2,818 | 19,519 | 14.4 |
| 構成比 (1) % | 4.8 | 3.8 | 24.4 | 24.5 | 0.1 | 1.2 | — | 0.1 | 5.0 | 36.1 | 100.0 | | |
| 男女合計 | 1,898 | 680 | 2,295 | 1,903 | 25 | 227 | 8 | 4 | 477 | 11,743 | 19,260 | | |
| 構成比 (2) % | 7.1 | 15.6 | 30.0 | 36.3 | 16.0 | 15.4 | — | 50.0 | 29.6 | 8.7 | 14.6 | | |

《注》市区議会には、政令指定都市及び特別区を含む。「こころ」は日本のこころを大切にする党。「元気」は日本を元気にする会。

| 区分 | 町村議会 | | | | | | | | | | |
|---|---|---|---|---|---|---|---|---|---|---|---|
| | 自民党 | 民進党 | 公明党 | 共産党 | 社民党 | こころ | 諸派 | 無所属 | 合計 | 定数 | 女性の割合% |
| 北海道 | 2 | 1 | 20 | 32 | | | 1 | 101 | 157 | 1,599 | 9.8 |
| 青　森 | | | | | | | | 10 | 10 | 363 | 2.8 |
| 岩　手 | | | 2 | 8 | | | | 18 | 28 | 260 | 10.8 |
| 宮　城 | | | 7 | 3 | | | | 20 | 30 | 315 | 9.5 |
| 秋　田 | | | 2 | 2 | | | | 7 | 11 | 154 | 7.1 |
| 山　形 | | | | 3 | | | | 15 | 18 | 253 | 7.1 |
| 福　島 | | | 5 | 6 | | | | 25 | 36 | 549 | 6.6 |
| 茨　城 | | | 6 | 4 | | | | 7 | 17 | 174 | 9.8 |
| 栃　木 | | | 2 | 2 | | | | 11 | 15 | 162 | 9.3 |
| 群　馬 | | | 4 | 2 | | | | 14 | 20 | 289 | 6.9 |
| 埼　玉 | | | 21 | 10 | | | 2 | 19 | 52 | 309 | 16.8 |
| 千　葉 | | | 8 | 8 | | | | 10 | 26 | 234 | 11.1 |
| 東　京 | | | 6 | 2 | | | | 5 | 13 | 131 | 9.9 |
| 神奈川 | | | 14 | 7 | 1 | | 2 | 19 | 43 | 189 | 22.8 |
| 新　潟 | | | 1 | 3 | | | | 9 | 13 | 120 | 10.8 |
| 富　山 | 1 | | | | | | | 3 | 4 | 58 | 6.9 |
| 石　川 | | | 1 | 2 | | | | 3 | 6 | 105 | 5.7 |
| 福　井 | | | | | | | | 8 | 8 | 112 | 7.1 |
| 山　梨 | | | 4 | 1 | | | | 3 | 8 | 172 | 4.7 |
| 長　野 | | | 9 | 25 | | | | 55 | 89 | 650 | 13.7 |
| 岐　阜 | | | 4 | 5 | | | | 14 | 23 | 210 | 11.0 |
| 静　岡 | | 1 | 2 | 5 | | | | 8 | 16 | 149 | 10.7 |
| 愛　知 | | 2 | 9 | 4 | | 1 | 1 | 12 | 29 | 211 | 13.7 |
| 三　重 | | | 3 | 5 | | | | 16 | 24 | 196 | 12.2 |
| 滋　賀 | | | 1 | 3 | | | | 2 | 6 | 76 | 7.9 |
| 京　都 | | 1 | 6 | 11 | | | | 1 | 19 | 136 | 14.0 |
| 大　阪 | 1 | | 5 | 11 | | | 1 | 6 | 24 | 118 | 20.3 |
| 兵　庫 | | | 4 | 3 | | | | 12 | 19 | 172 | 11.0 |
| 奈　良 | 1 | 1 | 9 | 13 | | | | 7 | 31 | 270 | 11.5 |
| 和歌山 | | | 4 | 6 | | | | 12 | 22 | 240 | 9.2 |
| 鳥　取 | | | 1 | 5 | | | | 19 | 25 | 191 | 13.1 |
| 島　根 | | | | 2 | | | | 8 | 10 | 128 | 7.8 |
| 岡　山 | | | 2 | 1 | | | 1 | 6 | 10 | 133 | 7.5 |
| 広　島 | | | | 3 | | | | 11 | 14 | 130 | 10.8 |
| 山　口 | | | | | | | | 11 | 11 | 67 | 16.4 |
| 徳　島 | | 1 | 2 | 3 | | | | 14 | 20 | 199 | 10.1 |
| 香　川 | | | 3 | 1 | | | | 4 | 8 | 118 | 6.8 |
| 愛　媛 | | | 1 | | | | | 6 | 7 | 126 | 5.6 |
| 高　知 | | | 4 | 3 | | | | 17 | 24 | 245 | 9.8 |
| 福　岡 | | | 12 | 10 | | | 2 | 16 | 40 | 426 | 9.4 |
| 佐　賀 | | | | 3 | | | | 8 | 11 | 128 | 8.6 |
| 長　崎 | | 1 | | 2 | | | | 7 | 10 | 105 | 9.5 |
| 熊　本 | | | | 3 | | | | 22 | 25 | 379 | 6.6 |
| 大　分 | | | 1 | | | | | 3 | 4 | 51 | 7.8 |
| 宮　崎 | | | 3 | 3 | | | | 10 | 16 | 191 | 8.4 |
| 鹿児島 | | | 1 | 1 | | | | 11 | 13 | 283 | 4.6 |
| 沖　縄 | | | 4 | 3 | | | | 17 | 24 | 354 | 6.8 |
| 女性計 | 5 | 8 | 196 | 226 | 1 | 1 | 10 | 642 | 1,089 | 11,230 | 9.7 |
| 構成比 (1) % | 0.5 | 0.7 | 18.0 | 20.8 | 0.1 | 0.1 | 0.9 | 59.0 | 100.0 | | |
| 男女合計 | 92 | 42 | 413 | 753 | 26 | 1 | 25 | 9,722 | 11,074 | | |
| 構成比 (2) % | 5.4 | 19.0 | 47.5 | 30.0 | 3.8 | 100.0 | 40.0 | 6.6 | 9.8 | | |

《注》「こころ」は日本のこころを大切にする党。

| 区分 | 合　計 | | | | | | | | | | | | | |
|---|---|---|---|---|---|---|---|---|---|---|---|---|---|---|
| | 自民党 | 民進党 | 公明党 | 共産党 | 日本維新の会 | 自由党 | 社民党 | こころ | 元気 | 諸派 | 無所属 | 合計 | 定数 | 女性の割合% |
| 北海道 | 15 | 13 | 55 | 55 | | | | | | 5 | 149 | 292 | 2,438 | 12.0 |
| 青　森 | 3 | | 4 | 7 | | | 2 | | | | 25 | 41 | 654 | 6.3 |
| 岩　手 | 1 | | 7 | 16 | | | 4 | | | 1 | 35 | 64 | 644 | 9.9 |
| 宮　城 | 2 | 5 | 18 | 23 | | | 1 | | | | 42 | 91 | 714 | 12.7 |
| 秋　田 | 2 | | 8 | 12 | | | 3 | | | | 16 | 41 | 507 | 8.1 |
| 山　形 | 3 | | 3 | 11 | | | | | | | 38 | 55 | 568 | 9.7 |
| 福　島 | 5 | 1 | 12 | 19 | 1 | | 3 | | | | 34 | 75 | 957 | 7.8 |
| 茨　城 | | 3 | 38 | 28 | | | 1 | | | 5 | 34 | 109 | 921 | 11.8 |
| 栃　木 | 4 | 1 | 17 | 8 | | | | | | | 47 | 77 | 566 | 13.6 |
| 群　馬 | | 3 | 13 | 10 | | | | | | | 31 | 57 | 639 | 8.9 |
| 埼　玉 | 8 | 13 | 78 | 73 | | | 1 | | | 7 | 82 | 262 | 1,376 | 19.0 |
| 千　葉 | 7 | 8 | 53 | 51 | | | 2 | | | 16 | 77 | 214 | 1,274 | 16.8 |
| 東　京 | 52 | 36 | 105 | 103 | | | 8 | | 1 | 67 | 91 | 463 | 1,809 | 25.6 |
| 神奈川 | 12 | 19 | 43 | 34 | | | 1 | | | 22 | 47 | 178 | 885 | 20.1 |
| 新　潟 | | 1 | 11 | 10 | | | | | | | 35 | 57 | 660 | 8.6 |
| 富　山 | 6 | | 3 | 2 | | | 1 | | | 1 | 14 | 27 | 313 | 8.6 |
| 石　川 | 4 | | 5 | 9 | | | | | | | 5 | 23 | 364 | 6.3 |
| 福　井 | 1 | | 3 | 3 | | | | | | | 22 | 29 | 343 | 8.5 |
| 山　梨 | | | 14 | 6 | | | | | | | 15 | 35 | 467 | 7.5 |
| 長　野 | | | 24 | 43 | | | | | | | 88 | 155 | 1,119 | 13.9 |
| 岐　阜 | 1 | 2 | 14 | 18 | | | | | | | 39 | 74 | 664 | 11.1 |
| 静　岡 | | 2 | 14 | 18 | | | | | | | 51 | 85 | 738 | 11.5 |
| 愛　知 | 3 | 16 | 52 | 45 | | | | 1 | 1 | 6 | 56 | 180 | 1,263 | 14.3 |
| 三　重 | 2 | | 16 | 17 | | | | | | | 42 | 77 | 574 | 13.4 |
| 滋　賀 | 2 | 4 | 15 | 18 | | | | | | | 21 | 60 | 426 | 14.1 |
| 京　都 | 4 | 6 | 19 | 50 | | | 1 | | | 3 | 14 | 97 | 574 | 16.9 |
| 大　阪 | 11 | 5 | 56 | 65 | 1 | | | | | 16 | 35 | 189 | 1,026 | 18.4 |
| 兵　庫 | 6 | 4 | 24 | 35 | 1 | | 2 | | | 6 | 61 | 139 | 962 | 14.4 |
| 奈　良 | 1 | 3 | 15 | 21 | | | | | | | 20 | 60 | 547 | 11.0 |
| 和歌山 | 2 | | 11 | 15 | 1 | | | | | | 22 | 51 | 468 | 10.9 |
| 鳥　取 | 1 | 2 | 4 | 10 | | | | | | | 22 | 39 | 317 | 12.3 |
| 島　根 | | 1 | 5 | 7 | | | | | | | 14 | 27 | 356 | 7.6 |
| 岡　山 | 2 | 2 | 9 | 10 | | | | | | 1 | 27 | 51 | 541 | 9.4 |
| 広　島 | 3 | | 16 | 9 | | | 1 | | | | 31 | 60 | 567 | 10.6 |
| 山　口 | 3 | 1 | 9 | 10 | | | 1 | | | 1 | 26 | 51 | 435 | 11.7 |
| 徳　島 | 1 | 1 | 5 | 9 | | | | | | | 25 | 41 | 417 | 9.8 |
| 香　川 | 1 | 1 | 9 | 5 | | | | | | | 14 | 30 | 343 | 8.7 |
| 愛　媛 | 1 | | 7 | 5 | | | 1 | | | | 16 | 30 | 449 | 6.7 |
| 高　知 | | | 11 | 14 | | | | | | | 30 | 55 | 482 | 11.4 |
| 福　岡 | 4 | 5 | 38 | 30 | | | 1 | | | 7 | 48 | 133 | 1,165 | 11.4 |
| 佐　賀 | 1 | 1 | 2 | 7 | | | | | | | 17 | 28 | 396 | 7.1 |
| 長　崎 | 1 | 2 | 2 | 8 | | | 2 | | | | 15 | 30 | 457 | 6.6 |
| 熊　本 | 2 | | 5 | 9 | | | | | | 1 | 38 | 55 | 746 | 7.4 |
| 大　分 | | | 7 | 5 | | | | | | | 14 | 26 | 411 | 6.3 |
| 宮　崎 | 1 | | 8 | 9 | | | 2 | | | | 19 | 39 | 445 | 8.8 |
| 鹿児島 | 3 | | 8 | 13 | | | 1 | | | | 30 | 55 | 754 | 7.3 |
| 沖　縄 | 1 | | 9 | 13 | | | 6 | | | 3 | 31 | 63 | 695 | 9.1 |
| 女性計 | 182 | 161 | 904 | 998 | 4 | 0 | 45 | 1 | 2 | 168 | 1,705 | 4,170 | 33,436 | 12.5 |
| 構成比(1) % | 4.4 | 3.9 | 21.7 | 23.9 | 0.1 | — | 1.1 | 0.0 | 0.0 | 4.0 | 40.9 | 100.0 | | |
| 男女合計 | 3,320 | 1,023 | 2,916 | 2,808 | 33 | 6 | 295 | 9 | 4 | 610 | 21,967 | 32,991 | | |
| 構成比(2) % | 5.5 | 15.7 | 31.0 | 35.5 | 12.1 | — | 15.3 | 11.1 | 50.0 | 27.5 | 7.8 | 12.6 | | |

《注》「こころ」は日本のこころを大切にする党。「元気」は日本を元気にする会。

## 21 女性の歴代首長（1947 ～ 2018 年）

| | 自治体名 | 氏　名 | 党派 | 在任期間 |
|---|---|---|---|---|
| 知事 | 大阪府 | 太　田　房　江 | 無所属 | 2000.2.6 ～ 2008.2.5 |
| | 熊本県 | 潮　谷　義　子 | 無所属 | 2000.4.19 ～ 2008.4.15 |
| | 千葉県 | 堂　本　暁　子 | 無所属 | 2001.4.5 ～ 2009.4.4 |
| | 北海道 | 高　橋　はるみ | 無所属 | 2003.4.23 ～ |
| | 滋賀県 | 嘉　田　由紀子 | 無所属 | 2006.7.20 ～ 2014.7.19 |
| | 山形県 | 吉　村　美栄子 | 無所属 | 2009.2.14 ～ |
| | 東京都 | 小　池　百合子 | 無所属 | 2016.7.31 ～ |
| 市区長 | 兵庫県芦屋市 | 北　村　春　江 | 無所属 | 1991.4.27 ～ 2003.6.10 |
| | 神奈川県逗子市 | 沢　　　光　代 | 無所属 | 1992.11.11 ～ 1994.11.30 |
| | 埼玉県蓮田市 | 樋　口　暁　子 | 無所属 | 1998.5.31 ～ 2006.5.30 |
| | 東京都国立市 | 上　原　公　子 | 無所属 | 1999.5.1 ～ 2007.4.30 |
| | 東京都多摩市 | 渡　邊　幸　子 | 無所属 | 2002.4.21 ～ 2010.4.20 |
| | 東京都新宿区 | 中　山　弘　子 | 無所属 | 2002.11.24 ～ 2014.11.23 |
| | 兵庫県尼崎市 | 白　井　　　文 | 無所属 | 2002.12.12 ～ 2010.12.11 |
| | 東京都三鷹市 | 清　原　慶　子 | 無所属 | 2003.4.30 ～ |
| | 神奈川県平塚市 | 大　藏　律　子 | 無所属 | 2003.4.30 ～ 2011.4.29 |
| | 長崎県五島市 | 中　尾　郁　子 | 無所属 | 2004.9.5 ～ 2012.9.1 |
| | 神奈川県伊勢原市 | 長　塚　幾　子 | 無所属 | 2004.10.1 ～ 2012.9.30 |
| | 沖縄県沖縄市 | 東　門　美津子 | 無所属 | 2006.5.12 ～ 2014.5.11 |
| | 京都府木津川市 | 河　井　規　子 | 無所属 | 2007.4.22 ～ |
| | 東京都足立区 | 近　藤　弥　生 | 無所属 | 2007.6.20 ～ |
| | 埼玉県所沢市 | 当　麻　よし子 | 無所属 | 2007.10.30 ～ 2011.10.29 |
| | 岡山県倉敷市 | 伊　東　香　織 | 無所属 | 2008.5.19 ～ |
| | 茨城県常総市 | 長谷川　典　子 | 無所属 | 2008.8.3 ～ 2012.8.2 |
| | 千葉県白井市 | 横　山　久雅子 | 無所属 | 2008.12.10 ～ 2011.4.7 |
| | 新潟県魚沼市 | 大　平　悦　子 | 無所属 | 2008.12.12 ～ 2016.12.11 |
| | 兵庫県宝塚市 | 中　川　智　子 | 無所属 | 2009.4.19 ～ |
| | 山口県宇部市 | 久保田　后　子 | 無所属 | 2009.7.18 ～ |
| | 宮城県仙台市 | 奥　山　恵美子 | 無所属 | 2009.8.22 ～ 2017.8.21 |
| | 神奈川県横浜市 | 林　　　文　子 | 無所属 | 2009.8.30 ～ |
| | 兵庫県尼崎市 | 稲　村　和　美 | 無所属 | 2010.12.12 ～ |
| | 三重県鈴鹿市 | 末　松　則　子 | 無所属 | 2011.5.1 ～ |
| | 滋賀県大津市 | 越　　　直　美 | 無所属 | 2012.1.25 ～ |
| | 静岡県伊豆の国市 | 小　野　登志子 | 無所属 | 2013.4.24 ～ |
| | 静岡県島田市 | 染　谷　絹　代 | 無所属 | 2013.5.29 ～ |
| | 茨城県高萩市 | 小田木　真　代 | 無所属 | 2014.3.2 ～ 2018.3.1 |
| | 群馬県安中市 | 茂　木　英　子 | 無所属 | 2014.4.23 ～ |
| | 沖縄県那覇市 | 城　間　幹　子 | 無所属 | 2014.11.16 ～ |
| | 長野県諏訪市 | 金　子　ゆかり | 無所属 | 2015.5.1 ～ |
| | 山梨県北杜市 | 渡　辺　英　子 | 無所属 | 2016.11.28 ～ |
| | 岡山県新見市 | 池　田　一二三 | 無所属 | 2016.12.25 ～ |
| | 宮城県仙台市 | 郡　　　和　子 | 無所属 | 2017.8.22 ～ |

| | 自治体名 | 氏　名 | 党派 | 在任期間 |
|---|---|---|---|---|
| 市区長 | 東京都武蔵野市 | 松　下　玲　子 | 無所属 | 2017.10.9 ～ |
| | 栃木県那須烏山市 | 川　俣　純　子 | 無所属 | 2017.11.6 ～ |
| 町村長 | 茨城県上野村 | 赤　城　ヒ　サ | | 1947.4.5 ～ 1954.11.2 |
| | 岐阜県穂積村 | 松　野　　友 | 無所属 | 1947.4.5 ～ 1990.7.5 |
| | 千葉県神戸村 | 早　川　み　た | | 1947.4　 ～ 1952.5 |
| | 秋田県中川村 | 沢　口　フ　ク | 無所属 | 1947.4.9 ～ 1951.3.26 |
| | 千葉県東村 | 田　中　彌　壽 | 無所属 | 1951.4.23 ～ 1955.3.30 |
| | 秋田県金岡村 | 信　太　ヒ　サ | 無所属 | 1951.4　 ～ 1955.3 |
| | 三重県伊曽島村 | 松　平　則　子 | 無所属 | 1951.7.3 ～ 1955.7.4 |
| | 兵庫県良元村 | 岡　田　　幾 | | 1951.7.10 ～ 1954.3.31 |
| | 茨城県小川町 | 山　西　き　よ | 無所属 | 1957.4.28 ～ 1959.2.7 |
| | 岐阜県福岡町 | 伊　藤　美　津 | 無所属 | 1965.8.20 ～ 1968.2.28 |
| | 福島県棚倉町 | 藤　田　満寿恵 | 無所属 | 1977.1.25 ～ 1996.7.27 |
| | 群馬県水上町 | 山　田　節　子 | 無所属 | 1986.12.1 ～ 1990.11.30 |
| | 高知県葉山村 | 吉　良　史　子 | 無所属 | 1994.1.24 ～ 2001.9.10 |
| | 京都府野田川町* | 太　田　貴　美 | 無所属 | 1994.12.21 ～ 2006.2.28 |
| | 広島県湯来町 | 中　島　正　子 | 無所属 | 1999.4.30 ～ 2005.4.24 |
| | 秋田県大潟村 | 黒　瀬　喜　多 | 無所属 | 2000.9.5 ～ |
| | 大阪府豊能町 | 日　下　纓　子 | 無所属 | 2000.10.13 ～ |
| | 福岡県杷木町 | 中　嶋　玲　子 | 無所属 | 2002.4.21 ～ 2004.3.25 |
| | 滋賀県五個荘町 | 前　田　清　子 | 無所属 | 2003.2.1 ～ 2005.2.10 |
| | 三重県大王町 | 野　名　澄　代 | 無所属 | 2003.2.12 ～ 2004.9.30 |
| | 山口県上関町 | 加　納　簾　香 | 無所属 | 2003.4.30 ～ 2003.9.8 |
| | 長野県清内路村 | 桜　井　久　江 | 無所属 | 2004.8.23 ～ 2009.3.30 |
| | 京都府木津町 | 河　井　規　子 | 無所属 | 2004.9.19 ～ 2007.3.11 |
| | 福岡県苅田町 | 吉　廣　啓　子 | 無所属 | 2005.11.13 ～ 2017.11.12 |
| | 京都府与謝野町* | 太　田　貴　美 | 無所属 | 2006.4.16 ～ 2014.4.15 |
| | 兵庫県播磨町 | 清　水　ひろ子 | 無所属 | 2006.7.13 ～ |
| | 北海道東神楽町 | 川　野　恵　子 | 無所属 | 2008.2.28 ～ 2012.2.27 |
| | 埼玉県大利根町 | 柿　沼　トミ子 | 無所属 | 2008.4.13 ～ 2010.3.22 |
| | 栃木県野木町 | 真　瀬　宏　子 | 無所属 | 2008.8.24 ～ |
| | 埼玉県越生町 | 田　島　公　子 | 無所属 | 2009.2.25 ～ 2013.2.24 |
| | 大阪府田尻町 | 原　　　明　美 | 無所属 | 2011.12.1 ～ 2015.11.30 |
| | 埼玉県長瀞町 | 大　澤　タキ江 | 無所属 | 2013.7.29 ～ |
| | 神奈川県愛川町 | 森　川　絹　枝 | 無所属 | 2013.10.28 ～ 2014.5.31 |
| | 神奈川県二宮町 | 村　田　邦　子 | 無所属 | 2014.11.30 ～ |
| | 高知県いの町 | 池　田　牧　子 | 無所属 | 2016.10.30 ～ |
| | 青森県外ヶ浜町 | 山　﨑　結　子 | 無所属 | 2017.4.24 ～ |

《注》 2018年3月現在。原則として就任順。党派は初回選挙時の立候補届け出時点のもので、判明しているものについて記載した。⑳の通り1947年の町村長選挙で女性は5人当選したが、当時の資料には性別が記載されていないため、不明なものもある。＊京都府野田川町は2006年4月、合併して与謝野町となり、太田貴美は同一人物。
資料出所：各都道府県選挙管理委員会、全国町村会、総務省他

第1部 政治への参画－地方議会

## 22 女性の歴代副知事 （1991 ～ 2018 年）

| 都道府県名 | 氏　　名 | 在任期間 | 都道府県名 | 氏　　名 | 在任期間 |
|---|---|---|---|---|---|
| 東京都 | 金 平 輝 子 | 1991.5.12 ～ 95.5.11 | 宮崎県 | 坂 佳代子 | 2005.10.5 ～ 07.2.15 |
| 沖縄県 | 尚 弘 子 | 1991.8.20 ～ 94.2.28 | 山形県 | 後 藤 靖 子 | 2005.10.12 ～ 08.7.23 |
| 石川県 | 太 田 芳 枝 | 1991.12.26 ～ 94.7.4 | 福岡県 | 海老井 悦 子 | 2006.4.1 ～ 15.7.16 |
| 沖縄県 | 東 門 美津子 | 1994.3.31 ～ 98.12.9 | 岡山県 | 山 口 裕 視 | 2006.7.4 ～ 08.9.30 |
| 埼玉県 | 坂 東 眞理子 | 1995.4.26 ～ 98.3.31 | 埼玉県 | 岡 島 敦 子 | 2006.7.10 ～ 09.3.31 |
| 神奈川県 | 室 谷 千 英 | 1995.6.2 ～ 2001.3.31 | 沖縄県 | 安 里 カツ子 | 2007.2.20 ～ 11.2.19 |
| 静岡県 | 坂 本 由紀子 | 1996.4.1 ～ 99.7.25 | 山形県 | 荒 木 由季子 | 2008.7.24 ～ 09.2.13 |
| 岡山県 | 太 田 房 江 | 1997.7.8 ～ 99.7.7 | 茨城県 | 山 口 やちゑ | 2010.6.17 ～ 17.9.30 |
| 秋田県 | 板 東 久美子 | 1998.4.1 ～ 2000.6.30 | 長野県 | 加 藤 さゆり | 2011.3.11 ～ 15.3.10 |
| 福岡県 | 稗 田 慶 子 | 1998.4.1 ～ 2006.3.31 | 新潟県 | 北 島 智 子 | 2011.4.1 ～ 13.7.11 |
| 埼玉県 | 齋 賀 富美子 | 1998.5.11 ～ 2000.8.31 | 愛知県 | 吉 本 明 子 | 2013.7.10 ～ 15.7.30 |
| 青森県 | 成 田 榮 子 | 1998.7.2 ～ 2002.7.1 | 新潟県 | 池 田 千絵子 | 2013.7.12 ～ 15.7.16 |
| 山口県 | 大 泉 博 子 | 1998.7.10 ～ 2000.7.9 | 長野県 | 中 島 恵 理 | 2015.4.1 ～ |
| 熊本県 | 潮 谷 義 子 | 1999.3.16 ～ 2000.3.15 | 新潟県 | 北 窓 隆 子 | 2015.7.17 ～ 17.7.17 |
| 愛媛県 | 前 田 瑞 枝 | 1999.7.14 ～ 2003.7.13 | 福岡県 | 大 曲 昭 恵 | 2015.7.17 ～ |
| 静岡県 | 北 井 久美子 | 1999.7.26 ～ 2001.7.31 | 山梨県 | 新 井 ゆたか | 2015.7.21 ～ 17.3.31 |
| 高知県 | 吉 良 史 子 | 2001.12.10 ～ 04.12.10 | 愛知県 | 堀 井 奈津子 | 2015.7.31 ～ 17.7.10 |
| 北海道 | 佐々木 亮 子 | 2002.7.1 ～ 03.5.15 | 滋賀県 | 池 永 肇 恵 | 2016.1.1 ～ |
| 岡山県 | 大 西 珠 枝 | 2002.7.3 ～ 04.6.30 | 鹿児島県 | 小 林 洋 子 | 2016.10.16 ～ |
| 京都府 | 佐 村 知 子 | 2002.10.15 ～ 06.5.19 | 山梨県 | 柵 木 環 | 2017.4.1 ～ |
| 滋賀県 | 安 藤 よし子 | 2003.4.1 ～ 06.7.18 | 愛知県 | 宮 本 悦 子 | 2017.7.11 ～ |
| 岡山県 | 内 野 淳 子 | 2004.7.1 ～ 06.7.3 | 東京都 | 猪 熊 純 子 | 2017.10.16 ～ |

《注》2018年2月現在。
資料出所：内閣府男女共同参画局、都道府県庁（人事課、秘書課、HP）など

54

# Ⅲ　政党

## 1 政党における女性 （2017年）

| | | 自由民主党 | 民進党 | 公明党 | 日本共産党 | 日本維新の会 | 社会民主党 |
|---|---|---|---|---|---|---|---|
| 党員 | 女性 | — | 77,893 | 225,000 | 約144,000 | 32 | 2,414 |
| | 総数 | 1,043,790 | 236,131 | 420,000 | 約300,000 | 355 | 15,105 |
| | % | — | 33.0 | 53.6 | 48.0 | 9.0 | 16.0 |
| | 調査時点 | (2017.2) | (2017.9) | (2016.3) | (2017.1) | (2017.7) | (2016.10) |
| 役員 | 女性 | 119 | — | 7 | 48 | 1 | 1 |
| | 総数 | 876 | — | 35 | 214 | 22 | 9 |
| | % | 13.6 | — | 20.0 | 22.4 | 4.5 | 11.1 |
| | 調査時点 | (2017.2) | (2017.9) | (2016.9) | (2017.1) | (2017.7) | (2017.9) |
| 主な女性の役職者 | | 参議院議員会長＝橋本聖子 党紀委員長＝山東昭子 女性局長＝高階恵美子 北朝鮮による拉致問題対策本部長＝山谷えり子 女性活躍推進本部長＝土屋品子 （順不同） | | 党副代表＝古屋範子 中央幹事＝高木美智代、山本香苗、松葉多美子 中央規律委員会副委員長＝浮島智子 中央規律委員会委員＝福島直子 中央会計監査委員＝竹谷とし子 | 幹部会副委員長＝田村智子、広井暢子 常任幹部会委員＝紙智子、高橋千鶴子、田村智子、広井暢子 幹部会委員＝紙智子、高橋千鶴子、田村智子、広井暢子、藤田文、山村糸子 | 女性局長＝辻淳子 | 副党首兼女性青年局長＝福島みずほ |
| 衆議院議員 | 女性 | 24 | 8 | 3 | 6 | 0 | 0 |
| | 総数 | 290 | 93 | 35 | 21 | 15 | 2 |
| | % | 8.3 | 8.6 | 8.6 | 28.6 | — | — |
| | 調査時点 | (2017.7) | (2017.9) | (2017.7) | (2017.8) | (2017.7) | (2017.9) |
| 参議院議員 | 女性 | 19 | 12 | 5 | 5 | 2 | 1 |
| | 総数 | 126 | 51 | 25 | 14 | 11 | 2 |
| | % | 15.1 | 23.5 | 20.0 | 35.7 | 18.2 | 50.0 |
| | 調査時点 | (2017.7) | (2017.9) | (2017.7) | (2017.8) | (2017.7) | (2017.9) |
| 都道府県議会議員 | 女性 | 46 | 60 | 19 | 82 | 2 | 14 |
| | 総数 | 1,330 | 363 | 209 | 152 | 61 | 77 |
| | % | 3.5 | 16.5 | 9.1 | 53.9 | 3.3 | 18.2 |
| | 調査時点 | (2017.2) | (2017.9) | (2017.7) | (2017.8) | (2017.7) | (2016.11) |
| 市区議会議員 | 女性 | 338 | 162 | 696 | 696 | 23 | 67 |
| | 総数 | — | 1,181 | 2,305 | 1,883 | 209 | 411 |
| | % | — | 13.7 | 30.2 | 37.0 | 11.0 | 16.3 |
| | 調査時点 | (2017.2) | (2017.9) | (2017.7) | (2017.8) | (2017.7) | (2016.11) |
| 町村議会議員 | 女性 | 113 | 36 | 198 | 223 | 1 | 7 |
| | 総数 | — | 301 | 420 | 755 | 9 | 75 |
| | % | — | 12.0 | 47.1 | 29.5 | 11.1 | 9.3 |
| | 調査時点 | (2017.2) | (2017.9) | (2017.7) | (2017.8) | (2017.7) | (2016.11) |

《注》調査は2017年7～9月。7党に依頼し、6党が回答。同年9月28日、民進党は解党したが、調査時点のまま掲載。表中の「調査時点」は、各党の集計時を示す。

資料出所：（公財）市川房枝記念会女性と政治センター

# 2 政党幹事長・書記長アンケート（2016年）

| 党派<br>（回答者） | 民主党<br>（幹事長　枝野幸男） | 維新の党<br>（政務調査会長　小野次郎） | 公明党<br>（幹事長　井上義久） | 日本共産党<br>（書記局長　山下芳生） | 社会民主党<br>（幹事長　又市征治） | 生活の党と山本太郎となかまたち<br>（幹事長　玉城デニー） |
|---|---|---|---|---|---|---|
| (1) 女性参政70周年の感想 | 議席の男女比は極端に偏っているので「202030」実現に取り組む | 男女共同参画社会実現のためにも政治参加の男女平等推進が必要 | 女性が政治に関与して政治が生活と密着するようになった | 女性参政権を生かした主権者の歩みが政治を変える大きな力に | 感概深いが、国も政党も女性議員増のため大胆な方策が必要 | 政治の分野でも、更に多くの女性が参画できる機会があるべき |
| (2) 女性国会議員の果たした役割 | 当事者的視点で声をあげ、政策に大きな影響を与えている | 女性の価値観、利益、ニーズを政策に反映させること | 政治に女性議員の視点必要。地方議員と連携し現場の声を反映 | 国政上から身近な問題まで国会論戦で大きな役割を発揮 | 少数だが、男女平等の視点で政策チェック機能を果たしている | 女性としての問題意識で国会審議に様々な効果を与えている |
| (3) 女性国会議員が少ない理由 | 性別役割分業意識が眼強く、ポジティブ・アクションが導入されていない | 育児中の女性任せが社会進出を妨げている | 家事・育児との両立など、女性にとってハンディな面がある | 政党の女性候補擁立、子育てなどとの両立支援の遅れ | 政治は男性との意識が強く、候補者擁立決定の場に女性がいない | 男性優位の社会や、地方での女性に対する冷たい見方など |
| (4) 女性候補擁立のための支援 | 新人女性に公認料と別に活動資金を支給。公募、政治スクールも | 女性活躍の勉強会などで政策能力向上を支援 | 可能な限り女性候補擁立を検討する。男女問わず当選のため取り組む | 党員の47%が女性。その活動を支える学習・交流の場づくり | 新人への財政支援、政治スクールなどで候補者発掘、養成 | 政治や議会活動について、集会などでの意見交換 |
| (5) 女性国会議員増加の最善策 | クォータ制導入で、女性候補者を増やす（人材発掘、養成） | クォータ制最善。有権者の意識改革や議会の環境整備も大事 | ポジティブ・アクションとしてクォータ制導入是非の検討を提言 | 各党本気の取り組み。3期超の共産党も一層増やす努力必要 | 「202030」に向かって国政がクォータ制導入を推進する | 女性の政策視点を掲げた女性地方議員を増やすこと |
| (6) 女性候補者のクォータ制導入 | 法律型・政党型クォータ制実現模索中。近く取りまとめの段階 | 法律型は逆差別の恐れあり。政党型は効果的なので検討したい | 候補者クォータ導入は早急に検討する必要がある | 政党の自主的導入賛成。法的導入は他国の事例研究必要 | 女性議員30%達成のためクォータ制導入も検討課題 | 一定割合で女性の政治参画を確保することは重要 |
| (7) 女性議員増のために法制度改正の必要性 | 次項の議連法案は衆院では効果を期待できる。参院は検討必要 | 法律型クォータは法改正が必要なので党内で検討を進めたい | クォータ制などの新制度導入となれば法制化は必要ではないか | 比例中心の選挙制度に抜本改正と供託金の大幅引き下げ | 選挙区制度見直し、供託金引き下げ、法的クォータの検討 | 法制度の整備を念頭に、政党のクォータ制も取り組むべき |
| (8) 女性の参画推進連の法案について<br>①政治分野の男女共同参画推進法案<br>②公選法改正法案 | 早急に議論を取りまとめたい。政党クォータ制で確実に女性議員増となる | ①評価できる。②一層実効性の高い制度を作れないか、なお検討が必要 | 今後国民的議論を通じ社会全体の意識を高めることが必要 | ①賛成。②現在選挙制度全体を検討中。各党でよく検討すべき | ①賛成。②選択肢が増える点は評価するが、政党の努力なので実効性は疑問あり | 詳細はまだ知らないが、政治、議会の分野でも男女共同参画は重要課題 |

《注》女性参政70周年を記念して2016年2〜3月、女性国会議員がいる9党に依頼し、6党が回答した。同年3月27日、民主・維新両党が合流して民進党が発足したが、調査時点のまま掲載。

資料出所：（公財）市川房枝記念会女性と政治センター

## 3 女性国会議員アンケート（2016年）

（単位：％）

### ①国会議員に立候補したきっかけ（複数回答）

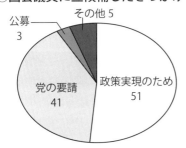

### ②立候補に際し大変だったこと（複数回答）

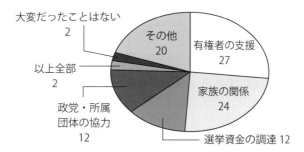

### ③国会議員として活動する上で大変なこと（複数回答）

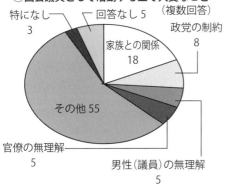

### ④女性議員としてやり遂げたこと（途中含む。複数回答）

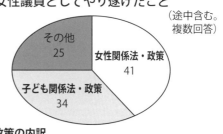

**女性関係法・政策の内訳**

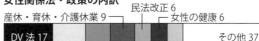

**子ども関係法・政策の内訳**

### ⑤まだやり遂げていないこと（複数回答）

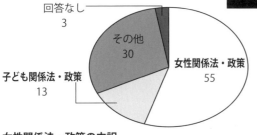

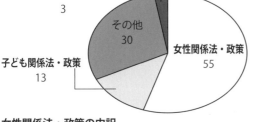

**女性関係法・政策の内訳**

**子ども関係法・政策の内訳**

### ⑥歴代の女性国会議員による大きな成果

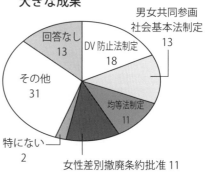

《注》女性参政70周年を記念して2016年1〜3月、衆参女性国会議員83人にアンケート調査を実施し、36人（43％）が回答。
　　以下、政党別回答者氏名（数字は当選回数・50音順）。
■衆議院　45人中21人回答（47％）
自民党7人＝小池百合子・野田聖子⑧、高市早苗⑦、土屋品子⑥、あべ俊子④、渡嘉敷なおみ③、金子めぐみ②
民主党7人＝あべ知子・辻元清美⑥、小宮山泰子⑤、郡和子・西村智奈美④、鈴木貴子②当時、金子恵美①
公明党1人＝古屋範子⑤
共産党6人＝高橋千鶴子⑤、池内さおり・梅村さえこ・斎藤和子・畑野君枝・本村伸子①

第1部 政治への参画－政党

### ⑦女性国会議員を増やすために何が必要か（複数回答）

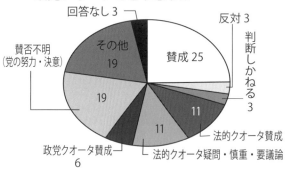
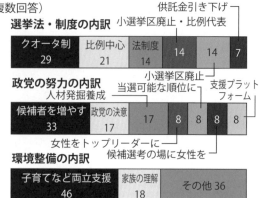

### ⑧女性候補者増のために法的クオータ・政党クオータをどう思うか

### ⑨女性議員増のために選挙制度改正は必要か

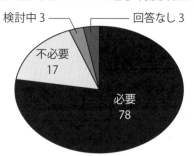

### ⑩女性国会議員の力で政治を変えられるか

### ⑪女性の総理大臣が誕生するのは何年くらい先か

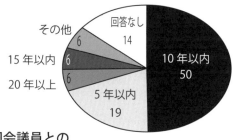

### ⑫国会内で超党派女性議員の活動は必要か

### ⑬世界の女性国会議員との交流・連帯は必要か

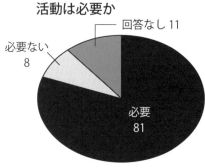
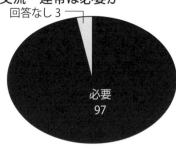

■参議院 38人中15人回答（39％）
民主党6人＝神本美恵子③、林久美子・牧山ひろえ・蓮舫②、徳永エリ・安井美沙子①
公明党1人＝山本香苗③
共産党4人＝紙智子③、吉良よし子・倉林明子・田村智子①
社民党1人＝福島みずほ③
無所属3人＝糸数慶子③、行田邦子②、薬師寺みちよ①
資料出所：（公財）市川房枝記念会女性と政治センター

# 第2部 公職への参画

　女性大臣は、1960年の初就任を含め60年代2人、80年代4人、90年代13人、2000年代40人、10年代32人（いずれも延べ数）。ヨーロッパなどの女性半数内閣には遠く及ばないが、2000年代に入り、中央省庁再編後は女性の登用が一気に高まった。担当は環境、法務、文部科学の順に多く、財務と農林水産大臣はまだ誕生していない。なお非議員の入閣は延べ16人（うち、参議院議員に転身2人）。

　司法も依然として狭き門だが、女性の最高裁判事は1990年代1人が、2010年以降は常に2〜3人が占めるようになった。高裁長官も、家裁、地裁所長の増加に伴い、80年代1人から2010年代は3人へと増えた。

　大使は、1980年に初めてデンマーク大使誕生以来、現在まで30人だが、7割が2000年以降の就任である。現在は7人が赴任中。

# 1 女性の歴代大臣 (1960 ～ 2018 年)

| 担　当 | 氏　名 | 所　属 | 在任期間 | 内　閣 |
|---|---|---|---|---|
| 厚生大臣 | 中　山　マ　サ | 衆・自民 | 1960.7.19～1960.12.8 | 第1次池田内閣 |
| 科学技術庁長官 | 近　藤　鶴　代 | 参・自民 | 1962.7.18～1963.7.18 | 第2次池田第2次改造内閣 |
| 環境庁長官 | 石　本　　　茂 | 参・自民 | 1984.11.1～1985.12.28 | 第2次中曽根第1次改造内閣 |
| 経済企画庁長官 | 高　原　須美子 | 非議員 | 1989.8.10～1990.2.28 | 第1次海部内閣 |
| 環境庁長官 | 森　山　眞　弓 | 参・自民 | 1989.8.10～1989.8.25 | 第1次海部内閣 |
| 内閣官房長官 | 森　山　眞　弓 | 参・自民 | 1989.8.25～1990.2.28 | 第1次海部内閣 |
| 科学技術庁長官 | 山　東　昭　子 | 参・自民 | 1990.12.29～1991.11.5 | 第2次海部改造内閣 |
| 文部大臣 | 森　山　眞　弓 | 参・自民 | 1992.12.12～1993.8.9 | 宮澤改造内閣 |
| 文部大臣 | 赤　松　良　子 | 非議員 | 1993.8.9～1994.4.28 | 細川内閣 |
| 経済企画庁長官 | 久保田　真　苗 | 参・社会 | 1993.8.9～1994.4.28 | 細川内閣 |
| 環境庁長官 | 広　中　和歌子 | 参・公明 | 1993.8.9～1994.4.28 | 細川内閣 |
| 文部大臣 | 赤　松　良　子 | 非議員 | 1994.4.28～1994.6.30 | 羽田内閣 |
| 環境庁長官 | 浜四津　敏　子 | 参・公明 | 1994.4.28～1994.6.30 | 羽田内閣 |
| 科学技術庁長官 | 田　中　真紀子 | 衆・自民 | 1994.6.30～1995.8.8 | 村山内閣 |
| 法務大臣 | 長　尾　立　子 | 非議員 | 1996.1.11～1996.11.7 | 第1次橋本内閣 |
| 環境庁長官 | 石　井　道　子 | 参・自民 | 1996.11.7～1997.9.11 | 第2次橋本内閣 |
| 郵政大臣 | 野　田　聖　子 | 衆・自民 | 1998.7.30～1999.1.14 | 小渕内閣 |
| 郵政大臣 | 野　田　聖　子 | 衆・自民 | 1999.1.14～1999.10.5 | 小渕第1次改造 |
| 環境庁長官 | 清　水　嘉与子 | 参・自民 | 1999.10.5～2000.4.5 | 小渕第2次改造内閣 |
| 環境庁長官 | 清　水　嘉与子 | 参・自民 | 2000.4.5～2000.7.4 | 第1次森内閣 |
| 建設大臣・国土庁長官 | 扇　　　千　景 | 参・保守 | 2000.7.4～2000.12.5 | 第2次森内閣 |
| 環境庁長官 | 川　口　順　子 | 非議員 | 2000.7.4～2000.12.5 | 第2次森内閣 |
| 運輸大臣 *1 | 扇　　　千　景 | 参・保守 | 2000.12.5～2001.4.26 | 第2次森改造内閣 |
| 環境庁長官 *2 | 川　口　順　子 | 非議員 | 2000.12.5～2001.4.26 | 第2次森改造内閣 |
| 法務大臣 | 森　山　眞　弓 | 衆・自民 | 2001.4.26～2002.9.30 | 第1次小泉内閣 |
| 外務大臣 | 田　中　真紀子 | 衆・自民 | 2001.4.26～2002.1.30 | 第1次小泉内閣 |
| 環境大臣 | 川　口　順　子 | 非議員 | 2001.4.26～2002.2.8 | 第1次小泉内閣 |
| 文部科学大臣 | 遠　山　敦　子 | 非議員 | 2001.4.26～2002.9.30 | 第1次小泉内閣 |
| 国土交通大臣 | 扇　　　千　景 | 参・保守 | 2001.4.26～2002.9.30 | 第1次小泉内閣 |
| 外務大臣 | 川　口　順　子 | 非議員 | 2002.2.1～2002.9.30 | 第1次小泉内閣 |
| 法務大臣 | 森　山　眞　弓 | 衆・自民 | 2002.9.30～2003.9.22 | 第1次小泉第1次改造内閣 |
| 外務大臣 | 川　口　順　子 | 非議員 | 2002.9.30～2003.9.22 | 第1次小泉第1次改造内閣 |
| 文部科学大臣 | 遠　山　敦　子 | 非議員 | 2002.9.30～2003.9.22 | 第1次小泉第1次改造内閣 |
| 国土交通大臣 | 扇　　　千　景 | 参・保守 | 2002.9.30～2003.9.22 | 第1次小泉第1次改造内閣 |
| 外務大臣 | 川　口　順　子 | 非議員 | 2003.9.22～2003.11.19 | 第1次小泉第2次改造内閣 |
| 環境大臣 | 小　池　百合子 | 衆・自民 | 2003.9.22～2003.11.19 | 第1次小泉第2次改造内閣 |
| 国家公安委員会委員長 *3 | 小　野　清　子 | 参・自民 | 2003.9.22～2003.11.19 | 第1次小泉第2次改造内閣 |
| 外務大臣 | 川　口　順　子 | 非議員 | 2003.11.19～2004.9.27 | 第2次小泉内閣 |
| 環境大臣 | 小　池　百合子 | 衆・自民 | 2003.11.19～2004.9.27 | 第2次小泉内閣 |
| 国家公安委員会委員長 *3 | 小　野　清　子 | 参・自民 | 2003.11.19～2004.9.27 | 第2次小泉内閣 |

| 担　　当 | 氏　　名 | 所　属 | 在任期間 | 内　　閣 |
|---|---|---|---|---|
| 法務大臣 *4 | 南　野　知恵子 | 参・自民 | 2004.9.27～2005.9.21 | 第2次小泉改造内閣 |
| 環境大臣 *5 | 小　池　百合子 | 衆・自民 | 2004.9.27～2005.9.21 | 第2次小泉改造内閣 |
| 法務大臣 *4 | 南　野　知恵子 | 参・自民 | 2005.9.21～2005.10.31 | 第3次小泉内閣 |
| 環境大臣 *5 | 小　池　百合子 | 衆・自民 | 2005.9.21～2005.10.31 | 第3次小泉内閣 |
| 環境大臣 *6 | 小　池　百合子 | 衆・自民 | 2005.10.31～2006.9.26 | 第3次小泉改造内閣 |
| 特命大臣(少子化・男女共同参画) | 猪　口　邦　子 | 衆・自民 | 2005.10.31～2006.9.26 | 第3次小泉改造内閣 |
| 特命大臣(沖縄及び北方対策) *7 | 高　市　早　苗 | 衆・自民 | 2006.9.26～2007.8.27 | 第1次安倍内閣 |
| 特命大臣(経済財政政策) | 大　田　弘　子 | 非議員 | 2006.9.26～2007.8.27 | 第1次安倍内閣 |
| 防衛大臣 | 小　池　百合子 | 衆・自民 | 2007.7.4～2007.8.27 | 第1次安倍内閣 |
| 特命大臣(経済財政政策) | 大　田　弘　子 | 非議員 | 2007.8.27～2007.9.26 | 第1次安倍改造内閣 |
| 特命大臣(少子化対策) *8 | 上　川　陽　子 | 衆・自民 | 2007.8.27～2007.9.26 | 第1次安倍改造内閣 |
| 特命大臣(経済財政政策) | 大　田　弘　子 | 非議員 | 2007.9.26～2008.8.2 | 福田内閣 |
| 特命大臣(少子化対策) *9 | 上　川　陽　子 | 衆・自民 | 2007.9.26～2008.8.2 | 福田内閣 |
| 特命大臣(科学技術政策) *10 | 野　田　聖　子 | 衆・自民 | 2008.8.2～2008.9.24 | 福田改造内閣 |
| 特命大臣(少子化対策) *11 | 中　山　恭　子 | 参・自民 | 2008.8.2～2008.9.24 | 福田改造内閣 |
| 特命大臣(科学技術政策) *12 | 野　田　聖　子 | 衆・自民 | 2008.9.24～2009.9.16 | 麻生内閣 |
| 特命大臣(少子化対策) *13 | 小　渕　優　子 | 衆・自民 | 2008.9.24～2009.9.16 | 麻生内閣 |
| 法務大臣 | 千　葉　景　子 | 参・民主 | 2009.9.16～2010.6.8 | 鳩山内閣 |
| 特命大臣(消費者及び食品安全) *14 | 福　島　みずほ | 参・社民 | 2009.9.16～2010.5.28 | 鳩山内閣 |
| 法務大臣 | 千　葉　景　子 | 参・民主 | 2010.6.8～2010.9.17 | 菅内閣 |
| 特命大臣(行政刷新) | 蓮　　　　舫 | 参・民主 | 2010.6.8～2010.9.17 | 菅内閣 |
| 国家公安委員会委員長 *15 | 岡　崎　トミ子 | 参・民主 | 2010.9.17～2011.1.14 | 菅第1次改造内閣 |
| 特命大臣(行政刷新) *16 | 蓮　　　　舫 | 参・民主 | 2010.9.17～2011.1.14 | 菅第1次改造内閣 |
| 特命大臣(行政刷新担当) *17 | 蓮　　　　舫 | 参・民主 | 2011.1.14～2011.6.27 | 菅第2次改造内閣 |
| 厚生労働大臣 | 小宮山　洋　子 | 衆・民主 | 2011.9.2～2012.1.13 | 野田内閣 |
| 特命大臣(行政刷新) *18 | 蓮　　　　舫 | 参・民主 | 2011.9.2～2012.1.13 | 野田内閣 |
| 厚生労働大臣 *19 | 小宮山　洋　子 | 衆・民主 | 2012.1.13～2012.6.4 | 野田第1次改造内閣 |
| 厚生労働大臣 *20 | 小宮山　洋　子 | 衆・民主 | 2012.6.4～2012.10.1 | 野田第2次改造内閣 |
| 文部科学大臣 | 田　中　真紀子 | 衆・民主 | 2012.10.1～2012.12.26 | 野田第3次改造内閣 |
| 女性活力・子育て支援担当大臣 *21 | 森　　　まさこ | 参・自民 | 2012.12.26～2014.9.3 | 第2次安倍内閣 |
| 行政改革担当大臣 *22 | 稲　田　朋　美 | 衆・自民 | 2012.12.26～2014.9.3 | 第2次安倍内閣 |
| 総務大臣 | 高　市　早　苗 | 衆・自民 | 2014.9.3～2014.12.24 | 第2次安倍改造内閣 |
| 法務大臣 | 松　島　みどり | 衆・自民 | 2014.9.3～2014.10.21 | 第2次安倍改造内閣 |
| 経済産業大臣 *23 | 小　渕　優　子 | 衆・自民 | 2014.9.3～2014.10.21 | 第2次安倍改造内閣 |
| 国家公安委員会委員長 *24 | 山　谷　えり子 | 参・自民 | 2014.9.3～2014.12.24 | 第2次安倍改造内閣 |
| 女性活躍担当大臣 *25 | 有　村　治　子 | 参・自民 | 2014.9.3～2014.12.24 | 第2次安倍改造内閣 |
| 法務大臣 | 上　川　陽　子 | 衆・自民 | 2014.10.21～2014.12.24 | 第2次安倍改造内閣 |
| 総務大臣 | 高　市　早　苗 | 衆・自民 | 2014.12.24～2015.10.7 | 第3次安倍内閣 |
| 法務大臣 | 上　川　陽　子 | 衆・自民 | 2014.12.24～2015.10.7 | 第3次安倍内閣 |
| 国家公安委員会委員長 *24 | 山　谷　えり子 | 参・自民 | 2014.12.24～2015.10.7 | 第3次安倍内閣 |
| 女性活躍担当大臣 *26 | 有　村　治　子 | 参・自民 | 2014.12.24～2015.10.7 | 第3次安倍内閣 |
| 総務大臣 | 高　市　早　苗 | 衆・自民 | 2015.10.7～2016.8.3 | 第3次安倍改造内閣 |

| 担　当 | 氏　名 | 所　属 | 在任期間 | 内　閣 |
|---|---|---|---|---|
| 環境大臣 *27 | 丸　川　珠　代 | 参・自民 | 2015.10.7〜2016.8.3 | 第3次安倍改造内閣 |
| 特命大臣(沖縄及び北方対策) *28 | 島　尻　安伊子 | 参・自民 | 2015.10.7〜2016.8.3 | 第3次安倍改造内閣 |
| 総務大臣 *29 | 高　市　早　苗 | 衆・自民 | 2016.8.3〜2017.8.3 | 第3次安倍第2次改造内閣 |
| 防衛大臣 | 稲　田　朋　美 | 衆・自民 | 2016.8.3〜2017.7.28 | 第3次安倍第2次改造内閣 |
| 東京オリンピック競技大会・東京パラリンピック競技大会担当大臣 | 丸　川　珠　代 | 参・自民 | 2016.8.3〜2017.8.3 | 第3次安倍第2次改造内閣 |
| 総務大臣 *30 | 野　田　聖　子 | 衆・自民 | 2017.8.3〜2017.11.1 | 第3次安倍第3次改造内閣 |
| 法務大臣 | 上　川　陽　子 | 衆・自民 | 2017.8.3〜2017.11.1 | 第3次安倍第3次改造内閣 |
| 総務大臣 *31 | 野　田　聖　子 | 衆・自民 | 2017.11.1〜 | 第4次安倍内閣 |
| 法務大臣 | 上　川　陽　子 | 衆・自民 | 2017.11.1〜 | 第4次安倍内閣 |

《注》2018年3月現在。表中の＊は兼務を示す。

*1　(扇)建設大臣・北海道開発庁長官・国土庁長官と兼務。中央省庁再編(2001.1.6)後は国土交通大臣。
*2　(川口)中央省庁再編(2001.1.6)後は環境大臣。
*3　(小野)特命大臣(青少年育成及び少子化対策、食品安全)と兼務。
*4　(南野)特命大臣(青少年育成及び少子化対策)と兼務。
*5　(小池)特命大臣(沖縄及び北方対策)と兼務。
*6　(小池)特命大臣(沖縄及び北方対策)、地球環境問題担当大臣と兼務。
*7　(高市)特命大臣(科学技術政策、イノベーション、少子化・男女共同参画、食品安全)と兼務。
*8　(上川)特命大臣(男女共同参画)と兼務。
*9　(上川)特命大臣(男女共同参画)、公文書管理担当大臣と兼務。
*10　(野田)特命大臣(食品安全)、消費者行政推進担当大臣、宇宙開発担当大臣と兼務。
*11　(中山)特命大臣(男女共同参画)、拉致問題担当大臣、公文書管理担当大臣と兼務。
*12　(野田)特命大臣(食品安全、消費者2009.9.1〜9.16)、消費者行政推進担当大臣(08.9.24〜09.9.1)、宇宙開発担当大臣と兼務。
*13　(小渕)特命大臣(男女共同参画)と兼務。
*14　(福島)特命大臣(少子化対策、男女共同参画)と兼務。
*15　(岡崎)特命大臣(消費者及び食品安全、少子化対策、男女共同参画)と兼務。
*16　(蓮舫)公務員制度改革担当大臣と兼務。
*17　(蓮舫)特命大臣(消費者及び食品安全、節電啓発等担当2011.3.13〜6.27)と兼務。
*18　(蓮舫)特命大臣(「新しい公共」、少子化対策、男女共同参画)、公務員制度改革担当大臣と兼務。
*19　(小宮山)特命大臣(少子化対策2012.4.23〜6.4)と兼務。
*20　(小宮山)特命大臣(少子化対策)と兼務。
*21　(森)特命大臣(消費者及び食品安全、少子化対策、男女共同参画)と兼務。
*22　(稲田)クールジャパン戦略担当大臣、再チャレンジ担当大臣、特命大臣（規制改革）、国家公務員制度担当大臣(2014.5.30〜9.3)と兼務。
*23　(小渕)産業競争力担当大臣、原子力経済被害担当大臣、特命大臣(原子力損害賠償・廃炉等支援機構)と兼務。
*24　(山谷)拉致問題担当大臣、海洋政策・領土問題担当大臣、国土強靭化担当大臣、特命大臣(防災)と兼務。
*25　(有村)行政改革担当大臣、国家公務員制度担当大臣、特命大臣(消費者及び食品安全、規制改革、少子化対策、男女共同参画)と兼務。
*26　(有村)行政改革担当大臣、国家公務員制度担当大臣、特命大臣(少子化対策、規制改革、男女共同参画)と兼務。
*27　(丸川)特命大臣(原子力防災)と兼務。
*28　(島尻)特命大臣(クールジャパン戦略、知的財産戦略、科学技術政策、宇宙政策)、海洋政策・領土問題担当大臣、情報通信技術(IT)政策大臣と兼務。
*29　(高市)特命大臣(マイナンバー制度)と兼務。
*30　(野田)女性活躍担当大臣、特命大臣(マイナンバー制度)と兼務。
*31　(野田)女性活躍担当大臣、特命大臣(男女共同参画、マイナンバー制度)と兼務。
資料出所：歴代内閣(官邸HP)

# 2 女性の歴代最高裁判所判事・裁判所長（1972～2018年）

| 区　分 | 裁判所名 | 氏　名 | 在任期間 |
|---|---|---|---|
| 最高裁判所判事 | | 高　橋　久　子 | 1994.2.9 ～ 1997.9.20 |
| | | 横　尾　和　子 | 2001.12.19 ～ 2008.9.10 |
| | | 櫻　井　龍　子 | 2008.9.11 ～ 2017.1.15 |
| | | 岡　部　喜代子 | 2010.4.12 ～ |
| | | 鬼　丸　かおる | 2013.2.6 ～ |
| | | 宮　崎　裕　子 | 2018.1.9 ～ |
| 高等裁判所長官 | 札幌高等裁判所 | 野　田　愛　子 | 1987.1.28 ～ 1987.11.30 |
| | 仙台高等裁判所 | 一　宮　なほみ | 2011.1.11 ～ 2013.6.13 |
| | 高松高等裁判所 | 安　藤　裕　子 | 2014.10.2 ～ 2015.3.16 |
| | 札幌高等裁判所 | 綿　引　万里子 | 2016.4.19 ～ |
| 地方裁判所長 | 徳島地方・家庭裁判所 | 寺　沢　光　子 | 1983.6.1 ～ 1985.3.31 |
| | 高知地方・家庭裁判所 | 丹　宗　朝　子 | 1987.1.10 ～ 1988.3.31 |
| | 浦和地方裁判所 | 丹　宗　朝　子 | 1989.6.1 ～ 1991.2.14 |
| | 那覇地方裁判所 | 大　城　光　代 | 1991.1.5 ～ 1994.3.7 |
| | 鳥取地方・家庭裁判所 | 武　田　多喜子 | 1997.1.13 ～ 1998.3.19 |
| | 秋田地方・家庭裁判所 | 井野場　明　子 | 1998.2.21 ～ 2000.5.5 |
| | 水戸地方裁判所 | 一　宮　なほみ | 2005.12.23 ～ 2007.5.6 |
| | 岐阜地方・家庭裁判所 | 安　藤　裕　子 | 2011.12.19 ～ 2013.6.30 |
| | 宇都宮地方裁判所 | 綿　引　万里子 | 2012.3.9 ～ 2014.7.3 |
| | 長崎地方裁判所 | 江　口　とし子 | 2013.12.4 ～ 2014.11.28 |
| | 熊本地方裁判所 | 後　藤　眞理子 | 2014.5.2 ～ 2016.2.13 |
| | 福井地方・家庭裁判所 | 高　部　眞規子 | 2014.5.30 ～ 2015.6.20 |
| | 松江地方・家庭裁判所 | 稲　葉　重　子 | 2014.8.1 ～ 2015.11.28 |
| | 奈良地方・家庭裁判所 | 稲　葉　重　子 | 2015.11.29 ～ 2017.4.18 |
| | 函館地方・家庭裁判所 | 石　栗　正　子 | 2017.7.15 ～ |
| 家庭裁判所長 | 新潟家庭裁判所 | 三　淵　嘉　子 | 1972.6.15 ～ 1973.10.31 |
| | 浦和家庭裁判所 | 三　淵　嘉　子 | 1973.11.1 ～ 1978.1.15 |
| | 札幌家庭裁判所 | 野　田　愛　子 | 1975.11.17 ～ 1977.10.19 |
| | 前橋家庭裁判所 | 野　田　愛　子 | 1977.10.20 ～ 1979.7.19 |
| | 横浜家庭裁判所 | 三　淵　嘉　子 | 1978.1.16 ～ 1979.11.12 |
| | 静岡家庭裁判所 | 野　田　愛　子 | 1979.7.20 ～ 1982.9.30 |
| | 千葉家庭裁判所 | 野　田　愛　子 | 1982.10.1 ～ 1985.7.21 |
| | 浦和家庭裁判所 | 寺　沢　光　子 | 1985.4.1 ～ 1988.3.31 |
| | 東京家庭裁判所 | 野　田　愛　子 | 1985.7.22 ～ 1987.1.27 |
| | 横浜家庭裁判所 | 寺　沢　光　子 | 1988.4.1 ～ 1988.11.28 |
| | 浦和家庭裁判所 | 丹　宗　朝　子 | 1988.4.1 ～ 1989.5.31 |
| | 那覇家庭裁判所 | 大　城　光　代 | 1989.6.1 ～ 1991.1.4 |
| | 山口家庭裁判所 | 千　葉　庸　子 | 1991.12.16 ～ 1993.7.4 |
| | 宇都宮家庭裁判所 | 伊　東　すみ子 | 1994.3.4 ～ 1996.11.30 |
| | 静岡家庭裁判所 | 大　城　光　代 | 1994.3.8 ～ 1995.9.28 |
| | 横浜家庭裁判所 | 大　城　光　代 | 1995.9.29 ～ 1997.11.2 |
| | 松山家庭裁判所 | 笹　本　淳　子 | 1996.11.12 ～ 1998.6.30 |
| | 札幌家庭裁判所 | 伊　藤　瑩　子 | 1996.12.1 ～ 1998.10.22 |
| | 熊本家庭裁判所 | 若　林　昌　子 | 1997.8.1 ～ 1998.7.31 |
| | 山口家庭裁判所 | 浅　田　登美子 | 1997.9.10 ～ 1998.12.14 |
| | 静岡家庭裁判所 | 小田原　満知子 | 1998.3.30 ～ 2000.1.4 |

| 区　分 | 裁判所名 | 氏　名 | 在任期間 |
|---|---|---|---|
| 家庭裁判所長 | 福岡家庭裁判所 | 若　林　昌　子 | 1998.8.1 ～ 1999.9.29 |
| | 札幌家庭裁判所 | 堀　越　みき子 | 1998.10.23 ～ 2000.5.9 |
| | 浦和家庭裁判所 | 小田原　満知子 | 2000.1.5 ～ 2001.4.30 |
| | 岡山家庭裁判所 | 小　田　八重子 | 2000.2.18 ～ 2002.12.7 |
| | 神戸家庭裁判所 | 下　方　元　子 | 2000.4.21 ～ 2001.12.24 |
| | 千葉家庭裁判所 | 堀　越　みき子 | 2000.5.10 ～ 2001.1.15 |
| | 宇都宮家庭裁判所 | 来　本　笑　子 | 2000.12.4 ～ 2002.12.9 |
| | 広島家庭裁判所 | 浅　田　登美子 | 2001.4.27 ～ 2003.3.30 |
| | さいたま家庭裁判所 | 小田原　満知子 | 2001.5.1 ～ 2002.3.31 |
| | 水戸家庭裁判所 | 田　中　由　子 | 2001.6.26 ～ 2003.9.29 |
| | 神戸家庭裁判所 | 将　積　良　子 | 2001.12.25 ～ 2005.7.6 |
| | 横浜家庭裁判所 | 小田原　満知子 | 2002.4.1 ～ 2003.3.30 |
| | さいたま家庭裁判所 | 田　中　由　子 | 2006.7.12 ～ 2008.12.17 |
| | 横浜家庭裁判所 | 田　中　由　子 | 2008.12.18 ～ 2009.12.27 |
| | 那覇家庭裁判所 | 筏　津　順　子 | 2010.1.1 ～ 2011.12.23 |
| | 松山家庭裁判所 | 安　藤　裕　子 | 2010.4.2 ～ 2011.12.18 |
| | 山口家庭裁判所 | 三代川　三千代 | 2011.12.20 ～ 2014.1.3 |
| | 千葉家庭裁判所 | 安　藤　裕　子 | 2013.7.1 ～ 2014.10.1 |
| | 岡山家庭裁判所 | 山　崎　まさよ | 2013.9.7 ～ 2015.12.31 |
| | 横浜家庭裁判所 | 綿　引　万里子 | 2014.7.4 ～ 2015.6.7 |
| | 仙台家庭裁判所 | 三　村　晶　子 | 2014.8.17 ～ 2015.6.7 |
| | 前橋家庭裁判所 | 小　林　敬　子 | 2014.12.9 ～ 2016.4.19 |
| | 京都家庭裁判所 | 白　石　史　子 | 2015.4.1 ～ 2016.7.28 |
| | 横浜家庭裁判所 | 三　村　晶　子 | 2015.6.8 ～ 2016.2.20 |
| | 静岡家庭裁判所 | 山　崎　まさよ | 2016.1.1 ～ 2018.1.23 |
| | さいたま家庭裁判所 | 秋　吉　仁　美 | 2016.7.22 ～ |
| | 新潟家庭裁判所 | 川　口　代志子 | 2016.7.29 ～ 2017.10.3 |
| | 那覇家庭裁判所 | 遠　藤　真　澄 | 2017.4.19 ～ |
| | 静岡家庭裁判所 | 近　藤　宏　子 | 2018.1.24 ～ |

《注》2018年1月現在。裁判所ごとに就任順。
資料出所：最高裁判所広報課

## 3 女性の歴代特命全権大使 （1980 ～ 2018 年）

| 地域等 | 国　名　等 | 氏　名 | 在任期間 |
|---|---|---|---|
| 中南米 | ウルグアイ | 赤　松　良　子 | 1986.1.23 ～ 1989.1.27 |
| | ウルグアイ | 田　中　徑　子 | 2014.10.2 ～ 2018.3.20 |
| | ボリビア | 古　賀　京　子 | 2015.11.19 ～ |
| 欧州 | デンマーク | 高　橋　展　子 | 1980.3.29 ～ 1983.12.6 |
| | フィンランド（兼エストニア） | 黒河内　久　美 | 1989.7.27 ～ 1992.11.13 |
| | フィンランド（兼エストニア） | 高　原　須美子 | 1995.8.4 ～ 1998.3.3 |
| | アイルランド | 松　尾　和　子 | 1998.11.5 ～ 2001.12.14 |
| | ウズベキスタン（兼タジキスタン） | 中　山　恭　子 | 1999.7.1 ～ 2002.9.10 |
| | イタリア（兼アルバニア、サンマリノ、マルタ） | 松　原　亘　子 | 2002.9.24 ～ 2006.1.20 |
| | ノルウェー（兼アイスランド、人権担当） | 斎　賀　富美子 | 2003.9.29 ～ 2007.4.27 |
| | リトアニア | 明　石　美代子 | 2008.5.16 ～ 2012.3.16 |
| | リトアニア | 白　石　和　子 | 2012.1.17 ～ 2015.6.26 |
| | ルクセンブルク | 西　村　篤　子 | 2014.4.1 ～ 2016.7.12 |
| | アイスランド | 志　野　光　子 | 2014.7.4 ～ 2016.8.26 |
| | ラトビア | 藤　井　眞理子 | 2015.10.22 ～ |
| | アイルランド | 三　好　真　理 | 2015.10.22 ～ |
| | エストニア | 柳　沢　陽　子 | 2015.11.19 ～ |
| | マケドニア旧ユーゴスラビア | 羽　田　恵　子 | 2017.4.17 ～ |
| | ハンガリー | 佐　藤　　　地 | 2017.10.20 ～ |
| 中東 | トルコ | 遠　山　敦　子 | 1996.6.24 ～ 1999.10.19 |
| アフリカ | ケニア（兼ウガンダ、セーシェル、ブルンジ、ルワンダ） | 佐　藤　ギン子 | 1991.10.18 ～ 1995.1.24 |
| | ガーナ（兼シエラレオネ、リベリア） | 浅　井　和　子 | 2002.5.14 ～ 2005.4.1 |
| | モロッコ | 広　瀬　晴　子 | 2006.11.1 ～ 2010.3.31 |
| | マリ | 中　川　幸　子 | 2008.6.17 ～ 2010.11.19 |
| | マラウイ | 柳　沢　香　枝 | 2016.11.8 ～ |
| アジア | ラオス | 横　田　順　子 | 2010.8.20 ～ 2013.11.15 |
| | ブルネイ | 伊　岐　典　子 | 2014.4.15 ～ 2017.7.7 |
| 国際機関日本政府代表部 | 軍縮会議 | 黒河内　久　美 | 1995.1.13 ～ 1997.7.7 |
| | 軍縮会議 | 猪　口　邦　子 | 2002.4.12 ～ 2004.4.2 |
| | 国際連合教育科学文化機関（ユネスコ） | 佐　藤　　　地 | 2015.2.17 ～ 2017.10.20 |

《注》2018年3月現在。兼轄は在任期間が異なることがある。地域ごとに就任順。
資料出所：外務省

## 4 国連総会政府代表団への歴代NGO参加者（1957～2017年）

| 年 | 会期 | 役職 | 氏名 |
|---|---|---|---|
| 1957 | 第12回 | 代表代理 | 藤田 たき |
| 1958 | 第13回 | 代表 | 藤田 たき |
|  |  | 随員 | 石橋 宮子 |
|  |  | 随員 | 久米 愛 |
| 1959 | 第14回 | 代表 | 藤田 たき |
|  |  | 随員 | 久米 愛 |
| 1960 | 第15回 | 代表代理 | 久米 愛 |
| 1961 | 第16回 | 代表代理 | 久保田 きぬ子 |
| 1962 | 第17回 | 代表代理 | 久保田 きぬ子 |
| 1963 | 第18回 | 代表代理 | 久米 愛 |
| 1964 | 第19回 | 代表代理 | 久米 愛 |
| 1965 | 第20回 | 代表代理 | 久保田 きぬ子 |
| 1966 | 第21回 | 代表代理 | 久米 愛 |
| 1967 | 第22回 | 代表代理 | 久米 愛 |
| 1968 | 第23回 | 顧問 | 緒方 貞子 |
| 1969 | 第24回 | 代表 | 久米 愛 |
| 1970 | 第25回 | 代表代理 | 緒方 貞子 |
| 1971 | 第26回 | 代表 | 佐野 智恵 |
| 1972 | 第27回 | 代表 | 佐野 智恵 |
| 1973 | 第28回 | 代表代理 | 渡辺 華子 |
| 1974 | 第29回 | 代表代理 | 渡辺 華子 |
| 1975 | 第30回 | 代表代理 | 緒方 貞子 |
| 1976 | 第31回 | 代表代理 | 佐藤 欣子 |
| 1977 | 第32回 | 代表 | 佐藤 欣子 |
| 1978 | 第33回 | 代表 | 高橋 展子 |
| 1979 | 第34回 | 代表代理 | 中村 道子 |
| 1980 | 第35回 | 代表代理 | 中村 道子 |
| 1981 | 第36回 | 代表代理 | 小島 蓉子 |
| 1982 | 第37回 | 代表代理 | 山崎 倫子 |
| 1983 | 第38回 | 代表代理 | 山崎 倫子 |
| 1984 | 第39回 | 代表代理 | 山崎 倫子 |
| 1985 | 第40回 | 代表 | 伊東 すみ子 |
| 1986 | 第41回 | 代表 | 伊東 すみ子 |
| 1987 | 第42回 | 代表 | 伊東 すみ子 |
| 1988 | 第43回 | 代表代理 | 野瀬 久美子 |
| 1989 | 第44回 | 代表代理 | 野瀬 久美子 |
| 1990 | 第45回 | 代表代理 | 江尻 美穂子 |
| 1991 | 第46回 | 代表代理 | 江尻 美穂子 |
| 1992 | 第47回 | 代表代理 | 青木 怜子 |
| 1993 | 第48回 | 代表代理 | 青木 怜子 |
| 1994 | 第49回 | 代表代理 | 目黒 依子 |
| 1995 | 第50回 | 代表代理 | 目黒 依子 |
| 1996 | 第51回 | 代表代理 | 杉森 長子 |
| 1997 | 第52回 | 代表代理 | 杉森 長子 |
| 1998 | 第53回 | 代表代理 | 西立野 園子 |
| 1999 | 第54回 | 代表代理 | 西立野 園子 |
| 2000 | 第55回 | 代表代理 | 柳川 恒子 |
| 2001 | 第56回 | 代表代理 | 柳川 恒子 |
| 2002 | 第57回 | 代表代理 | 房野 桂 |
| 2003 | 第58回 | 代表代理 | 房野 桂 |
| 2004 | 第59回 | 代表代理 | 平敷 淳子 |
| 2005 | 第60回 | 代表代理 | 大谷 美紀子 |
| 2006 | 第61回 | 代表代理 | 大谷 美紀子 |
| 2007 | 第62回 | 代表代理 | 黒﨑 伸子 |
| 2008 | 第63回 | 代表代理 | 黒﨑 伸子 |
| 2009 | 第64回 | 代表代理 | 篠原 梓 |
| 2010 | 第65回 | 代表代理 | 篠原 梓 |
| 2011 | 第66回 | 代表代理 | 平敷 淳子 |
| 2012 | 第67回 | 代表代理 | 鷲見 八重子 |
| 2013 | 第68回 | 代表代理 | 鷲見 八重子 |
| 2014 | 第69回 | 代表代理 | 矢口 有乃 |
| 2015 | 第70回 | 代表代理 | 矢口 有乃 |
| 2016 | 第71回 | 代表代理 | 布柴 靖枝 |
| 2017 | 第72回 | 代表代理 | 布柴 靖枝 |

資料出所：（公財）市川房枝記念会女性と政治センター

## 5 国連女性の地位委員会の歴代日本代表 （1958～2018年）

| 年 | 会期 | | 氏　名 |
|---|---|---|---|
| 1958 | 第12回 | 代表 | 谷野　せつ |
|  |  | オブザーバー | 野田　愛子 |
| 1959 | 第13回 | 代表 | 谷野　せつ |
| 1960 | 第14回 | 代表 | 谷野　せつ |
| 1961 | 第15回 | 代表 | 谷野　せつ |
| 1962 | 第16回 | 代表 | 谷野　せつ |
| 1963 | 第17回 | 代表 | 谷野　せつ |
| 1965 | 第18回 | オブザーバー | 高橋　展子 |
|  |  | オブザーバー | 黒河内　久美 |
| 1966 | 第19回 | 代表 | 藤田　たき |
|  |  | オブザーバー | 渡辺　華子 |
| 1967 | 第20回 | 代表 | 藤田　たき |
| 1968 | 第21回 | 代表 | 藤田　たき |
|  |  | 代表代理 | 縫田　曄子 |
| 1969 | 第22回 | 代表 | 藤田　たき |
|  |  | 代表代理 | 縫田　曄子 |
| 1970 | 第23回 | 代表 | 藤田　たき |
| 1972 | 第24回 | 代表 | 藤田　たき |
|  |  | 代表代理 | 大羽　綾子 |
| 1974 | 第25回 | 代表 | 藤田　たき |
|  |  | 代表代理 | 大羽　綾子 |
| 1976 | 第26回 | オブザーバー | 森山　真弓 |
| 1978 | 第27回 | 代表 | 大羽　綾子 |
| 1980 | 第28回 | 代表 | 大羽　綾子 |
| 1982 | 第29回 | 代表 | 縫田　曄子 |
| 1984 | 第30回 | 代表 | 縫田　曄子 |
| 1986 | 第31回 | 代表 | 有馬　真喜子 |
| 1988 | 第32回 | 代表 | 有馬　真喜子 |
| 1989 | 第33回 | 代表 | 有馬　真喜子 |
| 1990 | 第34回 | 代表 | 有馬　真喜子 |

| 年 | 会期 | | 氏　名 |
|---|---|---|---|
| 1991 | 第35回 | 代表 | 有馬　真喜子 |
| 1992 | 第36回 | 代表 | 有馬　真喜子 |
| 1993 | 第37回 | 代表 | 有馬　真喜子 |
| 1994 | 第38回 | 代表 | 有馬　真喜子 |
| 1995 | 第39回 | 代表 | 有馬　真喜子 |
| 1996 | 第40回 | 代表 | 有馬　真喜子 |
| 1997 | 第41回 | 代表 | 有馬　真喜子 |
| 1998 | 第42回 | 代表 | 目黒　依子 |
| 1999 | 第43回 | 代表 | 目黒　依子 |
| 2000 | 第44回 | 代表 | 目黒　依子 |
| 2001 | 第45回 | 代表 | 目黒　依子 |
| 2002 | 第46回 | 代表 | 目黒　依子 |
| 2003 | 第47回 | 代表 | 目黒　依子 |
| 2004 | 第48回 | 代表 | 目黒　依子 |
| 2005 | 第49回 | 首席代表 | 西銘　順志郎 |
|  |  | 代表 | 目黒　依子 |
| 2006 | 第50回 | 代表 | 目黒　依子 |
| 2007 | 第51回 | 代表 | 目黒　依子 |
| 2008 | 第52回 | 代表 | 目黒　依子 |
| 2009 | 第53回 | 代表 | 目黒　依子 |
| 2010 | 第54回 | 代表 | 目黒　依子 |
| 2011 | 第55回 | 代表 | 橋本　ヒロ子 |
| 2012 | 第56回 | 代表 | 橋本　ヒロ子 |
| 2013 | 第57回 | 代表 | 橋本　ヒロ子 |
| 2014 | 第58回 | 代表 | 橋本　ヒロ子 |
| 2015 | 第59回 | 代表 | 橋本　ヒロ子 |
| 2016 | 第60回 | 代表 | 橋本　ヒロ子 |
| 2017 | 第61回 | 代表 | 橋本　ヒロ子 |
| 2018 | 第62回 | 代表 | 田中　由美子 |

《注》第18回・26回は、日本は委員国ではなかったため、オブザーバーとして出席した。
資料出所：（公財）市川房枝記念会女性と政治センター


## 6 国連女性差別撤廃委員会の歴代日本人委員 （1987～2018年）

| 在任期間 | 氏　名 |
|---|---|
| 1987～1994 | 赤松　良子 |
| 1995～1998 | 佐藤　ギン子 |
| 1999～2001 | 多谷　千香子 |
| 2002～2007 | 斎賀　富美子 |
| 2007～ | 林　陽子 |

《注》林陽子は2015.2～2016.2委員長を務めた。
資料出所：『Information on membership of the CE
　　　　　DAW from 1982 to present』（CEDAW 女性差
　　　　　別撤廃委員会）

# 7 写真で見る歴代内閣と女性大臣の一例 (1984〜2017年)

①第2次中曽根内閣（第1次改造）1984.11.1／石本茂環境庁長官
②第1次海部内閣 1989.8.10／高原須美子経企庁長官、森山眞弓環境庁長官
③細川内閣 1993.8.9／赤松良子文部大臣、久保田真苗経企庁長官、広中和歌子環境庁長官
④村山内閣 1994.6.30／田中真紀子科技庁長官
⑤第1次小泉内閣 2001.4.26／森山眞弓法務大臣、田中真紀子外務大臣、川口順子環境大臣、遠山敦子文科大臣、扇千景国交大臣
⑥鳩山内閣 2009.9.16／千葉景子法務大臣、福島みずほ特命大臣
⑦第3次安倍内閣（第3次改造）2017.8.3／野田聖子総務大臣、上川陽子法務大臣

《注》女性の大臣の一部を、内閣発足時の写真から見た。
資料出所：内閣官房内閣広報室

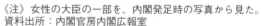

# 第**3**部 ┃ 世界の女性と参政権

　女性参政権は第1次、第2次世界大戦後に各地域で続々と実現した。さらに1950年代半ば以降アフリカ諸国、60年代後半から中東諸国へと広がり、現在女性の大統領は9人、首相8人、議長は53人。大臣の半数以上を女性が占める国は6カ国、担当分野のランキングでは環境、社会、家族、女性、教育が上位を占めた。

　世界全体の女性国会議員割合はこの20年間で1割から2割へと伸びたが、その背景にはクオータ制を採用する国が広がったことがある。日本もこの間、6%から12%へと増えたが、世界水準には及ばない。また日本の人間開発指数（HDI）、ジェンダー不平等指数（GII）の順位は17位、21位と高いが、国会議員・大臣・元首の在任年数なども考慮したジェンダー・ギャップ指数（GGI）は114位と低下する。国際指標は、日本女性の参政権行使の遅れを示している。

## 1 世界の女性参政権獲得年リスト（1893 〜 2018 年）

| 国　名 | 地域名 | 選挙権 | 被選挙権 | 初の女性国会議員 ( 選挙／任命) |
|---|---|---|---|---|
| ニュージーランド | 大洋州 | 1893.9.19 | 1919.10.29 | 1933.9（選） |
| オーストラリア | 大洋州 | 1902.6.12 | 1902.6.12 | 1943.8（選） |
| フィンランド | 欧州 | 1906.7.20 | 1906.7.20 | 1907.3（選） |
| ノルウェー | 欧州 | 1913 | 1907 | 1911（任） |
| デンマーク | 欧州 | 1915.6.5 | 1915.6.5 | 1918（選） |
| アイスランド | 欧州 | 1915.6.19 | 1915.6.19 | 1922.7（選） |
| カナダ | 北米 | 1917.9 | 1920.7 | 1921.12（選）1930.2（任） |
| アイルランド | 欧州 | 1918.2.6 | 1918.2.6 | 1918.12（選） |
| イギリス | 欧州 | 1918.2.6 | 1918.2.6 | 1918.12（選） |
| キルギス | 欧州 | 1918.6 | 1918.6 | 1990.2（選） |
| ロシア | 欧州 | 1918.6 | 1918.6 | 1993.12（選） |
| リトアニア | 欧州 | 1918.11.2 | 1918.11.2 | 1920.5（選） |
| ドイツ | 欧州 | 1918.11.12 | 1918.11.12 | 1919.1（選） |
| ラトビア | 欧州 | 1918.11.18 | ？ | 1920.4（選） |
| ジョージア | 欧州 | 1918.11.22 | 1918.11.22 | 1992.10（選） |
| ハンガリー | 欧州 | 1918.11.23 | 1958.11.16 | 1945（選） |
| エストニア | 欧州 | 1918.11.24 | 1918.11.24 | 1919.4（選） |
| ポーランド | 欧州 | 1918.11.28 | 1918.11.28 | 1919.1（選） |
| オーストリア | 欧州 | 1918.12.19 | 1918.12.19 | 1919.3.4（選） |
| ベラルーシ | 欧州 | 1919.2.4 | 1919.2.4 | 1990.3（選） |
| ウクライナ | 欧州 | 1919.3.10 | 1919.3.10 | 1990.3（選） |
| ベルギー | 欧州 | 1919.5.9 | 1921.2.7 | 1921.12.27（任） |
| ルクセンブルク | 欧州 | 1919.5.15 | 1919.5.15 | 1919.4（選） |
| スウェーデン | 欧州 | 1919.5 | 1919.5 | 1921.9（選） |
| オランダ | 欧州 | 1919.8.9 | 1917.11.29 | 1918.7（選） |
| アメリカ | 北米 | 1920.8.26 | 1788.9.13 | 1917.3（選） |
| スロバキア | 欧州 | 1920 | 1920 | 1992.6（選） |
| チェコ | 欧州 | 1920 | 1920 | 1992.6（選） |
| アルメニア | 欧州 | 1921.2.2 | 1921.2.2 | 1990.5（選） |
| アゼルバイジャン | 欧州 | 1921.5.19 | 1921.5.19 | 1990.9（選） |
| カザフスタン | 欧州 | 1924.1.31 | 1924.1.31 | 1990.3（選） |
| モンゴル | アジア | 1924.11.1 | 1924.11.1 | 1951.6（選） |
| タジキスタン | 欧州 | 1924 | 1924 | 1990.2（選） |
| トルクメニスタン | 欧州 | 1927 | 1927 | 1990.1（選） |
| エクアドル | 中南米 | 1929.3.26 | 1929.3.26 | 1956（選） |
| ルーマニア | 欧州 | 1929 | 1929 | 1946.11（選） |
| トルコ | 中東 | 1930.4.3 | 1934.12.5 | 1935.2（任）1939（選） |
| 南アフリカ | アフリカ | 1930 | 1930 | 1933.4（選） |
| スリランカ | アジア | 1931.3.20 | 1931.3.20 | 1947.9（選） |
| ポルトガル | 欧州 | 1931.5.5 | 1931.5.5 | 1934.11（選・任） |
| チリ | 中南米 | 1931.5.30 | 1931.5.30 | 1951.4（選） |
| スペイン | 欧州 | 1931.12.9 | 1931.5.8 | 1931.7（選） |
| タイ | アジア | 1932.12.10 | 1932.12.10 | 1947.11（任）1949.6（選） |
| ウルグアイ | 中南米 | 1932.12.16 | 1932.12.16 | 1942.11（選） |
| モルディブ | アジア | 1932 | 1932 | 1979.11（選） |
| キューバ | 中南米 | 1934.1.2 | 1934.1.2 | 1940.7（選） |
| ブラジル | 中南米 | 1934.7.16 | 1934.7.16 | 1933.5（選） |
| ミャンマー | アジア | 1935 | 1946.3.19 | 1947.4（選） |
| フィリピン | アジア | 1937.4.30 | 1937.4.30 | 1941.11（選） |

第3部 世界の女性と参政権

| 国　名 | 地域名 | 選挙権 | 被選挙権 | 初の女性国会議員 (選挙／任命) |
|---|---|---|---|---|
| ウズベキスタン | 欧州 | 1938 | 1938 | 1990.2（選） |
| ボリビア | 中南米 | 1938 | 1938 | 1966.7（選） |
| エルサルバドル | 中南米 | 1939 | 1961 | 1961.12（選） |
| パナマ | 中南米 | 1941.7.5 | 1941.7.5 | 1946（選） |
| ドミニカ共和国 | 中南米 | 1942 | 1942 | 1942（選） |
| フランス | 欧州 | 1944.4.21 | 1944.4.21 | 1945.10（選） |
| アルバニア | 欧州 | 1944.5 | 1920.1.21 | 1945.12（選） |
| ブルガリア | 欧州 | 1944.10.16 | 1944.10.16 | 1945.11（選） |
| ジャマイカ | 中南米 | 1944.11.20 | 1944.11.20 | 1944.12（選） |
| イタリア | 欧州 | 1945.2.1 | 1945.2.1 | 1946.6（選） |
| セネガル | アフリカ | 1945.2.19 | 1945.2.19 | 1963.12（選） |
| クロアチア | 欧州 | 1945.8.11 | 1945.8.11 | 1992.8（選） |
| インドネシア | アジア | 1945.8.17 | 1945.8.17 | 1950.2（任）1971.7（選） |
| トーゴ | アフリカ | 1945.8.22 | 1945.8.22 | 1961.4（選） |
| 日本 | アジア | 1945.12.17 | 1945.12.17 | 1946.4（選） |
| ベトナム | アジア | 1946.1.6 | 1946.1.6 | 1946.1（選） |
| スロベニア | 欧州 | 1946.1.31 | 1946 | 1992.12（選） |
| セルビア | 欧州 | 1946.1.31 | 1946.1.31 | 1943.11（選） |
| ベネズエラ | 中南米 | 1946.3.28 | 1946.3.28 | 1948.2（選） |
| リベリア | アフリカ | 1946.5.7 | 1946.5.7 | ? |
| 北朝鮮 | アジア | 1946.7.30 | 1946.7.30 | 1948.8（選） |
| カメルーン | アフリカ | 1946.10.1 | 1946.10.1 | 1960.4（選） |
| マケドニア | 欧州 | 1946.12.31 | 1946.12.31 | 1990.12.11（選） |
| グアテマラ | 中南米 | 1946 | 1946 | 1956.3（選） |
| ジブチ | アフリカ | 1946 | 1986 | 2003（選） |
| トリニダード・トバゴ | 中南米 | 1946 | 1946 | 1962.8（選・任） |
| パキスタン | アジア | 1946 | 1946 | 1973（選） |
| メキシコ | 中南米 | 1947.2.15 | 1953.10.17 | 1952.9（任）1955.7（選） |
| シンガポール | アジア | 1947.7.18 | 1947.7.18 | 1963.9（選） |
| マルタ | 欧州 | 1947.9.5 | 1947.9.5 | 1966.3（選） |
| アルゼンチン | 中南米 | 1947.9.27 | 1947.9.27 | 1951.11（選） |
| イスラエル | 中東 | 1948.5.15 | 1948.5.15 | 1949.1（選） |
| 韓国 | アジア | 1948.7.17 | 1948.7.17 | 1948.5（選） |
| セーシェル | アフリカ | 1948.8.6 | 1948.8.6 | 1976.6（選）1976.9（任） |
| スリナム | 中南米 | 1948.12.9 | 1948.12.9 | 1963.3（選） |
| サモア | 大洋州 | 1948 | 1948 | 1976.2（任）1991.4（選） |
| ニジェール | アフリカ | 1948 | 1948 | 1989.12（選） |
| ボスニア・ヘルツェゴビナ | 欧州 | 1949.1.31 | 1949.1.31 | 1990.12（選） |
| シリア | 中東 | 1949.9.10 | 1953 | 1973.5（選） |
| 中国 | アジア | 1949.10.1 | 1949.10.1 | 1954.4（選） |
| コスタリカ | 中南米 | 1949.11.17 | 1949.11.17 | 1953.11（選） |
| インド | アジア | 1950.1.26 | 1950.1.26 | 1952.4（選） |
| バルバドス | 中南米 | 1950.10.23 | 1950.10.23 | 1951.12（選） |
| ハイチ | 中南米 | 1950.11.25 | 1950.11.25 | 1961.5（選） |
| セントビンセント・グレナディーン | 中南米 | 1951.5.5 | 1951.5.5 | 1979.12（選） |
| ドミニカ | 中南米 | 1951.7 | 1951.7 | 1980.7（選・任） |
| グレナダ | 中南米 | 1951.8 | 1951.8 | 1976.12（選・任） |
| アンティグア・バーブーダ | 中南米 | 1951.12.1 | 1951.12.1 | 1984.4（任）1994.3（選） |
| セントクリストファー・ネーヴィス | 中南米 | 1951 | 1951 | 1984.6（選） |

71

第3部 世界の女性と参政権

| 国　名 | 地域名 | 選挙権 | 被選挙権 | 初の女性国会議員(選挙／任命) |
|---|---|---|---|---|
| セントルシア | 中南米 | 1951 | 1951 | 1974.5（選） |
| ネパール | アジア | 1951 | 1951 | 1952（任）1959.10（選・任） |
| ギリシャ | 欧州 | 1952.1.1 | 1952.1.1 | 1952.11（選） |
| コートジボワール | アフリカ | 1952 | 1952 | 1965.11（選） |
| レバノン | 中東 | 1952 | 1952 | 1963.4（選） |
| ガイアナ | 中南米 | 1953.4.16 | 1945 | 1953.4（選） |
| ブータン | アジア | 1953 | 1953 | 1975（選） |
| ベリーズ | 中南米 | 1954.3.25 | 1954.3.25 | 1984.12（選・任） |
| コロンビア | 中南米 | 1954.8.25 | 1954.8.25 | 1954.4（任）1958.3（選） |
| ガーナ | アフリカ | 1954 | 1954 | 1960.8（任）1969.9（選） |
| ホンジュラス | 中南米 | 1955.1.25 | 1955.1.25 | 1957 |
| ニカラグア | 中南米 | 1955.4.21 | 1955.4.21 | 1972.2（選） |
| ペルー | 中南米 | 1955.9.7 | 1955.9.7 | 1956.7（選） |
| カンボジア | アジア | 1955.9.25 | 1955.9.25 | 1958.3（選） |
| エチオピア | アフリカ | 1955.11.4 | 1955.11.4 | 1957.10（選） |
| エリトリア | アフリカ | 1955.11.4 | 1955.11.4 | 1994.2（選） |
| エジプト | アフリカ | 1956.6.23 | 1956.6.23 | 1957.7（選） |
| ガボン | アフリカ | 1956.6.23 | 1956.6.23 | 1961.2（選） |
| コモロ | アフリカ | 1956 | 1956 | 1993.12（選） |
| ソマリア | アフリカ | 1956 | 1956 | 1979.12（選） |
| ベナン | アフリカ | 1956 | 1956 | 1979.11（選） |
| マリ | アフリカ | 1956 | 1956 | 1960（選） |
| モーリシャス | アフリカ | 1956 | 1956 | 1975.6（選） |
| マレーシア | アジア | 1957.8.31 | 1957.8.31 | 1959.8（選）1965.5（任） |
| ジンバブエ | アフリカ | 1957 | 1978.3 | 1980（選・任） |
| ブルキナファソ | アフリカ | 1958.9.28 | 1958.9.28 | 1978.4（選） |
| ギニア | アフリカ | 1958.10.2 | 1958.10.2 | 1963.9（選） |
| チャド | アフリカ | 1958 | 1958 | 1962.3（選） |
| ナイジェリア | アフリカ | 1958 | 1958 | ? |
| ラオス | アジア | 1958 | 1958 | 1958.5（選） |
| サンマリノ | 欧州 | 1959.4.29 | 1973.9.10 | 1974.9（選） |
| マダガスカル | アフリカ | 1959.4.29 | 1959.4.29 | 1965.8（選） |
| チュニジア | アフリカ | 1959.6 | 1959.6 | 1959.11（選） |
| タンザニア | アフリカ | 1959 | 1959 | ? |
| キプロス | 欧州 | 1960.8.16 | 1960.8.16 | 1963.10（選） |
| ガンビア | アフリカ | 1960 | 1960 | 1982.5?（選） |
| トンガ | 大洋州 | 1960 | 1960 | 1993.2（選） |
| バハマ | 中南米 | 1961.2.18 | 1961.2.18 | 1977.7（任）1982.6（選） |
| シエラレオネ | アフリカ | 1961.4.27 | 1961.4.27 | ? |
| モーリタニア | アフリカ | 1961.5.20 | 1961.5.20 | 1975.10（選） |
| パラグアイ | 中南米 | 1961.7.5 | 1961.7.5 | 1963.4（選） |
| ブルンジ | アフリカ | 1961.8.17 | 1961.8.17 | 1982.10（選） |
| ルワンダ | アフリカ | 1961.9.25 | 1961.9.25 | 1981.12（選） |
| マラウイ | アフリカ | 1961 | 1961 | 1964.4（選） |
| アルジェリア | アフリカ | 1962.7.5 | 1944.5 | 1962.9（任）1964.9（選） |
| ザンビア | アフリカ | 1962.10.30 | 1962.10.30 | 1964.1（選・任） |
| モナコ | 欧州 | 1962.12.17 | 1962.12.17 | 1963.2（選） |
| ウガンダ | アフリカ | 1962 | 1962 | 1962.4（選） |
| フィジー | 大洋州 | 1963.4.17 | 1963.4.4 | 1970.11（任）1972.5（選） |

72

第3部 世界の女性と参政権

| 国　名 | 地域名 | 選挙権 | 被選挙権 | 初の女性国会議員 ( 選挙／任命) |
|---|---|---|---|---|
| モロッコ | アフリカ | 1963.5 | 1963.5 | 1993.6（選） |
| イラン | 中東 | 1963.10.6 | 1963.10.6 | 1963.9（選・任） |
| コンゴ共和国 | アフリカ | 1963.12.8 | 1963.12.8 | 1963.12（選） |
| ケニア | アフリカ | 1963.12.12 | 1963.12.12 | 1969.12（選・任） |
| 赤道ギニア | アフリカ | 1963.12.15 | 1963.12.15 | 1968.9（選） |
| アフガニスタン | 中東 | 1963 | 1963 | 1965.7（選） |
| パプアニューギニア | 大洋州 | 1964.2.15 | 1963.2.27 | 1977.7（選） |
| スーダン | アフリカ | 1964.11 | 1964.11 | 1964.11（選） |
| リビア | アフリカ | 1964 | 1964 | ? |
| ボツワナ | アフリカ | 1965.3.1 | 1965.3.1 | 1979.10（選） |
| レソト | アフリカ | 1965.4.30 | 1965.4.30 | 1965.4（任）1993.3（選） |
| ツバル | 大洋州 | 1967.1.1 | 1967.1.1 | 1989.9（選） |
| コンゴ | アフリカ | 1967.5.3 | 1970.4.17 | 1970.11（選） |
| キリバス | 大洋州 | 1967.11.15 | 1967.11.15 | 1990.7（選） |
| イエメン | 中東 | 1967 | 1967 | 1990.5（選？） |
| ナウル | 大洋州 | 1968.1.3 | 1968.1.3 | 1986.12（選） |
| スワジランド | アフリカ | 1968.9.6 | 1968.9.6 | 1972.4（選・任） |
| アンドラ | 欧州 | 1970.4.14 | 1973.9.8 | 1993.12（選） |
| スイス | 欧州 | 1971.2.7 | 1971.2.7 | 1971.10（選） |
| バングラデシュ | アジア | 1972.11.4 | 1972.11.4 | 1973.3（選） |
| バーレーン | 中東 | 1973.12.6 | 1973.12.6 | 2002 ? |
| ヨルダン | 中東 | 1974.3.5 | 1974.3.5 | 1989.11（任）1993.11（選） |
| ソロモン諸島 | 大洋州 | 1974.4.1 | 1974.4 | 1993.5（選） |
| モザンビーク | アフリカ | 1975.6.25 | 1975.6.25 | 1977.12（選） |
| カーボヴェルデ | アフリカ | 1975.7.5 | 1975.7.5 | 1975.7（選） |
| サントメ・プリンシペ | アフリカ | 1975.7.12 | 1975.7.12 | 1975.12（選） |
| アンゴラ | アフリカ | 1975.11.11 | 1975.11.11 | 1980.11（選） |
| バヌアツ | 大洋州 | 1975.11 | 1975.11 | 1987.11（選） |
| ギニアビサウ | アフリカ | 1977 | 1977 | 1972.10（任）1984.3（選） |
| モルドバ | 欧州 | 1978.4.15 | 1978.4.15 | 1990.2（選） |
| パラオ | 大洋州 | 1979.4.2 | 1979.4.2 | 無 |
| マーシャル | 大洋州 | 1979.5.1 | 1979.5.1 | 1991.11（選） |
| ミクロネシア | 大洋州 | 1979.11.3 | 1979.11.3 | 無 |
| イラク | 中東 | 1980.4.1 | 1980.4.1 | 1980.6（選） |
| リヒテンシュタイン | 欧州 | 1984.7.1 | 1984.7.1 | 1986.2（選） |
| 中央アフリカ | アフリカ | 1986 | 1986 | 1987.7（選） |
| ナミビア | アフリカ | 1989.11.7 | 1989.11.7 | 1989.11（選） |
| 東ティモール | アジア | 2002.3.22 | 2002.3.22 | 2002（選） |
| クウェート | 中東 | 2005 | 2005 | 2009.5（選） |
| サウジアラビア | 中東 | 2011 | | 2013.1（任）2015.12（選） |

《注》『女性参政60周年記念 女性参政関係資料集』（2006.11発行）掲載のリストを再掲し、国名や地域名はわかる限り
　　外務省 HP から現在のものに改めた。2006年以降女性参政権が実現したのはサウジアラビアのみ。現在国連加盟
　　国は196カ国だが、本表掲載の187カ国を除いた国々についてはデータがない。
　　（60周年版の注記：2005年2月現在の調査。選挙権、被選挙権は条件や制限がついて、段階的に実現する国があるが、
　　本表では、当初の年だけを掲載した。表中「？」は原文のまま。被選挙権獲得以前に初の女性議員が誕生したケー
　　スほか、不明な個所もあるが、原文のままとした。国の分離・独立・統合などの情報は省略した。）
資料出所：『WOMEN IN POLITICS：1945-2005,INFORMATION KIT：*HISTORICAL TABLE As at February* 2005』（IPU
　　列国議会同盟）他

## 2 世界の女性の歴代大統領・首相（1960～2018年）

### 大統領（選挙で選出）

| 国　　名 | 地域名 | 氏　　名 | 在 任 期 間 |
|---|---|---|---|
| アルゼンチン | 中南米 | マリア・エステラ・マルチネス・デ・ペロン | 1974.7 ～ 1976.3 |
| ボリビア | 中南米 | リディア・ゲイレル・テジャダ | 1979.11 ～ 1980.7 |
| アイスランド | 欧州 | ヴィグディス・フィンボガドッティル | 1980.8 ～ 1996.8 |
| サンマリノ | 欧州 | マリア・レア・ペディニ・アンジェリーニ | 1981.4 ～ 1981.10 |
| マルタ | 欧州 | アガサ・バーバラ | 1982.2 ～ 1987.2 |
| サンマリノ | 欧州 | グロリアナ・ラノチーニ | 1984.4 ～ 1984.10、<br>1989.10 ～ 1990.4 |
| フィリピン | アジア | コラソン・アキノ | 1986.2 ～ 1992.6 |
| ハイチ | 中南米 | エルタ・パスカル・トルイヨ | 1990.3 ～ 1991.2 |
| ニカラグア | 中南米 | ビオレタ・バリオス・デ・チャモロ | 1990.4 ～ 1997.1 |
| アイルランド | 欧州 | メアリー・ロビンソン | 1990.12 ～ 1997.11 |
| サンマリノ | 欧州 | エダ・チェッコーリ | 1991.10 ～ 1992.4 |
| サンマリノ | 欧州 | パトリツィア・ブシニャーニ | 1993.4 ～ 1993.10 |
| スリランカ | アジア | チャンドリカ・クマラトゥンガ | 1994.11 ～ 2005.11 |
| リベリア | アフリカ | ルス・ペリー | 1996.11 ～ 1997.8 |
| アイルランド | 欧州 | メアリー・マッカリース | 1997.11 ～ 2011.11 |
| ガイアナ | 中南米 | ジャネット・ジェーガン | 1997.12 ～ 1999.8 |
| スイス | 欧州 | ルス・ドレフィス | 1999.1 ～ 1999.12 |
| サンマリノ | 欧州 | ローザ・ザッフェラーニ | 1999.4 ～ 1999.10 |
| ラトビア | 欧州 | ヴァイラ・ヴィチェ＝フレイベルガ | 1999.7 ～ 2007.7 |
| パナマ | 中南米 | ミレヤ・エリサ・モスコソ・デ・アリアス | 1999.9 ～ 2004.9 |
| フィンランド | 欧州 | タルヤ・カリナ・ハロネン | 2000.3 ～ 2012.3 |
| サンマリノ | 欧州 | マリア・ドメニカ・ミチェロッティ | 2000.4 ～ 2000.10 |
| フィリピン | アジア | グロリア・マカパガル・アロヨ | 2001.1 ～ 2010.6 |
| インドネシア | アジア | メガワティ・スカルノプトゥリ | 2001.7 ～ 2004.10 |
| サンマリノ | 欧州 | ヴァレリア・チアヴァッタ | 2003.10 ～ 2004.3 |
| リベリア | アフリカ | エレン・ジョンソン・サーリーフ | 2006.1 ～ 2018.1 |
| チリ | 中南米 | ミッチェル・バチェレ | 2006.3 ～ 2010.3、2014.3 ～ 2018.3 |
| スイス | 欧州 | ミシュリン・カルミー・レイ | 2007.1 ～ 2007.12、<br>2011.1 ～ 2011.12 |
| インド | アジア | プラティバ・パティル | 2007.7 ～ 2012.7 |
| リトアニア | 欧州 | ダリア・グリボウスカイテ | 2009.7 ～ |
| コスタリカ | 中南米 | ラウラ・チンチージャ | 2010.5 ～ 2014.5 |
| ブラジル | 中南米 | ジルマ・ルセーフ | 2011.1 ～ 2016.8 |
| コソボ | 欧州 | アティフェテ・ヤヒヤガ | 2011.4 ～ 2016.4 |
| スイス | 欧州 | ヒドマーシュルンプフー | 2012.1 ～ 2012.12 |
| 韓国 | アジア | 朴槿恵（パク・クネ） | 2013.2 ～ 2017.3 |
| マルタ | 欧州 | マリールイーズ・コレイロ・プレカ | 2014.4 ～ |
| スイス | 欧州 | シモネッタ・ソマルーガ | 2015.1 ～ 2015.12 |
| クロアチア | 欧州 | コリンダ・グラバル＝キタロビッチ | 2015.2 ～ |
| モーリシャス | アフリカ | アミーナ・ギュリブ・ファキム | 2015.6 ～ |
| ネパール | アジア | ビディヤ・デビ・バンダリ | 2015.10 ～ |
| マーシャル | 大洋州 | ヒルダ・C・ハイネ | 2016.1 ～ |
| 台湾（総統） | アジア | 蔡英文（ツァイ・イン・ウェン） | 2016.5 ～ |
| エストニア | 欧州 | ケルスティ・カリュライド | 2016.10 ～ |
| スイス | 欧州 | ドリス・ロイタード | 2017.1 ～ 2017.12 |
| シンガポール | アジア | ハリマ・ヤコブ | 2017.9 ～ |

## 首相

| 国　　名 | 地域名 | 氏　　名 | 在　任　期　間 |
|---|---|---|---|
| スリランカ | アジア | シリマボ・バンダラナイケ | 1960.7 ～ 1965.3、1970.5 ～ 1977.7、1994.11 ～ 2000.8 |
| インド | アジア | インディラ・ガンジー | 1966.1 ～ 1977.3、1980.1 ～ 1984.10 |
| イスラエル | 中東 | ゴルダ・メイア | 1969.3 ～ 1974.4 |
| 中央アフリカ | アフリカ | エリザベス・ドミティエン | 1975.1 ～ 1976.4 |
| イギリス | 欧州 | マーガレット・サッチャー | 1979.5 ～ 1990.11 |
| ポルトガル | 欧州 | マリア・デ・ルルデス・ピンタシルゴ | 1979.8 ～ 1980.1 |
| ドミニカ | 中南米 | マリー・ユージニア・チャールズ | 1980.7 ～ 1995.6 |
| ノルウェー | 欧州 | グロ・ハーレム・ブルントラント | 1981.2 ～ 1981.10、1986.5 ～ 1989.10、1990.11 ～ 1996.10 |
| ユーゴスラビア | 欧州 | ミルカ・プラニッヒ | 1982.5 ～ 1986.5 |
| パキスタン | アジア | ベナジール・ブット | 1988.12 ～ 1990.8、1993.10 ～ 1996.11 |
| リトアニア | 欧州 | カズィミエラ・プランスキエネ | 1990.3 ～ 1991.1 |
| バングラデシュ | アジア | カレダ・ジア | 1991.3 ～ 1996.3、2001.10 ～ 2007.1 |
| フランス | 欧州 | エディット・クレッソン | 1991.5 ～ 1992.4 |
| ポーランド | 欧州 | ハンナ・スホツカ | 1992.7 ～ 1993.10 |
| カナダ | 北米 | キム・キャンベル | 1993.6 ～ 1993.11 |
| トルコ | 中東 | タンス・チルレル | 1993.6 ～ 1996.7 |
| ブルンジ | アフリカ | シルビー・キニギ | 1993.7 ～ 1994.2 |
| ルワンダ | アフリカ | アガタ・ユイリンジイマナ | 1993.7 ～ 1994.4 |
| スリランカ | アジア | チャンドリカ・クマラトゥンガ | 1994.8 ～ 1994.11 |
| ブルガリア | 欧州 | レネタ・インゾヴァ | 1994.10 ～ 1995.1 |
| ハイチ | 中南米 | クロデット・ウェルレイ | 1995.11 ～ 1996.2 |
| バングラデシュ | アジア | シェイク・ハシナ・ワゼド | 1996.6 ～ 2001.7、2009.1 ～ |
| ガイアナ | 中南米 | ジャネット・ジェーガン | 1997.3 ～ 1997.12 |
| ニュージーランド | 大洋州 | ジェニー・シップレー | 1997.12 ～ 1999.12 |
| リトアニア | 欧州 | イリーナ・デグティエネ（代理） | 1999.4.4 ～ 1999.4.18 |
| モンゴル | アジア | ヤアム・オソリン・ツィヤ（代理） | 1999.7.22 ～ 1999.7.30 |
| ニュージーランド | 大洋州 | ヘレン・エリザベス・クラーク | 1999.12 ～ 2008.11 |
| セネガル | アフリカ | マディオール・ボワエ | 2001.5 ～ 2002.11 |
| 北朝鮮 | アジア | 張装（チャン・サン） | 2002.7.11 ～ 2002.7.31 |
| サントメ・プリンシペ | アフリカ | マリア・ダス・ネヴェス・セイタ・バティスタ・デ・ソウサ | 2002.9 ～ 2004.9 |
| フィンランド | 欧州 | アネッリ・ヤーッテンマキ | 2003.4 ～ 2003.6 |
| ペルー | 中南米 | ベアトリス・メリノ | 2003.6 ～ 2003.12 |
| モザンビーク | アフリカ | ルイサ・ディオゴ | 2004.2 ～ 2010.1 |
| マケドニア | 欧州 | ラドミラ・セケリンスカ（代理） | 2004.5 ～ 2004.6、2004.11 ～ 2004.12 |
| ウクライナ | 欧州 | ユーリア・ティモシェンコ | 2005.2 ～ 2005.9、2007.12 ～ 2010.3 |
| ドイツ | 欧州 | アンゲラ・メルケル | 2005.11 ～ |
| ジャマイカ | 中南米 | ポーシャ・シンプソン＝ミラー | 2006.3 ～ 2007.9、2012.1 ～ 2016.3 |
| 韓国 | アジア | 韓明淑（ハン・ミョンスク） | 2006.4 ～ 2007.3 |
| アイスランド | 欧州 | ヨハンナ・シグルザルドッティル | 2009.2 ～ 2013.5 |
| クロアチア | 欧州 | ヤドランカ・コソル | 2009.6 ～ 2011.12 |
| トリニダード・トバゴ | 中南米 | カムラ・パサード＝ビセッサー | 2010.5 ～ 2015.9 |
| オーストラリア | 大洋州 | ジュリア・ギラード | 2010.6 ～ 2013.6 |
| フィンランド | 欧州 | マリ・キビニエミ | 2010.6 ～ 2011.6 |
| タイ | アジア | インラック・シナワット | 2011.8 ～ 2014.5 |
| デンマーク | 欧州 | ヘレ・トーニング・シュミット | 2011.10 ～ 2015.6 |

| 国　名 | 地域名 | 氏　名 | 在任期間 |
|---|---|---|---|
| ノルウエー | 欧州 | アーナ・ソールベルグ | 2013.10～ |
| ラトビア | 欧州 | ライムドータ・ストラウユマ | 2014.1～2016.2 |
| ナミビア | アフリカ | サーラ・クーゴンゲルワ＝アマディーラ | 2015.3～ |
| ポーランド | 欧州 | ベアタ・シドゥウォ | 2015.11～2017.12 |
| イギリス | 欧州 | テリーザ・メイ | 2016.7～ |
| セルビア | 欧州 | アナ・ブルナビッチ | 2017.6.～ |
| ニュージーランド | 大洋州 | ジャシンダ・アーダーン | 2017.10～ |
| ルーマニア | 欧州 | ビオリカ・ダンチラ | 2018.1～ |

《注》2018年3月現在。
資料出所：WOMEN IN POLITICS: 1945-2005、INFORMATION KIT: A CHRONOLOGY OF『WOMEN Heads of State or Government 1945-2005、Women in Politics: 2017』（IPU 列国議会同盟）、外務省HP他。

## 3 世界の女性国会議長（1995～2017年）

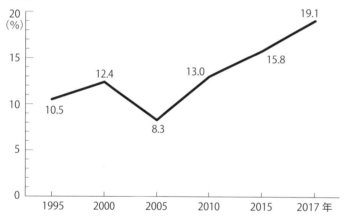

《注》2017年1月1日現在、女性が議長（下院37人、上院16人）を務める国は次の通り。
　　下院議長＝オーストリア、バングラデシュ、ベリーズ、ボリビア、ボスニア・ヘルツェゴビナ、ボツワナ、ブルガリア、デンマーク、ドミニカ、ドミニカ共和国、エクアドル、フィジー、フィンランド、アイスランド、インド、イタリア、ラオス、ラトビア、レソト、モーリシャス、モザンビーク、ネパール、オランダ、ペルー、ルワンダ、セントルシア、セルビア、シンガポール、南アフリカ、スペイン、スリナム、シリア、トリニダード・トバゴ、トルクメニスタン、ウガンダ、アラブ首長国連邦、ベトナム
　　上院議長＝アンティグア・バーブーダ、アルゼンチン、オーストリア、バハマ、バルバドス、ベルギー、赤道ギニア、ガボン、ドイツ、ナミビア、オランダ、ロシア、南アフリカ、スワジランド、トリニダード・トバゴ、ジンバブエ
資料出所：『Women in parliament in 2016　The year in review』（IPU 列国議会同盟）

# 4 世界の女性大臣割合ランキング（2017・2005 年）

| 区　分 | 2017 年 | | | | | | 2005 年 | |
|---|---|---|---|---|---|---|---|---|
| | 順位 | 国　名 | 地域名 | 女性 | 全体 | 割合 | 女性の割合 | 順位 |
| | | | | 人 | 人 | % | % | |
| 50-59.9% | 1 | ブルガリア | 欧州 | 9 | 17 | 52.9 | 23.8 | 29 |
| | 1 | フランス | 欧州 | 9 | 17 | 52.9 | 17.6 | 52 |
| | 1 | ニカラグア | 中南米 | 9 | 17 | 52.9 | 14.3 | 72 |
| | 4 | スウェーデン | 欧州 | 12 | 23 | 52.2 | 52.4 | 1 |
| | 5 | カナダ | 北米 | 15 | 29 | 51.7 | 23.1 | 32 |
| | 6 | スロベニア | 欧州 | 8 | 16 | 50.0 | 6.3 | 140 |
| 40-49.9% | 7 | ルワンダ | アフリカ | 9 | 19 | 47.4 | 35.7 | 10 |
| | 8 | デンマーク | 欧州 | 9 | 21 | 42.9 | 33.3 | 14 |
| | 9 | 南アフリカ | アフリカ | 15 | 36 | 41.7 | 41.4 | 6 |
| | 10 | アルバニア | 欧州 | 8 | 20 | 40.0 | 5.3 | 156 |
| | 10 | アイスランド | 欧州 | 4 | 10 | 40.0 | 27.3 | 21 |
| | 10 | リヒテンシュタイン | 欧州 | 2 | 5 | 40.0 | 20.0 | 41 |
| 35-39.9% | 13 | ノルウェー | 欧州 | 7 | 18 | 38.9 | 44.4 | 5 |
| | 14 | フィンランド | 欧州 | 5 | 13 | 38.5 | 47.1 | 3 |
| | 14 | スペイン | 欧州 | 5 | 13 | 38.5 | 50.0 | 2 |
| | 16 | オランダ | 欧州 | 6 | 16 | 37.5 | 36.0 | 9 |
| | 17 | ニュージーランド | 大洋州 | 10 | 27 | 37.0 | 23.1 | 32 |
| | 18 | ペルー | 中南米 | 7 | 19 | 36.8 | 11.8 | 94 |
| | 19 | ウガンダ | アフリカ | 11 | 30 | 36.7 | 23.4 | 31 |
| | 20 | ウルグアイ | 中南米 | 5 | 14 | 35.7 | 0.0 | 165 |
| | 21 | コロンビア | 中南米 | 6 | 17 | 35.3 | 35.7 | 10 |
| 30-34.9% | 22 | チリ | 中南米 | 8 | 23 | 34.8 | 16.7 | 57 |
| | 23 | ドイツ | 欧州 | 5 | 15 | 33.3 | 46.2 | 4 |
| | 23 | ザンビア | アフリカ | 10 | 30 | 33.3 | 25.0 | 24 |
| | 25 | ドミニカ | 中南米 | 5 | 16 | 31.3 | 0.0 | 165 |
| | 25 | グレナダ * | 中南米 | 5 | 16 | 31.3 | 40.0 | 7 |
| | 27 | モーリタニア | アフリカ | 8 | 26 | 30.8 | 9.1 | 120 |
| | 27 | セーシェル * | アフリカ | 4 | 13 | 30.8 | 12.5 | 87 |
| | 27 | イギリス | 欧州 | 8 | 26 | 30.8 | 28.6 | 19 |
| | 30 | コスタリカ | 中南米 | 7 | 23 | 30.4 | 25.0 | 24 |
| | 31 | アンドラ | 欧州 | 3 | 10 | 30.0 | 33.3 | 14 |
| 25-29.9% | 32 | パナマ | 中南米 | 5 | 17 | 29.4 | 14.3 | 72 |
| | 33 | エストニア * | 欧州 | 4 | 14 | 28.6 | 15.4 | 62 |
| | 33 | スイス | 欧州 | 2 | 7 | 28.6 | 14.3 | 72 |
| | 33 | トリニダード・トバゴ | 中南米 | 6 | 21 | 28.6 | 18.2 | 51 |
| | 36 | イタリア | 欧州 | 5 | 18 | 27.8 | 8.3 | 125 |
| | 37 | エクアドル | 中南米 | 11 | 40 | 27.5 | 14.3 | 72 |
| | 38 | ボリビア | 中南米 | 6 | 22 | 27.3 | 6.7 | 138 |
| | 38 | ホンジュラス | 中南米 | 6 | 22 | 27.3 | 14.3 | 72 |
| | 38 | セントルシア * | 中南米 | 3 | 11 | 27.3 | 8.3 | 125 |
| | 41 | アイルランド | 欧州 | 4 | 15 | 26.7 | 21.4 | 38 |
| | 41 | アラブ首長国連邦 | 中東 | 8 | 30 | 26.7 | 5.6 | 151 |

第3部　世界の女性と参政権

| 区　分 | 2017 年 | | | | | | 2005 年 | |
| --- | --- | --- | --- | --- | --- | --- | --- | --- |
| | 順位 | 国　名 | 地域名 | 女性 | 全体 | 割合 | 女性の割合 | 順位 |
| 25-29.9% | 43 | セルビア | 欧州 | 人 5 | 人 19 | % 26.3 | % 0.0 | 165 |
| | 43 | スワジランド | アフリカ | 5 | 19 | 26.3 | 13.3 | 84 |
| | 45 | キューバ * | 中南米 | 7 | 27 | 25.9 | 16.2 | 61 |
| | 46 | インドネシア | アジア | 9 | 35 | 25.7 | 10.8 | 107 |
| | 47 | カーボヴェルデ | アフリカ | 3 | 12 | 25.0 | 18.8 | 48 |
| | 47 | ミクロネシア * | 大洋州 | 2 | 8 | 25.0 | | |
| | 47 | フィリピン | アジア | 8 | 32 | 25.0 | 25.0 | 24 |
| 20-24.9% | 50 | マリ | アフリカ | 8 | 33 | 24.2 | 18.5 | 50 |
| | 50 | ベネズエラ | 中南米 | 8 | 33 | 24.2 | 13.6 | 82 |
| | 52 | オーストラリア | 大洋州 | 7 | 29 | 24.1 | 20.0 | 41 |
| | 53 | ナミビア | アフリカ | 6 | 25 | 24.0 | 19.0 | 46 |
| | 53 | ルーマニア | 欧州 | 6 | 25 | 24.0 | 12.5 | 87 |
| | 55 | モザンビーク * | アフリカ | 5 | 21 | 23.8 | 13.0 | 85 |
| | 56 | バハマ * | 中南米 | 4 | 17 | 23.5 | 26.7 | 22 |
| | 57 | ギニア | アフリカ | 7 | 30 | 23.3 | 15.4 | 62 |
| | 58 | オーストリア | 欧州 | 3 | 13 | 23.1 | 35.3 | 12 |
| | 58 | ベルギー | 欧州 | 3 | 13 | 23.1 | 21.4 | 38 |
| | 58 | ラトビア | 欧州 | 3 | 13 | 23.1 | 23.5 | 30 |
| | 58 | チュニジア | アフリカ | 6 | 26 | 23.1 | 7.1 | 135 |
| | 62 | コンゴ共和国 | アフリカ | 8 | 35 | 22.9 | 14.7 | 70 |
| | 63 | ブルンジ | アフリカ | 5 | 22 | 22.7 | 10.7 | 108 |
| | 63 | ケニア | アフリカ | 5 | 22 | 22.7 | 10.3 | 111 |
| | 63 | ポーランド | 欧州 | 5 | 22 | 22.7 | 5.9 | 144 |
| | 66 | アンゴラ | アフリカ | 8 | 36 | 22.2 | 5.7 | 150 |
| | 66 | ボスニア・ヘルツェゴビナ | 欧州 | 2 | 9 | 22.2 | 11.1 | 103 |
| | 66 | マラウイ * | アフリカ | 4 | 18 | 22.2 | 14.3 | 72 |
| | 66 | ポルトガル * | 欧州 | 4 | 18 | 22.2 | 16.7 | 57 |
| | 66 | モルドバ | 欧州 | 4 | 18 | 22.2 | 11.1 | 103 |
| | 66 | スリナム * | 中南米 | 4 | 18 | 22.2 | 11.8 | 94 |
| | 72 | エルサルバドル | 中南米 | 3 | 14 | 21.4 | 35.3 | 12 |
| | 72 | リトアニア | 欧州 | 3 | 14 | 21.4 | 15.4 | 62 |
| | 74 | ギリシャ | 欧州 | 4 | 19 | 21.1 | 5.6 | 151 |
| | 75 | コートジボワール | アフリカ | 9 | 43 | 20.9 | 17.1 | 56 |
| | 76 | ドミニカ共和国 * | 中南米 | 5 | 24 | 20.8 | 14.3 | 72 |
| | 77 | クロアチア | 欧州 | 4 | 20 | 20.0 | 33.3 | 14 |
| | 77 | ルクセンブルク | 欧州 | 3 | 15 | 20.0 | 14.3 | 72 |
| | 77 | モナコ | 欧州 | 1 | 5 | 20.0 | 0.0 | 165 |
| | 77 | モンテネグロ | 欧州 | 4 | 20 | 20.0 | | |
| | 77 | セネガル | アフリカ | 6 | 30 | 20.0 | 20.6 | 40 |
| | 77 | 南スーダン | アフリカ | 6 | 30 | 20.0 | | |
| | 77 | トーゴ | アフリカ | 4 | 20 | 20.0 | 20.0 | 41 |
| | 77 | タンザニア | アフリカ | 4 | 20 | 20.0 | 15.4 | 62 |
| 15-19.9% | 85 | イスラエル * | 中東 | 4 | 21 | 19.0 | 16.7 | 57 |
| | 86 | グアテマラ | 中南米 | 3 | 16 | 18.8 | 25.0 | 24 |

78

| 区　分 | 2017 年 | | | | | | 2005 年 | |
|---|---|---|---|---|---|---|---|---|
| | 順位 | 国　名 | 地域名 | 女性 | 全体 | 割合 | 女性の割合 | 順位 |
| | | | | 人 | 人 | ％ | ％ | |
| 15-19.9% | 86 | 東ティモール | アジア | 3 | 16 | 18.8 | 22.2 | 35 |
| | 88 | インド | アジア | 5 | 27 | 18.5 | 3.4 | 161 |
| | 89 | レソト | アフリカ | 4 | 22 | 18.2 | 27.8 | 20 |
| | 89 | サントメ・プリンシペ * | アフリカ | 2 | 11 | 18.2 | 14.3 | 72 |
| | 91 | ガボン | アフリカ | 5 | 28 | 17.9 | 11.8 | 94 |
| | 91 | マダガスカル | アフリカ | 5 | 28 | 17.9 | 5.9 | 144 |
| | 93 | チェコ | 欧州 | 3 | 17 | 17.6 | 11.1 | 103 |
| | 93 | モルディブ | アジア | 3 | 17 | 17.6 | 11.8 | 94 |
| | 95 | アルゼンチン | 中南米 | 4 | 23 | 17.4 | 8.3 | 125 |
| | 95 | 中央アフリカ | アフリカ | 4 | 23 | 17.4 | 10.0 | 113 |
| | 95 | ガーナ * | アフリカ | 8 | 46 | 17.4 | 11.8 | 94 |
| | 98 | カメルーン | アフリカ | 7 | 41 | 17.1 | 11.1 | 103 |
| | 99 | アフガニスタン | 中東 | 5 | 30 | 16.7 | 10.0 | 113 |
| | 99 | エリトリア * | アフリカ | 3 | 18 | 16.7 | 17.6 | 52 |
| | 99 | ガイアナ | 中南米 | 3 | 18 | 16.7 | 22.2 | 35 |
| | 99 | ジャマイカ | 中南米 | 3 | 18 | 16.7 | 17.6 | 52 |
| | 99 | ナウル * | 大洋州 | 1 | 6 | 16.7 | 0.0 | 165 |
| | 104 | ニジェール | アフリカ | 6 | 37 | 16.2 | 23.1 | 32 |
| | 105 | ジンバブエ | アフリカ | 5 | 31 | 16.1 | 14.7 | 70 |
| | 106 | ボツワナ | アフリカ | 3 | 19 | 15.8 | 26.7 | 22 |
| | 106 | 日本 | アジア | 3 | 19 | 15.8 | 12.5 | 87 |
| | 106 | リベリア | アフリカ | 3 | 19 | 15.8 | 13.6 | 82 |
| | 106 | メキシコ | 中南米 | 3 | 19 | 15.8 | 9.4 | 119 |
| | 110 | フィジー * | 大洋州 | 2 | 13 | 15.4 | 9.1 | 120 |
| | 110 | パラグアイ | 中南米 | 2 | 13 | 15.4 | 30.8 | 17 |
| | 110 | サモア | 大洋州 | 2 | 13 | 15.4 | 7.7 | 131 |
| 10-14.9% | 113 | ベナン | アフリカ | 3 | 21 | 14.3 | 19.0 | 46 |
| | 113 | チャド | アフリカ | 4 | 28 | 14.3 | 11.5 | 100 |
| | 113 | キルギス | 欧州 | 3 | 21 | 14.3 | 12.5 | 87 |
| | 113 | スロバキア | 欧州 | 2 | 14 | 14.3 | 0.0 | 165 |
| | 113 | ツバル * | 大洋州 | 1 | 7 | 14.3 | 0.0 | 165 |
| | 118 | シエラレオネ | アフリカ | 4 | 29 | 13.8 | 13.0 | 85 |
| | 119 | アルジェリア | アフリカ | 4 | 30 | 13.3 | 10.5 | 110 |
| | 119 | モンゴル | アジア | 2 | 15 | 13.3 | 5.9 | 144 |
| | 121 | ブルキナファソ | アフリカ | 3 | 23 | 13.0 | 14.8 | 69 |
| | 121 | モロッコ | アフリカ | 3 | 23 | 13.0 | 5.9 | 144 |
| | 121 | ウクライナ | 欧州 | 3 | 23 | 13.0 | 5.6 | 151 |
| | 124 | ナイジェリア | アフリカ | 3 | 25 | 12.0 | 10.0 | 113 |
| | 125 | バルバドス * | 中南米 | 2 | 17 | 11.8 | 29.4 | 18 |
| | 125 | エジプト | アフリカ | 4 | 34 | 11.8 | 5.9 | 144 |
| | 127 | コンゴ民主共和国 * | アフリカ | 5 | 43 | 11.6 | 12.5 | 87 |
| | 128 | スーダン * | アフリカ | 4 | 35 | 11.4 | 2.6 | 164 |
| | 129 | アルメニア * | 欧州 | 2 | 18 | 11.1 | 0.0 | 165 |
| | 129 | ジョージア | 欧州 | 2 | 18 | 11.1 | | |

第3部　世界の女性と参政権

| 区　分 | 2017 年 | | | | | | 2005 年 | |
| --- | --- | --- | --- | --- | --- | --- | --- | --- |
| | 順位 | 国　名 | 地域名 | 女性 | 全体 | 割合 | 女性の割合 | 順位 |
| | | | | 人 | 人 | % | % | |
| 10-14.9% | 129 | セントクリストファー・ネーヴィス * | 中南米 | 1 | 9 | 11.1 | 0.0 | 165 |
| | 129 | タイ | アジア | 3 | 27 | 11.1 | 7.7 | 131 |
| | 133 | イラク | 中東 | 2 | 19 | 10.5 | 18.8 | 48 |
| | 134 | ブータン | アジア | 1 | 10 | 10.0 | 0.0 | 165 |
| | 134 | 中国 | アジア | 3 | 30 | 10.0 | 6.3 | 140 |
| | 134 | エチオピア | アフリカ | 3 | 30 | 10.0 | 5.9 | 144 |
| | 134 | マーシャル | 大洋州 | 1 | 10 | 10.0 | 0.0 | 165 |
| | 134 | モーリシャス | アフリカ | 2 | 20 | 10.0 | 8.0 | 130 |
| 5-9.9% | 139 | 赤道ギニア * | アフリカ | 3 | 31 | 9.7 | 4.5 | 158 |
| | 139 | イラン * | 中東 | 3 | 31 | 9.7 | 6.7 | 138 |
| | 139 | ロシア | 欧州 | 3 | 31 | 9.7 | 0.0 | 165 |
| | 142 | カンボジア | アジア | 3 | 33 | 9.1 | 7.1 | 135 |
| | 142 | キプロス | 欧州 | 1 | 11 | 9.1 | 0.0 | 165 |
| | 142 | 韓国 | アジア | 2 | 22 | 9.1 | 5.6 | 151 |
| | 142 | セントビンセント・グレナディーン * | 中南米 | 1 | 11 | 9.1 | 20.0 | 41 |
| | 146 | マレーシア | アジア | 3 | 36 | 8.3 | 9.1 | 120 |
| | 147 | アンティグア・バーブーダ * | 中南米 | 1 | 13 | 7.7 | 15.4 | 62 |
| | 148 | ラオス | アジア | 2 | 27 | 7.4 | 0.0 | 165 |
| | 149 | ヨルダン | 中東 | 2 | 28 | 7.1 | 10.7 | 108 |
| | 150 | クウェート | 中東 | 1 | 15 | 6.7 | 0.0 | 165 |
| | 150 | ソマリア * | アフリカ | 2 | 30 | 6.7 | | |
| | 152 | バングラデシュ * | アジア | 2 | 32 | 6.3 | 8.3 | 125 |
| | 152 | マルタ | 欧州 | 1 | 16 | 6.3 | 15.4 | 62 |
| | 152 | オマーン | 中東 | 2 | 32 | 6.3 | 10.0 | 113 |
| | 152 | カタール | 中東 | 1 | 16 | 6.3 | 7.7 | 131 |
| | 156 | シリア * | 中東 | 2 | 33 | 6.1 | 6.3 | 140 |
| | 157 | タジキスタン | 欧州 | 1 | 17 | 5.9 | 3.1 | 162 |
| | 158 | ジブチ | アフリカ | 1 | 18 | 5.6 | 5.3 | 156 |
| | 158 | カザフスタン | 欧州 | 1 | 18 | 5.6 | 17.6 | 52 |
| | 160 | イエメン | 中東 | 2 | 37 | 5.4 | 2.9 | 163 |
| | 161 | シンガポール | アジア | 1 | 19 | 5.3 | 0.0 | 165 |
| | 162 | ミャンマー * | アジア | 1 | 20 | 5.0 | | |
| 2-4.9% | 163 | バーレーン * | 中東 | 1 | 22 | 4.5 | 8.7 | 124 |
| | 164 | ソロモン諸島 * | 大洋州 | 1 | 23 | 4.3 | 0.0 | 165 |
| | 164 | スリランカ | アジア | 2 | 47 | 4.3 | 10.3 | 112 |
| | 166 | ベトナム | アジア | 1 | 24 | 4.2 | 11.5 | 100 |
| | 167 | ブラジル | 中南米 | 1 | 25 | 4.0 | 11.4 | 102 |
| | 168 | トルコ | 中東 | 1 | 26 | 3.8 | 4.3 | 159 |
| | 169 | ネパール | アジア | 1 | 27 | 3.7 | 7.4 | 134 |
| | 170 | ベラルーシ * | 欧州 | 1 | 28 | 3.6 | 10.0 | 113 |
| | 171 | レバノン | 中東 | 1 | 29 | 3.4 | 6.9 | 137 |
| | 172 | パプアニューギニア * | 大洋州 | 1 | 32 | 3.1 | | |
| | 173 | トルクメニスタン * | 欧州 | 1 | 34 | 2.9 | 9.5 | 118 |

| 区　分 | 2017 年 | | | | | | 2005 年 | |
|---|---|---|---|---|---|---|---|---|
| | 順位 | 国　名 | 地域名 | 女性 | 全体 | 割合 | 女性の割合 | 順位 |
| | | | | 人 | 人 | ％ | ％ | |
| 0% | 174 | アゼルバイジャン＊ | 欧州 | 0 | 26 | 0.0 | 15.0 | 68 |
| | 174 | ベリーズ＊ | 中南米 | 0 | 14 | 0.0 | 6.3 | 140 |
| | 174 | ブルネイ | アジア | 0 | 13 | 0.0 | 9.1 | 120 |
| | 174 | コモロ | アフリカ | 0 | 10 | 0.0 | | |
| | 174 | ギニアビサウ＊ | アフリカ | 0 | 24 | 0.0 | 37.5 | 8 |
| | 174 | ハンガリー | 欧州 | 0 | 11 | 0.0 | 11.8 | 94 |
| | 174 | キリバス＊ | 大洋州 | 0 | 14 | 0.0 | 0.0 | 165 |
| | 174 | パキスタン | アジア | 0 | 27 | 0.0 | 5.6 | 151 |
| | 174 | パラオ＊ | 大洋州 | 0 | 8 | 0.0 | 12.5 | 87 |
| | 174 | サンマリノ | 欧州 | 0 | 7 | 0.0 | 12.5 | 87 |
| | 174 | サウジアラビア | 中東 | 0 | 29 | 0.0 | 0.0 | 165 |
| | 174 | トンガ＊ | 大洋州 | 0 | 13 | 0.0 | | |
| | 174 | バヌアツ＊ | 大洋州 | 0 | 12 | 0.0 | 8.3 | 125 |

《注》大臣の総数には副首相を含む。大臣を兼務する首相／元首も含む。副大統領や官公庁長官は含まない。
　　 データは各国政府と国連代表部によるもので、＊はその他の公開データ。同順の場合は国名のアルファベット順。
　　 2005年の項は、『女性参政60周年記念 女性参政関係資料集』掲載の2005年ランキングから、女性大臣の割合と順
　　 位を抜粋した。空欄は対応するデータなし。
資料出所：『Women in Politics：2017』（IPU 列国議会同盟）

# 5 世界の女性大臣担当分野ランキング（2017・2005年）

| 順位 | 2017年（女性大臣数：1,237人、186カ国）担当分野 | 大臣数 | 割合 |
|---|---|---|---|
| 1 | 環境・天然資源・エネルギー | 108 | 8.7 |
| 2 | 社会問題 | 102 | 8.2 |
| 3 | 家族・児童・青年・高齢者・障害者 | 98 | 7.9 |
| 4 | 女性問題・ジェンダー平等 | 68 | 5.5 |
| 5 | 教育 | 67 | 5.4 |
| 6 | 文化 | 65 | 5.3 |
| 7 | 雇用・労働・職業訓練 | 60 | 4.9 |
| 8 | 貿易・産業 | 59 | 4.8 |
| 9 | 外交（開発援助を含む） | 58 | 4.7 |
| 10 | 健康 | 56 | 4.5 |
| 11 | 研究開発・科学技術 | 46 | 3.7 |
| 12 | 公共事業・国防計画 | 45 | 3.6 |
| 13 | 農業・食糧・林業・漁業 | 44 | 3.6 |
| 14 | 司法 | 38 | 3.1 |
| 15 | 自治・移民（統合、難民を含む） | 34 | 2.7 |
| 16 | 行政・公共サービス | 30 | 2.4 |
| 17 | 観光 | 29 | 2.3 |
| 17 | 地方自治体 | 29 | 2.3 |
| 19 | スポーツ | 28 | 2.3 |
| 20 | 通信・郵政 | 27 | 2.2 |
| 21 | 住宅・都市問題 | 24 | 1.9 |
| 22 | 人権 | 20 | 1.6 |
| 23 | 財務・予算 | 19 | 1.5 |
| 23 | 経済・開発 | 19 | 1.5 |
| 25 | 運輸 | 17 | 1.4 |
| 26 | 防衛・退役軍人問題 | 15 | 1.2 |
| 27 | 人口 | 11 | 0.9 |
| 27 | 議会関係 | 11 | 0.9 |
| 29 | 情報・メディア | 10 | 0.8 |
| | 計 | 1,237 | 100.0 |

| 順位 | 2005年（女性大臣数：858人、183カ国）担当分野 | 大臣数 | 割合 |
|---|---|---|---|
| 1 | 家族・児童・青年・高齢者・障害者 | 83 | 9.7 |
| 2 | 社会問題 | 69 | 8.0 |
| 3 | 女性問題・ジェンダー平等 | 63 | 7.3 |
| 3 | 教育 | 63 | 7.3 |
| 5 | 環境・天然資源・エネルギー | 60 | 7.0 |
| 6 | 文化 | 48 | 5.6 |
| 7 | 貿易・産業 | 45 | 5.2 |
| 8 | 健康 | 41 | 4.8 |
| 9 | 雇用・労働・職業訓練 | 38 | 4.4 |
| 10 | 農業・食糧・林業・漁業 | 34 | 4.0 |
| 11 | 公共事業・地域計画 | 32 | 3.7 |
| 12 | 研究開発・科学技術 | 30 | 3.5 |
| 13 | 司法 | 29 | 3.4 |
| 14 | 自治・移民（統合、難民を含む） | 25 | 2.9 |
| 14 | 外交（対外援助を含む） | 25 | 2.9 |
| 16 | 財務・予算 | 20 | 2.3 |
| 17 | 行政・市民証明 | 19 | 2.2 |
| 18 | 観光 | 18 | 2.1 |
| 19 | 住宅・都市問題 | 17 | 2.0 |
| 20 | 地方自治体 | 14 | 1.6 |
| 20 | 郵政・通信 | 14 | 1.6 |
| 22 | スポーツ | 13 | 1.5 |
| 23 | 防衛・退役軍人問題 | 12 | 1.4 |
| 24 | 運輸 | 9 | 1.0 |
| 24 | 経済・開発 | 9 | 1.0 |
| 26 | 人権（難民を含む） | 8 | 0.9 |
| 27 | 無任所大臣 | 7 | 0.8 |
| 28 | 情報 | 6 | 0.7 |
| 29 | 人口 | 4 | 0.5 |
| 30 | 議会関連業務 | 3 | 0.3 |
| | 計 | 858 | 100.0 |

《注》各年1月1日現在。（公財）市川房枝記念会女性と政治センター仮訳。
資料出所：『Women in Politics：2005』『Women in Politics：2017』（IPU列国議会同盟）

## 6 世界女性国会議員割合ランキング（2017年12月1日現在）

単位（%）

| 下院順位 | 国名 | クオータ種別 | 地域名 | 下院割合 | 上院割合 | 上院順位 | 下院順位 | 国名 | クオータ種別 | 地域名 | 下院割合 | 上院割合 | 上院順位 |
|---|---|---|---|---|---|---|---|---|---|---|---|---|---|
| 1 | ル ワ ン ダ | L・R | アフリカ | 61.3 | 38.5 | 10 | 56 | ペ ル ー | L | 中南米 | 27.7 | — | — |
| 2 | ボ リ ビ ア | L | 中南米 | 53.1 | 47.2 | 3 | 57 | ラ オ ス | | アジア | 27.5 | — | — |
| 3 | キ ュ ー バ | | 中南米 | 48.9 | — | — | 58 | イ ス ラ エ ル | P | 中 東 | 27.5 | — | — |
| 4 | ニ カ ラ グ ア | L | 中南米 | 45.7 | — | — | 59 | カ ザ フ ス タ ン | | 欧 州 | 27.1 | 10.6 | 65 |
| 5 | ス ウ ェ ー デ ン | P | 欧 州 | 43.6 | — | — | 60 | ドミニカ共和国 | L | 中南米 | 26.8 | 9.4 | 69 |
| 6 | メ キ シ コ | L | 中南米 | 42.6 | 36.7 | 12 | 61 | エ ス ト ニ ア | P | 欧 州 | 26.7 | — | — |
| 7 | フ ィ ン ラ ン ド | | 欧 州 | 42.0 | — | — | 62 | ベ ト ナ ム | | アジア | 26.7 | — | — |
| 8 | 南 ア フ リ カ | P | アフリカ | 41.8 | 35.2 | 13 | 63 | サ ン マ リ ノ | | 欧 州 | 26.7 | — | — |
| 9 | セ ネ ガ ル | L | アフリカ | 41.8 | — | — | 64 | カ ナ ダ | P | 北 米 | 26.3 | 43.0 | 5 |
| 10 | ノ ル ウ ェ ー | P | 欧 州 | 41.4 | — | — | 65 | トルクメニスタン | | 欧 州 | 25.8 | — | — |
| 11 | ナ ミ ビ ア | P | アフリカ | 41.3 | 23.8 | 33 | 66 | ア ル ジ ェ リ ア | L・R | アフリカ | 25.8 | 7.0 | 71 |
| 12 | モ ザ ン ビ ー ク | L | アフリカ | 39.6 | — | — | 67 | ス リ ナ ム | | 中南米 | 25.5 | — | — |
| 13 | ス ペ イ ン | L | 欧 州 | 39.1 | 38.0 | 11 | 68 | イ ラ ク | L・R | 中 東 | 25.3 | — | — |
| 14 | フ ラ ン ス | L | 欧 州 | 39.0 | 29.3 | 23 | 69 | モ ー リ タ ニ ア | L・R | アフリカ | 25.2 | — | — |
| 15 | エ チ オ ピ ア | P | アフリカ | 38.8 | 32.0 | 17 | 70 | ド ミ ニ カ | | 中南米 | 25.0 | — | — |
| 16 | ニュージーランド | | 大洋州 | 38.3 | — | — | 71 | ソ マ リ ア | R | アフリカ | 24.4 | 24.1 | 32 |
| 17 | ア ル ゼ ン チ ン | L | 中南米 | 38.1 | 41.7 | 7 | 72 | 中 国 | R | アジア | 24.2 | — | — |
| 18 | ア イ ス ラ ン ド | P | 欧 州 | 38.1 | — | — | 73 | ブ ル ガ リ ア | | 欧 州 | 23.8 | — | — |
| 19 | ベ ル ギ ー | L | 欧 州 | 38.0 | 50.0 | 1 | 74 | カ ー ボ ヴ ェ ル デ | L | アフリカ | 23.6 | — | — |
| 20 | エ ク ア ド ル | L | 中南米 | 38.0 | — | — | 75 | モ ン テ ネ グ ロ | L | 欧 州 | 23.5 | — | — |
| 21 | マ ケ ド ニ ア | L | 欧 州 | 37.5 | — | — | 76 | シ ン ガ ポ ー ル | | アジア | 23.0 | — | — |
| 22 | デ ン マ ー ク | | 欧 州 | 37.4 | — | — | 77 | モ ル ド バ | | 欧 州 | 22.8 | — | — |
| 23 | タ ン ザ ニ ア | R | アフリカ | 37.2 | — | — | 78 | アラブ首長国連邦 | | 中 東 | 22.5 | — | — |
| 24 | ス ロ ベ ニ ア | L | 欧 州 | 36.7 | 10.3 | 67 | 79 | ベ ネ ズ エ ラ | | 中南米 | 22.2 | — | — |
| 25 | ブ ル ン ジ | R | アフリカ | 36.4 | 41.9 | 6 | 80 | ア イ ル ラ ン ド | L | 欧 州 | 22.2 | 30.0 | 21 |
| 26 | オ ラ ン ダ | | 欧 州 | 36.0 | 34.7 | 15 | 81 | レ ソ ト | L | アフリカ | 22.1 | 25.0 | 30 |
| 27 | コ ス タ リ カ | L | 中南米 | 35.1 | — | — | 82 | エ リ ト リ ア | R | アフリカ | 22.0 | — | — |
| 28 | ポ ル ト ガ ル | L | 欧 州 | 34.8 | — | — | 82 | チ ェ コ | P | 欧 州 | 22.0 | 18.8 | 46 |
| 29 | ベ ラ ル ー シ | | 欧 州 | 34.5 | 30.4 | 20 | 84 | ギ ニ ア | L | アフリカ | 21.9 | — | — |
| 30 | オ ー ス ト リ ア | P | 欧 州 | 34.4 | 31.1 | 18 | 85 | ケ ニ ア | L・R | アフリカ | 21.8 | 30.9 | 19 |
| 31 | セ ル ビ ア | L | 欧 州 | 34.4 | — | — | 86 | ボスニア・ヘルツェゴビナ | L | 欧 州 | 21.4 | 13.3 | 61 |
| 32 | ウ ガ ン ダ | R | アフリカ | 34.3 | — | — | 87 | リ ト ア ニ ア | P | 欧 州 | 21.3 | — | — |
| 33 | グ レ ナ ダ | | 中南米 | 33.3 | 15.4 | 52 | 88 | セ ー シ ェ ル | | アフリカ | 21.2 | — | — |
| 34 | ジ ン バ ブ エ | R | アフリカ | 32.6 | 48.1 | 2 | 89 | モ ナ コ | | 欧 州 | 20.8 | — | — |
| 35 | ス イ ス | P | 欧 州 | 32.5 | 15.2 | 56 | 90 | ル ー マ ニ ア | P | 欧 州 | 20.7 | 14.0 | 60 |
| 36 | 東 テ ィ モ ー ル | | アジア | 32.3 | — | — | 91 | パ キ ス タ ン | R | アジア | 20.6 | 18.3 | 47 |
| 37 | ア ン ド ラ | | 欧 州 | 32.1 | — | — | 92 | モ ロ ッ コ | R | アフリカ | 20.5 | 11.7 | 63 |
| 37 | エ ル サ ル バ ド ル | | 中南米 | 32.1 | — | — | 93 | カ ン ボ ジ ア | | アジア | 20.3 | 14.8 | 58 |
| 39 | イ ギ リ ス | P | 欧 州 | 32.0 | 25.7 | 29 | 94 | バ ン グ ラ デ シ ュ | R | アジア | 20.3 | — | — |
| 40 | ガ イ ア ナ | L | 中南米 | 31.9 | — | — | 95 | ウ ル グ ア イ | L | 中南米 | 20.2 | 29.0 | 24 |
| 41 | チ ュ ニ ジ ア | L L | アフリカ | 31.3 | — | — | 96 | ス ロ バ キ ア | P | 欧 州 | 20.0 | — | — |
| 42 | カ メ ル ー ン | L・P | アフリカ | 31.1 | 20.0 | 43 | 97 | サ ウ ジ ア ラ ビ ア | R | 中 東 | 19.9 | — | — |
| 43 | イ タ リ ア | P | 欧 州 | 31.0 | 28.4 | 26 | 98 | イ ン ド ネ シ ア | L | アジア | 19.8 | — | — |
| 43 | トリニダード・トバゴ | | 中南米 | 31.0 | 29.0 | 24 | 99 | ア メ リ カ | | 北 米 | 19.4 | 21.0 | 40 |
| 45 | ド イ ツ | P | 欧 州 | 30.7 | 39.1 | 9 | 100 | マ ダ ガ ス カ ル | | アフリカ | 19.2 | 20.6 | 42 |
| 46 | ス ー ダ ン | R | アフリカ | 30.5 | 35.2 | 13 | 101 | キ ル ギ ス | L | 欧 州 | 19.2 | — | — |
| 47 | ア ン ゴ ラ | L | アフリカ | 30.5 | — | — | 102 | タ ジ キ ス タ ン | | 欧 州 | 19.0 | 21.9 | 38 |
| 48 | ネ パ ー ル | L | アジア | 29.6 | — | — | 103 | コ ロ ン ビ ア | L | 中南米 | 18.7 | 21.6 | 39 |
| 49 | フ ィ リ ピ ン | P | アジア | 29.5 | 25.0 | 30 | 104 | ク ロ ア チ ア | P | 欧 州 | 18.5 | — | — |
| 50 | オ ー ス ト ラ リ ア | P | 大洋州 | 28.7 | 40.8 | 8 | 105 | ギ リ シ ャ | L L | 欧 州 | 18.3 | — | — |
| 51 | 南 ス ー ダ ン | R | アフリカ | 28.5 | 12.0 | 62 | 106 | パ ナ マ | L | 中南米 | 18.3 | — | — |
| 52 | ル ク セ ン ブ ル ク | | 欧 州 | 28.3 | — | — | 107 | サントメ・プリンシペ | | アフリカ | 18.2 | — | — |
| 53 | ポ ー ラ ン ド | | 欧 州 | 28.0 | 14.0 | 59 | 108 | ア ル メ ニ ア | L | 欧 州 | 18.1 | — | — |
| 54 | ア ル バ ニ ア | L L | 欧 州 | 27.9 | — | — | 109 | ザ ン ビ ア | | アフリカ | 18.0 | — | — |
| 55 | ア フ ガ ニ ス タ ン | R | 中 東 | 27.7 | 26.5 | 28 | 110 | キ プ ロ ス | P | 欧 州 | 17.9 | | |

第3部 世界の女性と参政権

| 下院順位 | 国名 | クオータ種別 | 地域名 | 下院割合 | 上院割合 | 上院順位 |
|---|---|---|---|---|---|---|
| 111 | トーゴ | L | アフリカ | 17.6 | — | — |
| 112 | ジャマイカ | | 中南米 | 17.5 | 23.8 | 33 |
| 113 | モンゴル | L | アジア | 17.1 | — | — |
| 114 | ガボン | | アフリカ | 17.1 | 17.6 | 48 |
| 115 | 韓国 | L | アジア | 17.0 | — | — |
| 116 | ニジェール | R | アフリカ | 17.0 | — | — |
| 117 | アゼルバイジャン | | 欧州 | 16.8 | — | — |
| 118 | セントルシア | | 中南米 | 16.7 | 27.3 | 27 |
| 118 | バルバドス | | 中南米 | 16.7 | 23.8 | 33 |
| 118 | マラウイ | P | アフリカ | 16.7 | — | — |
| 121 | 北朝鮮 | | アジア | 16.3 | — | — |
| 122 | ウズベキスタン | L | 欧州 | 16.0 | 17.0 | 50 |
| 122 | ジョージア | | 欧州 | 16.0 | — | — |
| 122 | フィジー | | 大洋州 | 16.0 | — | — |
| 122 | ラトビア | | 欧州 | 16.0 | — | — |
| 126 | リビア | | アフリカ | 16.0 | — | — |
| 127 | ロシア | | 欧州 | 15.8 | 17.1 | 49 |
| 128 | ヨルダン | R | 中東 | 15.4 | 15.4 | 52 |
| 129 | エジプト | | アフリカ | 14.9 | — | — |
| 130 | トルコ | P | 中東 | 14.6 | — | — |
| 131 | パラグアイ | L | 中南米 | 13.8 | 20.0 | 43 |
| 132 | ギニアビサウ | | アフリカ | 13.7 | — | — |
| 133 | セントクリストファー・ネーヴィス | | 中南米 | 13.3 | — | — |
| 134 | シリア | | 中東 | 13.2 | — | — |
| 135 | セントビンセント及びグレナディーン諸島 | | 中南米 | 13.0 | — | — |
| 136 | バハマ | | 中南米 | 12.8 | 43.8 | 4 |
| 137 | チャド | | アフリカ | 12.8 | — | — |
| 138 | ガーナ | | アフリカ | 12.7 | — | — |
| 139 | グアテマラ | P | 中南米 | 12.7 | — | — |
| 140 | パラオ | | 大洋州 | 12.5 | 15.4 | 52 |
| 141 | シエラレオネ | | アフリカ | 12.4 | — | — |
| 142 | ウクライナ | | 欧州 | 12.3 | — | — |
| 143 | リヒテンシュタイン | | 欧州 | 12.0 | — | — |
| 144 | マルタ | P | 欧州 | 11.9 | — | — |
| 145 | インド | | アジア | 11.8 | 11.1 | 64 |
| 146 | モーリシャス | | アフリカ | 11.6 | — | — |
| 147 | コンゴ共和国 | L | アフリカ | 11.3 | 19.7 | 45 |
| 148 | アンティグア・バーブーダ | | 中南米 | 11.1 | 29.4 | 22 |
| 149 | ブルキナファソ | L R | アフリカ | 11.0 | — | — |
| 150 | ジブチ | L R L | アフリカ | 10.8 | — | — |
| 151 | ブラジル | L R L P | 中南米 | 10.7 | 14.8 | 57 |
| 152 | コートジボワール | P | アフリカ | 10.6 | — | — |
| 153 | ナウル | | 大洋州 | 10.5 | — | — |
| 154 | マレーシア | | アジア | 10.4 | 22.1 | 37 |
| 155 | ガンビア | | アフリカ | 10.3 | — | — |
| 156 | ミャンマー | | アジア | 10.2 | 10.4 | 66 |
| 157 | 日本 | | アジア | 10.1 | 20.7 | 41 |
| 158 | ハンガリー | P | 欧州 | 10.1 | — | — |
| 159 | サモア | R | 大洋州 | 10.0 | — | — |
| 160 | リベリア | | アフリカ | 9.9 | 10.0 | 68 |
| 161 | カタール | | 中東 | 9.8 | — | — |
| 162 | ボツワナ | P | アフリカ | 9.5 | — | — |
| 163 | ベリーズ | | 中南米 | 9.4 | 15.4 | 52 |
| 164 | ブルネイ | | アジア | 9.1 | — | — |
| 164 | マーシャル | | 大洋州 | 9.1 | — | — |
| 166 | コンゴ民主共和国 | L | アフリカ | 8.9 | 4.6 | 73 |
| 167 | マリ | P | アフリカ | 8.8 | | |
| 168 | 中央アフリカ | | アフリカ | 8.6 | — | — |
| 169 | ブータン | | アジア | 8.5 | 8.0 | 70 |
| 170 | トンガ | | 大洋州 | 7.7 | — | — |
| 171 | バーレーン | | 中東 | 7.5 | 22.5 | 36 |
| 172 | ベナン | | アフリカ | 7.2 | — | — |
| 173 | ツバル | | 大洋州 | 6.7 | — | — |
| 174 | キリバス | | 大洋州 | 6.5 | — | — |
| 175 | スワジランド | R | アフリカ | 6.2 | 33.3 | 16 |
| 176 | コモロ | | アフリカ | 6.1 | — | — |
| 177 | イラン | | 中東 | 5.9 | — | — |
| 177 | モルディブ | | アジア | 5.9 | — | — |
| 179 | スリランカ | | アジア | 5.8 | — | — |
| 180 | ナイジェリア | | アフリカ | 5.6 | 6.5 | 72 |
| 181 | タイ | P | アジア | 4.8 | — | — |
| 182 | レバノン | | 中東 | 3.1 | — | — |
| 183 | クウェート | | 中東 | 3.1 | — | — |
| 184 | ハイチ | R | 中南米 | 2.5 | 3.6 | 74 |
| 185 | ソロモン諸島 | | 大洋州 | 2.0 | — | — |
| 186 | オマーン | | 中東 | 1.2 | 16.5 | 51 |
| 187 | イエメン | | 中東 | 0.0 | 1.8 | 75 |
| 187 | パプアニューギニア | | 大洋州 | 0.0 | — | — |
| 187 | バヌアツ | | 大洋州 | 0.0 | — | — |
| 187 | ミクロネシア | | 大洋州 | 0.0 | — | — |
| 191 | チリ | P | 中南米 | ? | — | — |
| 191 | 赤道ギニア | P | アフリカ | ? | — | — |
| 191 | ホンジュラス | L | 中南米 | ? | — | — |
| | 全体 | | | 23.6 | 23.2 | |

《注》 下院の女性議員割合の高い国順に並べ、上院については、該当する国の右端に割合と順位を記した。
「クオータ種別」は、参考として2013年の調査資料から下院選挙でクオータ制を採用している国々について見たもの。制度の詳細は国によって異なり、また本表掲載の議会の選挙でこれらが実施されたかどうかは不明。L＝法律型48カ国、P＝政党型37カ国、R＝議席割当型20カ国、L・R混合型＝5カ国。
下院（両院制の第一院もしくは一院制の議会。日本は衆議院）の議員は193カ国に38,910人（性別不明382人除く）、うち女性は9,179人（23.6％）、上院（両院制の第二院。参議院）の議員は73カ国に6,760人（同97人）、うち女性は1,571人（23.2％）を占めた。
上院欄の「―」は、上院なし、あるいはデータなし。
網掛けは G8の国。
資料出所：『Women in national parliaments』（IPU 列国議会同盟）／『Atlas of Electoral Gender Quotas』（International Institute for Democracy and Electoral Assistance 2013）

## 7 選挙制度別に見た 2016 年選挙と女性

| | 国　名　（議院） | 地域名 | 候補者総数 | 女性 | | | クオータ制の有無 |
|---|---|---|---|---|---|---|---|
| | | | | 候補者数 | 割合 | 当選率 | |
| | | | 人 | 人 | % | % | |
| 多数代表制 | オーストラリア（下院） | 大洋州 | 994 | 312 | 31.4 | 13.8 | 有 ** |
| | チェコ（上院） | 欧州 | 233 | 43 | 18.5 | 34.9 | 有 ** |
| | ドミニカ共和国（上院） | 中南米 | 224 | 30 | 13.4 | 10.0 | 無 |
| | イラン | 中東 | 6,229 | 586 | 9.4 | 2.9 | 無 |
| | ジャマイカ（下院） | 中南米 | 152 | 26 | 17.1 | 42.3 | 無 |
| | ヨルダン（下院） | 中東 | 1,525 | 525 | 34.4 | 3.8 | 有 ** |
| | ラオス | アジア | 211 | 50 | 23.7 | 82.0 | 無 |
| | ナウル | 大洋州 | 67 | 4 | 6.0 | 50.0 | 無 |
| | パラオ（下院） | 大洋州 | 33 | 6 | 18.2 | 33.3 | 無 |
| | パラオ（上院） | 大洋州 | 24 | 6 | 25.0 | 33.3 | 無 |
| | フィリピン（上院） | アジア | 172 | 30 | 17.4 | 20.0 | 有 ** |
| | セントルシア（下院） | 中南米 | 39 | 6 | 15.4 | 50.0 | 有 ** |
| | サモア | 大洋州 | 171 | 24 | 14.0 | 20.8 | 有 * |
| | ウガンダ | アフリカ | 1,747 | 494 | 28.3 | 31.2 | 有 * |
| | バヌアツ | 大洋州 | 183 | 9 | 4.9 | 0.0 | 無 |
| | ベトナム | アジア | 870 | 339 | 39.0 | 38.9 | 有 * |
| | ザンビア | アフリカ | 651 | 106 | 16.3 | 28.3 | 無 |
| 混合選挙制 | ジョージア | 欧州 | 816 | 143 | 17.5 | 16.8 | 有 * |
| | 日本（上院） | アジア | 389 | 96 | 24.7 | 52.1 | 無 |
| | リトアニア | 欧州 | 1,415 | 442 | 31.2 | 6.8 | 有 ** |
| | モンゴル | アジア | 498 | 129 | 25.9 | 10.1 | 有 * |
| | フィリピン（下院） | アジア | 672 | 154 | 22.9 | 56.5 | 有 ** |
| | セーシェル | アフリカ | 76 | 20 | 26.3 | 35.0 | 無 |
| | スペイン（下院） | 欧州 | 3,816 | 1,836 | 48.1 | 7.5 | 有 *** |
| | スペイン（上院） | 欧州 | 1,317 | 556 | 42.2 | 18.2 | 有 *** |
| 比例代表制 | オーストラリア（上院） | 大洋州 | 630 | 228 | 36.2 | 12.3 | 有 ** |
| | カーボヴェルデ | アフリカ | 551 | 73 | 13.2 | 23.3 | 有 * |
| | クロアチア | 欧州 | 2,456 | 976 | 39.7 | 1.9 | 有 *** |
| | キプロス | 欧州 | 493 | 108 | 21.9 | 10.2 | 有 ** |
| | ドミニカ共和国（下院） | 中南米 | 1,423 | 560 | 39.4 | 9.1 | 有 * |
| | アイスランド | 欧州 | 1,302 | 586 | 45.0 | 5.1 | 有 ** |
| | アイルランド（下院） | 欧州 | 552 | 163 | 29.5 | 21.5 | 有 * |
| | カザフスタン（下院） | 欧州 | 234 | 47 | 20.1 | 61.7 | 無 |
| | モンテネグロ | 欧州 | 1,120 | 360 | 32.1 | 5.3 | 有 * |
| | ペルー | 中南米 | 2,242 | 888 | 39.6 | 1.2 | 有 ** |
| | セルビア | 欧州 | 3,270 | 1,249 | 38.2 | 6.8 | 有 ** |
| | スロバキア | 欧州 | 2,194 | 721 | 32.9 | 4.2 | 有 ** |

《注》2016年に実施された各国選挙で、比較可能なデータのある議院について調査。国名に議院がないのは、一院制（下院）の議会。女性の当選者数は元データに記載がなかった。
　　「クオータ制の有無」については、有 * ＝法定クオータ制／有 ** ＝政党の自主的クオータ制／有 *** ＝法定及び政党の自主的クオータ制。
資料出所：『Women in Parliament in 2016　The year in review』（IPU 列国議会同盟）

## 8 地域別女性国会議員の平均割合 (1995〜2015年)

|  | 1995 | 2000 | 2005 | 2010 | 2015 | 1995→2015 |
|---|---|---|---|---|---|---|
|  | % | % | % | % | % | ポイント |
| 世界全体 | 11.3 | 13.1 | 15.7 | 18.8 | 22.1 | 10.8 |
| 南北アメリカ | 12.7 | 15.4 | 18.6 | 22.7 | 26.4 | 13.7 |
| サブサハラ・アフリカ | 9.8 | 11.2 | 14.8 | 18.7 | 22.3 | 12.5 |
| 欧州（北欧諸国を含む） | 13.2 | 14.5 | 18.4 | 21.4 | 25.0 | 11.8 |
| 北欧 | 36.4 | 38.9 | 40.1 | 42.1 | 41.5 | 5.1 |
| アラブ諸国 | 4.3 | 3.4 | 6.5 | 9.5 | 16.1 | 11.8 |
| 太平洋 | 6.3 | 14.1 | 13.2 | 15.3 | 15.7 | 9.4 |
| アジア | 13.2 | 14.6 | 15.0 | 18.5 | 18.5 | 5.3 |
| 日本 | 6.3 | 8.5 | 9.3 | 13.2 | 11.7 | 5.4 |

《注》1995年のデータは7月現在、2000年〜2015年のデータは1月現在で、地域ごとの上下両院に占める女性議員総数の平均割合。日本の項は追加した。
資料出所：『Women in Parliament: 20 years in review』（IPU 列国議会同盟）

## 9 G7諸国の女性議員数・割合の推移 (1945〜2018年)

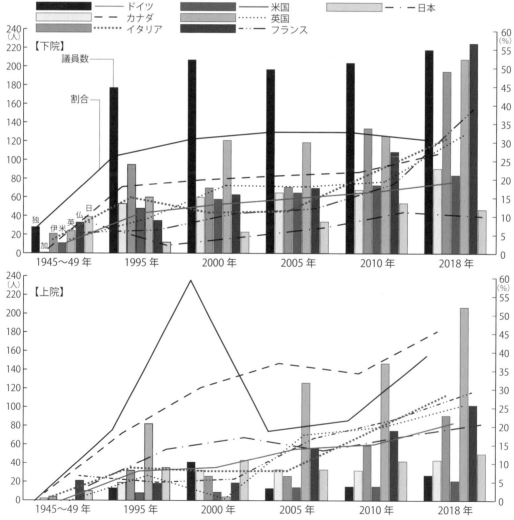

《注》1945〜1949年については当時の比較できるデータ。1995年は調査月日不明。2000年は2月15日現在、2005年・2010年は1月31日現在、2018年は1月1日現在。　資料出所：IPU（列国議会同盟）

# 10 世界の HDI、GII、GGI ランキング（2015・2017年）

第3部 世界の女性と参政権

## 人間開発指数 2015年（Human Development Index）

| 順位 | 国名 | HDI値 |
|---|---|---|
| 1 | ノルウェー | 0.949 |
| 2 | オーストラリア | 0.939 |
| 2 | スイス | 0.939 |
| 4 | ドイツ | 0.926 |
| 5 | デンマーク | 0.925 |
| 5 | シンガポール | 0.925 |
| 7 | オランダ | 0.924 |
| 8 | アイルランド | 0.923 |
| 9 | アイスランド | 0.921 |
| 10 | カナダ | 0.920 |
| 10 | アメリカ | 0.920 |
| 12 | 香港 | 0.917 |
| 13 | ニュージーランド | 0.915 |
| 14 | スウェーデン | 0.913 |
| 14 | リヒテンシュタイン | 0.912 |
| 16 | イギリス | 0.909 |
| 17 | 日本 | 0.903 |
| 18 | 韓国 | 0.901 |
| 19 | イスラエル | 0.899 |
| 20 | ルクセンブルグ | 0.898 |
| 21 | フランス | 0.897 |
| 22 | ベルギー | 0.896 |
| 23 | フィンランド | 0.895 |
| 24 | オーストリア | 0.893 |
| 25 | スロベニア | 0.890 |
| 26 | イタリア | 0.887 |
| 27 | スペイン | 0.884 |
| 28 | チェコ | 0.878 |
| 29 | ギリシャ | 0.866 |
| 30 | ブルネイ | 0.865 |
| 30 | エストニア | 0.865 |

《注》「長寿で健康な生活」「知識」「人間らしい生活水準」という人間開発の3つの側面を測定したもの。
具体的には、出生時の平均寿命／知識（平均就学年数及び予想就学年数）／1人当たり国民総所得（GNI）を用いて算出している。

## ジェンダー不平等指数 2015年（Gender Inequality Index）

| 順位 | 国名 | GII値 |
|---|---|---|
| 1 | スイス | 0.040 |
| 2 | デンマーク | 0.041 |
| 3 | オランダ | 0.044 |
| 4 | スウェーデン | 0.048 |
| 5 | アイスランド | 0.051 |
| 6 | ノルウェー | 0.053 |
| 6 | スロベニア | 0.053 |
| 8 | フィンランド | 0.056 |
| 9 | ドイツ | 0.066 |
| 10 | 韓国 | 0.067 |
| 11 | シンガポール | 0.068 |
| 12 | ベルギー | 0.073 |
| 13 | ルクセンブルグ | 0.075 |
| 14 | オーストリア | 0.078 |
| 15 | スペイン | 0.081 |
| 16 | イタリア | 0.085 |
| 17 | ポルトガル | 0.091 |
| 18 | カナダ | 0.098 |
| 19 | フランス | 0.102 |
| 20 | イスラエル | 0.103 |
| 21 | キプロス | 0.116 |
| 21 | 日本 | 0.116 |
| 23 | ギリシャ | 0.119 |
| 24 | オーストラリア | 0.120 |
| 25 | リトアニア | 0.121 |
| 26 | アイルランド | 0.127 |
| 27 | チェコ | 0.129 |
| 28 | イギリス | 0.131 |
| 28 | エストニア | 0.131 |
| 30 | ポーランド | 0.137 |

《注》国家の人間開発の達成が男女の不平等によってどの程度妨げられているかを明らかにするもの。次の3側面5指標から構成されている。
【保健分野】妊産婦死亡率／15～19歳の女性1,000人当たりの出生数
【エンパワーメント】国会議員女性割合／中等教育以上の教育を受けた人の割合（男女別）
【労働市場】労働力率（男女別）

## ジェンダー・ギャップ指数 2017年（Gender Gap Index）

| 順位 | 国名 | GGI値 |
|---|---|---|
| 1 | アイスランド | 0.878 |
| 2 | ノルウェー | 0.830 |
| 3 | フィンランド | 0.823 |
| 4 | ルワンダ | 0.822 |
| 5 | スウェーデン | 0.816 |
| 6 | ニカラグア | 0.814 |
| 7 | スロベニア | 0.805 |
| 8 | アイルランド | 0.794 |
| 9 | ニュージーランド | 0.791 |
| 10 | フィリピン | 0.790 |
| 11 | フランス | 0.778 |
| 12 | ドイツ | 0.778 |
| 13 | ナミビア | 0.777 |
| 14 | デンマーク | 0.776 |
| 15 | イギリス | 0.770 |
| 16 | カナダ | 0.769 |
| 17 | ボリビア | 0.758 |
| 18 | ブルガリア | 0.756 |
| 19 | 南アフリカ | 0.756 |
| 20 | ラトビア | 0.756 |
| 21 | スイス | 0.755 |
| 22 | ブルンジ | 0.755 |
| 23 | バルバドス | 0.750 |
| 24 | スペイン | 0.746 |
| 25 | キューバ | 0.745 |
| 26 | ベラルーシ | 0.744 |
| 27 | バハマ | 0.743 |
| 28 | リトアニア | 0.742 |
| 29 | モザンビーク | 0.741 |
| 30 | モルドバ | 0.740 |
| ⋮ | | |
| 114 | 日本 | 0.657 |

《注》各国内の男女間の格差を数値化しランク付けしたもの。4分野のデータから算出され、0が完全不平等、1が完全平等を意味しており、性別による格差を明らかにできる。
【経済分野】労働力率、同じ仕事の賃金の同等性、所得の推計値、管理職に占める比率、専門職に占める比率 【教育分野】識字率、初等・中等・高等教育の各在学率 【保健分野】新生児の男女比率、健康寿命 【政治分野】国会議員に占める比率、閣僚の比率、最近50年の国家元首の在任年数

資料出所：『人間開発報告書2016』（UNDP 国連開発計画）／『The Global Gender Gap Report 2017』（WEF 世界経済フォーラム）／『男女共同参画白書 2017年版』（内閣府）

第3部　世界の女性と参政権

## 11 男女別の政治参加阻害要因ベスト５位 (2008 年)

| | 女性 | 男性 |
|---|---|---|
| 1 | 家庭責任 | 有権者からの支援の欠如 |
| 2 | 性別役割についての社会通念 | 資金の欠如 |
| 3 | 家族からの支援の欠如 | 政党からの支援の欠如 |
| 4 | 自信の欠如 | 演説や有権者との関係など、代表としての経験の欠如 |
| 5 | 資金の欠如 | 自信の欠如 |

《注》2008年調査。(公財) 市川房枝記念会女性と政治センター仮訳。
資料出所：『Women in Parliament: 20 years in review』(IPU 列国議会同盟)

# 第4部 | 女性参政年表(1868~2018年)

　今年は明治維新150年。集会及政社法（1890年）や治安警察法（1900年）により奪われた女性の政治的権利を取り戻す運動から、本格的な参政権獲得を目指した運動、そして敗戦を経て実現した参政権をどのように行使し、社会を変革してきたかをたどった。各時代の女性たちの動きを通覧することができる。

# 凡例

　本年表は、1868年から2006年については『女性参政60周年記念　女性参政関係資料集』（（財）市川房枝記念会出版部編集・2006年11月発行）掲載の「女性参政年表」を基本的に再掲し、それ以降は新たに作成した。1965年に『20周年記念　婦人参政関係資料集』発行以後、ほぼ10年毎に更新してきたため、全体の統一がとれていないところもある。

1　「婦人」「女子」の表記については、原則として「女性」とした。ただし、団体名などの固有名詞や、「婦人」「女子」の表記が定着していると思われる言葉についてはそのまま使用した。
2　数字は、原則として算用数字を使用した。
3　年号は、西暦を原則としたが、集会や刊行物の名称などに元号が使用されている場合はそのまま使用した。1872年（明治5年）12月31日（旧12月2日）の改暦以前についても新暦（太陽暦）の日付で表示した。
4　年月日のうち、日付が不明・未確定の項目は空欄とし、その月の最後に掲載した。
5　首長などの日付は、当選日と就任日が混在している。
6　団体名、シンポジウム、集会、声明などには「」を付した。代表者名、主な構成団体、実行委員長名、主催者、開催地などは、補足事項として適宜（）内に記した。
7　法令は、原則として公布日で掲載し、施行日その他は適宜付記した。
8　裁判の判決は、原則として結審時を採用したが、画期的な判決については下級審判決で掲載したものもある。
9　1980年代以降分については、女性運動・団体が飛躍的に増大している状況に鑑み、複数の団体が連合した連絡会・ネットワーク形式による運動を主に、政治とかかわりの深い団体や個人の活動を補う形で整理した。
10　以下の団体は初出のみフルネーム、2度目以降は略した（団体の50音順）。

　　　あ　アクティブ・ミュージアム「女たちの戦争と平和資料館」→ wam
　　　　　安保関連法案に反対するママの会→ママの会
　　　　　市川房枝記念会→市川記念会
　　　　　ｍネット・民法改正情報ネットワーク→ｍネット
　　　　　男も女も育児時間を！連絡会→育時連
　　　か　クオータ制を推進する会→Ｑの会
　　　　　国際婦人年日本大会の決議を実現するための連絡会、国際婦人年連絡会→婦人年連絡会
　　　　　国際婦人年をきっかけとして行動を起こす女たちの会→行動を起こす会
　　　さ　七婦人団体議会活動連絡委員会→七婦人
　　　　　主婦連合会→主婦連
　　　　　「女性の憲法年」連絡会→女性の憲法年
　　　　　女性のためのアジア平和国民基金→アジア女性基金
　　　　　新日本婦人の会→新婦人
　　　　　世界女性会議ロビイングネットワーク→北京JAC
　　　　　選挙法改正運動協議会→選改協
　　　　　全国地域婦人団体連絡協議会→全地婦連
　　　　　全国フェミニスト議員連盟→フェミニスト議連
　　　　　「戦争と女性への暴力」日本ネットワーク（バウネット・ジャパン）→バウネット
　　　　　戦争への道を許さない女たちの連絡会→戦争への道を許さない会

た　中絶禁止法に反対しピル解禁を要求する女性解放連合→中ピ連
な　日本基督教女子青年会、日本キリスト教女子青年会→ YWCA
　　日本母親大会実行委員会→母親大会実行委
　　日本婦人会議、♪女性会議→婦人会議、女性会議
　　日本婦人矯風会、日本基督教婦人矯風会、日本キリスト教婦人矯風会→矯風会
　　日本婦人団体連合会→婦団連
　　日本婦人有権者同盟→有権者同盟
は　82優生保護法改悪阻止連絡会→阻止連
　　フォーラム・「女性と労働21」→フォーラム21
　　婦人民主クラブ、ふぇみん婦人民主クラブ→婦民、ふぇみん
　　婦人民主クラブ再建連絡会、婦人民主クラブ（再建）→婦民再建
　　婦選獲得同盟→獲得同盟
ま　マタニティハラスメント対策ネットワーク→マタハラ Net
　　民主婦人協会→民婦協
ら　理想選挙推進市民の会→理想選挙の会
11 著名な一般の団体・組織については、略称のみ表記したものもある。(例・日弁連、日経連)


# 主な参考資料

『婦人界展望』『婦人展望』『女性展望』婦人問題研究所・婦選会館出版部・財団法人市川房枝記念会
　　出版部・公益財団法人市川房枝記念会女性と政治センター　1954〜2018年
『婦人の現状と施策』『女性の現状と施策』『男女共同参画白書』総理府・内閣府　1978〜2017年
『婦人白書』『女性白書』日本婦人団体連合会編　草土文化・ほるぷ出版　1975〜2006年
『日本婦人有権者同盟年表1945年〜1985年』『同1985年〜1990年』『同1990年〜1995年』『同1995年〜
　　2000年』『同2000年〜2005年』日本婦人有権者同盟・日本婦人有権者同盟記念事業実行委員会
　　1985年、1990年、1995年、2000年、2005年
『都民女性の戦後50年──年表』財団法人東京女性財団　1995年
『日本婦人問題資料集成第10巻　近代日本婦人問題年表』丸岡秀子・山口美代子編　ドメス出版
　　1980年
『資料集成　現代日本女性の主体形成第9巻　現代日本女性の主体形成史年表・索引』千野陽一編
　　ドメス出版　1996年
『現代日本女性問題年表　1975-2008』鈴木尚子編　ドメス出版　2012年
『近代日本総合年表　第三版』岩波書店編集部　岩波書店　1991年
『日本史年表　増補版』歴史学研究会編　岩波書店　1995年
『山川日本史総合図録（増補版）』笹山晴生他編著　山川出版社　2000年
『日本史年表・地図』児玉幸多編　吉川弘文館　2003年

第4部　女性参政年表

| 年　号 | 内閣 | 事　　　項 |
|---|---|---|
| 1868<br>(慶応4/明治1) | | 4. 6　五箇条の誓文<br>10.23　明治と改元 |
| 1869<br>(明治2) | | |
| 1870<br>(明治3) | | |
| 1871<br>(明治4) | | 12.23　津田梅子ら最初の女子留学生、アメリカへ出発 |
| 1872<br>(明治5) | | 9. 5　学制頒布—男女平等の義務教育を実施<br>11. 2　人身売買禁止令—芸娼妓を解散 |
| 1873<br>(明治6) | | |
| 1874<br>(明治7) | | 3.13　東京に女子師範学校設立 |
| 1875<br>(明治8) | | |
| 1876<br>(明治9) | | |
| 1877<br>(明治10) | | 自由民権運動と共に男女同権を唱える女性の動きが始まる |
| 1878<br>(明治11) | | 4.16　第2回地方官会議で府県会規則討議の際、女戸主の選挙権論議<br>9.16　高知の楠瀬喜多、女戸主の選挙権の要求書を県庁に提出 |
| 1879<br>(明治12) | | 9.29　学制を廃し、教育令を公布—男女別学を規定 |
| 1880<br>(明治13) | | 9.　　高知県土佐郡上町で女性に町村会議員の選挙・被選挙権を与える町会規則を制定—ついで近隣の小高阪村でも制定 |
| 1881<br>(明治14) | | |
| 1882<br>(明治15) | | 4. 1　岸田俊子、立憲政党の演説会で演説—この頃から景山英子ら女性の政治活動盛んとなる |
| 1883<br>(明治16) | | |
| 1884<br>(明治17) | | |
| 1885<br>(明治18) | 伊藤博文Ⅰ | 12.22　内閣制度創設 |
| 1886<br>(明治19) | | 12.6　「東京婦人矯風会」発足（矢島楫子） |
| 1887<br>(明治20) | | 6. 1～8.17　広津柳浪、東京絵入新聞に「女子参政蜃中楼」を連載（89年出版） |
| 1888<br>(明治21) | | 3.　　東京婦人矯風会、「刑法改正及在外売淫婦取締建白書」を元老院に提出<br>4.25　市制・町村制公布（89.4.1から順次施行）。一定の条件を満たす男子に選挙権が与えられる |
| 1889<br>(明治22) | 黒田清隆 | 2.11　大日本帝国憲法発布（90.11.29施行）、衆議院議員選挙法公布 |
| 1890<br>(明治23) | 山県有朋Ⅰ | 5.17　府県制・郡制公布<br>6.10　第1回貴族院多額納税者議員選挙<br>7. 1　第1回衆議院議員総選挙<br>7.10　第1回貴族院伯・子・男爵議員互選選挙<br>7.25　元老院より集会及政社法公布。女性の政治活動禁止<br>9.29　最初の貴族院勅撰議員任命<br>10.20　元老院廃止<br>10.20　矢島楫子ら東京婦人矯風会有志21人、衆議院の傍聴を女性にも許すよう政党に陳情<br>10.30　教育勅語発布<br>11.25　第1回帝国議会召集 |
| 1891<br>(明治24) | 松方正義Ⅰ | |
| 1892<br>(明治25) | | 2.15　第2回衆議院議員総選挙 |

92

| 年　号 | 内閣 | 事　　　項 |
|---|---|---|
| 1893<br>(明治26) | 伊藤博文Ⅱ | 4.3　全国組織の「日本婦人矯風会」結成（矢島楫子）―1905年「日本基督教婦人矯風会」、<br>　　　1986年「日本キリスト教婦人矯風会」と改称<br>9.19　ニュージーランドで世界初の女性参政権（国政）実現 |
| 1894<br>(明治27) | | 3.1　第3回衆議院議員総選挙<br>8.1　日清戦争始まる<br>9.1　第4回衆議院議員総選挙 |
| 1895<br>(明治28) | | 4.17　日清講和条約（下関条約）調印 |
| 1896<br>(明治29) | 松方Ⅱ | |
| 1897<br>(明治30) | | |
| 1898<br>(明治31) | 伊藤Ⅲ・大隈重信Ⅰ | 3.15　第5回衆議院議員総選挙<br>6.21　民法第4、5編公布―家族制度確立（7.16民法全編施行）<br>8.10　第6回衆議院議員総選挙 |
| 1899<br>(明治34) | 山県Ⅱ | |
| 1900<br>(明治33) | | 3.10　治安警察法公布―集会及政社法を引き継ぐ |
| 1901<br>(明治34) | 伊藤Ⅳ | 2.24　「愛国婦人会」発足（奥村五百子）―発会式は3.2 |
| 1902<br>(明治35) | 桂太郎Ⅰ | 4.　　「日本女医会」発足（前田園子）<br>8.10　第7回衆議院議員総選挙 |
| 1903<br>(明治36) | | 3.1　第8回衆議院議員総選挙 |
| 1904<br>(明治37) | | 2.10　日露戦争始まる<br>3.1　第9回衆議院議員総選挙<br>10.25　福田英子『妾の半生涯』刊行 |
| 1905<br>(明治38) | | 1.24　西川文子、今井歌子、堺為子ら、治安警察法5条改正の第1回請願書を衆議院に提出―<br>　　　2.24「女子の政談集会参加」の項（第2項）のみ採択。9.28内閣で不採用<br>9.5　日露講和条約（ポーツマス条約）調印<br>10.14　「日本基督教女子青年会」発足（M.A.ホイットマン）、1959年「日本キリスト教女子青<br>　　　年会」と改称 |
| 1906<br>(明治39) | 西園寺公望Ⅰ | |
| 1907<br>(明治40) | | 3.16　治安警察法5条改正法律案の第2項のみ衆議院で可決―貴族院で否決 |
| 1908<br>(明治41) | | 5.15　第10回衆議院議員総選挙 |
| 1909<br>(明治42) | 桂太郎Ⅱ | |
| 1910<br>(明治43) | | 5.25　大逆事件の検挙始まる |
| 1911<br>(明治44) | | 6.1　「青鞜社」発足（平塚らいてう）―9.1雑誌『青鞜』創刊 |
| 1912<br>(明治45／大正1) | 西園寺Ⅱ | 5.15　第11回衆議院議員総選挙<br>7.30　明治天皇死去<br>12.　　第1次護憲運動起こる |
| 1913<br>(大正2) | 桂Ⅲ／山本権兵衛Ⅰ | |
| 1914<br>(大正3) | 大隈重信Ⅱ | 7.28　第1次世界大戦始まる―8.23日本、ドイツに宣戦布告 |
| 1915<br>(大正4) | | 3.25　第12回衆議院議員総選挙 |
| 1916<br>(大正5) | | 6.　　日本最初の労働組合婦人部である「友愛会婦人部」設置 |
| 1917<br>(大正6) | 寺内正毅 | 3.　　ロシア2月革命<br>4.20　第13回衆議院議員総選挙 |

第4部　女性参政年表

| 年　号 | 内閣 | 事　項 |
|---|---|---|
| 1917<br>(大正6) | 寺内正毅 | 10.20〜22　最初の「全国小学校女教員大会」(帝国教育会)<br>11.　ロシア10月革命 |
| 1918<br>(大正7) | 寺内正毅 | 2.　母性保護論争始まる (与謝野晶子、平塚らいてう、山川菊栄、山田わか)<br>8.　米騒動 |
| 1918<br>(大正7) | 原敬 | 11.11　第1次世界大戦終わる |
| 1919<br>(大正8) | 原敬 | 11.24　「新婦人協会」発足 (平塚らいてう、市川房枝、奥むめお)—発会式は1920.3.28。婦人<br>　　　　参政権運動開始<br>11.24　「婦人会関西連合会」結成—23年「全関西婦人連合会」と改称 |
| 1920<br>(大正9) | 原敬 | 1.10　国際連盟発足<br>2.7　新婦人協会、治安警察法5条改正請願書提出—衆議院で採択、貴族院で審議未了<br>5.10　第14回衆議院議員総選挙 |
| 1921<br>(大正10) | 高橋是清 | 1.29　新婦人協会、男子普通選挙を含む婦人参政権 (衆議院議員選挙法改正) に関する請願<br>　　　　書を提出—不採択<br>4.24　社会主義女性団体「赤瀾会」結成 (九津見房子、山川菊栄、堺真柄ら)<br>5.3　「日本婦人平和協会」発足 (井上秀)—63年「婦人国際平和自由連盟日本支部」と改称<br>7.　矯風会内に「日本婦人参政権協会」発足 (久布白落実、ガントレット恒子) |
| 1922<br>(大正11) | 高橋是清 | 4.20　治安警察法第5条第2項の改正公布 (5.10施行)—女性の政談集会への参加及び発起の<br>　　　　自由獲得。政党加入は禁止<br>7.15　非合法に「日本共産党」結党<br>11.11　「海友婦人会」発足 (楢崎たけ子)—57年「全国海友婦人会」と改称<br>12.8　新婦人協会解散 |
| 1922<br>(大正11) | 加藤友三郎 | |
| 1923<br>(大正12) | 加藤友三郎 | 2.2　「婦人参政同盟」発足 (高木冨代、高橋千代)—婦人参政権建議案提出。3.13上程、審<br>　　　　議未了<br>3.8　日本で初の国際婦人デー集会開かれる<br>9.1　関東大震災 |
| 1923<br>(大正12) | II 山本 | 9.28　「東京連合婦人会」発足 (久布白落実、守屋東ら) |
| 1924<br>(大正13) | 清浦奎吾 | 1.　第2次護憲運動起こる<br>3.　婦人参政同盟、婦人弁護士制度制定に関する陳情書を法制審議会に提出 (以後弁護士<br>　　　法改正の運動続く)<br>5.10　第15回衆議院議員総選挙<br>5.30　「全国小学校連合女教員会」発足 (沢柳政太郎) |
| 1924<br>(大正13) | 加藤高明 | 12.13　「婦人参政権獲得期成同盟会」発足 (久布白落実、市川房枝、中沢美代)—25年「婦選獲<br>　　　　得同盟」と改称 |
| 1925<br>(大正14) | 加藤高明 | 3.10　婦人デー。婦選3案 (結社権は改正法律案、公民権・参政権は建議案) が衆議院に上程、<br>　　　　可決—貴族院で審議未了<br>4.22　治安維持法公布 (5.12施行)<br>5.5　衆議院議員選挙法改正公布で男子普通選挙実現—次の選挙より施行 |
| 1926<br>(大正15/昭和1) | 若槻礼次郎 I | 12.25　大正天皇死去 |
| 1927<br>(昭和2) | 田中義一 | 4.29　「大日本連合女子青年団」創立—全国150万人の処女会を統一<br>7.3　「関東婦人同盟」結成 (田島ひで)—無産女性の解放を目指し、婦人参政権の獲得も目<br>　　　　的の一つに掲げる (以下3団体も同じ)<br>7.10　「労働婦人同盟」結成 (赤松常子)<br>10.2　「全国婦人同盟」結成 (織本貞代)<br>11.　「社会婦人同盟」結成 (赤松明子)—28年「社会民衆婦人同盟」と改称 |
| 1928<br>(昭和3) | 田中義一 | 2.1　「普選達成婦人委員会」発足 (2団体)<br>2.20　第16回衆議院議員総選挙—最初の男子普通選挙実施<br>3.12　「婦選獲得共同委員会」発足 (7団体)<br>8.9〜19　「第1回汎太平洋婦人会議」(ハワイ) に日本から20数人が出席<br>9.15　「無産婦人連盟」結成 (堺真柄) |
| 1929<br>(昭和4) | 田中義一 | 1.20　全国婦人同盟と無産婦人連盟が合同し「無産婦人同盟」発足 (岩内とみゑ)<br>3.5　議員提案の婦人公民権案、衆議院で否決 |
| 1929<br>(昭和4) | 浜口雄幸 | 9.21　「全日本婦人経済大会」(全関西婦人連合会)<br>9.30　国際婦人参政権協会本部、首相あてに「日本婦人に速やかに参政権を付与するよう」書簡<br>12.18　「平和の使者ガントレット・林両女史を送る会」—ガントレット恒子、林歌子が第5回<br>　　　　万国婦人平和会議に出席 |
| 1930<br>(昭和5) | 浜口雄幸 | 2.20　第17回衆議院議員総選挙<br>4.27　「第1回全日本婦選大会」(獲得同盟) |

| 年　号 | 内閣 | 事　　項 |
|---|---|---|
| 1930<br>(昭和5) | 浜口雄幸 | 5.10　議員提案の婦人公民権案、衆議院本会議で初めて可決（貴族院で審議未了）<br>5.12　「婦人同志会」発足（井上秀、吉岡弥生ら）<br>7.23　婦選3団体、政府の制限付き婦人公民権案に反対する声明を発表<br>11.3　「北陸婦選大会」（獲得同盟金沢支部）<br>11.15　「全国友の会中央部」発足（羽仁もと子）<br>12.23　初の官製単一総合女性団体として「大日本連合婦人会」発足（島津治子）─発会式は<br>　　　　31.3.6 |
| 1931<br>(昭和6) | 若槻 Ⅱ | 2.8　「無産婦人大会」（東京・大阪）<br>2.14　「第2回全日本婦選大会」（獲得同盟など4団体）<br>2.28　政府提案の婦人公民権案を衆議院で可決─貴族院で否決<br>8.3　「全国中等学校女教員会」発足<br>9.18　満州事変 |
| 1932<br>(昭和7) | 犬養毅 | 1.22　「婦選団体連合委員会」発足（無産婦人同盟）<br>1.28　上海事変<br>2.20　第18回衆議院議員総選挙<br>3.1　満州国建国<br>3.18　「国防婦人会」発会式─大阪、以後続いて各地に発足。10.24東京で「大日本国防婦人会」<br>　　　　発足<br>4.23　「東北婦選大会」（獲得同盟秋田支部） |
| | 斎藤実 | 5.15　五・一五事件<br>5.28～29　「第3回全日本婦選大会」（獲得同盟など4団体）<br>8.27　「社会大衆婦人同盟」結成（赤松常子）<br>8.29　「婦選後援団体連合会」発足（10余団体） |
| 1933<br>(昭和8) | | 2.18　「第4回全日本婦選大会」（獲得同盟など6団体）<br>3.4　「東京婦人市政浄化連盟」発足（6団体）<br>3.27　日本、国際連盟脱退<br>5.1　弁護士法改正公布（36.4.1施行）─女性に弁護士への道を開く<br>9.4　「東京卸売市場問題婦人団体協議会」発足（12団体） |
| 1934<br>(昭和9) | | 1.18　「小市民税・女中税反対婦人協議会」発足（16団体）<br>2.18　「第5回全日本婦選大会」（獲得同盟など6団体）<br>4.10　「大日本国防婦人会総本部」結成（武藤能婦子）<br>9.29　「母性保護法制定促進婦人連盟」結成（山田わか）─35年「母性保護連盟」と改称 |
| 1935<br>(昭和10) | 岡田啓介 | 2.17　「第6回全日本婦選大会」（獲得同盟など4団体）<br>5.8　選挙粛正委員会令公布<br>8.7　「選挙粛正婦人連合会」結成（吉岡弥生、35団体） |
| 1936<br>(昭和11) | | 2.7　内務省へ公娼廃止デモ（47団体）<br>2.20　第19回衆議院議員総選挙<br>2.26　二・二六事件 |
| | 広田弘毅 | 11.7　帝国議事堂落成 |
| 1937<br>(昭和12) | | 1.11　「東京愛市連盟婦人部」結成（吉岡弥生）─10月「東京婦人愛市協会」に改組<br>1.24　「第7回全日本婦選大会」（獲得同盟など4団体）─最後の大会 |
| | 林銑十郎 | 3.31　母子保護法公布（38.1.1施行）<br>4.30　第20回衆議院議員総選挙 |
| | 近衛文麿Ⅰ | 7.7　蘆溝橋事件─日中戦争始まる<br>9.28　「日本婦人団体連盟」発足（ガントレット恒子、8団体）<br>10.12　「国民精神総動員中央連盟」結成（74団体）<br>11.9　「国民精神総動員婦人大講演会」（東京府など） |
| 1938<br>(昭和13) | | 1.11　厚生省新設<br>4.1　国家総動員法公布（5.5施行）<br>7.21　「買溜防止問題協議会」（日本婦人団体連盟など）<br>12.15　「婦人弁護士の首途を励ます会」（獲得同盟など6団体）─初の女性弁護士3人誕生を祝う |
| 1939<br>(昭和14) | 平沼騏一郎 | 2.18　「婦人時局研究会」発足（市川房枝）<br>3.17　人事調停法公布（7.1施行）<br>3.19　「戦時生活婦人団体協議会」（日本婦人団体連盟） |
| | 阿部信行 | 9.1　第2次世界大戦始まる<br>12.8　「経済戦強調婦人大会」（東京府など）<br>12.13　「婦人問題研究所」設立（市川房枝） |
| 1940 | 米内光政 | 5.1　国民優生法公布（41.7.1施行） |

| 年号 | 内閣 | 事　項 |
|---|---|---|
| 1940<br>(昭和15) | 近衛文麿II | 9.21　「獲得同盟」解散決定—「婦人時局研究会」に合流<br>9.27　日独伊三国同盟調印<br>10.12　「大政翼賛会」発会式<br>11.29　帝国議会開設50年記念式典 |
| 1941<br>(昭和16) | 近衛III<br><br>東條英機 | 3.3　「(財)日本女子会館」設立(吉岡弥生)—45年「(財)大日本女子社会教育会」、72年「(財)日本女子社会教育会」、2002年「(財)日本女性学習財団」と改称。11年公益財団法人に移行<br>12.8　太平洋戦争始まる |
| 1942<br>(昭和17) | 東條英機 | 2.2　愛国婦人会、国防婦人会、大日本連合婦人会を統合し「大日本婦人会」結成(山内禎子)<br>4.30　第21回衆議院議員総選挙(翼賛選挙)<br>10.27～28　「第1回全国婦人方面委員協議会」(厚生省など)<br>11.11　「大日本婦人会第1回総会」 |
| 1943<br>(昭和18) | | 3.2　高等女学校規程制定—修業年限を1年短縮して4年制に<br>7.1　東京都制実施 |
| 1944<br>(昭和19) | 小磯国昭 | 7.2　国鉄初の女子車掌89人、山手・総武・中央・京浜線に登場<br>8.23　女子挺身勤労令公布施行<br>9.16　女性初の厚生省労務官に谷野せつ |
| 1945<br>(昭和20) | 鈴木貫太郎<br><br>東久邇宮稔彦<br><br>幣原喜重郎 | 7.26　対日ポツダム宣言発表<br>8.6　広島に原爆投下<br>8.8　ソ連が対日宣戦布告<br>8.9　長崎に原爆投下<br>8.15　ポツダム宣言受諾、戦争終結<br>8.16　内務省、地方長官に占領軍向け性的慰安施設設置を指令<br>8.25　「戦後対策婦人委員会」結成(市川房枝・山高しげり・赤松常子ら)—婦人参政権を要求<br>8.26　接客業者ら、RAA(特殊慰安施設協会)を政府融資で設立<br>9.2　ミズーリ艦上で降伏文書に調印<br>9.12　米軍施政権下の沖縄で婦人参政権実現—9.20初行使<br>10.11　閣議で婦人参政権決定。同日マッカーサーの5大改革指令で、選挙権付与による日本女性の解放を指示<br>10.24　国際連合発足<br>11.3　「新日本婦人同盟」発足(市川房枝)—50.11.19「日本婦人有権者同盟」と改称。2016.3本部事務所閉鎖<br>11.6　「日本婦人協力会」発足(宮城タマヨ)<br>11.21　勅令で治安警察法廃止、女性の政党加入自由となる<br>12.4　文部省、女子教育刷新要綱発表<br>12.17　衆議院議員選挙法改正公布—婦人参政権実現(次の総選挙より施行)<br>12.17　「婦選実現記念各党の政策をきく講演会」(新日本婦人同盟など)<br>12.22　労働組合法公布(46.3.1施行)—組合運動における男女平等を規定 |
| 1946<br>(昭和21) | 吉田茂I | 1.21　GHQ(連合国軍総司令部)、「日本における公娼制度の廃止に関する覚書」発令—1.24公娼廃止命令<br>1.29　GHQ、沖縄の日本政府からの行政分離を公表<br>3.16　「婦人民主クラブ」発足(松岡洋子)<br>4.10　第22回衆議院議員総選挙—女性参政権初行使、女性39人当選<br>4.25　「婦人議員クラブ」発足—8.22社会党所属議員8人の脱退で事実上解散<br>4.　女性初の刑務所長(和歌山)に三田庸子<br>6.21　国連経済社会理事会の下に「婦人の地位委員会」設置<br>7.7　「日本民主主義婦人大会」(山川菊栄)<br>7.9　文部省視学官に山室民子<br>9.27　東京都制、府県制、北海道会法、市制、町村制改正公布(10.5施行)—婦人公民権取得<br>10.1　「大学婦人協会」発足(藤田たき)、2008年「大学女性協会」と改称<br>10.19　「民主保育連盟」発足(羽仁説子)—52年解散<br>11.3　日本国憲法公布(47.5.3施行)—法の下の男女平等を規定<br>11.23　「日本産婆看護婦保健婦協会」発足(井上なつゑ)—47年「日本助産婦看護婦保健婦協会」、51年「日本看護協会」と改称<br>12.7　婦選会館竣工 |
| 1947<br>(昭和22) | | 1.15　「婦女に売淫させた者等の処罰に関する勅令」公布(勅令9号)<br>2.24　参議院議員選挙法公布施行<br>3.9　戦後初の国際婦人デー |

| 年号 | 内閣 | 事 項 |
|---|---|---|
| 1947<br>(昭和22) | 吉田茂Ⅰ | 3.31 教育基本法公布施行・学校教育法公布（4.1施行）―男女共学、6・3・3制実現など |
| | | 4.5、30 第1回統一地方選挙―町村長に5人（茨城県上野村長赤城ヒサ、岐阜県穂積村長松野友、千葉県神戸村長早川みた、秋田県中川村長沢口フク、他）、都道府県議会議員に22人、市区町村議会議員に771人の女性当選 |
| | | 4.7 労働基準法公布（9.1施行） |
| | | 4.17 地方自治法公布（5.3施行） |
| | | 4.20 第1回参議院議員通常選挙―女性10人当選 |
| | | 4.25 第23回衆議院議員総選挙―女性15人当選 |
| | | 4.26 「民主婦人協会」発足（山川菊栄ら）―のち「民主婦人連盟」と改称 |
| | | 4.30 国会法公布（5.3施行）、議院法廃止 |
| | | 5.2 女性初の中央官庁課長（厚生省労働基準局婦人児童課長）に谷野せつ |
| | | 5.3 日本国憲法施行 |
| | | 5.20 第1国会（特）召集 |
| | 片山哲 | 6.9 「日教組婦人部」発足（高田なほ子） |
| | | 9.1 労働省新設、婦人少年局長に山川菊栄、婦人課長に新妻イト、婦人労働課長に谷野せつ |
| | | 10.21 国家公務員法公布（48.7.1施行）―女性も国家公務員の資格取得 |
| | | 10.26 刑法改正公布（11.15施行）―姦通罪廃止 |
| | | 11.30 職業安定法公布（12.1施行）―性による差別撤廃 |
| | | 12.6 家事審判法公布（48.1.1施行） |
| | | 12.7 全国選挙管理委員会法公布（12.10施行） |
| | | 12.22 民法改正公布（48.1.1施行）―家族制度廃止 |
| | | 12.22 厚生省に児童局保育課設置、課長に吉見静江 |
| | | 12.25 「民主日本建設婦人大会」（共産党婦人部提唱） |
| 1948<br>(昭和23) | 芦田均 | 1.21 女性初の政務次官（司法）に榊原千代（衆・社会） |
| | | 3.7 新警察制度発足、国家公安委員会設置。女性初の国家公安委員に植村環 |
| | | 4.10 初の「婦人の日大会」（婦人の日協議会） |
| | | 4.19 「日本民主婦人協議会」発足（松岡洋子、勝目テル） |
| | | 7.13 優生保護法公布（9.11施行） |
| | | 7.15 教育委員会法公布施行 |
| | | 7.15 厚生省に医務局看護課設置、課長に保良せき |
| | | 8.14 「平和確立婦人大会」（新日本婦人同盟など） |
| | | 8.15 「平和確立婦人大会」（民婦協など） |
| | | 9.3 不良マッチ追放大会を機に「主婦連合会」発足（奥むめお） |
| | | 10.5 初の教育委員選挙（都道府県、5大市）、女性38人当選 |
| | 吉田茂Ⅱ | 11.1 農林省に農業改良局普及部生活改善課設置、課長に大森松代 |
| | | 12.5 沖縄婦人連合会発足 |
| 1949<br>(昭和24) | 吉田茂Ⅱ | 1.1 家庭裁判所設置 |
| | | 1.23 第24回衆議院議員総選挙―女性12人当選 |
| | 吉田茂Ⅲ | 4.10 「第2回婦人の日大会」（39団体）。政治的自由獲得の功労者として市川房枝、堺為子、平塚らいてうに感謝状贈呈 |
| | | 4.10～16 第1回婦人週間（労働省婦人少年局） |
| | | 5.2 「婦人団体協議会」発足（44団体）―50年休会声明 |
| | | 5.31 人権擁護委員会法公布（6.1施行） |
| | | 6.10 社会教育法公布施行 |
| | | 7.20 「婦人経済連盟」発足（竹内寿恵） |
| | | 8. 女性初の判事補に三淵嘉子 |
| | | 10.1 中華人民共和国中央政府成立 |
| | | 11.15 女性初の検事に門上千恵子 |
| 1950<br>(昭和25) | | 4.15 公職選挙法公布（5.1施行） |
| | | 6.4 第2回参議院議員通常選挙―女性5人当選 |
| | | 6.25 朝鮮戦争起こる |
| | | 6.26 「日本女性の平和への要望書」をダレス米国務省顧問に手渡す（上代たのら） |
| | | 7.12 「日本労働組合総評議会」（総評）発足 |
| | | 8.10 警察予備隊令公布施行 |
| | | 8.13 「日本婦人法律家協会」発足（久米愛）、95年「日本女性法律家協会」と改称） |
| | | 8. 「全国公立小中学校婦人校長会」発足（波頭タ子）―のち「全国公立小・中学校女性校長会」と改称 |
| | | 10.7 「婦人人権擁護同盟」発足（田辺繁子） |

第4部　女性参政年表

| 年　号 | 内閣 | 事　　　　　項 |
|---|---|---|
| 1950<br>(昭和25) | 吉田茂Ⅲ | 11.18　「全国婦人歯科医会」発足（向井英子）<br>11.29　「全国未亡人団体協議会」発足（涌井まつ）―82年「全国母子寡婦福祉団体協議会」と改称 |
| 1951<br>(昭和26) | | 3.20　「日本生活協同組合連合会」発足（賀川豊彦）<br>4.14　「全国農協婦人団体連絡協議会」発足（市川つや）―58年「全国農協婦人組織協議会」、<br>　　　95年「JA全国女性組織協議会」と改称<br>4.23,30　第2回統一地方選挙―町村長に4人、議員に961人の女性当選<br>5.4　「日本青年団協議会」発足（金星豊治）<br>9.3　「婦人少年局存続期成同盟」発足（市川房枝、神近市子、平林たい子ら）<br>9.5　「婦人少年局・児童局廃止反対協議会」発足（20団体）<br>9.8　対日講和条約調印、日米安全保障条約調印<br>11.2　「公娼制度復活反対協議会」発足（久布白落実）―勅令9号法制化運動<br>11.2　「婦人問題研究会」発足（加藤シヅエ）<br>12.19　「再軍備反対婦人委員会」発足（平塚らいてう、上代たの、市川房枝） |
| 1952<br>(昭和27) | 吉田茂Ⅳ | 2.27　破壊活動防止法案要綱発表―4.17国会提出<br>4.12　破防法反対婦人団体統一行動始まる<br>4.28　対日講和、日米安保両条約発効―日本独立<br>6.4　「公明選挙連盟」発足（村岡花子、市川房枝、坂西志保）<br>6.10　「汎太平洋東南アジア婦人協会日本委員会」発足（星野あい）―77年「日本汎太平洋東<br>　　　南アジア婦人協会」に改称<br>7.9　「全国地域婦人団体連絡協議会」発足（山高しげり）<br>8.1　労働省婦人少年室発足<br>9.11　「日本炭鉱主婦協議会」発足（野中ツマ）<br>10.1　第25回衆議院議員総選挙―女性9人当選<br>10.15　警察予備隊を保安隊に改組<br>10.20　「総評婦人協議会」発足（千葉千代世）<br>12.3　「売春禁止法制定促進委員会」発足―「公娼制度復活反対協議会」を改組<br>12.20　第7回国連総会で「婦人の参政権に関する条約」（以下「婦人参政権条約」）を採択<br>12.29　母子福祉資金貸付等に関する法公布（53.4.1施行） |
| 1953<br>(昭和28) | 吉田茂Ⅴ | 2.2～13　ILO第4回繊維産業委員会に初の女性の政府代表として谷野せつ出席<br>4.5　「日本婦人団体連合会」発足（平塚らいてう）<br>4.12　「第1回全国婦人会議」（労働省婦人少年局）<br>4.19　第26回衆議院議員総選挙―女性9人当選<br>4.24　第3回参議院議員通常選挙―女性10人当選<br>5.23～24　「第1回日本婦人大会」―のち母親大会に発展<br>6.5～11　「第1回世界婦人大会」（コペンハーゲン、67カ国、7,000人）<br>7.27　朝鮮戦争休戦<br>9.15　第8回国連総会で女性初の議長にインドのパンディットを選出<br>11.8　「衆参婦人議員団」発足（超党派で売春禁止法制定に協力） |
| 1954<br>(昭和29) | Ⅰ鳩山 | 1.15　「憲法擁護国民連合」発足<br>2.8　「売春禁止法制定期成全国婦人大会」（売春禁止法促進委員会）<br>3.1　第五福竜丸事件<br>3.8～4.16　「第1回婦人月間」（総評婦人協議会など）<br>4.2　「汚職をなくす婦人大会」（有権者同盟など）<br>4.18　「日本家族計画連盟」発足（加藤シヅエ）<br>4.19　「婦人発明家協会」発足（九重年支子）<br>4.21　「全国石炭鉱業労働組合主婦連合会」発足（野中政子）<br>4.28　「全鉱主婦協議会」発足（高橋きぬ）<br>5.9　主婦を中心に「原水爆禁止署名運動杉並協議会」発足―世界的な原水禁運動に発展<br>5.25　近江絹糸労組結成される―6.4「人権スト」突入、9.16妥結<br>6.3　教育2法改正公布（6.13施行）<br>6.9　自衛隊法・防衛庁設置法公布（7.1施行）<br>6.17　「（財）主婦会館」設立（奥むめお）―56.5.7開館<br>7.1　保安隊を陸・海・空自衛隊に改組<br>7.1　『婦人界展望』創刊―63年『婦人展望』、2000年『女性展望』と改題<br>10.6　「全日本仏教婦人連盟」発足（大谷智子）<br>11.13　「家族制度復活反対総決起大会」（家族制度復活反対連絡協議会、婦人法律家協会など<br>　　　30余団体） |
| 1955 | | 1.29　「公明選挙推進全国婦人中央会議」（全地婦連など13団体） |

98

| 年　号 | 内閣 | 事　　項 |
|---|---|---|
| 1955<br>(昭和30) | 鳩山一郎I | 2.19 「一票を生かす婦人大会」(婦団連など13団体) |
| | | 2.27 第27回衆議院議員総選挙—女性8人当選 |
| | | 3.17 「婦人有権者大会」(YWCAなど5団体) |
| | 鳩山一郎II | 4.1 国連で、沢田廉三国連大使が日本政府を代表して婦人参政権条約に署名、藤田たき同席(7.13批准) |
| | | 4.23、30 第3回統一地方選挙、議員に401人の女性当選 |
| | | 5.27 「日本助産婦会」発足(柘植あい)—2002年「日本助産師会」と改称 |
| | | 6.3 婦人参政権条約国会承認(7.13批准、10.11公布発効) |
| | | 6.7〜9 「第1回日本母親大会」—「日本母親大会連絡会」設置(河崎なつ) |
| | | 6.10 「売春禁止法制定促進関東大会」(売春禁止法制定促進委員会など25団体) |
| | | 6.12 「草の実会」発足(関根敏子) |
| | | 7.7〜10 「世界母親大会」(ローザンヌ、68カ国、1,060人) |
| | | 8.5 女子教育職員の産前産後の休暇中における学校教育の正常な実施の確保に関する法公布(56.4.1施行)—産休補助教員設置 |
| | | 8.6 「第1回原水爆禁止世界大会」(広島) |
| | | 8.25 「婦人参政10周年記念行事実行委員会」発足(市川房枝) |
| | | 9.30 「新生活運動協会」発足(前田多門) |
| | | 10.13 社会党統一大会 |
| | | 11.15 「普通選挙30周年・婦人参政10周年記念式典」(政府) |
| | 鳩山一郎III | 12.3 「婦人参政10周年記念旧婦選運動者懇談会」(婦人参政10周年記念行事実行委員会) |
| | | 12.17 「婦人参政10周年記念大会」(婦人参政10周年記念行事実行委員会) |
| 1956<br>(昭和31) | | 2.3〜5 初の「全日本婦人議員大会」(婦人参政10周年記念行事実行委員会) |
| | | 3.21〜22 「第1回部落解放全国婦人大会」(部落解放同盟中央青年婦人対策部) |
| | | 4.1 「全国保母会」発足(梅森幾美)—99年「全国社会福祉協議会全国保育士会」と改称 |
| | | 4.6〜11 婦人参政10周年記念「政治と暮し展覧会」(婦人参政10周年記念行事実行委員会) |
| | | 4.14〜15 「第1回働く婦人の中央集会」(総評婦人協議会) |
| | | 4.21 「家族制度復活反対総決起大会」(家族制度復活反対連絡協議会) |
| | | 5.18 「売春禁止法制定貫徹全国大会」(売春禁止法制定促進委員会) |
| | | 5.24 売春防止法公布(58.4.1全面施行) |
| | | 6.5 「売春禁止法制定促進委員会」を「売春対策国民協議会」に改組 |
| | | 6.14〜17 「第1回世界婦人労働者会議」(ブダペスト、44カ国、449人) |
| | | 6.30 地方教育行政の組織及び運営に関する法公布(10.1施行)—教育委員は任命制となる |
| | | 7.8 第4回参議院議員通常選挙—女性5人当選 |
| | | 10.19 日ソ国交回復共同宣言 |
| | | 10.19 「売春防止法完全実施要求国民大会」(売春対策国民協議会) |
| | | 12.3 「看護制度改悪反対決起全国大会」(日本看護協会) |
| | | 12.18 第11回国連総会で日本の加盟承認 |
| 1957<br>(昭和32) | 石橋湛山<br>岸信介I | 4.1 「婦人団体国会活動連絡委員会」(6団体)—65年「七婦人団体議会活動連絡委員会」と改称 |
| | | 4.28 茨城県小川町長に山西きよ一同町女性初 |
| | | 5.3 国連婦人の地位委員会委員国に日本初当選—委員に谷野せつ |
| | | 8.1 「国連NGO国内婦人委員会」発足(6団体)—72年改組、10団体と個人会員で組織(市川房枝) |
| | | 9.17 第12回国連総会、女性として初の政府代表代理に藤田たき |
| | | 11.15 「売春防止法完全実施・売春汚職追及国民大会」(売春対策国民協議会) |
| 1958<br>(昭和33) | | 3.16 米軍施政権下の沖縄の立法院選挙で初めて女性1人当選 |
| | | 3.25 婦人補導院法公布(4.1施行) |
| | | 4.10 「第1回婦選会議」(有権者同盟など6団体) |
| | | 4.11 国連「人身売買及び他人の売春からの搾取の禁止に関する条約」国会承認(7.30公布発効) |
| | | 4.26 「日本婦人科学者の会」発足(佐々木理喜子)—96年「日本女性科学者の会」と改称 |
| | | 5.22 第28回衆議院議員総選挙—女性11人当選 |
| | 岸信介II | 7.2 「衆参婦人議員団」を「衆参婦人議員懇談会」に改組 |
| | | 8.10 「全国婦人税理士連盟」発足(加藤愛子)—99年「全国女性税理士連盟」と改称 |
| | | 8.20〜31 「第8回汎太平洋東南アジア婦人協会国際会議」(東京、24カ国) |
| | | 10.8 警察官職務執行法改正案国会に提出 |
| | | 10.17 警職法改正反対で「人権を守る婦人協議会」発足(30団体) |
| | | 10. 社会教育法改正案国会に提出 |

| 年 号 | 内閣 | 事 項 |
|---|---|---|
| 1958<br>(昭和33) | 岸信介Ⅱ | 11.7 「社会教育法改正反対懇談会」発足（14団体） |
| | | 11. 「日本有職婦人クラブ全国連合会」発足（山主敏子）—94年「日本 BPW 連合会」と改称 |
| 1959<br>(昭和34) | | 1.21 「社会教育の自主性を守る全国代表者会議」（婦団連など約50団体） |
| | | 2.10 風俗営業等取締法改正公布（4.1施行）—深夜喫茶禁止 |
| | | 2.27 「社会教育法改正反対国会陳情大会」（約70団体） |
| | | 3.21 「日本女性同盟」発足（藤間身加栄） |
| | | 4.23、30 第4回統一地方選挙—議員に389人の女性当選 |
| | | 4.30 社会教育法改正公布施行—社会教育団体に補助金支給可能となる |
| | | 5.12 防衛2法公布施行 |
| | | 6.2 第5回参議院議員通常選挙—女性8人当選 |
| | | 7.20 「安保改定に反対する母と娘の大集会」（人権を守る婦人協議会） |
| | | 11.10 「選挙制度70年記念式典」（自治庁） |
| | | 11.28 「理想選挙普及会」発足（市川房枝）—71年「理想選挙推進市民の会」に改組（2009.1解散） |
| 1960<br>(昭和35) | | 1.19 ワシントンで改定安保条約調印 |
| | | 4.16 「安保批准阻止全国婦人大会」（人権を守る婦人協議会） |
| | | 6.15 安保反対国会デモで女子学生樺美智子死亡 |
| | | 6.19 新安保条約自然承認 |
| | 池田勇人Ⅰ | 7.19 初の女性大臣（厚生）に中山マサ（衆・自民） |
| | | 7.21 世界初の女性首相にセイロンのバンダラナイケ |
| | | 7.22 「総評主婦の会全国協議会」発足（桂田いそ子） |
| | | 11.2 「全日本婦人連盟」発足（中河幹子） |
| | | 11.9 「全国婦人相談員連絡協議会」発足（西村好江） |
| | | 11.20 第29回衆議院議員総選挙—女性7人当選 |
| 1961<br>(昭和36) | 池田勇人Ⅱ | 1.10 「全国発明婦人協会」発足（中山マサ） |
| | | 3. 『婦人の投票に関する世論調査—東京23区、昭和35年11月20日衆議院議員選挙』刊行（婦人問題研究所） |
| | | 4.13 「日本婦人教室の会」発足（赤松常子）—69年「日本民主婦人の会」と改称 |
| | | 4.20 「選挙法改正運動協議会」発足（18女性・青年団体） |
| | | 5.1 文部省社会教育局に婦人教育課設置、課長に外村テイ |
| | | 5.～6. 小児マヒの流行に対しソ連製予防生ワクチン輸入を要求する母親の運動広がる—6.21輸入決定 |
| | | 6.1 衆参婦人議員懇談会が推進した「酒に酔って公衆に迷惑をかける行為の防止等に関する法」公布（7.1施行） |
| | | 9. 米・ソの核実験再開に女性団体反対運動 |
| | | 10.11 「政暴法粉砕・石炭政策転換要求婦人決起大会」（人権を守る婦人協議会など約40団体） |
| | | 12.29 児童扶養手当法公布（62.1.1施行） |
| 1962<br>(昭和37) | （第2次改造） | 4.14 「日本婦人会議」発足（高田なほ子、田中寿美子、松岡洋子ら）—2003年「♪女性会議」と改称 |
| | | 4.14 「日本婦人問題懇話会」発足（山川菊栄）—2001.3閉会 |
| | | 7.1 第6回参議院議員通常選挙—女性8人当選 |
| | | 7.18 科学技術庁長官に近藤鶴代（参・自民） |
| | | 10.2 「（財）婦選会館」設立（市川房枝）—婦人問題研究所解消、11.15開館。83年「（財）市川房枝記念会」、2009年「（財）市川房枝記念会女性と政治センター」に改称。13年公益財団法人に移行 |
| | | 10.19 「新日本婦人の会」発足（平塚らいてうら） |
| 1963<br>(昭和38) | 池田勇人Ⅲ | 4.17、30 第5回統一地方選挙—議員に438人の女性当選 |
| | | 8.5～7 「第9回原水爆禁止世界大会」分裂（広島） |
| | | 11.21 第30回衆議院議員総選挙—女性7人当選 |
| | | 11.22 ケネディ米大統領暗殺 |
| 1964<br>(昭和39) | | 3.4 「生活改善実行グループ全国連絡研究会」発足（居神とみ子）—99年「全国生活研究グループ連絡協議会」と改称 |
| | | 4.19～20、4.26～27 「第9回はたらく婦人の中央集会」—この年から総評系、共産党系に分裂開催 |
| | | 6.20 「消費科学連合会」発足（三巻秋子） |
| | | 7.1 母子福祉法公布・施行 |
| | | 8. 米原子力潜水艦日本寄港に女性団体の反対運動起こる |
| | | 9.26 「全国教育女性連盟」発足（波頭夕子） |
| | | 10.10～24 第18回オリンピック東京大会 |

| 年号 | 内閣 | 事項 |
|---|---|---|
| 1964<br>(昭和39) | Ⅲ池田<br>佐藤栄作Ⅰ | 11.9　「全国更生保護婦人連盟」発足（三輪田繁子）—69年「全国更生保護婦人連盟」、2003年「日本更生保護女性連盟」と改称<br>11.12　「全日本労働総同盟」発足<br>11.18　「日本退職女教師連合会」発足（大橋広）<br>12.1　「消費者米価値上反対・生活を守る中央婦人集会」（婦人会議、新婦人など13団体） |
| 1965<br>(昭和40) |  | 2.17　「第1回内職大会」（総評主婦の会）<br>3.15　「公明選挙運動」を「明るく正しい選挙運動」と改称（中央選挙管理会など）<br>4.1　千葉県に長期婦人保護施設「かにた婦人の村」開設（深津文雄）<br>4.12　米国の北ベトナム爆撃（北爆）反対をライシャワー米大使に陳情（婦人国際平和自由連盟日本支部など6団体）<br>7.4　第7回参議院議員通常選挙—女性9人当選<br>8.18　母子保健法公布（66.1.1施行）<br>8.20　岐阜県福岡町長に伊藤美津—同町女性初<br>9.7　「家庭生活問題審議会」設置（家庭生活を課題とする最初の首相の諮問機関）<br>9.30　「婦人労働研究会」発足（渡辺華子）<br>10.15　「国民参政75周年・普選40周年・婦人参政20周年記念式典」（政府）<br>12.17　「婦人参政20周年記念集会」と「記念展示会」（七婦人） |
| 1966<br>(昭和41) |  | 1.12　「日本家庭生活問題研究協会」発足（野田卯一）—98年「日本家庭生活研究協会」と改称<br>5.24　「売春防止法制定10周年記念全国集会」（売春防止法制定10周年記念行事実行委員会）<br>5.　「紫青会（女性弁理士クラブ）」発足（井上清子）<br>6.30　風俗営業等取締法改正公布（7.1施行）—トルコ風呂規制<br>8.26　「家庭科教育研究者連盟」発足（矢島せい子）<br>10.17～19　"黒い霧"事件、国会で問題となる<br>10.28　「腐敗政治粛正市民集会」（有権者同盟など14団体）<br>11.22　「腐敗と汚職の自民党を糾弾し国会解散を要求する婦人集会」（婦人会議、新婦人など約9団体）<br>12.16　「腐敗政治粛正・政治資金に関し5政党にきく婦人集会」（七婦人）<br>12.20　住友セメント訴訟で、結婚退職制度に憲法違反の判決（東京地裁） |
| 1967<br>(昭和42) | 佐藤栄作Ⅱ | 1.29　第31回衆議院議員総選挙—女性7人当選<br>4.15、28　第6回統一地方選挙—議員に433人の女性当選<br>4.15　戦後初の革新知事（東京都）に美濃部亮吉<br>7.14　三井三池三川炭鉱の主婦ら、一酸化炭素中毒症特別措置法成立を要求し、145時間坑底に座り込む<br>7.14　ILO100号条約「同一価値の労働についての男女労働者に対する男女同一報酬に関する条約」国会承認（8.24批准、68.8.24発効））<br>8.15　「戦争はごめん婦人集会」（草の実会など）<br>8.21　女性初の公正取引委員会委員長に有賀美智子<br>9.3　「独身婦人連盟」発足（大久保さわ子）。2002.9.30解散<br>10.4　「婦人関係の諸問題に関する懇談会」設置（総理府）<br>11.7　第22回国連総会で「婦人に対する差別撤廃宣言」を採択 |
| 1968<br>(昭和43) |  | 3.1　「退職婦人教職員全国連絡協議会」発足（高田なほ子）<br>3.12　「明治百年をささえる婦人のつどい」（全日本婦人連盟など5団体）<br>3.27　「期待される家庭像」答申（家庭生活問題審議会）<br>5.1　日本電信電話公社で育児休職制度実施<br>5.9～15　世界キリスト教婦人矯風会第24回大会（東京、25カ国）<br>7.7　第8回参議院議員通常選挙—女性5人当選。参院選で女性の投票率が初めて男性を上回る<br>10.7　「主婦同盟」発足（上原京子）—75年「日本主婦同盟」と改称<br>10.16　「働く婦人の会」発足（平光レイ子）<br>11.26、12.4　婦人少年室廃止問題で衆参婦人議員懇談会が労相に申し入れ |
| 1969<br>(昭和44) |  | 1.23　自由民主党第22回党大会で婦人憲章採択<br>1.23　婦人少年室存続を労相に要望（七婦人）<br>5.1　文部省学校基本調査結果発表—小学校女子教員数50%を越す。女子の高校進学率（79.5%）が初めて男子を上回る<br>7.1　東急機関工業事件で女子若年定年制に初の無効判決（東京地裁）<br>8.　「栄養改善普及会全国誌友会」発足（望月美喜子）<br>10.10　「沖縄奪還・基地撤去・佐藤訪米阻止・反安保婦人集会」（婦民など7団体）<br>11.24　「新婦人協会創立50周年記念小集会」（婦選会館）<br>12.3　「全日本婦人連合会」発足（竹内茂代） |

第4部 女性参政年表

| 年　号 | 内閣 | 事　項 |
|---|---|---|
| 1969<br>(昭和44) | 佐藤栄作Ⅱ | 12.27　第32回衆議院議員総選挙—女性8人当選。衆院選で女性の投票率が初めて男性を上回る |
| 1970<br>(昭和45) | 佐藤栄作Ⅲ | 1.21　「チクロ追放消費者大会」(主婦連など5団体)<br>3.16　沖縄における売春防止法の早期制定を立法院に要望 (売春対策国民協会)<br>3.28　「新婦人協会創立50周年記念集会」と「記念展示会」(婦選会館)<br>5.10　勤労青少年福祉法公布施行<br>5.16　家内労働法公布 (10.1全面施行)<br>6.6　婦人民主クラブ第24回大会分裂<br>6.28　「婦人民主クラブ再建連絡委員会」発足 (色部百合子)—86年「婦人民主クラブ (再建)」と改称<br>7.10　沖縄で売春防止法公布 (全面施行は72.7.1)<br>8.22〜23　「侵略—差別と闘うアジア婦人会議」(松岡洋子ら)<br>8.26　男女平等の憲法改正 (ERA) 促進のためアメリカ各地で女性デモ (約10万人)<br>8.28　「全国無認可保育所連絡協議会準備会」発足 (鈴木郁子)<br>9.11　カラーテレビ買い控え決議 (主婦連など5団体)<br>11.14　日本初のウーマン・リプ討論会「性差別への告発」開催 (亜紀書房)<br>11.15　復帰前の沖縄で初の国政 (衆・参) 選挙—女性の投票率が男性を上回る<br>12.17　「婦選獲得25周年記念集会」(有権者同盟など22団体) |
| 1971<br>(昭和46) | | 3.18　「(財) 全国婦人会館」落成 (4.16開館、山高しげり)<br>4.10　婦人参政25周年記念式典 (労働省)<br>4.11、25　第7回統一地方選挙—議員に450人の女性当選<br>5.27　児童手当法公布 (72.1.1施行)<br>6.15　再販制度についての各党の回答を公表 (全地婦連など)<br>6.27　第9回参議院議員通常選挙—女性8人当選<br>7.27　「議員定数不均衡は憲法違反」と女性・青年団体172人が行政訴訟提訴 (東京高裁)<br>8.10　「沖縄婦人の問題解決を要求する中央集会」(沖縄婦人の要求を解決する行動委員会、婦人会議など約20団体)<br>8.28　「国際婦人教育振興会」発足 (石井幾久子)<br>11.　沖縄返還協定批准反対の運動、広がる<br>12.22　沖縄返還協定承認 |
| 1972<br>(昭和47) | 田中角栄Ⅰ | 2.17　「あごら」発足 (斎藤千代)—2012.9.20休刊<br>4.11　「沖縄の売春ととりくむ会」発足 (市川房枝、田中寿美子、藤原道子)<br>4.18　外務省公電漏えい事件で「蓮見さんのことを考える女性の会」開く (谷民子)<br>5.15　沖縄本土復帰<br>6.14　「中絶禁止法に反対しピル解禁を要求する女性解放連合」結成 (榎美沙子)<br>6.15　女性初の裁判所長 (新潟家裁) に三淵嘉子<br>6.22　「婦人に関する諸問題調査会議」発足 (総理府)<br>7.1　勤労婦人福祉法公布施行<br>9.30　「リブ新宿センター」発足 (田中美津)<br>12.10　第33回衆議院議員総選挙—女性7人当選 |
| 1973<br>(昭和48) | 田中角栄Ⅱ | 1.22　売春対策国民協会及び沖縄の売春ととりくむ会が合同し「売春問題ととりくむ会」発足 (市川房枝、藤原道子、山高しげり)—86年「売買春問題ととりくむ会」と改称、2016年「性搾取問題ととりくむ会」と改称、18年解散<br>2.16　「働く母・未婚の母差別裁判に抗議する会」発足 (市川房枝、一番ケ瀬康子ら)<br>3.26　「優生保護法改悪案再提出を阻止する東京集会」(侵略＝差別と闘うアジア婦人会議など約20団体)<br>5.14　小選挙区制反対を首相に申し入れ (有権者同盟など16団体)<br>8.8　「日本国連婦人連合会」発足 (小坂益子)<br>12.10　人権関係諸条約の批准を政府・政党に要求 (国連NGO国内婦人委員会など17団体)<br>12.22　閣議、石油問題で緊急事態告示 |
| 1974<br>(昭和49) | | 1.26　「家庭科の男女共修をすすめる会」発足 (市川房枝、和田典子ら)<br>3.　「婦人に関する諸問題の総合調査」発表 (婦人に関する諸問題調査会議)<br>4.1、15　女性初の高裁判事に大城光代 (福岡高裁那覇支部) と野田愛子 (東京高裁)<br>4.10　女性初の地裁裁判長に寺沢光子 (東京地裁)<br>4.18　靖国法案強行可決に反対声明 (矯風会など15団体)<br>5.11　「刑法改悪に反対する婦人会議」発足 (有権者同盟など)<br>5.18　「日本消費者連盟」発足 (竹内直一)<br>6.1　「全国無認可保育所連絡協議会」発足 |

第4部　女性参政年表

| 年　号 | 内閣 | 事　　　　　　項 |
|---|---|---|
| 1974<br>(昭和49) | 田中角栄Ⅱ | 6.28　「日本カトリック婦人団体連盟」発足（本間たか子）—93年「日本カトリック女性団体連盟」と改称<br>7.7　第10回参議院議員通常選挙—女性8人当選<br>10.28　「全国保育要求統一決起集会」（全国無認可保育所連絡協議会など約20団体）<br>11.29　「第1回合成洗剤追放全国集会」（日本消費者連盟など60団体）<br>12.18　「国際婦人年日本大会実行委員会」を呼びかけ（国連NGO国内婦人委員会） |
| 1975<br>(昭和50) | 三木武夫 | 1.13　「国際婦人年をきっかけとして行動を起こす女たちの会」発足（市川房枝、田中寿美子ら）—86年「行動する女たちの会」と改称<br>1.19　首相がメッセージ「国際婦人年にあたって」を発表<br>1.29　「国際婦人年日本大会実行委員会」発足（41団体）<br>4.13、17　第8回統一地方選挙—議員に519人の女性当選<br>4.30　ベトナム戦争終結<br>6.7　国際婦人年記念シンポジウム「現代における日本の婦人問題を考える」（国連NGO国内婦人委員会）<br>6.13　衆院社労委で国際婦人年にちなんで初めて女性問題の集中審議<br>6.17〜18　衆参両院本会議で、国際婦人年にあたり婦人の社会的地位の向上をはかる決議を採択<br>6.19〜7.2　国際婦人年世界会議（メキシコシティ、133カ国、約3,000人）。世界行動計画などを採択。同時に民間集会「トリビューン」開催<br>6.24　「政治資金規正法、公職選挙法改悪に反対する市民集会」（理想選挙の会など25団体）<br>6.25　第60回ILO総会で「婦人労働者の機会及び待遇の均等に関する宣言」「婦人労働者の機会及び待遇の均等を促進するための行動計画」を採択<br>7.11　義務教育諸学校等の女子教育職員及び医療施設、社会福祉施設等の看護婦、保母等の育児休業に関する法公布（76.4.1施行）<br>7.15　公職選挙法改正公布（10.14施行）、政治資金規正法改正公布（76.1.1施行）—政治団体の収支公開の強化など<br>8.29　伊豆シャボテン公園事件で定年制男女差別無効確定（最高裁）<br>9.23　総理府に「婦人問題企画推進本部」（本部長・内閣総理大臣）設置を閣議決定。また婦人問題企画推進会議の設置も決定（事務局は総理府婦人問題担当室。初代室長は久保田真苗）<br>9.　総理府、初の男女平等に関する調査の結果を発表—約6割が職場で不平等、と回答<br>10.20〜24　国際婦人年世界大会（東ベルリン、国際民主婦人連盟など、140カ国、約2,000人）<br>10.22　「国民参政85周年、普選50周年、婦人参政30周年記念式典」（政府）<br>10.27　ハウス食品CM「わたし作る人、ぼく食べる人」放映中止—男女役割を固定すると行動を起こす会が中止を申し入れた結果<br>11.5〜6　「国際婦人年記念日本婦人問題会議」（政府）<br>11.22　「国際婦人年日本大会」開催、同大会決議を採択（市川房枝、41団体）<br>12.1　「国際婦人年日本大会の決議を実現するための連絡会」発足—日本大会加盟団体の代表が個人の資格で組織。80年団体加盟に改組。2001年「国際婦人年連絡会議」と改称<br>12.9　国際婦人年日本大会の決議の実現を首相他に面会、申し入れ（婦人年連絡会）<br>12.15　第30回国連総会で国際婦人年世界会議で採択された世界行動計画などを承認、76〜85年の10年間を「国連婦人の十年」と決定 |
| 1976<br>(昭和51) | | 1.15　ILO事務局長補に高橋展子<br>2.4　米ロッキード社からの航空機販売のための巨額工作献金発覚<br>2.19〜21　初の全国無所属婦人議員大会（市川房枝、婦選会館など）<br>4.1　女性初の公使（国連代表部）に緒方貞子<br>4.10　「婦人参政権行使30周年記念大会」（市川房枝、47団体）<br>4.14　衆院議員選挙議員定数不均衡訴訟（72年12月執行）で違憲判決（最高裁）—選挙は有効<br>5.14　「ロッキード疑獄の真相糾明を要求する婦人実行委員会」発足（有権者同盟、主婦連など14団体）<br>6.15　民法等改正公布施行—離婚後における婚氏続称制度の新設<br>7.1　「（財）明るい選挙推進協会」発足<br>7.12　「女性の権利に関する特別委員会」発足（日弁連）<br>7.27　ロッキード事件で田中角栄前首相を逮捕<br>9.〜10.　第26回国連婦人の地位委員会で女子差別撤廃条約案などを審議<br>10.5　「雇用における男女の機会均等と待遇の平等の促進に関する建議」を労相に提出（婦人少年問題審議会）<br>10.5　家庭科の男女共修を文相に面会、申し入れ（婦人年連絡会） |

第4部　女性参政年表

| 年　号 | 内閣 | 事　　　項 |
|---|---|---|
| 1976<br>(昭和51) | 三木武夫 | 10.7　教育課程審議会で「家庭科の女子のみ必修現行どおり」と決定<br>11.5　「第1回日本婦人問題会議」(労働省)<br>11.6　婦人問題企画推進会議が意見書発表<br>12.5　第34回衆議院議員総選挙―女性6人当選 |
| 1977<br>(昭和52) | 福田赳夫 | 1.17　日本大会決議実現を首相に面会、要望(婦人年連絡会)<br>1.25　福島県棚倉町長に藤田満寿恵―同県女性初<br>1.27　「国内行動計画」を決定(婦人問題企画推進本部)<br>3.1　「アジアの女たちの会」発足(富山妙子ら)<br>3.5　「政府決定の国内行動計画に不満を表明する婦人集会」(37団体)<br>3.15　児童福祉法施行令改正施行―男性も保育職員に<br>3.　3月3日を「婦人の日」として祝日にする自民党の動きに党内女性議員などから異議続出、見送り<br>4.1　中ピ連、「日本女性党」を政治団体として届け出(榎美沙子)<br>5.30〜6.3　「第16回国際看護婦協会大会」(東京)―アジアで初の開催<br>6.13　「若年定年制結婚退職制等改善年次計画」を策定(労働省)<br>6.14　「婦人の政策決定参加を促進する特別活動推進要綱」決定(婦人問題企画推進本部)<br>7.10　第11回参議院議員通常選挙―女性8人当選<br>7.23　小中学校学習指導要領改定で「技術・家庭」1領域の男女共修が義務づけられる<br>7.　『婦人の政策決定参加を促進する特別活動関係資料』第1回報告書(婦人問題企画推進本部)<br>7.　「農村婦人の家」設置を開始(農林水産省)<br>8.10〜15　「第20回婦人国際平和自由連盟国際大会」(東京、22カ国)<br>10.20　「国立婦人教育会館」開館(埼玉県嵐山町、初代館長縫田曄子)<br>11.3　「国内行動計画前期重点目標」発表(婦人問題企画推進本部) |
| 1978<br>(昭和53) | | 1.10　『婦人の現状と施策』第1回報告書(総理府)<br>1.31　「冨士茂子さんの無実を明らかにする市民の会」発足(市川房枝)<br>3.1　国連婦人の地位向上部長に久保田真苗<br>3.7　総務長官、3月3日を「婦人の日」として祝日にすることの検討指示―女性議員ら反発<br>4.11　衆参両院の超党派議員からなる「国連婦人の十年推進議員連盟」発足(山口シヅエ、169人)<br>6.12　第1回国連軍縮特別総会で、田中里子が日本代表として核兵器完全禁止を訴える演説<br>7.22　高校学習指導要領案で「男子が家庭科を選択して履修する場合」が配慮される<br>7.24〜26　初の「国際女性学会78東京会議」(国際女性学会)<br>8.1　総理府婦人問題企画推進本部ニュース『えがりて』創刊<br>8.12　日中平和友好条約調印<br>9.25　「私たちの男女雇用平等法をつくる会」発足<br>11.20　労相に「男女平等法制定と女子に対する保護規定の削除」を提唱(労働基準法研究会)<br>11.20　「国際児童年・子どもの人権を守る連絡会議」発足(羽仁説子) |
| 1979<br>(昭和54) | 大平正芳I | 12.16　5野党出席による「政党に聞く―女性が働くための政策は」開催(行動を起こす会)<br>1.26　国連婦人の十年中間年世界会議の日本での開催などを首相に面会、要望(婦人年連絡会)<br>3.19　「家庭基盤充実研究グループ」発足(首相の私的ブレーン)<br>3.22　労働基準法の女子保護条項廃止反対についてのアピール(市川房枝ら91人)<br>4.8,22　第9回統一地方選挙―議員に534人の女性当選<br>6.5　女子労働に関する労働基準法研究会報告に対し政府・関係審議会へ意見書(婦人年連絡会)<br>6.13　85年世界会議の日本開催と、婦人問題対策強化を総務長官に申し入れ(国連婦人の十年推進議員連盟)<br>6.18　「日本女性学会」発足(渥美育子ら)<br>6.21　国際人権規約批准<br>8.23　女性タクシー運転手の組織「ひまわり会」、労働省に労基法の深夜業制限除外に女性タクシー運転手の業務を加えるよう陳情<br>8.27　ロッキード疑惑で「汚職に関係した候補者に投票をしない運動をすすめる会(ストップ・ザ・汚職議員の会)」発足(市川房枝、17団体)<br>10.7　第35回衆議院議員総選挙―女性11人当選<br>11.5〜9　「国連婦人の十年中間年世界会議のためのESCAP地域政府間準備会議」(ニューデリー) |
| | 大平正芳II | 11.10　「女たちは労基法改悪を阻止するぞ！決起集会」(婦民など9団体)<br>11.17　「世界の飢えた子どもたちに私たちの1日分のおやつ代を」運動―カンパ1億円をカンボジアの子どもに贈る(全地婦連)<br>11.21　「国連婦人の十年中間年日本大会実行委員会」発足(48団体) |

| 年号 | 内閣 | 事　項 |
|---|---|---|
| 1979<br>(昭和54) | 大平正芳Ⅱ | 12.18　第34回国連総会で「女子に対するあらゆる形態の差別の撤廃に関する条約（女子差別撤廃条約）」を採択 |
| 1980<br>(昭和55) | | 1. 4　「男女平等問題専門家会議」発足（労働省） |
| | | 1.24　「家庭の日に関する懇談会」発足（総理府総務長官の私的諮問機関） |
| | | 2.10　女性初の社会党副委員長に田中寿美子（参） |
| | | 3.29　女性初の大使（デンマーク）に高橋展子 |
| | | 4. 1　女性初の国立大学研究所長（東京大学東洋文化研究所）に中根千枝 |
| | | 5. 1　女性初の最高裁調査官に伊藤瑩子 |
| | | 5.15　全国友の会創立50周年記念行事 |
| | | 5.17　民法等改正公布―配偶者の相続分が3分の1から2分の1へ（81.1.1施行） |
| | 鈴木善幸 | 6.16　女子差別撤廃条約の署名を外務省・総理府へ申し入れ（国連婦人の十年中間年日本大会実行委員会） |
| | | 6.19　女子差別撤廃条約の署名に関する要望書を首相に提出（婦人問題企画推進会議） |
| | | 6.22　第36回衆議院議員・第12回参議院議員同日選挙―女性は衆議院9人、参議院9人当選 |
| | | 6.27　女子差別撤廃条約の署名式への参加、署名を申し合わせ（婦人問題企画推進本部） |
| | | 7.14～30　国連主催の国連婦人の十年中間年世界会議（コペンハーゲン、145カ国、約1,300人）―「国連婦人の十年後半期行動プログラム」採択。女子差別撤廃条約の署名式に日本も参加。14～24日、民間集会「フォーラム」も開催 |
| | | 10.13　「靖国神社法案について各党の意見をきく会」（七婦人） |
| | | 10.31　「国連婦人の十年中間年全国会議」（婦人問題企画推進本部） |
| | | 11.22　「国連婦人の十年中間年日本大会」（48団体） |
| | | 11.30　女性初の学術会議会員に猿橋勝子当選 |
| | | 12. 7　「戦争への道を許さない女たちの集会」―翌日、「戦争への道を許さない女たちの連絡会」発足 |
| | | 12. 8　「12・8武器はいらない、平和を守る母親集会」（日本母親大会連絡会） |
| 1981<br>(昭和56) | | 2.17　「国連婦人の十年後半期に向けて」の意見書を首相に提出（婦人問題企画推進会議） |
| | | 2.21　高等学校家庭科の女子のみ必修について意見書（日弁連） |
| | | 2.27　東京・中野区で全国初の教育委員準公選 |
| | | 3. 2　観光買春防止対策強化を首相に要望（売春対策審議会） |
| | | 3.18　公職選挙法改悪反対、定数是正で国会へ要請（有権者同盟） |
| | | 3.24　日産自動車事件で男女定年格差に違憲判決（最高裁） |
| | | 5. 3～5　「ベビーホテル問題緊急シンポジウム」（全国保育問題研究協議会） |
| | | 5.15　「国連婦人の十年国内行動計画後期重点目標」策定（婦人問題企画推進本部） |
| | | 6.11　母子福祉法改正公布（82.4.1施行）―母子及び寡婦福祉法と改称など |
| | | 6.15　児童福祉法改正公布（6.25施行）―ベビーホテルなどに対し立ち入り調査権限 |
| | | 6.23　第67回ILO総会で「家族的責任を有する労働者である男女労働者の機会均等及び平等待遇に関する条約」（家庭的責任平等条約）（156号）、同勧告（165号）を採択 |
| | | 7. 9　神戸商船大学、82年度入試から女子の受験も認めることに決定。これにより国立大学のすべてが女子に門戸開放 |
| | | 7.10　女子差別撤廃条約早期批准を総務長官へ申し入れ（国連婦人の十年推進議員連盟） |
| | | 8.10　首相に「天皇・首相等の靖国神社公式参拝反対」の申し入れ（YWCAなど101団体） |
| | | 8.15　初の「反戦マラソン演説会」（戦争への道を許さない会） |
| | | 9. 3　女子差別撤廃条約発効 |
| | | 9.17　育児休業制度法制化に反対決議（日経連） |
| | | 10. 1　「パートバンク」設置（労働省） |
| | | 10. 3　交通事故死した8歳女子の損害賠償請求訴訟で男女の逸失利益格差をならした2審判決を追認（最高裁） |
| | | 11.12　行財政改革で女性へのしわよせを行なわないこと、女性関係行政機構の強化拡充などでを首相に面会、要望（婦人年連絡会） |
| 1982<br>(昭和57) | | 1.29　首相に女子差別撤廃条約批准のための国内法改正、婦人関係行政改善などを要望（国連婦人の十年推進議員連盟） |
| | | 2. 3　「第2回国連軍縮特別総会に向けて『婦人の行動』を広げる会」発足（全地婦連など） |
| | | 2.26　女性漁業従事者6人、漁業共同組合への加入を求める組合員地位確認請求訴訟で加入申し入れを承認するよう判決（福岡地裁） |
| | | 3. 5　「参議院全国区比例代表制に反対する市民集会」（選改協） |
| | | 3.15　厚相、国会で中絶可能要件から「経済的理由」を削除する優生保護法改正の意向を示す |
| | | 4.10　「私たちの1票で平和を築く婦人のつどい」（第2回国連軍縮特別総会に向けて婦人の行動を広げる会） |

第4部　女性参政年表

| 年　号 | 内閣 | 事　項 |
|---|---|---|
| 1982<br>(昭和57) | 鈴木善幸 | 4.16　「女子差別撤廃条約に関する委員会（CEDAW）」発足（国連）<br>4.23　旅行業法改正公布（83.4.1施行）—買春ツアーへの旅行業者の関与禁止<br>5.15　「全国婦人保護事業推進会議」発足（中野ツヤ）<br>6.29　「選ぶ自由を奪うな！市民集会」で参院全国区制改悪反対（有権者同盟など19団体）<br>7.1　全地婦連が「ファミリー・サービス・クラブ」を発足（労働省の補助事業）<br>7.16　「男女平等法制化準備室」発足（労働省）<br>8.2　優生保護法の一部改正に反対する声明（日本家族計画連盟）<br>8.24　公職選挙法改正公布—参議院の全国区制を廃止し比例代表制を導入<br>8.29　「82優生保護法改悪阻止連絡会」発足（行動を起こす会など）—96年「SOSHIREN 女（わ<br>　　　たし）のからだから」と改称<br>8.30　「優生保護法改正阻止連絡協議会」発足（日本家族計画連盟など10団体）<br>9.16　「5政党の婦人政策をきく会」（婦人年連絡会）<br>9.25　総理府婦人問題担当室及び労働省婦人少年局の廃止反対を関係省庁に申し入れ（婦人<br>　　　年連絡会）<br>11.3　「82優生保護法改悪反対集会」—東京・京都・大阪で開催（阻止連など）<br>11.12　「池子米軍住宅建設に反対して自然と子供を守る会」発足（杉浦直子）<br>11.23〜12.3　第4回ユネスコ特別総会で13の主要事業計画に分散していた女性の地位に関す<br>　　　る計画を一つに統合 |
| | 中曽根康弘I | 12.3　第37回国連総会で「国際平和と協力促進への婦人の参加に関する宣言」を採択<br>12.28　衆参婦人議員懇談会、全員一致で優生保護法改正反対決議 |
| 1983<br>(昭和58) | | 1.13　優生保護法改正反対を厚相に申し入れ（婦人年連絡会）<br>1.28　「つぶせ改悪！国会上程を許すな連続討論集会」（阻止連）<br>2.8　「優生保護法改正をすすめる生命尊重国会議員連盟」発足（自民党国会議員302人参加）<br>2.14　優生保護法改正反対請願街頭署名運動（七婦人）<br>3.7　厚生省及び国会議員と優生保護法改正について意見交換会（婦人年連絡会）<br>3.8〜13　優生保護法改正に反対し120時間リレーハンスト（阻止連）<br>3.13　「優生保護法改悪阻止3.13大集会—つぶせ改悪・許すな国会上程！」（阻止連など約80団体）<br>3.18　「高齢化社会をよくする女性の会」発足（樋口恵子）—94年「高齢社会をよくする女性<br>　　　の会」と改称<br>3.23　優生保護法改正慎重派「母性の福祉を推進する議員連盟」発足（田沢吉郎、森山真弓ら<br>　　　自民党国会議員75人加盟）<br>3.26　女子差別撤廃条約の早期批准と国内行動計画の推進について首相に面会、要望（婦人<br>　　　年連絡会）<br>3.　優生保護法改正案の第98回国会提出を断念（厚生省）<br>4.10、24　第10回統一地方選挙—議員に682人の女性当選<br>4.27　参院地方区選挙無効請求訴訟（'77年7月執行）で最大格差5.26を合憲とする判決（最高裁）<br>4.28　三重県鈴鹿市職員男女の昇格・賃金差別訴訟控訴審判決で職員の昇給は任命権者の裁<br>　　　量権の範囲として1審判決を破棄（名古屋高裁）—85.3.26和解成立<br>5.20　「アジア女子労働者交流センター」発足（塩沢美代子）<br>6.17　「優生保護法改悪阻止集会」（阻止連）<br>6.18　「日仏女性資料センター」発足（林瑞枝）<br>6.26　第13回参議院議員通常選挙—女性10人当選。比例代表制導入<br>9.1　「東京・強姦救援センター」発足<br>9.13　ロッキード事件の田中角栄元首相への判決を前に請願運動（ストップ・ザ・汚職議員の会）<br>9.28　男女雇用平等法の法制化に反対の立場を言明（日経連）<br>10.6　男女雇用平等法をめぐり日経連へ申し入れ（婦人年連絡会）<br>10.12　田中角栄元首相にロッキード事件で懲役4年の実刑判決<br>10.22　「真に役立つ男女雇用平等法をつくらせよう10.22集会」（婦人会議など）<br>11.10〜12.24　男女雇用平等法制定で労働省脇に座り込み（総評）<br>11.15　市川房枝基金を創設（市川記念会）<br>11.24　全金タケダシステム生理休暇手当減額訴訟判決で労働者にとって不利益な労働条件の<br>　　　変更であっても合理的な理由があれば許されると2審判決破棄（最高裁）<br>12.18　第37回衆議院議員総選挙—女性8人当選 |
| 1984<br>(昭和59) | 中曽根康弘II | 1.21　「家庭科が危ない1.21集会」（家庭科の男女共修をすすめる会）<br>1.26　各政党に田中元首相辞職勧告案提出と政治浄化の具体策を要望（ストップ・ザ・汚職<br>　　　議員の会）<br>1.30　女子差別撤廃条約早期批准に関する要望書を首相に提出（婦人問題企画推進会議）<br>2.2　男女雇用平等法をめぐり意見書を労相に提出（日弁連） |

106

| 年 号 | 内閣 | 事 項 |
|---|---|---|
| 1984<br>(昭和59) | 中曽根康弘Ⅱ<br><br>(第1次改造) | 2.7 女子差別撤廃条約批准へむけて法制度整備要望（国連婦人の十年推進議員連盟）<br>2.18 「女子差別撤廃条約批准促進集会」（婦人年連絡会）<br>2.25 「企業の平等法くずしを許すな！2.25集会」（行動を起こす会など3団体）<br>3.2 セックス産業規制法制化（風営法）の動きについて警察庁等に要望書（売春問題とと<br>りくむ会）<br>3.16 「男女雇用平等法に対する考え方」発表（経済同友会）<br>3.26〜30 「国連婦人の十年世界会議のためのESCAP地域政府間準備会議」（東京、34カ国）<br>3.27〜28 「ESCAP—NGO交流会」（婦人年連絡会）<br>4.5 実効ある男女雇用平等法の国会提出を求め労相に申し入れ（総評・同盟など労働団体）<br>4.14 「母性保護きりすての労基法改悪に反対—4.14中央総決起集会」（はたらく婦人の中央<br>集会実行委）<br>5.14 男女雇用機会均等法案国会提出<br>5.25 国籍法・戸籍法改正公布（85.1.1施行）—父母両系血統主義を採用<br>6.1 「実効ある男女雇用平等法を実現させる6.1全国決起集会」（総評）<br>6.4 「家庭科教育に関する検討会議」発足（文部省）<br>6.8 文相に家庭科の男女共修の実現を要請して1万2,000筆の署名を提出（家庭科の男女共<br>修をすすめる会）<br>6.15 「均等法案について政党の意見を聞く会」（婦人年連絡会）<br>7.1 労働省婦人少年局が再編され婦人局に<br>7.3 社会・公明・民社・社民連、「男女雇用平等法案」を衆院に提出<br>7.21〜22 「日本女性会議84なごや」開催—地方自治体による初の全国レベル女性会議<br>7.27 「雇用の分野における男女の均等な機会及び待遇の確保を促進する労働省関係法律の<br>整備等に関する法律案」衆院を通過、参院で継続審議となる<br>8.14 風俗営業等取締法改正公布（85.2.13施行）—風俗営業を届け出制とするなど<br>10.31 インドのインディラ・ガンジー首相暗殺<br>11.1 環境庁長官に石本茂（参・自民）<br>11.22 「国連婦人の十年世界会議に向けての全国会議」（婦人問題企画推進本部）<br>11.25 「けっとばせ均等法・労基法改悪！11.25集会」（効力ある平等法を！女も男も連帯委<br>員会）<br>12.13 「家庭科教育に関する検討会議」に男女共修を申し入れ（婦人年連絡会）<br>12.16 「年金問題について7政党との意見交換会」（婦人年連絡会）<br>12.19 家庭科教育のあり方について「男女とも必修か選択」と提言（家庭科教育に関する検<br>討会議） |
| 1985<br>(昭和60) | | 2.23 「労基法改悪反対・実効ある男女雇用平等法の制定を求める中央決起集会」（婦民など<br>200団体）<br>2.24 「児童扶養手当改悪絶対阻止2.24集会」（児童扶養手当の切り捨てを許さない連絡会）<br>3.10 「男だってほしいもん！育児時間3.10集会」（男も女も育児時間を！連絡会など）<br>3.24 「通してたまるか均等法・労基法改悪、怒りの春3.24全国大集会」（効力ある平等法を！<br>女も男も連帯委員会）<br>3.27 「労働基準法改悪阻止、実効ある男女雇用平等法を実現させる3.27全国総決起集会」（総<br>評）<br>3.28 岩手銀行女性行員の家族手当請求訴訟で共働き女性への家族手当支給の制限は男女同<br>一賃金に反し違法と判決（盛岡地裁）<br>3.29 「各政党に政治倫理回復問題を問う集会」（ストップ・ザ・汚職議員の会）<br>4.1 東京都田無市が男子職員にも育児時間を認める条例改正施行—全国の自治体で初<br>4.1 生活保護基準額の男女差解消される<br>4.5 女子差別撤廃条約批准承認案件の国会提出を閣議決定<br>4.5 「ストップ・ザ・警察国家！拘禁2法反対4.5集会」（司法連絡会）<br>4.8 「女性による民間教育審議会」発足（俵萌子）<br>5.1 国民年金法等改正公布（86.4.1施行）—女性の年金権の確立が一つの柱<br>5.15〜17 「看護教育100周年記念式」（日本看護協会）<br>6.1 雇用の分野における男女の均等な機会及び待遇の確保を促進するための労働省関係法<br>律の整備等に関する法公布（86.4.1施行）—勤労婦人福祉法を「雇用の分野における<br>男女の均等な機会及び待遇の確保等女子労働者の福祉の増進に関する法律（男女雇用<br>機会均等法）」に改正及び労働基準法の一部を改正<br>6.7 児童扶養手当法改正公布（8.1施行）<br>6.17 「婦人問題の将来展望と対策」について首相に報告（婦人問題企画推進会議）<br>6.25 女子差別撤廃条約を批准、批准書を来日中の国連事務総長に寄託（7.25発効） |

第4部 女性参政年表

| 年 号 | 内閣 | 事　　項 |
|---|---|---|
| 1985<br>(昭和60) | 中曽根康弘II | 6.27　第71回 ILO 総会で「雇用における男女の均等な機会及び待遇に関する決議」を採択 |
| | | 7.5　労働者派遣事業の適正な運営の確保及び派遣労働者の就業条件の整備等に関する法公布（86.7.1施行） |
| | | 7.9　徳島ラジオ商事件の再審で冨士茂子に無罪判決（徳島地裁） |
| | | 7.15〜26　国連主催の国連婦人の十年世界会議（ナイロビ、157カ国、約5,000人）―「婦人の地位向上のためのナイロビ将来戦略」を採択。10〜19日、民間会議「フォーラム85」も開催 |
| | | 10.14　西暦2000年に向けての全国会議（総理府）―初の婦人関係功労者表彰式 |
| | | 10.31　男女雇用機会均等法・改正労働基準法の指針・省令案を婦人少年問題審議会に諮問（労働省） |
| | | 11.1〜10　初のパートタイム労働旬間、『パートタイム労働の現状』を発表（労働省） |
| | | 11.8　「国連婦人の十年推進議員連盟」が「国連婦人2000年推進議員連盟」と改称 |
| | | 11.19　国民参政95周年、普選60周年、婦人参政40周年式典（政府） |
| | | 11.22　「国連婦人の十年日本大会」（婦人年連絡会） |
| | | 12.6　「『国家秘密法』に反対する緊急市民集会」（主婦連など11団体） |
| | | 12.9　均等法の省令・指針案に関する要望書を労相に提出（日本看護協会） |
| | | 12.12　緊急対話集会「どうする！抜本是正―各党に定数是正国会対策をきく」（1票の価値の平等を求める会） |
| | | 12.14　「母子保健法改悪を許すな！12.14全国総決起集会」（母子保健法改悪に反対し母子保健のあり方を考える全国連絡会） |
| | | 12.16　離婚制度研究会が離婚が子供の成長に及ぼす影響などの報告書を公表（厚生省） |
| | | 12.22　「内閣制度創始100周年記念式典」（政府） |
| | | 12.27　男女雇用機会均等法・改正労基法の指針・省令案要綱について労相に答申（婦人少年問題審議会） |
| 1986<br>(昭和61) | 中曽根康弘III | 1.8　ピル認可を求め要望書を厚生省に提出（日本家族計画連盟） |
| | | 1.17　婦人問題企画推進本部の設置存続を閣議決定―構成各省庁を全省庁に拡大 |
| | | 2.3　「パートタイマー全国交流会」（総評）―正社員との労働条件格差解消をアピール |
| | | 2.26　「国家秘密法を許さない婦人のつどい」（自由法曹団婦人部など） |
| | | 3.20　来日アジア女性緊急避難施設「HELP」発足（矯風会） |
| | | 3.24　婦人問題企画推進会議に代わり、婦人問題企画推進有識者会議が発足（総理府） |
| | | 4.1　男女雇用機会均等法施行―各都道府県で「均等法調停委員会」発足 |
| | | 4.21　「（財）女性職業財団」発足（高橋展子）―93年「（財）21世紀職業財団」と改称 |
| | | 4.26　ソ連でチェルノブイリ原発事故発生 |
| | | 5.6　通産相らに原子力発電に関する要望書を提出（主婦連など） |
| | | 5.10　「平塚らいてう生誕100年祭」（婦団連など） |
| | | 5.23　公職選挙法改正公布（6.21施行）―衆院定数是正で8増7減 |
| | | 6.1〜30　第1回「男女雇用機会均等月間」（労働省） |
| | | 7.6　第38回衆議院議員・第14回参議院議員同日選挙―女性は衆議院7人、参議院10人当選 |
| | | 7.〜8.　原水爆禁止統一世界大会開かれず、各団体で分裂開催 |
| | | 9.8　社会党委員長に土井たか子（衆・党副委員長）―ミニ政党を除いて憲政史上初の女性党首 |
| | | 9.〜10.　中曽根首相が人種、女性、少数民族を差別する発言を繰り返し、米下院も非難決議案提出―首相、陳謝メッセージ発表 |
| | | 10.22、31　中央労働基準審議会長及び労相に、労基法改定に際し労働時間短縮の申し入れ（婦人年連絡会） |
| | | 10.31　「『国家秘密法』に反対する緊急市民団体連絡会」発足（主婦連など19団体） |
| | | 12.1　群馬県水上町長に山田節子―同県女性初 |
| | | 12.6　「矯風会創立100年記念式典」（矯風会） |
| | | 12.22　老人保健法改正公布（87.1.1施行） |
| 1987<br>(昭和62) | | 1.21　婦人問題企画推進有識者会議に新国内行動計画策定について申し入れ（婦人年連絡会） |
| | | 1.24　「統一地方選勝利に向けて　女たちが創る新しい政治大討論集会」（同実行委員会） |
| | | 1.28　労働省労働基準局長に労基法の改正について申し入れ（婦人年連絡会） |
| | | 1.28　女性初の高裁長官（札幌）に野田愛子 |
| | | 2.27　「売上税反対！消費者・市民決起大集会」（消団連など302団体） |
| | | 4.1　国鉄分割・民営化（JR スタート） |
| | | 4.10　有権者同盟会員上告の都議会議長交際費訴訟を却下（最高裁） |
| | | 4.12、26　第11回統一地方選挙―議員に958人の女性当選 |
| | | 5.7　「西暦2000年に向けての新国内行動計画」策定（婦人問題企画推進本部） |
| | | 5.8　「労基法改悪・変形労働時間導入に反対する集い」（婦人会議など） |

108

| 年　号 | 内閣 | 事　項 |
|---|---|---|
| 1987<br>(昭和62) | 中曽根康弘III | 5. 9　「つぶせ、国家秘密法！いこう国会へ5.9集会」（草の実会など） |
| | | 5.26　「『西暦2000年に向けての新国内行動計画』推進全国会議」（総理府） |
| | | 6.13　「女たちの教育改革」最終提言で集会（女性民間教育審議会） |
| | | 6.18　夫婦間レイプで夫に有罪判決（広島高裁） |
| | | 8. 3　田中角栄元首相の2審有罪判決に際し、各党に政治倫理法制定などの申し入れ（ストップ・ザ・汚職議員の会） |
| | | 9. 2　有責配偶者からの離婚請求を認める（最高裁） |
| | | 9.20　「国際女性の地位協会設立総会」（伊東すみ子） |
| | | 9.25　所得税法改正公布（10.1施行）―配偶者特別控除制度創設 |
| | | 9.26　労働基準法改正公布（88.4.1施行）―法定労働時間の短縮、変形労働時間制導入 |
| | | 10.16、11.20　「新国内行動計画の推進について全省庁に質問する会」（婦人年連絡会） |
| | 竹下登 | 11.20　「全日本民間労働組合連合会」発足 |
| | | 12. 3　婦人の地位向上・男女平等な社会づくりに関して首相に要望（婦人年連絡会） |
| 1988<br>(昭和63) | | 1.11　政府に審議会への女性登用15％実現を申し入れ（婦人問題企画推進本部参与会） |
| | | 2.20　「むらの国際結婚を考える」シンポジウム（日本青年団協議会） |
| | | 3.10　「農山漁村婦人の日」を設定（農林水産省） |
| | | 3.30　郵政省電波研究所公務員の男女昇格昇給差別、人事院のあっせんで和解 |
| | | 5.17～22　「反核・軍縮・地球を守る女たちの集会」（同実行委員会） |
| | | 5.20　「第1回連合中央婦人集会」 |
| | | 6.18　神奈川県川崎市助役へのリクルート未公開株譲渡発覚―リクルート事件追及始まる |
| | | 7. 9　「民間人による選挙制度審議会」発足（有権者同盟など） |
| | | 7.16　「アグネス vs 林真理子　花の外野席"子連れ出勤"フリートーク集会」（育時連） |
| | | 9.19　「税制改革と婦人問題について各党の意見を聞く会」（婦人年連絡会） |
| | | 10.20　衆参両院議長などにリクルート疑惑徹底解明の先議を要請（消費税反対・消費者団体懇談会） |
| | | 11.15　各党に税制改革で要望（婦人年連絡会） |
| | | 12.10　「西暦2000年に向けての民間行動計画」発表（婦人年連絡会） |
| | | 12.21　「リクルート疑惑徹底追及・消費税に反対する12.21国民中央大集会」（消費税反対・消費者団体懇談会） |
| | | 12.27　全国の女性弁護士415人が拘禁2法案に反対するアピール発表 |
| 1989<br>(昭和64／平成1) | | 1. 7　昭和天皇死去 |
| | | 1. 7　「元号に関する懇談会」の女性代表に縫田曄子 |
| | | 1.12　「大喪の礼にともなう選挙違反・汚職事件恩赦反対」声明（理想選挙の会） |
| | | 1.21　首相らに選挙違反者の大赦・復権・個別恩赦に反対する要請書を提出（有権者同盟） |
| | | 1.31　女性初の市助役（埼玉県所沢市）に川橋幸子 |
| | | 3.15　新学習指導要領で高校家庭科の男女必修化及び中学技術・家庭科における男女同一履修を告示（文部省） |
| | | 3.24　「婦人の現状と施策―新国内行動計画に関する報告書（第1回）」発表（総理府） |
| | | 4. 1　国家公務員採用III種試験（郵政B）について女子の受験制限を撤廃―すべての国家公務員採用試験で女性の受験制限なくなる |
| | | 4. 1　消費税（3％）実施 |
| | | 5.15　厚相に年金支給開始年齢延長反対などを要望（婦人年連絡会） |
| | | 5.25　「徹底追及―リクルート疑惑　こんどこそ私たちの手で汚職を断ち切ろう！」（ストップ・ザ・汚職議員の会） |
| | 宇野宗佑 | 6. 4　中国で天安門事件起こる |
| | | 6.12～　首相の買春問題で女性団体の抗議行動が起こる―7.24首相辞任 |
| | | 7.23　第15回参議院議員通常選挙―女性22人当選 |
| | | 8. 5　職場の性的いやがらせで福岡市の元会社員が提訴―日本初のセクシュアル・ハラスメント裁判 |
| | | 8. 9　参院、社会党委員長土井たか子を首班指名―憲政史上、女性初 |
| | 海部俊樹I | 8.10　経済企画庁長官に高原須美子（非議員）、環境庁長官に森山眞弓（参・自民）―女性2人入閣は初めて |
| | | 8.25　内閣官房長官に森山眞弓（参・自民）―女性との交際問題で辞任した山下徳夫官房長官の後任。女性初 |
| | | 9.14　婚外子の差別撤廃を法務省等に要望（非嫡出子差別の廃止を求める連絡会） |
| | | 9.28　「全女性国会議員との懇談会」（婦人年連絡会） |
| | | 10. 7　「セクシャル・ハラスメント一日電話相談」（第2東京弁護士会） |
| | | 11. 9　東欧民主化でベルリンの壁崩壊 |

第4部 女性参政年表

| 年 号 | 内閣 | 事 項 |
|---|---|---|
| 1989<br>(平成1) | 海部俊樹Ⅰ | 11.20 第44回国連総会で「児童の権利に関する条約」を採択 |
| | | 11.21 「日本労働組合総連合会」(連合)、「全国労働組合総連合」(全労連)発足 |
| | | 11.21 中絶可能時期の短縮反対の申し入れ(阻止連) |
| | | 12.14 日本シェーリング訴訟で産休・生休を欠勤扱いにする労働協約に無効判決(最高裁) |
| | | 12.14 各党に衆院選挙での女性の進出を要望(婦人年連絡会) |
| | (改造) | 12.22 婦人問題企画推進本部に次回の国連主催世界婦人会議日本開催を要望(婦人年連絡会) |
| | | 12.29 科学技術庁長官に山東昭子(参・自民) |
| 1990<br>(平成2) | 海部俊樹Ⅱ | 2.1 「第39回総選挙を前に各党に政策を聞く会」(選改協) |
| | | 2.8 「開発と女性援助研究会」初会合(国際協力事業団) |
| | | 2.18 第39回衆議院議員総選挙—女性12人当選 |
| | | 2.23 「『女ぬきで決めるな!中絶できる時期の短縮』緊急集会」(女と健康連絡会) |
| | | 2.26 女性初の4年制公立大学長(高知県立高知女子大学)に池川順子 |
| | | 2.26〜3.9 国連婦人の地位委員会拡大会期 |
| | | 3.14 女性初の法制審議会委員に赤松良子 |
| | | 3.16 厚生省に中絶可能時期の短縮に関する要望(婦人年連絡会) |
| | | 3.20 中絶可能時期の短縮を各都道府県に通知(厚生省) |
| | | 3.20 「フォーラム・開発問題と女性の参加」(婦人年連絡会) |
| | | 4.17 「地球環境を守る女性国会議員有志グループ」(衆参41人)発足—地球環境を守る宣言<br>　　　文と提言を首相らに申し入れ |
| | | 5.18 政府に国連婦人開発基金(ユニフェム)への拠出金増加を要請(婦人年連絡会) |
| | | 5.28 (財)放射線影響研究所事件で男女の段階的定年格差是正に違憲判決(最高裁) |
| | | 6.9 89年の合計特殊出生率史上最低の1.57と厚生省発表—「1.57ショック」起きる |
| | | 6.27 女性初のNHK放送局長(浦和放送局)に永井多恵子 |
| | | 7.3 労働省婦人局長に男性内定で労相に要望書(婦人年連絡会) |
| | | 7.28 医労連委員長に江尻尚子—10万人を超す産別での女性委員長は初 |
| | | 8.10 「健やかに子供を生み育てる環境づくりに関する関係省庁連絡会議」初会合(政府) |
| | | 8.29 日産自動車家族手当裁判で和解成立(東京高裁) |
| | | 10.3 東西ドイツ統一 |
| | | 10.17 韓国の女性8団体が「従軍慰安婦」問題で日本政府に公開書簡送付 |
| | | 10.20 緊急シンポジウム「出生率低下—女たちは発言する」(「女の人権と性」実行委員会) |
| | | 11.3 「山川菊栄生誕100年記念シンポジウム」(山川菊栄生誕100年を記念する会) |
| | | 11.17 「1990年民間女性会議」(婦人年連絡会) |
| | | 11.29 「国会開設100年記念式典」(政府) |
| | | 11.30〜12.7 議会開設100年記念議会政治展示会—特別展示「女性と政治」(国立国会図書館) |
| | | 12.20 職場の上司によるセクシュアル・ハラスメントに賠償命令判決(静岡地裁) |
| | | 12.29 科学技術庁長官に山東昭子(参・自民) |
| 1991<br>(平成3) | | 1.1 日本人及び女性として初の国連難民高等弁務官に緒方貞子 |
| | | 1.17 湾岸戦争始まる(4.11終結) |
| | | 2.6 湾岸戦争に関する女性議員有志によるアピール表明 |
| | | 2.18 育児休業法制定促進について労相に要望書(婦人年連絡会) |
| | | 4.7,21 第12回統一地方選挙—議員に1,335人の女性当選 |
| | | 4.10 意見書「婦人問題企画推進有識者会議意見—変革と行動のための5年」を首相に報告(婦<br>　　　人問題企画推進有識者会議) |
| | | 4.21 全国で女性初の市長(兵庫県芦屋市)に北村春江 |
| | | 5.12 女性初の副知事(東京都)に金平輝子 |
| | | 5.15 育児休業等に関する法律公布(92.4.1施行) |
| | | 5.30 「西暦2000年に向けての新国内行動計画(第1次改定)」決定(婦人問題企画推進本部) |
| | | 5.30 関係省庁に産業・生活廃棄物(リサイクル法、ゴミ処理法案)に関する申し入れ(地球<br>　　　環境を守る女性国会議員有志) |
| | | 6.3 長崎県雲仙普賢岳噴火災害 |
| | | 6.20 総理府婦人問題担当室長に婦人問題企画推進本部機構強化のための検討委員会の早期<br>　　　設置を要望(婦人年連絡会) |
| | | 9.6 「婦人問題企画推進本部機構に関する検討会」発足 |
| | 宮沢喜一 | 11.27 PKO法案に反対し「平和をつくる女性たちの会」発足(有権者同盟など) |
| | | 12.6 韓国人元「従軍慰安婦」が補償を求めて初提訴(東京地裁) |
| | | 12.24 公務員の育児休業関係法公布(92.4.1施行) |
| 1992<br>(平成4) | | 1.10 岩手銀行家族手当訴訟で支給対象の女性差別に違憲判決(仙台高裁) |
| | | 1.13 日本政府が「従軍慰安婦」問題で韓国に公式謝罪 |

110

| 年　号 | 内閣 | 事　　項 |
|---|---|---|
| 1992<br>(平成4) | 宮沢喜一 | 1.14　「従軍慰安婦」問題で政府へ要請書（婦人会議など）<br>2.7　防衛大学校が女子学生受け入れ。初の入試で女子合格者72人<br>2.14　佐川急便前社長らを特別背任容疑で逮捕（佐川急便事件）<br>2.15　「全国フェミニスト議員連盟」発足（三井マリ子、中嶋里美）<br>2.20　「地球環境・女性連絡会議」発足（江尻美穂子）<br>2.29　住友生命の既婚女性社員らが男女雇用機会均等法に基づいて初の調停を申請（11.14<br>　　　調停の不開始を決定）<br>3.25　女性の国政進出の推進・選挙制度改革について政府に要望（婦人年連絡会）<br>3.27　「フォーラム『女性と労働21』」発足（山野和子）、2017年解散<br>4.7　朝鮮人「従軍慰安婦」問題で調査・補償・歴史教育の実施を政府に要望（婦人年連絡会）<br>4.16　職場のセクシュアル・ハラスメントに対し会社の責任を認める初の判決（福岡地裁）<br>5.15　市川房枝生誕100年記念事業開始（市川記念会、93.5.15まで）<br>6.3～14　環境と開発に関する国連会議（リオデジャネイロ）<br>6.19　PKO法公布（8.10施行）<br>6.26　看護婦等人材確保法公布（11.1施行）<br>7.1　「各政党・会派に政策をきく会　第16回参議院通常選挙を前に」（有権者同盟）<br>7.7　ILO東京支局長に藤井紀代子—女性初<br>7.26　第16回参議院議員通常選挙—女性13人当選<br>8.27　日ソ図書裁判で同一労働の男女賃金差別に労働基準法違反判決（東京地裁）<br>10.22　「佐川疑惑を徹底追及する会」（ストップ・ザ・汚職議員の会など）<br>11.11　神奈川県逗子市長に沢光代—同県女性初<br>11.24　「ユニフェム日本国内委員会」発足（中村道子）<br>12.11　婦人問題担当相を設置。初代は官房長官（河野洋平）が兼務<br>12.12　文相に森山眞弓（参・自民）<br>12.21　ソ連邦解体 |
| | （改造） | |
| 1993<br>(平成5) | 細川護熙 | 1.14　国立大学病院長（徳島大学）に西野瑞穂—女性初<br>2.3　「女性のための政治スクール」開講（日本新党）<br>2.25～3.16　「近代日本の女性と政治特別展—婦人参政への歩み」（憲政記念館）<br>3.16　参院野党女性議員30人が参院予算委員長に佐川事件等の証人喚問の実施を申し入れ<br>5.11　「今後の婦人問題企画推進本部機構の在り方について」報告書提出（婦人問題企画推進<br>　　　本部機構に関する検討会）<br>5.13　「民法900条4項但し書き等の撤廃を求める意見書」提出（私生児差別をなくす会など）<br>6.4　皇太子の結婚恩赦に申し入れ（ストップ・ザ・汚職議員の会）<br>6.14～25　国連世界人権会議（ウィーン）<br>6.18　短時間労働者の雇用管理の改善等に関する法律（パート労働法）公布（12.1施行）<br>6.23　婚外子の相続差別に初の違憲判決（東京高裁）<br>7.4,17　総選挙を前に政治改革を訴える街頭行動（ストップ・ザ・汚職議員の会）<br>7.14　「男女共同参画型社会づくりに関する推進体制の整備」を決定（婦人問題企画推進本部）<br>7.18　第40回衆議院議員総選挙—女性14人当選<br>7.30　内閣官房長官兼務の婦人問題担当相の継続設置を要望（婦人年連絡会）<br>8.4　日本政府、被害者に対する聞き取り調査の結果、「慰安婦」問題で強制連行のあったこ<br>　　　とを認める河野洋平官房長官談話発表<br>8.6　女性初の衆議院議長に土井たか子<br>8.9　文相に赤松良子（非議員）、経済企画庁長官に久保田真苗（参・社会）、環境庁長官に広<br>　　　中和歌子（参・公明）。女性3人入閣は初めて<br>8.30　超党派女性国会議員32人が官房長官に「慰安婦」被害者への謝罪と補償・調査申し入れ<br>9.1　「地方公共団体における女性問題に関する行政の推進体制について」報告書発表（婦人<br>　　　問題企画推進有識者会議）<br>9.16　1994年の国際家族年にあたって首相に要請（婦人年連絡会）<br>10.12　「第4回世界女性会議日本国内委員会」発足<br>10.26　「政治改革に関するアンケート」集計結果発表（ストップ・ザ・汚職議員の会）<br>11.19　保健婦助産婦看護婦法改正公布（11.29施行）—男性保健士を認可<br>12.14　首相に女性行政推進体制強化を要望（婦人年連絡会） |
| 1994<br>(平成6) | | 1.21　「第4回世界女性会議日本国内委員会NGO部会」設置<br>1.24　高知県葉山村長に吉良史子—同県女性初<br>2.9　女性初の最高裁判事に高橋久子<br>3.4　労働省、男女雇用機会均等法指針改正（4.1施行）—時間外労働の女子保護規定緩和の<br>　　　経過措置についてなど |

*111*

| 年 号 | 内閣 | 事 項 |
|---|---|---|
| 1994<br>(平成6) | 細川護熙 | 3.4 「女性に対する暴力に関する特別報告者」の任命を決議（国連人権委員会）<br>3.10～13 「女性の人権アジア法廷」（アジア女性人権評議会・「女性の人権」委員会）<br>4.1 高校家庭科の男女必修スタート<br>4.11 衆議院議員選挙区画定審議会委員に大宅映子<br>4.22 児童の権利条約を批准<br>4.27 小沢一郎新生党代表幹事の女性蔑視発言に衆参女性議員有志及び女性団体が抗議<br>4.28 文相に赤松良子（非議員、留任）、環境庁長官に浜四津敏子（参・公明）<br>4.30 「女性の政治参画推進センター」開設（市川記念会）―95.4「市川房枝政治参画センター」、2011.4「市川房枝政治参画フォーラム」と改称 |
| | 羽田孜 | 5.20 「国際家族年について各省庁に聞く会」（婦人年連絡会）<br>6.24 「男女共同参画室」と「男女共同参画審議会」設置（総理府。婦人問題担当室と婦人問題企画推進有識者会議を改組）<br>6.27 「慰安婦」問題について衆参女性議員との懇談会（婦人年連絡会） |
| | 村山富市 | 6.30 科学技術庁長官に田中真紀子（衆・自民）<br>7.9 向井千秋がスペースシャトル・コロンビアに搭乗―日本女性として初めて宇宙飛行<br>7.12 「男女共同参画推進本部」設置（総理府。婦人問題企画推進本部を改組）<br>7.21 女性問題担当相に「慰安婦」問題で要請（婦人年連絡会）<br>7.26 各党に女性候補者増を要請（フェミニスト議連）<br>8.29、9.27 労相に「女性の歴史と未来館」設置構想について要請（婦人年連絡会）<br>9.5～13 国連国際人口・開発会議（カイロ）<br>9.13 昇格差別で、男女雇用機会均等法に基づく初の調停開始を決定（大阪婦人少年室）<br>10.20～23 「第1回東アジア女性フォーラム」<br>11.25 政治改革関連3法公布（12.25施行）―衆院小選挙区区割りを決めた公職選挙法の改正など<br>12.21 京都府野田川町長に太田貴美―同府女性初 |
| 1995<br>(平成7) | | 1.17 阪神・淡路大震災<br>2.20 住友金属工業事件で男女雇用機会均等法に基づく初の調停案を提示（大阪婦人少年室）―女性社員側が調停案を受諾せず7月に提訴<br>3.1 住民票の続柄をすべて「子」に統一するよう通知（自治省）<br>3.6～12 国連社会開発サミット（コペンハーゲン）<br>3.20 地下鉄サリン事件<br>4.9、23 第13回統一地方選挙―議員に1,707人の女性当選<br>5. 「働く中高年女性の意識と生活に関する調査」発表（働く婦人の会）<br>6.7 農業者年金基金法改正公布（96.4.1施行）―農業経営の妻にも年金加入権<br>6.9 育児休業法改正公布（10.1施行、一部99.4.1）―介護休業の法制化<br>6.9 衆院本会議、戦後50年国会決議採択<br>6.9 「家族的責任を有する男女労働者の機会及び待遇の均等に関する条約」（ILO156号条約）批准<br>6.23 政治・行政・司法などにおける女性の参画状況を発表（総理府）<br>6.24 「21世紀に向けて NGO日本女性・6月会議」（婦人年連絡会）<br>7.5 婚外子の相続分差別を合憲と判断（最高裁）<br>7.19 「女性のためのアジア平和国民基金（アジア女性基金）」発足（原文兵衛）―2007.3解散<br>7.22 国連人権委員会「女性に対する暴力」特別補佐官クマラスワミを団長とする調査団来日<br>7.23 第17回参議院議員通常選挙―女性21人当選<br>8.15 戦後50年首相談話発表―アジア諸国に侵略戦争の反省と謝罪表明<br>8.30～9.8 NGOフォーラム北京'95（3万1,000人）<br>9.4～15 第4回世界女性会議（北京、190カ国、1万7,000人）―北京宣言及び行動綱領採択<br>9.4 沖縄で米兵による少女暴行事件―9.22大規模抗議デモ<br>9.23 「北京JAC」発足（荒井佐い子ら）<br>10.6 国民参政105周年・普選70周年・婦人参政50周年記念式典（政府）<br>11.3 日本婦人有権者同盟創立50周年記念式典<br>11.22 「21世紀に向けて NGO日本女性大会」（婦人年連絡会）<br>12.5 再婚禁止期間違憲訴訟で上告棄却（最高裁）<br>12.16 「婦人参政権獲得50周年記念の集い」（七婦人）<br>12.27 「男女共同参画審議会部会における論点整理」発表（男女共同参画審議会） |
| 1996<br>(平成8) | 橋本龍太郎I | 1.11 法相に長尾立子（非議員）<br>2.22 「民法改正案に対する要望」を法相に提出（婦人年連絡会）<br>2.26 民法改正案要綱を決定、法相に答申（法制審議会）―選択的夫婦別姓制度の導入、婚外子相続差別の撤廃を盛り込む |

| 年 号 | 内閣 | 事 項 |
|---|---|---|
| 1996<br>(平成8) | 橋本龍太郎Ⅰ | 3.16 「婦人民主クラブ創立50周年記念シンポジウム　しなやかに50年そして現在からの出発」 |
| | | 3.16 「婦人民主クラブ（再建）創立50周年記念　明日を拓くつどい」 |
| | | 4.6 集会「家庭科共修で日本が変わる」（家庭科の男女共修をすすめる会）―同会最後の集会 |
| | | 4.10 婦人参政権行使50周年記念切手発行（郵政省） |
| | | 4.13 「強めよう女性の政治参画―女性参政権行使50年記念集会」（婦人年連絡会） |
| | | 5.21 国の審議会等における女性委員の参画状況を発表―96年3月末現在で女性の割合は15.5％と91年に定めた目標値を達成 |
| | | 6.14 民法改正案についての国会議員アンケートの結果を発表（婦人年連絡会） |
| | | 6.19 声明「今すぐほしい選択的夫婦別姓、もう待てない婚外子差別撤廃」（すすめよう！選択的夫婦別姓ネットワーク） |
| | | 6.21 住専処理法公布施行 |
| | | 6.22 米三菱自動車製造のセクハラ問題を訴えるため、アメリカのNOW副会長が来日 |
| | | 6.26 優生保護法改正公布（9.26施行）―母体保護法と改称し、障害者差別規定を削除 |
| | | 7.6 95年の合計特殊出生率、史上最低の1.43に（厚生省） |
| | | 7.30 「男女共同参画ビジョン―21世紀の新たな価値の創造」を首相に答申（男女共同参画審議会） |
| | | 8.14 国家公務員採用Ⅰ種試験合格女性、過去最高の239人（15.1％）に |
| | | 8.14 元「慰安婦」への償い金の支給手続きを開始（アジア女性基金）―フィリピンの被害者に償い金と首相の「おわびの手紙」を手渡す |
| | | 9.3 「男女共同参画推進連携会議」発足（総理府） |
| | | 10.3 NHK会長に面会、女性の描き方について要望（婦人年連絡会） |
| | | 10.16 小選挙区制など総選挙に向けて9政党への公開質問の結果を発表（有権者同盟） |
| | | 10.20 第41回衆議院議員総選挙―女性23人当選。小選挙区比例代表並立制下で初の選挙 |
| | | 10.31 「行動する女たちの会」解散 |
| | 橋本龍太郎Ⅱ | 11.7 環境庁長官に石井道子（参・自民） |
| | | 12.2 「新しい歴史教科書をつくる会」発足（西尾幹二） |
| | | 12.13 「男女共同参画2000年プラン」決定（男女共同参画推進本部） |
| | | 12.17 男女雇用機会均等法見直しに関する最終報告を労相に提出（婦人少年問題審議会） |
| 1997<br>(平成9) | | 1.29 女性初の国立大学学長（奈良女子大学）に丹羽雅子 |
| | | 3.3 「女のゼネスト」（同実行委員会） |
| | | 3.14 緊急アピール「夫婦別姓選択制と婚外子差別撤廃の実現を！」（すすめよう！民法改正ネットワーク） |
| | | 3.20 「女たちの緊急集会 "ゴーマン" 史観大論破　歴史は消せない女たちは黙らない」（同実行委員会） |
| | | 3.26 男女共同参画審議会設置法公布（4.1施行） |
| | | 4.1 「慰安婦」記述のある中学歴史教科書の使用開始 |
| | | 4.16 「民法改正を求める4.16緊急集会」（婦人年連絡会） |
| | | 5.2 「女たちの憲法集会　原点に立つ！平和と人権」（戦争への道を許さない会） |
| | | 5.15 「無償労働の貨幣評価について」発表（経済企画庁） |
| | | 5.28 サッカーくじ法案の衆院可決に抗議（全地婦連、主婦連など） |
| | | 6.17 民主、平成会、社民・さきがけの各会派提出の民法改正案廃案 |
| | | 6.18 男女雇用機会均等法・労働基準法改正公布（99.4.1施行、一部98.4.1）―採用・昇進の女性差別禁止、女子保護規定の廃止など |
| | | 6.25 「日本ジェンダー研究会」発足（冨士谷あつ子） |
| | | 6.28 神戸市の小6男児殺害事件で中3男子生徒を逮捕 |
| | | 7.1 女性初の事務次官（労働事務次官）に松原亘子 |
| | | 7.10 「国連NGO国内婦人委員会創立40周年記念シンポジウム　国連・女性・NGO―活動への提言」 |
| | | 7.16～17 「『男女共同参画2000年プラン』の推進について聞く会」（婦人年連絡会） |
| | | 9.7 「男女平等をすすめる教育全国ネットワーク第1回交流集会」 |
| | | 9.14～15 「キャンパス・セクシュアル・ハラスメント全国ネットワーク」結成集会 |
| | | 10.1 労働省婦人局や各都道府県の婦人少年室等の「婦人」を「女性」に改称 |
| | | 10.4 参議院創設50周年を記念して「女性国会」開会 |
| | | 10.17 生後認知の外国人女性の非嫡出子に日本国籍を認める初の判決（最高裁） |
| | | 11.8 「性と健康を考える女性専門家の会」発足（堀口雅子） |
| | | 11.20 横浜市の元会社員によるセクシュアル・ハラスメント訴訟で初の逆転勝訴判決（東京高裁）―被告は上告せず判決が確定 |
| | | 12.1～11 「地球温暖化防止京都会議」 |

| 年 号 | 内閣 | 事　項 |
|---|---|---|
| 1997<br>(平成9) | 橋本龍太郎 | 12.3　政府の行政改革会議が省庁再編、内閣機能強化策などが柱の最終報告を決定―男女共<br>　　　同参画会議の新設、男女共同参画室の格上げも<br>12.17　介護保険法公布（一部を除いて2000.4.1施行） |
| 1998<br>(平成10) | 橋本龍太郎Ⅱ<br><br>小渕恵三 | 1.8〜11　「アジア太平洋監視機構第1回会議」（インド・チャンディガール、10カ国、約100人）<br>1.18　公明党代表に浜四津敏子（参）―社会民主党党首・土井たか子、新党さきがけ議員団<br>　　　座長・堂本暁子、民主改革連合代表・笹野貞子とあわせ、同時期に主要政党中4党で女<br>　　　性が実質上の代表になったのは初めて<br>2.7〜22　長野冬季五輪<br>2.20　サッカーくじ法案に反対する共同アピール発表（主婦連など13団体）<br>3.11　国家公務員を対象にした初のセクシュアル・ハラスメント調査の結果を発表（人事院）<br>3.25　特定非営利活動促進法（NPO法）公布（12.1施行）<br>4.1　女性初の日銀審議委員（旧政策委員）に篠塚英子<br>4.27　新「民主党」発足―民主党、民政党、新党友愛、民主改革連合が合同<br>4.27　関釜裁判で元「慰安婦」への国の賠償を命じる初の判決（山口地裁下関支部）<br>5.12　性同一性障害の女性患者の性転換手術を国内で初の承認（埼玉医大倫理委員会）<br>5.16　「日本DV防止・情報センター」発足（大脇雅子）<br>5.27　シンポジウム「女性議員50％をめざして―永田町を男女共同参画の場に」（北京JAC）<br>5.31　埼玉県蓮田市長に樋口暁子―同県女性初<br>6.1　「女性連帯基金」発足（中西珠子）、98.6解散<br>6.7　「『戦争と女性への暴力』日本ネットワーク」（バウネット・ジャパン）発足<br>6.8　自民、自由党を除く超党派議員が民法改正案を衆院に提出<br>6.10　米国三菱自動車製造のセクシュアル・ハラスメント訴訟が和解―和解金3,400万ドル<br>　　　はセクハラ訴訟史上最高額<br>6.12　「1998年版厚生白書」発表（厚生省）―少子社会問題をテーマにした政府白書は初<br>6.16　「男女共同参画社会基本法（仮称）の論点整理」発表（男女共同参画審議会）<br>7.12　第18回参議院議員通常選挙―女性20人当選<br>7.30　郵政相に野田聖子（衆・自民）<br>8.4〜6　「日米女性フォーラム女性の政治参加の拡大をめざして」（市川記念会ほか）<br>9.3　女性国会議員との対話集会「労基法・派遣法の改悪でどう変わる私たちの働きかた」（変<br>　　　えよう均等法ネットワークなど）<br>9.30　労働基準法改正公布（一部を除いて99.4.1施行）―有期雇用の期間の上限の延長、裁<br>　　　量労働制の拡大など<br>10.17〜18　「全国女性議員サミット」（青森県女性議員懇談会）<br>11.4　「男女共同参画社会基本法について」を首相に答申（男女共同参画審議会）<br>11.21　「世界人権宣言50周年記念集会」（婦人年連絡会）<br>12.12　「介護者ネットワーク」発足（一番ケ瀬康子）<br>12.19　「NPO法人ジュース」発足（小笠原悦子） |
| 1999<br>(平成11) | （第1次改造） | 1.14　郵政相に野田聖子（衆・自民、留任）<br>1.21　住民票続柄裁判で原告の上告棄却（最高裁）<br>1.27　「夫婦別姓選択制と婚外子差別撤廃の実現に向けて市民と国会議員の集い」（すすめよ<br>　　　う！民法改正ネットワーク）<br>2.25　「戦争はいやです　新ガイドライン法反対女性デモ」（女性のデモをする会）<br>2.27　集会「女たちがズバリ語る　朝鮮半島の平和と日米新ガイドライン」（「アジアの平和<br>　　　と女性の役割」実行委員会）<br>3.3　「『子ども買春等禁止法』について各党に聞く会」（婦人年連絡会）<br>4.5　抗議行動「とめよう日米新ガイドライン　つくろう女たちのピースライン」（止めよう<br>　　　「戦争協力法」女たちの連絡会）<br>4.11、25　第14回統一地方選挙―首長に3人（東京都国立市長に上原公子、広島県湯来町長に<br>　　　中島正子。いずれも女性初）・議員に2,381人の女性が当選<br>5.7　「新ガイドライン法反対！女性大集会」（同大集会を準備する会）<br>5.24　新ガイドライン関連法成立<br>5.26　児童買春・ポルノ禁止法公布（11.1施行）<br>5.27　「女性に対する暴力のない社会を目指して」を首相に答申（男女共同参画審議会）<br>6.9　「WIN WIN」発足（赤松良子）<br>6.23　男女共同参画社会基本法公布施行<br>6.24　大阪市交通局協力会の退職年齢男女差別訴訟で原告の勝訴確定（最高裁）<br>7.7　労働者派遣法改正公布（12.1施行）―派遣対象労働の原則自由化など<br>7.9　「なぜ急ぐ『日の丸・君が代』法制化　女性のリレートーク」（矯風会、新婦人など） |

| 年　号 | 内閣 | 事　　項 |
|---|---|---|
| 1999<br>(平成11) | 小渕恵三<br><br><br>(第2次改造) | 7.24〜27　「第11回国際女性技術者・科学者会議」(日本学術会議、日本女性科学者の会ほか)<br>　　　　　─日本での開催は初めて<br>8.3　日の丸・君が代の法制化について慎重審議を参院特別委員会委員らに要望(大学婦人協会、婦団連など21女性団体)<br>8.13　国旗・国歌法公布・施行<br>8.30〜9.3　「アジア・太平洋地域NGOシンポジウム」(タイ)<br>9.2　低用量ピル解禁<br>9.5　「女性副知事サミット」(同実行委員会、福岡県)<br>9.30　茨城県東海村の核燃料工場で国内初の臨界事故<br>10.5　環境庁長官に清水嘉与子(参・自民)<br>10.20　西村真悟防衛政務次官の「核武装」「強姦」発言に女性議員や団体が抗議─同日、辞任<br>10.26〜29　「ESCAPハイレベル政府間会議」(バンコク)<br>11.12　日独シンポジウム「挑戦と変革─政策決定への女性進出は何をもたらすのか」(女性連帯基金ほか)<br>11.29　丸子警報器のパート賃金格差訴訟がパート従業員の待遇是正で和解(東京高裁) |
| 2000<br>(平成12) | 森喜朗<br>Ⅰ<br><br><br><br><br><br><br>森喜朗<br>Ⅱ<br><br><br><br><br><br><br><br><br><br>(改造) | 1.21　「女性と仕事の未来館」開館(東京都港区)─初代館長樋口恵子<br>1.28　新潟県で1990年から行方不明になっていた女性を保護<br>2.6　全国初の女性知事(大阪府)に太田房江<br>2.9　「均等待遇2000年キャンペーン」発足<br>2.25　初の「男女間における暴力に関する調査」結果発表(総理府男女共同参画室)<br>2.28　「民法改正についての各党懇談会」(婦人年連絡会)<br>3.10　参議院規則の請暇願の理由に「出産」を加える改正案可決<br>3.24　市町村レベルで初めて山梨県都留市と島根県出雲市で男女共同参画条例を公布・施行<br>　　　─都道府県レベルでは埼玉県(公布3.24)と東京都(公布3.31)が初めて施行(4.1)<br>3.28　「憲法調査会委員の女性議員に聞く会」(婦人年連絡会)<br>4.1　介護保険制度開始<br>4.3　保守党党首に扇千景(参)<br>4.5　環境庁長官に清水嘉代子(参・自民、留任)<br>4.16　熊本県知事に潮谷義子─同県女性初<br>4.20　2000年医師国家試験合格者発表で女性が初めて3割を超える<br>5.15　森首相が「神の国」発言─婦人会議、母親大会実行委、矯風会などが辞任要求<br>5.19　刑事訴訟法改正公布(一部を除いて11.1施行)─性犯罪の告訴期間の撤廃など<br>5.24　ストーカー行為規制法公布(11.24施行)<br>5.26　「2000年版男女共同参画白書」発表(総理府)─法定白書としては初<br>6.5〜10　国連特別総会「女性2000年会議」─「政治宣言」と「成果文書」を採択(ニューヨーク、188カ国)<br>6.25　第42回衆議院議員総選挙─女性35人当選<br>7.4　建設相に扇千景(参・保守)、環境庁長官に川口順子(非議員)<br>7.31　「女性に対する暴力に関する基本的方策について」を首相に答申(男女共同参画審議会)<br>9.5　秋田県大潟村長に黒瀬喜多─同村女性初<br>9.15〜10.1　シドニー五輪で日本人女子選手が18個中13個のメダルを獲得─初めて男子を上回る<br>9.24　「会報アンソロジー出版記念＆さよなら日本婦人問題懇話会」<br>9.25　創立100年記念シンポジウム「21世紀の女子高等教育を考える」(津田塾大、東京女子医大、日本女子大)<br>9.26　「男女共同参画基本計画策定に当たっての基本的な考え方」を首相に答申(男女共同参画審議会)<br>9.27　「衆議院女性議員との懇談会」(婦人年連絡会)<br>10.13　大阪府豊能町長に日下櫻子─同府女性初<br>11.18　「女性2000年NGO日本大会」(婦人年連絡会)<br>11.22　東京都が東京女性財団を廃止対象とする監理団体改革実施計画を発表─婦人年連絡会、3・8おんなたちの祭り実行委員会などが反対運動<br>12.5　運輸相に扇千景(参・保守)、環境庁長官に川口順子(非議員、留任)<br>12.8〜12　「日本軍性奴隷制を裁く『女性国際戦犯法廷』」(バウネットなど)<br>12.12　「男女共同参画基本計画」が閣議決定 |
| 2001<br>(平成13) |  | 1.6　省庁再編で内閣府に男女共同参画局(局長・坂東眞理子)と男女共同参画議(議長・福田康夫)、厚生省と労働省が統合した厚生労働省に雇用均等・児童家庭局(局長・岩田喜美枝)が発足<br>1.31　「『女性の憲法年』連絡会」発足集会 |

*115*

| 年号 | 内閣 | 事　項 |
|---|---|---|
| 2001<br>(平成13) | 森喜朗Ⅱ | 2.6　「女性国際戦犯法廷」関連番組に改ざんがあったとして、NHK に公開質問状（バウネット）―7.24提訴<br>2.18　「JAWW（日本女性監視機構）」発足（原ひろ子）<br>3.15　「今年こそ実現！民法改正　市民と国会議員の大集会」（すすめよう！民法改正ネットワーク）<br>3.15　国会欠席理由に「出産」を加える衆議院規則改正案成立<br>3.25　千葉県知事に堂本暁子―同県女性初<br>3.26　1991年に初めて提訴した元「慰安婦」ら韓国人40人の訴訟請求を棄却（東京地裁）<br>4.3　「新しい歴史教科書をつくる会」主導の中学歴史・公民教科書が文科省の検定に合格―バウネット、新婦人などが抗議<br>4.13　配偶者からの暴力の防止及び被害者の保護に関する法律（DV防止法）公布（一部を除いて10.13施行） |
| | 小泉純一郎Ⅰ | 4.26　法相に森山眞弓（衆・自民）、外相に田中眞紀子（衆・自民）、文科相に遠山敦子（非議員）、国土交通相に扇千景（参・保守、留任）、環境相に川口順子（非議員、留任）―女性閣僚5人は過去最多<br>5.8　民主、共産、社民3党の民法改正案が衆院提出<br>6.1　「均等待遇2000年キャンペーン」が「均等待遇アクション2003」に改組<br>6.8　大阪教育大付属池田小学校に男が乱入し児童8人を刺殺<br>6.12　国連旧ユーゴスラビア国際戦犯法廷訴訟判事に多谷千香子<br>6.23～29　第1回「男女共同参画週間」<br>6.29　沖縄県北谷町で米兵が女性を暴行―女性・市民団体が県内外で抗議集会<br>7.29　第19回参議院議員通常選挙―女性18人当選<br>8.4　「選択的夫婦別氏制度に関する世論調査」結果発表（内閣府）―政府の世論調査で初めて別姓導入賛成派が反対派を上回る<br>8.8　超党派女性国会議員が森山法相に民法改正政府案の早期国会提出を申し入れ<br>8.13　小泉首相が終戦記念日を避けて靖国神社を参拝―現職首相として5年ぶり<br>9.11　米中枢部で同時多発テロ<br>9.21　国内初の狂牛病発生を認定―全国消費者団体連絡会など消費者団体が農水・厚労両省に申し入れ<br>10.7　米英両軍によるアフガニスタン攻撃が開始<br>10.16　野党超党派女性国会議員のよびかけによる「テロと報復戦争を許さない女性集会」―女性の憲法年、戦争への道を許さない会などもデモ<br>11.16　育児・介護休業法改正公布（一部を除いて02.4.1施行）―子どもの看護休暇制度の導入、育児・介護休暇の取得理由の不利益取り扱い禁止など<br>12.17～20　横浜で「第2回子どもの商業的性的搾取に反対する世界会議」（外務省、ユニセフなど、136カ国、約3,000人） |
| 2002<br>(平成14) | | 1.25　小泉首相が「涙は女の武器」発言―野党超党派女性国会議員らが発言撤回を要求<br>1.29　田中眞紀子外相更迭―2.1後任に川口順子（非議員）<br>1.31　「認知後は婚外子への手当支給は打ち切る」との児童扶養手当施行令規定は無効と判断（最高裁）<br>2.6　報告会「ワークシェアリングと均等待遇」（均等待遇アクション2003）<br>3.30～31　「第1回全国バックアップスクール大集合 in あきた」（同実行委員会）<br>4.11　日本女性学習財団作成の『未来を育てる基本のき』を衆院青少年問題特別委員会で山谷えり子議員が問題視<br>4.12　軍縮会議代表部大使に猪口邦子<br>4.21　東京都多摩市長に渡邊幸子―同市女性初<br>4.21　福岡県杷木町長に中嶋玲子―同県女性初<br>5.14　「市川房枝生誕110年・市川房枝政治参画センター10周年記念シンポジウム　政治・経済改革へ―女性の挑戦」（市川記念会）<br>5.19　「全国フェミニスト議員連盟10周年記念講演」<br>5.28　「有事法制許さない！女たちのつどい」（戦争への道を許さない会）<br>5.31　中学生少女の交通事故死の逸失利益算定で男女同等とする判決が初めて確定（最高裁）<br>6.4　森山法相が第154通常国会での民法・戸籍法改正案の政府提出断念を表明<br>6.13　「有事法案を廃案に!! 6.13女性集会」（女性の憲法年）<br>7.1　「パート労働者等の均等処遇を実現するシンポジウム」（パート議連）<br>7.16　自民党内に「例外的に夫婦の別姓を実現させる会」発足（笹川堯）<br>7.19　厚労省パートタイム労働研究会が格差是正を求める最終報告<br>7.23　野党3党共同提出の「戦時性的強制被害者問題解決促進法案」が参議院で初審議 |

| 年号 | 内閣 | 事　項 |
|---|---|---|
| 2002<br>(平成14) | 小泉純一郎Ⅰ（9・30第1次改造） | 8.26〜9.4　「持続可能な開発に関する世界サミット」（ヨハネスブルク） |
| | | 9.13　政府が女子差別撤廃条約実施状況第5回報告を国連に提出 |
| | | 9.17　初の日朝首脳会談（平壌） |
| | | 9.30　法相に森山眞弓（衆・自民）、外相に川口順子（非議員）、文科相に遠山敦子（同）、国交相に扇千景（参・保守）、いずれも留任 |
| | | 10.7　理工系学会が連携する「男女共同参画学協会連絡会」が設立集会 |
| | | 10.15　北朝鮮による日本人拉致被害者5人が帰国 |
| | | 10.24　芝信金の男女昇格・賃金差別訴訟が差額賃金・慰謝料支払いと女性の昇格で和解（最高裁） |
| | | 11.19　政府税制調査会が税制改革最終答申で配偶者特別控除の廃止を明記 |
| | | 11.25　東京都新宿区長に中山弘子—区長は女性初 |
| | | 12.11　「男女平等社会を前進させる集会」（婦人年連絡会） |
| | | 12.12　兵庫県尼崎市長に白井文—同市女性初 |
| | | 12.16　住友生命の既婚女性差別訴訟が和解金支払いで和解（大阪高裁） |
| | | 12.20　石原慎太郎東京都知事の「ババァ」発言で都内在住在勤女性らが提訴 |
| 2003<br>(平成15) | （第2次改造） | 2.1　滋賀県五個荘町長に前田清子—同県女性初 |
| | | 2.11　集会「男女平等へのバッシング—その背景を突く」（北京JACなど） |
| | | 2.12　三重県大王町長に野名澄代—同町女性初 |
| | | 2.15　米国のイラク攻撃に反対する「世界同時行動」—史上最大規模の60カ国1000万人以上が参加 |
| | | 2.28　「パート・有期契約労働者の集い」（連合など） |
| | | 3.5　千葉県議会で男女共同参画条例案が事実上の廃案に |
| | | 3.20　米英軍イラク攻撃開始—新婦人、婦人再建、矯風会などが抗議 |
| | | 3.25　「関釜裁判」で韓国人女性の上告を棄却（最高裁） |
| | | 4.8　「女性のチャレンジ支援策」の最終報告を首相に提出（男女共同参画会議） |
| | | 4.13,27　第15回統一地方選挙—首長に6人（北海道知事に高橋はるみ、東京都三鷹市長に清原慶子、神奈川県平塚市長に大蔵律子、山口県上野関町長に加納廉香。いずれも女性初）議員に2,750人の女性が当選 |
| | | 6.3　「平和を愛する女性のつどいin国会」（共産、社民の衆参女性議員など） |
| | | 6.13　労働者派遣法改正公布（04.3.1施行）—製造業への派遣解禁など |
| | | 6.26　公開討論会で太田誠一自民党行革推進本部長が「集団レイプする人は元気がある」、森喜朗前首相が「子どもをつくらない女性を税金で面倒みるのはおかしい」と発言—衆参女性議員懇談会、婦団連、ふぇみんなどが抗議 |
| | | 6.29　神奈川県大磯町議選で女性議員が全国初の半数に |
| | | 7.8　国連女子差別撤廃委員会が日本のレポートを審議—8月に「最終コメント」 |
| | | 7.16　性同一性障害者特例法公布（04.7.16施行） |
| | | 7.16　税理士資格を持つ妻への報酬を経費として認める初判決（東京地裁） |
| | | 7.18　「ユニフェム日本国内委員会10周年記念大会」 |
| | | 7.30　少子化社会対策基本法公布（9.1施行） |
| | 小泉純一郎Ⅱ | 9.22　外相に川口順子（非議員、留任）、環境相に小池百合子（衆・自民）、国家公安委員長に小野清子（参・自民） |
| | | 9.24　新「民主党」発足—民主・自由両党が合併 |
| | | 10.18　「人身売買禁止ネットワーク」発足 |
| | | 11.9　第43回衆議院議員総選挙—女性34人当選 |
| | | 11.15　土井たか子社民党党首が辞任、後任に福島瑞穂 |
| | | 11.19　外相に川口順子（非議員）、環境相に小池百合子（衆・自民）、国家公安委員長に小野清子（参・自民）、いずれも留任 |
| | | 12.4　代々木ゼミナール勤務女性の産休理由の賞与全額カットは無効と判断（最高裁） |
| | | 12.6　「ジェンダー法学会」創立総会 |
| | | 12.10　「女子差別撤廃条約選択議定書批准促進集会」（婦人年連絡会） |
| | | 12.22　東京都教育委員会が都立養護学校の性教育教材を没収したことで教職員らが東京弁護士会に人権救済申立 |
| | | 12.24　住友電工訴訟が女性社員の昇格・解決金支払いで和解（大阪高裁） |
| | | 12.26　イラク復興支援のため航空自衛隊の先遣隊が出発 |
| 2004<br>(平成16) | | 1.13　「自衛隊のイラク派遣の中止を求める女たちの集会」（労組女性3委員長よびかけ）—自衛隊のイラク派遣反対を訴える女性・市民団体の集会が相次ぐ |
| | | 2.12　秘書給与詐取事件で辻元清美元衆院議員らに執行猶予付き有罪判決（東京地裁） |
| | | 3.2　戸籍続柄裁判で非嫡出子記載はプライバシー侵害との初判断（東京地裁） |

第4部　女性参政年表

| 年号 | 内閣 | 事　項 |
|---|---|---|
| 2004<br>(平成16) | 小泉純一郎Ⅱ | 3.18　衆院内閣委員会での中山義活議員と福田康夫官房長官による誤ったジェンダー・フリー論議に抗議と要望（婦人年連絡会） |
| | | 3.31　東京都教育委員会が都立校の卒業式で「君が代」斉唱時に起立しなかった教職員らを大量処分 |
| | | 4.8　イラクでボランティア活動家の女性ら日本人3人が人質に―解放後、政府・与党やマスコミが「自己責任」と非難 |
| | | 4.17　「フェミニスト経済学日本フォーラム」設立総会 |
| | | 5.11　「女性たちの平和集会　イラクに平和を！女性たちのメッセージ」（婦人年連絡会） |
| | | 5.15　「草の実会」最後の「15日デモ」 |
| | | 5.25　初の「母子家庭白書」発表（厚労省） |
| | | 6.1　長崎県佐世保市の小6女子が同級生を切って死亡させる |
| | | 6.2　DV防止法改正公布（12.2施行）―暴力の定義の拡大、保護命令制度の拡充など |
| | | 6.10　2003年の合計特殊出生率は1.29と初めて1.2台に |
| | | 6.14　米国務省の人身売買報告書で日本は「監視対象国」に |
| | | 6.29　住友化学訴訟が解決金支払いで和解（大阪高裁） |
| | | 7.7,26　自民党の憲法24条見直し案に抗議（「STOP! 憲法24条改悪キャンペーン」、北京JAC） |
| | | 7.11　第20回参議院議員通常選挙―女性15人当選 |
| | | 7.24　「九条の会」発足記念講演会 |
| | | 7.30　女性初の参議院議長に扇千景 |
| | | 8.13～29　アテネ五輪で日本選手は女子が55％と初めて男子を上回る |
| | | 8.20　「おんな組いのち」発足イベント |
| | | 8.23　長野県清内路村長に桜井久江―同県女性初 |
| | | 9.5　長崎県五島市長に中尾郁子―同県女性初 |
| | | 9.19　京都府木津町長に河井規子―同町女性初 |
| | | 9.22　独立行政法人に関する有識者会議が独立行政法人国立女性教育会館などの統合案を作成―12.24国立女性教育会館の単独存続が最終決定 |
| | （改造） | 9.27　法相に南野知恵子（参・自民）、環境相と沖縄・北方担当相に小池百合子（衆・自民） |
| | | 10.1　神奈川県伊勢原市長に長塚幾子―同市女性初 |
| | | 10.15　野村証券訴訟が女性社員の昇格・解決金支払いで和解（東京高裁） |
| | | 10.23　新潟県中越地震 |
| | | 11.27　中山成彬文科相が「歴史教科書から従軍慰安婦といった言葉が減ってよかった」と発言 |
| | | 12.8　育児・介護休業法改正公布（05.4.1施行）―育児・介護休業対象をパートにも拡大、看護休暇の新設など |
| | | 12.8　刑法・刑事訴訟法改正公布（05.1.1施行）―強姦罪の懲役刑の延長、集団強姦罪の新設など |
| | | 12.11～12　「第1回F―GENS（ジェンダー研究のフロンティア）シンポジウム」（お茶の水女子大） |
| | | 12.13　「婦選獲得同盟80周年記念フォーラム　政治的権利を求めた女性運動を検証する」（市川記念会） |
| 2005<br>(平成17) | | 1.12　朝日新聞が「女性国際戦犯法廷」を扱ったNHKの番組が中川昭一、安倍晋三両衆院議員の指摘後改変されたとの記事を掲載―両議員とNHKは反論 |
| | | 1.25　女性初のNHK副会長に永井多恵子 |
| | | 2.5　「男女共同参画社会に関する世論調査」（内閣府）で「夫は外で働き、妻は家庭を守るべき」に反対する人が初めて賛成派を上回る |
| | | 2.16　地球温暖化防止のための京都議定書発効 |
| | | 2.23　「女性『九条の会』」発足（江尻美穂子、鶴見和子らよびかけ） |
| | | 2.28～3.11　「第49回ハイレベル国連婦人の地位委員会（北京＋10）」（ニューヨーク） |
| | | 3.4　参院予算委員会で山谷えり子議員が性教育や「ジェンダーフリー」を攻撃 |
| | | 3.25～9.25　愛・地球博（愛知万博） |
| | | 3.28　住友金属の男女差別訴訟で会社に損害賠償支払いを命じる判決（大阪地裁）―住友グループの男女差別訴訟で原告勝訴判決は初 |
| | | 4.5　文科省が06年度からの中学校教科書の検定結果を公表―歴史教科書すべてから「慰安婦」の用語が消える |
| | | 5.21　集会「あぶない教科書をジェンダーからみると」（ジェンダー平等社会をめざすネットワーク） |
| | | 6.4　「有期雇用全国ネットワーク」発足記念シンポジウム |
| | | 6.22　刑法改正公布（7.12施行）―人身売買罪を新設 |
| | | 6.29　介護保険法改正公布（一部を除いて06.4.1施行）―新予防給付の導入など |

| 年号 | 内閣 | 事　　項 |
|---|---|---|
| 2005<br>(平成17) | 小泉純一郎II | 7.5　税理士の妻への報酬は必要経費と認めないとの判断が確定（最高裁） |
| | | 7.15　「男女共同参画社会基本法の遵法とジェンダーについての正しい理解を求める要望」などを男女共同参画会議に提出（婦人年連絡会） |
| | | 7.25　男女共同参画基本計画の改定に向けた「基本的な考え方」を首相に答申（男女共同参画会議） |
| | | 8.1　アクティブ・ミュージアム「女たちの戦争と平和資料館（wam）」が東京都新宿区に開館 |
| | | 8.3　「男女共同参画懇談会　衆参女性議員と男女共同参画推進意見交換（婦人年連絡会） |
| | | 8.29～31　「第4回世界女性会議10周年記念会議」（北京） |
| | 小泉純一郎III<br>（10・31改造） | 9.11　第44回衆議院議員総選挙—女性は過去最多の43人当選 |
| | | 9.21　法相に南野千惠子（参・自民、留任）、環境相に小池百合子（衆・自民、留任） |
| | | 10.1　日本学術会議が女性会員を13人から一挙に42人に増やす—女性割合は6％から20％に |
| | | 10.7～8　「日本女性会議2005ふくい」（同実行委員会・福井市） |
| | | 10.25　皇室典範に関する有識者会議がが女性・女系天皇の容認を決定 |
| | | 10.31　環境、沖縄・北方担当相に小池百合子（衆・自民、留任）、少子化・男女共同参画担当相に猪口邦子（衆・自民） |
| | | 11.3　創立60周年式典（婦人有権者同盟） |
| | | 11.5　創立100周年式典（YWCA） |
| | | 11.13　福岡県苅田町長に吉廣啓子—同町女性初 |
| | | 11.18　国の審議会等における女性委員の参画状況を発表（内閣府）—05年9月末現在で女性の割合は30.9％と2000年に定めた目標値（30％）を達成 |
| | | 11.26　「2005年NGO日本女性大会」—婦人年連絡会結成30周年 |
| | | 12.27　「第2次男女共同参画基本計画」閣議決定 |
| 2006<br>(平成18) | | 1.27　上野千鶴子東大大学院教授の講座を東京都国分寺市が都教育庁に難色を示され中止にした問題で、ジェンダー学の研究者らが都に抗議 |
| | | 2.18　シンポシウム「格差社会の行方を問う」（フォーラム21） |
| | | 3.15　元「慰安婦」らによる700回目の「水曜デモ」（ソウル日本大使館前） |
| | | 3.20　岡谷鋼機訴訟が女性社員の職掌変更・解決金支払いで和解（名古屋高裁） |
| | | 3.24　公務パート裁判で原告勝訴（東京地裁）—再任拒否された非常勤公務員の地位確認を認める判決は初 |
| | | 3.25　「『シェンダー』概念を話し合うシンホジウム」（イメージ＆ジェンダー研究会、日本女性学会） |
| | | 3.　福井県生活学習館がジェンダー関連本を一時書架から撤去 |
| | | 4.10　日本司法支援センター（法テラス）初代理事長に金平輝子 |
| | | 4.16　京都府与謝野町長に太田貴美—同町女性初 |
| | | 4.25　住友金属訴訟が解決金支払い・女性社員の処遇配慮で和解（大阪高裁） |
| | | 4.28　政府が教育基本法改正案を国会提出—新婦人、YWCAなどが反対声明など |
| | | 5.11～14　「2006世界女性スポーツ会議くまもと」（日本オリンピック委員会、JWSなど） |
| | | 5.12　沖縄県沖縄市長に東門美津子—同県女性初 |
| | | 5.28　「らいてうの家」が長野県上田市にオープン |
| | | 6.1　05年の合計特殊出生率は1.25—過去最低を更新 |
| | | 6.15　就学前の子どもに関する教育、保育等の総合的な提供の推進に関する法律（認定こども園法）公布（10.1施行） |
| | | 6.21　男女雇用機会均等法・労働基準法改正公布（一部を除いて07.4.1施行）—妊娠・出産などを理由の不利益取扱い禁止の拡大、間接差別の限定列挙など |
| | | 7.2　滋賀県知事に嘉田由紀子—同県女性初 |
| | | 7.13　兵庫県播磨町長に清水ひろ子—同町女性初 |
| | | 8.15　小泉首相が靖国神社参拝 |
| | | 9.6　秋篠宮家に男児誕生—女性・女系天皇を認める皇室典範改正案の国会提出は先送りに |
| | | 9.12　日本・ノルウェー男女共同参画ジョイントセミナー「2006年のノーラ—女性がいかに社会を変えられるか」（ノルウェー子ども・平等省など） |
| | 安倍晋三I | 9.26　沖縄・北方（少子化・男女共同参画社会など兼務）担当相に高市早苗（衆・自民）、経済財政政策担当相に大田弘子（非議員）。首相補佐官に小池百合子（国家安全保障問題担当。衆・自民）、中山恭子（拉致問題担当。非議員）、山谷えり子（教育再生担当。参・自民） |
| | | 10.6～7　「日本女性会議2006しものせき」（同実行委員会・下関） |
| | | 10.14　女性福祉ネット創立10周年・売春防止法制定50周年記念シンポジウム「婦人保護施設・その現実と役割」（女性福祉ネット） |

第4部　女性参政年表

| 年　号 | 内閣 | 事　　　項 |
|---|---|---|
| 2006<br>(平成18) | 安倍晋三I | 10.18〜19　第50回全国大会（全国女性会館協議会）<br>10.20　北朝鮮の核実験に抗議（婦人年連絡会）<br>10.26〜11.17　女性参政60年特別展（憲政記念館）<br>10.30　シンポジウム「ジェンダー視点が拓く学術と社会の未来」（日本学術会議）<br>11.1　モロッコ大使に広瀬晴子<br>11.16　米下院初の女性議長にナンシー・ペロシ院内総務<br>11.17　国の審議会委員、女性31.3％、過去最高を更新<br>11.19　「国際シンポジウム FINAL」（アジア女性基金）<br>11.21　「2006年版男女平等指数」（世界経済フォーラム）―日本は79位、G7では最低<br>11.26　男女共同参画会議、「ジェンダー」の表記で亀裂（内閣府）<br>11.27　第2次男女共同参画基本計画決定―10年度頃までにキャリア女性30％に<br>12.1　「少子化社会白書」閣議決定（政府）―05年出生数106万2,530人、過去最低<br>12.15　改正教育基本法成立―制定以来59年ぶりの改正<br>12.16　「戦争への道を許さない！　歌い、語る 女たちのつどい」（戦争への道を許さない会）<br>12.31　06年出生数108万6,000人―6年ぶりに増加（厚労省） |
| 2007<br>(平成19) | （改造）<br><br>福田康夫 | 1.5　国連事務総長に女性―タンザニアのアシャローズ・ミギロ外務・国際協力相<br>1.9　防衛省発足―庁から昇格<br>1.27　「家族の法制に関する世論調査」発表（内閣府）―夫婦別姓賛否30％台<br>1.27　柳沢伯夫厚労相「女性は子どもを産む機械」と発言、抗議相次ぐ<br>2.4　第19回日本・ヨルダン・エジプト・パレスチナ女性交流　公開シンポジウム in 東京（国連 NGO 国内婦人委員会）<br>3.13　大阪府警鉄道警察隊長に五島一代―都道府県警で女性初<br>3.25　大手生保初の女性執行役員に矢崎妙子（日本生命保険）<br>4.8,22　第16回統一地方選挙、首長4人、議員2,182人の女性当選、過去最高―京都府木津川市長河井規子は同府女性初<br>5.18　国民投票法公布（10.5.18施行）―婦人年連絡会など抗議<br>5.25　ジャパン・ウィメンズ・イノベイティブ・ネットワーク（J-Win）発足―大手企業74社共同出資、女性の戦力化共同研究<br>5.31　女子勤労挺身隊韓国人訴訟、2審も賠償請求棄却（名古屋高裁）<br>6.1　改正パートタイム労働法公布（08.4.1施行）―パート・正社員の差別禁止<br>6.3　東京都足立区長に近藤弥生―同区女性初<br>6.6　出生率1.32に回復（厚労省）<br>6.19　「2007年版男女共同参画白書」発表（政府）―日本、アジア、欧米など12カ国の現状比較、日本の女性登用進まず<br>6.24　女性議員57％に、全国1位を更新（神奈川・大磯町）<br>6.26　米下院外交委員会が慰安婦決議可決（日本政府に公式謝罪求める）―7.30下院本会議で決議可決<br>7.4　防衛相に小池百合子（衆・自民）―女性初<br>7.24　ワーク・ライフ・バランス推進で報告書（男女共同参画会議）―国や企業に支援体制整備や意識改革を求める<br>7.25　インド大統領にプラティバ・パティル―女性初<br>7.29　第21回参議院議員通常選挙、民主党参院第1党に。女性議員過去最高26人当選<br>8.7　参院副議長に山東昭子（参・自民）―女性初<br>8.9　「2006年度女性雇用管理基本調査」発表（厚労省）―管理職全体に占める女性の割合6.9％、欧米諸国と大きな差<br>8.27　経済財政担当相に大田弘子（非議員、留任）、少子化対策・男女共同参画担当相に上川陽子（衆・自民）<br>9.11　地方公共団体の女性管理職比率、都道府県5.1％、市区町村8.6％、過去最高<br>9.20　国連平和大使にバイオリニスト五嶋みどり―日本人初<br>9.21　閣僚の過半数女性に（ノルウエー）―同国初<br>9.26　経済財政担当相に大田弘子（非議員）、少子化対策・男女共同参画担当相に上川陽子（衆・自民）いずれも留任<br>9.29　「男女共同参画社会に関する世論調査」発表（内閣府）―「夫は仕事、妻は家庭」に賛成44.8％、反対52.1％と初めて反対が過半数に<br>9.29　設立20周年記念シンポジウム「どうする？21世紀の日本―憲法・女性差別撤廃条約・NGO」（国際女性の地位協会）<br>10.13　創立50周年記念シンポジウム「人間の安全保障を求めて―国連への提言」（国連 NGO 国内婦人委員会） |

| 年　号 | 内閣 | 事　　項 |
|---|---|---|
| 2007<br>(平成19) | 福田康夫 | 10.19～20　「日本女性会議ひろしま」(同実行委員会・広島市) |
| | | 10.21　埼玉県所沢市長に当麻よし子―同市女性初 |
| | | 10.24　女性国家公務員の採用状況の調査結果発表（総務省）―女性キャリアの比率 25.1％、過去最高 |
| | | 11.8　「2007年版男女平等指数」(世界経済フォーラム)―日本91位に後退 |
| | | 11.20～21　30周年記念国際シンポジウム「時代を拓く　アジアの女性リーダー～女性の人材育成を支援するために」ほか（国立女性教育会館） |
| | | 11.23～25　DV 根絶国際フォーラム（全国シェルターネット） |
| | | 11.30　国際刑事裁判所裁判官に斎賀富美子―日本人初 |
| | | 12.1　「女性知事フォーラム in おおさか」(高橋はるみ、堂本暁子ら)―地球温暖化を議論 |
| | | 12.8　日本母親大会、母親全国連鎖行動「武器もいらない核もいらない」―全国約6,000カ所で開催 |
| | | 12.15　改正教育基本法、防衛庁の省昇格関連法成立 |
| | | 12.22～23　社民党第11回党大会、福島瑞穂党首3選 |
| 2008<br>(平成20) | （改造） | 1.24　登山家続素美代、南極点到達―日本人女性初 |
| | | 1.31　男女賃金格差は違法、総合商社兼松に賠償命令（東京高裁） |
| | | 2.3　北海道東神楽町長に川野恵子―道内女性初 |
| | | 2.7　「まんが防衛白書」に抗議（新婦人） |
| | | 3.19　パキスタン国民議会（下院）議長にファミダ・ミルザ―女性初 |
| | | 3.23　埼玉県大利根町長に柿沼トミ子―同県女性初 |
| | | 4.8　女性の社会進出を促すための加速プログラム決定（男女共同参画推進本部）―国家公務員の女性管理職割合を10年度末までに5％に |
| | | 4.14　スペインサパテロ新内閣、閣僚の半数女性 |
| | | 4.27　岡山県倉敷市長に伊東香織―同県女性初 |
| | | 5.1　性暴力禁止法をつくろうネットワーク設立 |
| | | 5.18　台湾民進党に初の女性主席蔡英文（ツァイ・イン・ウェン） |
| | | 6.4　国籍法規定、違憲判決（最高裁）―国籍法3条が「父母の結婚」を国籍取得要件としている点が違憲。未婚の日本人父とフィリピン人母の子10人に日本国籍を認める |
| | | 6.7　駐マリ大使に中川幸子 |
| | | 6.13　日本ユニセフ協会会長に赤松良子―女性初 |
| | | 6.24　国家公務員採用Ⅰ種試験合格者発表（人事院）―女性合格者19％過去最高 |
| | | 6.27　消費者行政推進基本計画、閣議決定―消費者庁の09年創設に向けて |
| | | 7.19　国際シンポジウム「21世紀に生きる女子大学」(日本学生支援機構・お茶の水女子大学) |
| | | 7.27　茨城県常総市長に長谷川典子―同県女性初 |
| | | 8.2　消費者行政推進担当相に野田聖子（衆・自民）、拉致問題・男女共同参画担当相に中山恭子（参・自民） |
| | | 8.24　栃木県野木町長に真瀬宏子―同県女性初 |
| | | 9.5　オーストラリア連邦総督にクエンティン・ブライス―女性初 |
| | | 9.11　最高裁判事に櫻井龍子―女性3人目 |
| | | 9.13　創立30周年記念国際シンポジウム「1970年代後半以降の女性運動と女性学／ジェンダー研究」(国際ジェンダー学会) |
| | | 9.15　ルワンダ議会で女性過半数―世界初 |
| | 麻生太郎 | 9.17　国際シンポジウム「職場における男女平等とワーク・ライフ・バランスを促進するための課題に取り組む」(ILO 駐日事務所) |
| | | 9.24　消費者行政推進担当相に野田聖子（衆・自民、留任）、少子化対策男女共同参画担当相に小渕優子（衆・自民） |
| | | 9.28　「女性と貧困ネットをつくろう　立ち上げ集会」―ホームレス、ひとり親家庭の女性たちが連携 |
| | | 9.　国連平和維持局政策部長に中満泉 |
| | | 9.　EU 日本政府代表部次席大使に植田隆子 ICU 教授 |
| | | 10.1　主婦連創立60周年記念講演会 |
| | | 10.21　国際科学会議副会長に黒田玲子東京大学大学院教授 |
| | | 10.25　シンポジウム「ワーク・ライフ・バランスをめざして―育児・介護等を含めたケア・ワークへの男女共同参画」(大学女性協会) |
| | | 10.　「女性アーカイブセンター」オープン（国立女性教育会館） |
| | | 11.12　「2008年版男女平等指数」(世界経済フォーラム)―日本は98位に後退、先進国で最低の評価 |
| | | 11.24　元慰安婦ら公開集会、日本政府に公式謝罪求める（日本軍「慰安婦」問題アジア連帯会議） |

| 年 号 | 内閣 | 事　項 |
|---|---|---|
| 2008<br>(平成20) | 麻生太郎 | 11.30　千葉県白井市長に横山久雅子—同県女性初 |
| | | 11.30　新潟県魚沼市長に大平悦子—同県女性初 |
| | | 12.2　福島県相馬市議会議長に小林チイ—同県女性初 |
| | | 12.12　改正国籍法公布（09.1.1施行） |
| 2009<br>(平成21) | 鳩山由紀夫 | 1.6　バングラデシュに女性のハシナ新政権発足—外相・内相ともに女性 |
| | | 1.20　米大統領に民主党バラク・オバマ就任 |
| | | 1.24　国際シンポジウム「世界は進む　日本は進まず—パリテ、クオータ、男女共同参画」（フェミニスト議連） |
| | | 1.25　山形県知事に吉村美栄子—東北初 |
| | | 2.1　アイスランド首相にヨハンナ・シグルザルドッティル—女性初 |
| | | 2.7　抗議集会「緊急　これでいいのか！骨抜き？熊本市男女共同参画条例」（男女共生社会を実現するくまもとネットワーク） |
| | | 2.8　埼玉県越生町長に田島公子—県内2人目 |
| | | 3.4　アフガン特使に緒方貞子JICA理事長 |
| | | 3.4　女性医師の離職防止にワークシェア提言（国立大学協会） |
| | | 3.9　「第5回女性農業委員活動推進シンポジウム」（全国農業会議所） |
| | | 3.30　改正雇用保険法公布（3.31施行） |
| | | 4.11〜12　第5回全国女性議員サミットinぐんま　「チェンジ！みんなが主役　社会を変える！　日本を変える！」（同実行委員会） |
| | | 4.19　兵庫県宝塚市長に中川智子—同市女性初 |
| | | 5.15〜16　市川房枝生誕115年記念事業　リレートーク「地方議会を志す女性たちへ」、フォーラム「いつか来た道—市川房枝の戦前・戦後」（市川記念会） |
| | | 5.16　初の女性国会議員4人（クウェート） |
| | | 5.18　リトアニア大統領にダリア・グリバウスカイテ—女性初。7.12就任 |
| | | 5.29　「2009年版男女共同参画白書」閣議決定—昇進見通し、男女に差 |
| | | 6.1　ひめゆり資料館開館20周年記念特別企画展「ひめゆり学園（女師・一高女）の歩み」（沖縄） |
| | | 6.3　インド下院議長にメイラ・クマル—女性初 |
| | | 6.12〜14　ワークショップ「女性に対する暴力についてのメディアの対応は？」（アジア太平洋女性監視機構） |
| | | 6.28　山口県宇部市長に久保田后子—同県女性初 |
| | | 6.29　昭和シェル石油の男女差別賃金認定（東京地裁） |
| | | 7.1　改正育児介護休業法公布（一部を除き10.6.30施行） |
| | | 7.6　クロアチア首相にヤドランカ・コソル—女性初 |
| | | 7.12　東京都議選で女性24人当選、過去最多 |
| | | 7.17　名古屋地検特捜部長に田中素子神戸地検総務部長—女性初の特捜部トップ |
| | | 7.23　選択議定書未批准の日本に非難—国連女性差別撤廃委員会 |
| | | 7.26　宮城県仙台市長に奥山恵美子—東北・政令市とも女性初 |
| | | 8.5　キャリア官僚女性採用、初の3割超え（総務省・人事院） |
| | | 8.21　国家公務員採用II種試験、合格女性比率29.6％、過去最高に（人事院） |
| | | 8.30　第45回衆議院議員総選挙、民主党308議席で圧勝、政権交代へ—女性54人で過去最多、初の1割超え。 |
| | | 8.30　神奈川県横浜市長に林文子—同市女性初 |
| | | 9.1　消費者庁発足、初代担当閣僚に野田聖子・消費者行政担当相 |
| | | 9.9　民主・社民・国民新党が連立政権樹立 |
| | | 9.16　消費者・食品安全・少子化・男女共同参画相に福島瑞穂（参・社民）、法相に千葉景子（参・社民） |
| | | 10.9　連合会長代行に女性枠、NHK労連岡本直美選出 |
| | | 10.15　ユネスコ事務局長にイリナ・ボコバ元外相（ブルガリア）—女性初 |
| | | 10.20　総合商社兼松の男女賃金格差訴訟、双方の上告棄却（最高裁）—東京高裁の男女差別を認定した判決が確定、兼松に女性社員4人に7,250万円の支払いを命じる |
| | | 11.5　若手・女性研究者に研究基金（政府）—助成総額500億円、年齢制限のない女性枠50人 |
| | | 11.9　第12回ベネチアビエンナーレ国際建築展企画責任者に妹島和世—日本人・女性初 |
| | | 11.11　院内集会「通常国会で民法改正を！」（mネット）—選択的夫婦別姓制度導入や非嫡出子相続差別撤廃を求める |
| | | 11.14　（財）市川房枝記念会女性と政治センター発足記念のつどい「女性の政治参画の拠点として」（市川記念会） |
| | | 11.18　国際刑事裁判所裁判官に尾﨑久仁子外務省参与・政策研究大学院大学教授—日本人で2人目 |

| 年号 | 内閣 | 事　項 |
|---|---|---|
| 2009<br>(平成21) | 鳩山由紀夫 | 11.18 「STOP 児童ポルノ・情報ホットライン」開設（警視庁）<br>12.1 津田塾大学創立110年記念事業「津田梅子賞」創設<br>12.4 社民党党首選、無投票で福島瑞穂4選<br>12.19 「女性首長大集合─地域・子育て・男女共同参画」（福島瑞穂男女共同参画担当相呼びかけ）<br>12.24 女性裁判官17％、過去最高を更新 |
| 2010<br>(平成22) | 菅直人<br><br>（第1次改造） | 1.1 「2009年人口動態統計の年間推計」発表（厚労省）─自然増減数は3年連続で減少、過去最大の減少幅<br>1.1 スイス、大統領と上下院議長（政界トップ3）を女性が占有<br>2.2～4 第1回全国女性町長サミット（北海道東神楽町）<br>2.7 コスタリカ大統領に国民解放党のラウラ・チンチージャ─女性初。5.8就任<br>2.20 シンポジウム「女性と政治─女性表現者が政治に参加するということ」（日本ペンクラブ女性作家委員会）<br>3.1～12 第54回国連婦人の地位委員会「北京＋15記念ハイレベル会合」（ニューヨーク）<br>3.2 慰安婦訴訟、敗訴確定（最高裁）─賠償請求権の時効成立を理由として上告を棄却。元慰安婦による戦後補償裁判10件、全て敗訴で終了<br>3.3 「選択的夫婦別姓制度導入や婚外子相続差別撤廃の民法改正を求める！3・3決起集会（同実行委）<br>3.8 「国際女性の日2010国連公開シンポジウム」（駐日国連諸機関・日本経済新聞社）<br>3.9 議会に33％の女性枠確保の憲法改正案可決（インド）<br>3.18 都道府県審議会委員にクオータ制導入の提言案まとめ（全国知事会男女共同参画特別委員会）<br>3.24 APEC女性リーダーズネットワーク会合成功に向けてのキックオフセミナー（2010 APEC WLN実行委員会）<br>3.28 プリツカー賞（建築）に妹島和世─日本人女性初<br>4.12 最高裁判事に岡部喜代子慶應大学大学院教授─女性4人目<br>4.16 「2009年人口推計」（総務省）─女性人口初の自然減<br>4.23 性同一性障害児童・生徒の対応、国で初<br>4.25 「なくそう！子どもの貧困」全国ネット設立記念シンポ<br>5.15 らいてう忌「百年の女たちのメッセージを聞く」（平塚らいてうの会）<br>5.16 「女性のメーデー─女が歩く・女が動くメーデー」（女性と貧困ネットワーク）<br>5.19 福岡県議会議長に田中秀子─女性初<br>5.20 国際協力機構（JICA）理事長緒方貞子、「2010グローバル・ウィメンズ・リーダーシップ・アワード」受賞（世界女性サミット　北京）<br>5.26 トリニダード・トバゴ首相にカムラ・パサード＝ビセッサー─女性初<br>5.27 「参院選を前に、問題提起フォーラム─高齢者の政治参画を考える」（高齢社会をよくする女性の会）<br>5.28 日米両政府、沖縄の米軍普天間飛行場の移設問題で共同声明発表─福島消費者・少子化担当相、閣議での署名拒否、罷免される。社民党、連立政権離脱<br>6.2 改正児童扶養手当法公布（8.1施行）─父子家庭にも支給<br>6.8 法相に千葉景子（参・民主、留任）、行政刷新担当相に蓮舫（同）<br>6.14 「2010年人身売買報告書」発表（米国務省）─日本監視対象国の評価に据え置き<br>6.15 「男女共同参画白書」決定─女性就業率のM字カーブ解消を<br>6.17 厚労省「イクメンプロジェクト」発足<br>6.22 フィンランド首相にマリ・キビニエミ─2人目の女性首相<br>6.24 オーストラリア首相にジュリア・ギラード─女性初<br>6.27 「ビルマ女性国際法廷」開催（東京）─アジア初<br>7.11 第22回参議院議員通常選挙、女性当選者17人、前回より大幅減─民主党大敗<br>7.16 日銀支店長（高松市）に清水季子─女性初<br>8.2～9 「原水爆禁止2010世界大会─核兵器のない平和で公正な世界のために」（同実行委員会　広島・長崎）<br>8.5 「核兵器をなくそう女性のつどいinヒロシマ」（高田公子、堀江ゆりら214人）<br>9.9 自民党総務会長に小池百合子・広報本部長─女性の三役起用初<br>9.10 虚偽有印公文書作成・同行使罪に問われた村木厚子・元厚労省雇用均等・児童家庭局長に無罪（大阪地裁）─同日付で厚労省に復帰。27日内閣府政策統括官発令<br>9.17 特命担当大臣（消費者及び食品安全・少子化対策・男女共同参画）に岡崎トミ子（参・民主）、同（行政刷新）に蓮舫（参・民主、留任）<br>9.22 アジア女性経済会議（東京） |

第4部 女性参政年表

| 年 号 | 内閣 | 事 項 |
|---|---|---|
| 2010<br>(平成22) | 菅直人 | 10.1　女性企業家サミット（APEC加盟21カ国・地域の女性経営者ら　岐阜市）―日米共同で政策提言をまとめ、11月のAPEC首脳会議で報告<br>10.1〜2　「日本女性会議2010きょうと」（同実行委員会・京都市）<br>10.7　女性「九条の会」、5周年記念のつどい（内海愛子、吉武輝子ら）<br>10.12　「2010年版男女平等指数」（世界経済フォーラム）、日本は94位<br>10.31　ブラジル大統領にジルマ・ルーセフ―女性初。11.1.1就任<br>11.11　UNウィメン初代執行理事国（41カ国）に日本選出<br>11.21　兵庫県尼崎市長に稲村和美―女性市長2代連続は全国初<br>12.4　2010年NGO日本女性大会「ジェンダーギャップ解消への挑戦、貧困・格差のない平和な社会を」（婦人年連絡会）<br>12.5　国際シンポジウム「女性国際戦犯法廷―「法廷」は何を裁き、何が変わったか〜性暴力・民族差別・植民地主義〜（女性国際戦犯法廷10周年実行委員会　東京）<br>12.8　「2010年武器はいらない　核もいらない　12.8平和を守る母親全国連鎖行動」（母親大会連絡会） |
| 2011<br>(平成23) | （第2次改造） | 1.11　仙台高裁長官に一宮なほみ―女性の高裁長官は2人目、24年ぶり<br>1.14　内閣府特命大臣（消費者及び食品安全・行政刷新）に蓮舫（参・民主）<br>1.14　「女性国家公務員の採用・登用の拡大等に関する指針」改定（人事院）<br>2.14　男女5人、夫婦別姓国家賠償提訴―13.5.29原告敗訴（東京地裁）、6.11原告控訴<br>2.21　「労働力調査　2010年平均結果」公表（総務省）―非正規の職員・従業員34万人増の1,755万人、うち女性は22万人増の1,218万人<br>2.23　東芝解雇裁判、東芝側敗訴（東京高裁）―元女性社員の業務とうつ病の因果関係を認め、解雇無効<br>3.3　財団創立70周年記念シンポジウム「人をつなぐ　学びをつなぐ　未来をつむぐ」（女性学習財団）―4.1公益財団法人に移行<br>3.6　「さらば黒い議会　なくそう女性ゼロ議会」（フェミニスト議連）<br>3.8　シンポジウム「世界118位の現実：クオータは突破口となるか？」（上智大学グローバル・コンサーン研究所）<br>3.11　東日本大震災発生、M9.0―巨大津波により宮城・岩手・福島県の太平洋岸を中心に死者・行方不明者多数。12日、東電福島第1原発1号機で爆発<br>3.27　「反原発・銀座デモ・パレード」（ふぇみん・原水禁国民会議・日本消費者連盟など）<br>3.31　女性と仕事の未来館閉館<br>4.7　コソボ大統領にアティフェテ・ヤヒヤガ―女性初<br>4.10,24　第17回統一地方選挙、首長4人、議員2,001人の女性が当選―三重県鈴鹿市市長末松則子は中部9県女性初<br>5.21　シンポジウム「核の時代：広島から現代まで」（ノーマ・フィールド、宮本ゆき、山口智美　シカゴ）<br>5.　エジプト「我が自由な国党」党首にマグダ・ハルバウィ―女性初<br>6.11　「『災害・復興と男女共同参画』6・11シンポジウム〜災害・復興に男女共同参画の視点を」（同実行委員会他）<br>6.21　「2011年版男女共同参画白書」公表―特集「ポジティブ・アクションの推進―2020年30％に向けて」<br>6.28　女性初のIMF（国際通貨基金）専務理事にクリスティーヌ・ラガルド<br>7.3　タイ首相にインラック・シナワット―女性初<br>7.9〜10　ワークショップ「ジェンダー平等政策をどうつくるか」（市川記念会）<br>7.12　「エネルギー政策の確立に関する滋賀県・山形県の共同アピール」発表（嘉田由紀子・吉村美栄子・全国知事会　秋田）―卒原発を提言<br>7.18　サッカー女子ワールドカップで、日本代表なでしこジャパン初優勝 |
|  | 野田佳彦 | 9.2　厚労相に小宮山洋子（衆・民主）、内閣府特命大臣（行政刷新、「新しい公共」、少子化対策、男女共同参画）・公務員制度改革担当相に蓮舫（参・民主）<br>9.3　『青鞜』創刊100周年記念「いま、青鞜を生きる」（福島瑞穂、樋口恵子ら）<br>9.10　国際シンポジウム「今、世界が読む『青鞜』」（「新しい女」研究会他　日本女子大学）<br>9.15　デンマーク首相にヘレ・トーニング・シュミット―女性初<br>9.21　ロシア上院議長にワレンチナ・マトビエンコ・サンクトペテルブルク前市長―女性初<br>9.25　サウジアラビア女性に参政権実現<br>10.7　ノーベル平和賞に女性3人―リベリア大統領エレン・サー・リーフ、平和活動家リーマ・ボーウィー（リベリア）、人権活動家タワックル・カルマン（イエメン）<br>10.14〜16　「日本女性会議2011松江」（同実行委員会）<br>10.15〜16　「第56回はたらく女性の中央集会」（全労連女性部） |

| 年号 | 内閣 | 事項 |
|---|---|---|
| 2011<br>(平成23) | 野田佳彦 | 10.21　衆参両院の憲法審査会、初会合 |
| | | 10.22　「歴史を拓くはじめの家30周年のつどい」(長野) |
| | | 10.27〜29　「原発いらない福島の女たち」、脱原発を求めて経産省前で座り込み |
| | | 10.30　新潟津南町議選で女子大生桑原悠トップ当選 |
| | | 11.19〜20　新日本婦人の会25回全国大会 |
| | | 11.19　第2回全国女性町長サミット(太田貴美ら6女性町長　福岡) |
| | | 11.23　脱原発をめざす女たちの会キック・オフ集会(吉武輝子、小山内美江子、浜矩子、鎌仲ひとみら) |
| | | 11.　『海を越える　100年の記憶』刊行(図書新聞)—慰安婦・強制労働被害者証言集 |
| | | 12.1　男女共同参画と災害・復興ネットワーク設立(堂本暁子ほか) |
| | | 12.1　大阪府田尻町長に原明美—同町女性初 |
| | | 12.14　「韓国水曜デモ1000回アクション」(戦時性暴力問題連絡協議会ほか)—カナダ・台湾など6カ国1地域の30都市で連帯集会 |
| 2012<br>(平成24) | (第1次改造) | 1.1　スイス大統領にビドマーシュルンプフ—女性、3年連続4人目 |
| | | 1.6　政府、女性宮家創設問題について発表。12.12安倍内閣で白紙に |
| | | 1.9　ミャンマー「国民民主連盟」党首にアウン・サン・スー・チー |
| | | 1.13　厚労相に小宮山洋子(衆・民主、留任) |
| | | 1.15　韓国最大野党代表に韓明淑(ハン・ミョンスク) |
| | | 1.16　リベリア大統領にエレン・ジョンソン・サーリーフ—女性2人目 |
| | | 1.20　社民党党首選、福島瑞穂無投票で5選 |
| | | 1.22　滋賀県大津市長に越直美—知事・県庁所在地の市長がともに女性は全国初 |
| | | 2.1　性犯罪被害者センター「レイプクライシスセンター　つぼみ」開設(望月晶子)—大阪、愛知に続き3カ所、東日本初 |
| | | 2.26　労組「パープル・ユニオン」結成総会(佐藤香)—セクハラなど女性の労働問題に対応 |
| | | 3.1　「女性が暮らしやすい国はみんなにとっていい国だ特命委員会」(小池百合子)発足(自民党) |
| | | 3.7　「衆院比例定数の削減をやめること」を要望(有権者同盟・婦団連・新婦人・YWCAなど16女性団体) |
| | | 3.9　第56回国連婦人の地位委員会、日本提出の決議案「自然災害におけるジェンダー平等と女性のエンパワーメント」採択 |
| | | 3.14　女性幹部官僚倍増方針(男女共同参画会議)—全府省で課室長以上に占める女性の割合(2.4%)を16年3月までの中間目標を平均5%程度に |
| | | 3.17　女性共同法律事務所設立10周年のつどい(大阪) |
| | | 3.31　改正児童手当法公布(4.1施行) |
| | | 4.1　国際基督教大学学長に日比谷潤子—同大女性初 |
| | | 4.1　ミャンマー国民民主連盟党首アウン・サン・スー・チー、連邦議会補欠選挙で当選 |
| | | 4.6　改正労働者派遣法公布(10.1施行) |
| | | 4.22　未来政治塾開講(嘉田由紀子) |
| | | 4.23　内閣府特命担当大臣少子化対策担当に小宮山洋子厚労相 |
| | | 4.24　中川正春男女共同参画相、民主党に女性議員拡大を申し入れ |
| | | 4.25　東京大空襲訴訟、控訴審も原告敗訴(東京高裁)—国の救済責任認めず |
| | | 4.27　自民党、憲法改正草案決定 |
| | | 5.2　大飯原発再稼働に抗議のハンスト—瀬戸内寂聴、澤地久枝 |
| | | 5.5　「戦争と女性の人権博物館」開館(韓国)—慰安婦に関する資料収集 |
| | | 5.8　東電気料金値上げに緊急アクション—主婦連他19団体 |
| | | 5.11　「障害のある女性の生きにくさに関する調査」結果報告(DPIネットワーク)—女性障害者35%がセクハラ被害 |
| | | 5.16　フランスの新閣僚半数女性 |
| | | 5.22　「女性の活躍による経済活性化を推進する関係閣僚会議」発足—議長古川元久国家戦略担当相、中川正春男女共同参画担当相、小宮山洋子厚労相ら。6.22「働く『なでしこ』大作戦」決定 |
| | | 5.26　ウィメンズネットこうべ20周年 |
| | | 5.30　市議会初、正副議長女性(大阪市) |
| | (第2次改造) | 6.4　厚労相に小宮山洋子(衆・民主、留任) |
| | | 6.16　シンポジウム「女性と国際協力」(難民を助ける会)—相馬雪香生誕100周年記念 |
| | | 6.18　企業の女性幹部登用データ情報開示「見える化」へ(経産省) |
| | | 6.19　「2012年版人身取引年次報告書」公表(米国務省)—人身売買、日本8年連続で監視リスト |
| | | 6.19　「2011年版男女共同参画白書」閣議決定—男女共同参画の視点からの防災・復興 |
| | | 6.22　管理職に女性登用促進—経済活性化へ行動計画(政府) |

第4部 女性参政年表

| 年号 | 内閣 | 事　項 |
|---|---|---|
| 2012<br>(平成24) | 野田佳彦<br><br>(第3次改造) | 6.25　2012年度国家公務員採用総合職試験合格者発表（人事院）―女性合格者割合23.1％過去最高<br>6.27　子ども・被災者生活支援法公布・施行<br>6.29　アピール「大飯原発再稼働は許さない！一票一揆で女が変える！政治も、暮らしも、原発も！」（原発いらない福島の女たち）―次期衆院選で原発容認派の議員の落選を目指す<br>6.　「性暴力救援センター・東京」結成、24時間電話相談対応<br>6.　「クオータ制を推進する会（Qの会）」設立（赤松良子ほか）<br>7.9　創立60周年記念全国地域婦人大会（全地婦連　高松市）<br>7.17　参議院に女性議員会派「みどりの風」結成（亀井亜紀子・行田邦子ら）<br>7.21～22　政治参画夏期特別セミナー「脱原発社会実現に向けて―女性の視点で見た放射能、防災・危機管理、原発と放射能災害、自然エネルギー」（市川記念会）<br>7.25　「女性に対する暴力を根絶するための課題と対策」（内閣府　女性に対する暴力に関する専門調査会）―強姦罪を非親告罪に。8.1同男女共同参画会議、強姦罪を規定する刑法改正の検討を法務省に求める<br>7.27　嘉田由紀子滋賀県知事、全国知事会の提言を中川正春内閣府特命担当相らに要請―「女性の活躍の場の拡大による経済活性化のための提言―M字カーブの解消に向けて」<br>7.28～8.12　全競技に男女参加―ロンドン五輪大会<br>8.1　世界銀行の基金「地球環境ファシリティ（GEF）」の最高責任者に石井菜穂子財務省副財務官―国際機関のトップ就任は同省初<br>8.10　消費者庁長官に阿南久全国消団連事務局長<br>8.20　ジャーナリスト山本美香、政府軍に銃撃され死亡（シリア）<br>8.29　院内集会「選挙で脱原発！」（女たちの一票一揆ネット）<br>8.30　政府の「女性の活躍促進による経済活性化」行動計画につき野田首相に要望（婦人年連絡会）―男性の意識改革・思い切ったポジティブ・アクションなど具体的施策を提示<br>8.31　クオータ制導入を公明党に要望（Qの会）―9.10社民、「生活が第1」、民主、共産4党にも<br>9.6　東日本大震災死者数初めて公表、1万8,877人うち女性1万184人―「2011年人口動態統計（確定数）の概況」（厚労省）<br>9.10　厚労省局長に女性2人―雇用均等・児童家庭局長に石井淳子官房審議官、社会・援護局長に村木厚子内閣府政策統括官<br>9.10　東京労働局局長に伊岐典子労働政策研究・研修機構統括研究員<br>9.11　内閣府男女共同参画局長に佐村知子前郵便局会社執行役員<br>9.15　『ふぇみん婦人民主新聞』3000号<br>9.15　ワークショップ「現場からジェンダー平等政策を点検する―ジェンダー予算を手がかりに」（市川記念会）<br>9.20　月刊誌「あごら」334号で休刊<br>9.27　韓国元慰安婦の償い金受給61人（234人中）（アジア女性基金）<br>10.1　文科相に田中真紀子（衆・民主）<br>10.2　女性が日本を救う―ラガルドIMF専務理事提言<br>10.11　第1回国際ガールズデーで共同声明（ユニセフ、UNウイメン、国連人口基金）<br>10.17　新日本婦人の会創立50年記念のつどい<br>10.17　「1票の格差」参院も違憲状態（最高裁）<br>10.20～21　♪女性会議結成50周年の集い<br>10.24　「2012年版男女平等指数」（世界経済フォーラム）―日本は135カ国中101位（11年98位）と後退<br>10.26～28　「日本女性会議2012仙台」（同実行委員会他）―「きめる、うごく、東北から」<br>11.6　福島出身メイジー・ヒロノ、米上院議員に当選―アジア系女性初<br>11.20　財団創立50周年記念シンポジウム「市川房枝のおくりもの―振り返り　未来をみつめて」（市川記念会）<br>11.21　「第1回女子会ivote（アイ・ヴォート）」―若者の投票率向上を目指す学生団体<br>11.23　「全日本おばちゃん党」始動式（大阪）―パネルディスカッション「愛と勇気でオッサン政治を語る」<br>11.27　「日本未来の党」結成（嘉田由紀子）―脱原発を旗印に。13.5.17「みどりの風」と合流<br>12.16　第46回衆議院議員総選挙、自民党圧勝、政権に復帰。女性当選者38人（7.9％）前回09年から激減<br>12.17　「夫は外、妻は家庭」賛成5割超え逆転―「男女共同参画社会に関する世論調査」（内閣府）<br>12.19　韓国大統領に朴槿恵（パク・クネ）、女性初―16.12.9国会で弾劾訴追、17.3.10憲法裁判所により罷免、失職<br>12.19　女性宮家創設、白紙に（政府） |

| 年 号 | 内閣 | 事　項 |
|---|---|---|
| 2012<br>(平成24) | 安倍晋三Ⅱ | 12.26　女性活力・子育て支援担当特命担当相に森まさこ（参・自）、行政改革等担当・内閣府特命担当相に稲田朋美（衆・自）<br>12.26　自民党初、3役に女性2人—政調会長に高市早苗、総務会長に野田聖子 |
| 2013<br>(平成25) | Ⅱ | 1.11　サウジアラビア初の女性議員30人—アブドラ国王任命<br>1.18　最高裁判事に鬼丸かおる防衛省防衛人事審議会委員—女性で5人目<br>1.29　日産自動車、女性管理職比率の数値目標発表—16年度末までに国内10％、海外14％に<br>2.5　伊藤忠商事執行役員に池（茅野）みつる法務部長代行—大手商社で初の女性執行役員<br>2.8　慰安婦問題について安倍首相に要望書（売買春問題ととりくむ会）<br>2.13　第1回若者・女性活躍推進フォーラム（甘利明経済再生担当相）<br>2.16　「2012年家族の法制に関する世論調査」公表—選択的夫婦別氏制度導入に賛成は男女ともに35.5％、反対は36.4％（女性33.7％、男性39.7％）で反対が微増<br>3.8　「憲法24条、女性差別撤廃条約を遵守！民法改正を求める院内集会」（mネット他）<br>3.8　「ママさん原発監視連盟」発足—台湾<br>3.9　女性「九条の会」設立8周年講演会—「今、日本国憲法最大の危機‼」<br>3.15　環太平洋パートナーシップ協定（TPP）交渉参加に抗議声明（JA全国女性組織協議会）。主婦連、反対緊急アピール発表。16日、新婦人、撤回を求める抗議文を安倍首相に送付<br>3.22　練習艦の艦長に初の女性自衛官2人配置（海上自衛隊）<br>3.26　慰安婦問題の早期解決求める意見書可決、同日安倍首相らに提出（京都府議会）—都道府県議会で同意見書可決は初<br>3.　世界の女性国会議員比率、初めて20％台へ（IPU）<br>4.14　大阪島本町議選で女性議員5割に<br>4.21　静岡県伊豆の国市長に小野登志子—同県女性初<br>4.25　森まさこ内閣府男女共同参画特命担当相、女性の活躍推進に向け、ポジティブ・アクション導入の検討を各党に要請—25日石破茂自民党幹事長、26日福島みずほ社民党党首、中川正春民主党幹事長に。5.1井上義久公明党幹事長に<br>4.26　ネット選挙法公布（5.26施行）<br>4.28　イタリア女性閣僚7人、3分の1に—過去最多<br>4.28　「4・28『屈辱の日』沖縄大会」（同実行委員会）—同日、政府主催の「主権回復・国際社会復帰を記念する式典」に抗議<br>5.3　「9条守る女性アピールの会」、意見広告を全国紙に発表—「女性は戦争への道を許さず、憲法9条を守ります」<br>5.17　イラン護憲評議会、大統領選に女性の立候補認めず<br>5.19　静岡県島田市長に染谷絹代—同市女性初<br>5.22　初のマタハラ調査（連合）<br>5.30　「警察における女性の視点を一層反映した対策の推進に関する報告書」公表（警察庁）—女性警察官増員へ<br>5.　『若手知事・市長が政治を変える』刊行（嘉田由紀子政治未来塾）<br>6.3　「女性と人権全国ネットワーク」設立（戒能民江他）<br>6.12　ハーグ条約公布<br>6.26　島根県議会、日本軍慰安婦問題意見書を可決、首相らに提出<br>6.28　外務省報道官に佐藤地（くに）総括担当審議官—同省女性初の局長級ポスト<br>6.30　埼玉県長瀞町長に大沢タキ江—同町女性初<br>7.1　『女性展望』創刊60年（市川記念会）<br>7.2　村木厚子、厚生労働事務次官就任<br>7.3　改正DV法公布（14.1.3施行）—交際相手、配偶者からの暴力も対象<br>7.3　改正ストーカー法公布（10.3施行）—電子メールによる行為も対象<br>7.16　「雇用アウトルック2013」発表（OECD）—日本女性就業率69％、加盟34カ国中第24位<br>7.19　「夏季フォーラム2013」（経団連）—女性の活躍推進部会新設、部会長中川順子野村ホールディングス執行役員<br>7.21　第23回参議院議員通常選挙、女性22人当選—前回10年比5人（4.13㌽）増、非改選を含め39人（16.12％）<br>7.25　社民党福島瑞穂党首、辞任<br>7.31　会計検査院検査官に小林麻理—女性初<br>8.1　最高裁大法廷主席書記官に曽根啓子—女性初<br>8.1　国立西洋美術館長に馬渕明子—初の女性研究者<br>8.5　オスプレイ配備に抗議（沖縄県女性団体連絡協議会）<br>8.8　女子学生入学百年シンポ（東北大）<br>8.9　「全国女性町長サミットinよさの」（京都） |

*127*

| 年号 | 内閣 | 事　項 |
|---|---|---|
| 2013<br>(平成25) | 安倍晋三II | 8.9　県警察本部長に田中俊恵・警察庁国際捜査管理官（岩手）―女性初<br>8.14　「女性登用に対する企業の意識調査」（帝国データバンク）―女性管理職割合10％未満は約8割、過去5年間で女性管理職割合が増えた企業は16.8％<br>8.23　「子宮頸がんワクチン接種事業の中止を求める要望書」厚労相に提出（子宮頸がんワクチン被害者連絡会）<br>8.24　「政治学習塾し␣なの」活動終了（樽川通子ら　長野）<br>9.4　婚外子の法定相続分規定、違憲判決（最高裁）<br>9.9　ノルウェー中道右派連合、総選挙で過半数―10.16保守党党首エルナ・ソルベルグ首相就任<br>9.19　女性運動選手初の健康調査（日本産科婦人科学会）<br>9.25　「男女平等参画社会形成に不可欠な女性の活力をいかすための諸施策推進の提言」を森まさこ内閣府特命担当男女共同参画相に手交（婦人年連絡会）<br>10.23　日本相撲協会評議員に池坊保子―女性初<br>10.25　「2013年版男女平等指数」（世界経済フォーラム）―日本は136カ国中105位、3年連続で低下<br>10.28　神奈川県愛川町長に森川絹枝―同町女性初<br>11.15　「女性たちは秘密保護法に反対する」記者会見（秘密保護法を考える超党派の議員と市民の勉強会）<br>11.19　駐日米国大使にキャロライン・ケネディ―女性初。17.1オバマ政権交代に伴い離任<br>11.20　特定秘密保護法案に反対要請（婦人年連絡会）<br>11.25　生誕120年記念連続講演会「私の市川房枝論」（市川記念会）<br>11.30　神奈川県二宮町長に村田邦子―同町女性初<br>11.30～12.1　創立60周年記念シンポジウム「ジェンダー平等社会の実現に向けて～アベノミクスで女性は『活躍』できるのか?!」（婦団連）<br>12.2　院内集会「この指とまれ、女たち！秘密保護法反対集会」（落合恵子ら）<br>12.11　改正民法公布・施行（婚外子相続差別規定削除）<br>12.13　特定秘密保護法公布（14.12.10施行）<br>12.15　チリ大統領にミチェル・バチェレ元大統領再選―4年ぶりに復帰<br>12.26　「政策・方針決定過程への女性の参画状況及び地方公共団体における男女共同参画に関する取組の推進状況」公表（内閣府）―審議会女性委員割合34.1％、過去最高 |
| 2014<br>(平成26) | | 1.22　ラトビア首相にライムドータ・ストラウユマ―女性初<br>1.26　茨城県高萩市長に小田木真代―同市女性初<br>2.1　NHK籾井勝人新会長の慰安婦発言に抗議、辞任を求める声明文発表（wam）―1.27新婦人、1.28矯風会がNHKなどに要望書提出<br>2.3　米連邦準備制度理事会（FRB）議長にジャネット・イエレン―女性初<br>2.　エジプト立憲党党首にハーラ・シュクラッラー―女性初<br>3.7　「国際女性デー院内集会　日本の国会に〈202030〉の実現を！」（Qの会ほか）<br>3.9　地域女性史研究会発足―5.25『会報』創刊<br>3.10　日銀国際局参事役に清水季子―女性初<br>3.20　ストーカー初の2万件超え（警察庁）<br>3.28　別姓訴訟控訴審判決、原告側の控訴を棄却（東京高裁）―4.10原告側上告<br>3.30　パリ市長にアンヌ・イダルゴ（フランス）―女性初、4.5就任<br>3.31　改正雇用保険法公布（4.1施行）―育休給付割合50％から67％に引き上げ<br>4.1　法政大学総長に田中優子<br>4.13　群馬県安中市長に茂木英子―同県女性初<br>4.14　ボコハラム、女子生徒280人を拉致（ナイジェリア）<br>4.14　人事院総裁に一宮なほみ―女性初<br>4.15　「女性活躍アクション・プラン～企業競争力の向上と経済の持続的成長のために」発表（経団連）<br>4.19　「14年度イコール・ペイ・デイ全国大会」（日本BPW連合会）<br>4.19～20　「女性を議会へ！全国キャラバン―2015統一地方選を前に」（市川記念会　長崎）。5月島根、7月石川、11月青森<br>4.　『議会はあなたを待っている』刊行（市川記念会）―女性地方議会議員の選挙と議会活動レポート<br>5.12　WHO内科分野議長に田嶼尚子―日本人女性初<br>5.14　集団的自衛権行使容認反対等の要望書を安倍首相らに送付（婦人年連絡会）。5.27反対メッセージを、安倍首相・与党に送るアクション呼びかけ（YWCA）<br>5.28　台湾野党民進党主席に蔡英文前主席再選<br>5.30　内閣人事局発足、国家公務員制度担当相に稲田朋美内閣府特命担当相 |

第4部 女性参政年表

| 年号 | 内閣 | 事 項 |
|---|---|---|
| 2014<br>(平成26) | 安倍晋三Ⅱ | 6.4　出生数最少102万9,800人―出生率は1.4に改善 |
| | | 6.9　日銀審議役に清水季子―女性初 |
| | | 6.10～13　性暴力撲滅国際会議（イギリス） |
| | | 6.15　『全地方議会女性議員へのアンケート調査　なぜ女性の参画は進まないのか』発表（大学女性協会） |
| | | 6.17　『2014年版男女共同参画白書』公表（内閣府）―「変わりゆく男性の仕事と暮らし」。初めて男性について特集 |
| | | 6.17　「閣議決定で『戦争する国』にするな！6.17大集会」（解釈で憲法9条を壊すな！実行委員会、賛同団体東京YWCA・矯風会・母親大会・有権者同盟ほか） |
| | | 6.18　東京都議会で塩村あやか議員（みんなの党）に男性議員からセクハラ野次―フェミニスト議連、東京YWCAほか女性団体が抗議 |
| | | 6.25　改正ポルノ禁止法公布（7.15施行） |
| | | 6.25　国際教員指導環境調査結果発表（OECD）―日本の女性教員割合は39％（平均68％）、女性校長6％（平均49％） |
| | | 6.26　中央省庁の女性職員管理職養成研修所第1期生有志、加藤勝信内閣人事局長に提言―「持続可能な霞が関に向けて―子育て等と向き合う女性職員の目線から」 |
| | | 7.1　「集団的自衛権行使容認」を閣議決定。YWCA、主婦連、閣議決定撤回を求める。3日女性「九条の会」抗議声明発表。全地婦連など意見書を安倍首相に提出 |
| | | 7.1　マタニティハラスメント対策ネットワーク創立（マタハラNet） |
| | | 7.7　「女性活躍推進」の「外国人家事支援人材」に抗議声明（アジア女性資料センター他） |
| | | 7.24　「14年版人間開発報告書」公表（国連開発計画）―日本のジェンダー不平等指数25位、前年より4位後退 |
| | | 8.2～3　「第60回日本母親大会 in 神奈川」（横浜）―特別決議「集団的自衛権行使容認の閣議決定の撤回」を採択 |
| | | 8.6　国連ピレイ人権高等弁務官、日本の慰安婦問題について声明「包括的で公平、かつ永続的な解決策を追求するよう求める」 |
| | | 8.10　朝日新聞慰安婦報道の検証結果発表に対するマスコミ等の対応についての要望書を安倍首相、マスコミ各社に送付（wam） |
| | | 8.11　国連キプロスPKO軍事司令官にクリスティン・ルンド（ノルウェー）―女性初 |
| | | 8.22　「もっと女性が活躍できる建設業行動計画」策定（国交省・日本建設業連合会） |
| | (改造) | 9.3　総務相に高市早苗（衆・自）、法相に松島みどり（同）、経産相に小渕優子（同）、国家公安相に山谷えり子（参・自）、女性活躍・行政改革・消費者相に有村治子（同）。10.20松島法相辞任、小渕経産相、10.21上川陽子（衆・自）法相就任 |
| | | 9.10　女性活躍推進法案に要望（マタハラNet） |
| | | 9.12～14　「女性が輝く社会に向けた国際シンポジウム」（政府、経団連など）―ラガルドIMF専務理事ほか |
| | | 9.15　赤松政経塾開講（赤松良子） |
| | | 9.19　ジャパンダイバーシティネット（JDN 代表内永ゆか子）設立―キックオフシンポ「ダイバーシティが社会を変える」 |
| | | 9.29　院内集会「集まろう！これでいいの！？『女性の活躍法』」―女性が真にエンパワーメントできる社会の実現に向けて（均等待遇アクション21） |
| | | 10.2　高松高裁長官に安藤裕子千葉家裁所長―女性の高裁長官は3人目 |
| | | 10.3　高校生向け自衛隊防災訓練に中止を求める請願書（ふぇみん） |
| | | 10.6　アジア女性基金の拠出金呼びかけ文を削除―外務省HP |
| | | 10.10　マララ・ユスフザイ（パキスタン）にノーベル平和賞、17.4.10国連平和大使に任命―いずれも最年少 |
| | | 10.10　「すべての女性が輝く社会づくり本部」初会合、「すべての女性が輝く政策パッケージ」決定。17日「女性の職業生活における活躍の推進に関する法律案」閣議決定 |
| | | 10.15　民主党、クオータ制導入を検討―女性候補30％に |
| | | 10.25　大阪府立男女共同参画・青少年センター（ドーンセンター）設立20周年記念イベント「ドーンと未来へ」（大阪府男女共同参画財団）―「新しい社会の創造と男女共同参画事業」 |
| | | 10.28　「14年版世界男女格差報告書」発表（世界経済フォーラム）―日本142カ国中104位、前年比1位上昇 |
| | | 10.29　第2東京弁護士会、副会長枠にクオータ制導入―6人中2人を女性枠に |
| | | 11.11　「選択的夫婦別姓実現キャンペーンキックオフ！院内集会」（mネット） |
| | | 11.16　沖縄県那覇市長に城間幹子―同市女性初 |
| | | 11.19　ハーグ条約で初の返還命令―母親に子どもを父親（在スリランカ）に戻すよう命令 |
| | | 11.19　スコットランド首相にニコラ・スタージョン―女性初 |

第4部　女性参政年表

| 年　号 | 内閣 | 事　　項 |
|---|---|---|
| 2014<br>(平成26) | 安倍晋三Ⅲ | 11.22　「『怒れる大女子会』もういい加減にして『オッサン政治』」！(マガジン9)<br>11.24　「この人を国会へ」全国キャンペーン(女性と人権ネットワーク)―東京と名古屋・高知をネット中継<br>12.10　第30回うないフェスティバル2014(同実行委員会　那覇市)<br>12.14　第47回衆議院議員総選挙、女性当選者45人(9.5％)―前回(12年)比7人増<br>12.24　総務相に高市早苗(衆・自、留任)、法相に上川陽子(衆・自、留任)、国家公安委員長(拉致問題担当)に山谷えり子(衆・自、留任)、女性活躍担当相(行政改革他担当)に有村治子(参・自、留任) |
| 2015<br>(平成27) | | 1.5～16　お茶の水女子大学創立140年特別記念展<br>1.9　高校教科書「従軍慰安婦」の記述削除―2.25削除撤回の要望書(婦人年連絡会)<br>1.17　「1.17国会ヒューマンチェーン　女の平和」―7,000人の女性が国会を囲む<br>1.23　警察庁刑事局捜査1課長に田中俊恵岩手県警本部長―女性初<br>1.28　辺野古新基地建設埋め立て工事強行に抗議声明(YWCA)<br>1.30　「私が感じた差別」女性地方議員アンケート結果発表(新婦人)―54％が女性蔑視、差別、暴言などに不快感あり<br>2.15　「怒れる女子会@婦選会館」(女性と人権全国ネットワーク)―統一地方選挙で女性議員を増やそう<br>2.16　国連女子差別撤廃委員会委員長に林陽子―日本人初<br>2.19　クロアチア大統領にコリンダ・グラバル＝キタロビッチ―女性初<br>2.25　「高校教科書から『従軍慰安婦』記述を削除することの撤回を求める要望書」を数研出版に提出(婦人年連絡会)<br>2.26　「政治分野における女性の参画と活躍を推進する議員連盟」(中川正春、野田聖子ら超党派で構成)設立総会―国政選挙にクオータ制導入を目指す<br>3.3　「国際勇気ある女性賞」に小酒部さやかマタハラNet代表<br>3.8　「女性と政治キャンペーン―女性議員を増やそう、セクハラをやめよう」(フェミニスト議連)<br>3.9～20　「第4回世界女性会議20周年における政治宣言」採択―国連第59回女性の地位委員会<br>3.10　来日中のメルケルドイツ首相、「慰安婦解決を」「原発はリスク」と安倍首相に助言<br>3.28　女性限定で候補者を公募(民主)―国政と地方選<br>3.31　「パートナーシップ証明」条例成立(東京都渋谷区)<br>3.31　神奈川県立女性センター縮小、藤沢合同庁舎内へ移転<br>3.　フランス県議選で男女2記名方式(ペア選挙)―世界初<br>4.12,26　第18回統一地方選挙、首長5人、議員2,159人の女性当選―長野県諏訪市長金子ゆかりは同県女性初<br>4.12　「1票で変える女たちの会」発足(伊東秀子、角田由紀子ほか)―8.9キックオフ集会「戦争しない!!!　1票の力を今こそ」<br>5.12　滋賀県議会議長に西村久子―福岡に続き女性2人目<br>5.14　「標準町村議会会議規則」改正、出産による欠席を認める(全国町村議会議長会)<br>5.17　戦後70年止めよう辺野古新基地建設！沖縄県民大会<br>6.4　安保法制、3学者全員違憲(衆院憲法審査会)<br>6.6　安保法案に批判相次ぐ(立憲デモクラシーの会)―学者ら1,400人参加<br>6.19　改正公職選挙法公布(16.6.19施行)―選挙権年齢を20歳から18歳に引き下げ。16年参院選から適用<br>6.19　「紛争下の性的暴力の根絶のための国際デー」制定(国連)<br>6.20　女の平和6･20 国会ヒューマンチェーンに1万5,000人―戦争法案の撤回を求める。長崎でも<br>6.24　「すべての女性が輝く社会」実現に向け、提言案を安倍首相に提出(自民党女性活躍推進本部)<br>6.27　女性「九条の会」10周年記念講演会<br>6.28　神奈川県大磯町議会、男女同数に<br>7.2　安全保障関連法案の廃棄を求める声明(YWCA)―11日ふぇみん、13日主婦連、16日新婦人、17日婦人年連絡会、23日アジア女性資料センターも<br>7.2～4　全国女性町長サミット in 野木(栃木)―「男女がともに輝くワーク・ライフ・バランス」<br>7.4　性差別根深い地方議会―5割が経験(新婦人調査)<br>7.9　「性暴力被害の実態に即した刑法強姦罪の見直しを」院内集会(性暴力禁止法をつくろうネットワーク)<br>7.18　第1回ネルソン・マンデラ賞に眼科医ヘレナ・ヌドゥメ(ナミビア)他<br>7.26　「7.26戦争立法反対！ママの渋谷ジャック」(安保関連法案に反対するママの会)<br>7.28　府省の幹部人事、閣議決定―指定職に占める女性30人、割合3％超え |

130

| 年号 | 内閣 | 事　項 |
|---|---|---|
| 2015<br>(平成27) | 安倍晋三Ⅲ<br><br>(改造) | 8.1　地方議員のセクハラ調査結果発表(フェミニスト議連)―セクハラ被害52%<br>8.1〜2　「第61回日本母親大会 in 兵庫」<br>8.20　『女性白書2015』発行(婦団連)―「戦後70年」と「女性差別撤廃条約批准30年」<br>8.30　UN Women日本事務所開所(東京・文京シビックセンター)―アジア地域で唯一のリエゾン・オフィス<br>9.4　女性の職業生活における活躍の推進に関する法律(女性活躍推進法)公布(16.4.1施行)<br>　　　―女性管理職割合の数値目標など義務付け。10年間の時限立法<br>9.4　マタハラ企業名初公表(厚労省)<br>9.18　改正労働者派遣法公布(同30日施行)<br>9.25　女性の職業生活における活躍の推進に関する基本方針、閣議決定<br>9.30　安全保障関連等11法公布(16.3.29施行)―矯風会、婦人年連絡会、主婦連、新婦人、ふぇみん、婦団連等抗議声明発表<br>10.1　「2014年版働く女性の実情」公表(厚労省)<br>10.1　次世代の党、党首に中山恭子参院議員<br>10.7　総務相に高市早苗(衆・自、留任)、環境相に丸川珠代(参・自)、内閣府特命担当相(沖縄及び北方対策他)に島尻安伊子(参・自)<br>10.10　奥むめお生誕120年記念シンポ(主婦連)<br>10.21　緊急声明「慰安婦問題解決のために(女性会議、上野千鶴子、香山リカ、山崎朋子ら)<br>10.22　戦争法廃止等で中央省庁・マスコミ要請行動(母親大会連絡会)<br>10.27　日本婦人有権者同盟70周年記念集会<br>10.28　ネパール大統領にビドヤ・デビ・バンダリ―女性初<br>11.8　アウン・サン・スー・チー議長率いる国民民主連盟、総選挙で圧勝(ミャンマー)<br>11.7〜8　女性参政70周年記念「女性を地方議会へ in 東北2015」(市川記念会、同実行委員会)<br>11.14　北京JAC20周年記念集会「北京女性会議から20年〜日本の男女平等を進めるために」<br>11.19　「15年版世界男女格差報告書」発表(世界経済フォーラム)―日本101位<br>11.22　2015年NGO日本女性大会(婦人年連絡会)―めざそう！203050　平和な未来のために<br>12.1　「政治を私たちのものに！女性が社会を変える。怒れる大女子会☆2015」(マガジン9・同実行委員会)<br>12.10　被害の実態に即した刑法強姦罪の見直しに向けた要望書(性暴力禁止法をつくろうネットワーク)<br>12.12　サウジアラビアで女性議員20人当選―初めて選挙で選出<br>12.13　シンポジウム「女性差別撤廃条約批准30周年と男女共同参画の推進」(国際女性の地位協会)<br>12.16　女性の再婚禁止期間は違憲、夫婦同氏は合憲の判決(最高裁)―17日声明「社会の変化に応じようとしない国会の職務怠慢」(婦人年連絡会)<br>12.23　「JG83参院2016キャンペーン」キックオフ集会<br>12.25　第4次男女共同参画基本計画、閣議決定<br>12.28　日韓外相会談、慰安婦問題について合意―29日売買春問題ととりくむ会、31日wamなど声明を発表 |
| 2016<br>(平成28) |  | 1.16　台湾総統に民進党蔡英文―女性初、5.20就任<br>2.17　安保関連法廃止に野党共闘を申し入れ(婦人年連絡会)<br>2.28　ガールズ・パワー・パレード―ちゃぶ台返し女子アクション、明日少女隊<br>2.　　ブログ「保育園落ちた　日本死ね」―待機児童問題、共感広がる<br>3.5　70周年記念のつどい(ふぇみん)<br>3.7　第7・8次日本政府報告について総括所見発表(国連女性の地位委員会)<br>3.14〜24　国連女性の地位委員会開催。優先テーマ「女性のエンパワーメントと持続可能な開発」<br>3.15　女性自衛官の採用割合目標と配置制限(防衛省)<br>3.19　創立70周年記念のつどい(婦民)<br>3.25　札幌高裁長官に綿引万里子東京高裁部総括判事―4人目の女性高裁長官<br>3.27　民進党結成―民主党と維新の会合流。政調会長に山尾志桜里(衆)、代表代行に蓮舫(参)<br>3.28　安保法施行に抗議―総がかり行動実行委員会他。4.14安保法廃止の抗議声明(ママの会)<br>3.　　有権者同盟、本部事務所閉鎖。機関紙『婦人有権者』、3月号で終刊<br>4.1　国立国会図書館長に羽入佐和子―女性初<br>4.10　女性参政権70周年記念シンポジウム「女性を議会へ！本気で増やす！」(同実行委員会　上智大学)<br>4.18　女性参政70周年記念シンポジウム「女性は政治を変えられるか」(市川記念会　憲政記念館) |

| 年号 | 内閣 | 事　項 |
|---|---|---|
| 2016<br>(平成28) | 安倍晋三Ⅲ<br><br>（第2次改造） | 4.25　若草プロジェクト発足キックオフ研修会—瀬戸内寂聴、村木厚子<br>4.26　「女性国家公務員の採用状況のフォローアップ」公表（内閣人事局）—採用者の女性割合前年比3.0㌽増の34.5％、過去最高<br>5.12　衆院の民進、共産、社民、生活の野党4党、選択的夫婦別姓制度の導入、婚姻最低年齢を男女とも18歳とするなどの民法改正案を提出<br>5.18〜20　第14回日本軍「慰安婦」問題解決のためのアジア連帯会議、決議および行動計画発表（韓国）—15.12.28の日韓合意に対し日韓両政府に抗議<br>5.19　夫婦同氏の強制及び再婚禁止期間に関する民法改正を求める院内集会（日弁連）<br>5.20　政府、「女性活躍加速のための重点方針2016」決定—マイナンバーに旧姓使用他<br>5.21　「ビジネスと人権に関する国内行動計画の策定を求める声明」（ヒューマンライツ・ナウ）—AV（アダルトビデオ）出演強要被害調査実施<br>5.22　沖縄女性遺体遺棄事件に抗議（沖縄県16女性団体）—同25日「女たちは怒っている！沖縄女性殺害に関する女性集会」<br>5.25　院内集会「いま許されない！女性・子どもの人権侵害」（性搾取問題ととりくむ会）<br>5.27　オバマ米大統領、広島訪問<br>5.30　政治分野の男女共同参画推進法案提出（民進、共産、生活、社民）<br>5.30　「日本軍『慰安婦』問題をめぐる最近の動きに対する日本の歴史学会・歴史教育者団体の声明」（総合女性史学会他）<br>6.7　改正民法公布・施行—女性の再婚禁止期間（現行6カ月）を100日に<br>6.8　マタハラ相談4,000件超え、過去最高（厚労省）<br>6.10　安保法制違憲訴訟・女の会発足（浅倉むつ子・戒能民江ら）—8.15東京地裁に提訴、集団的自衛権による武力行使などを許容する規定は憲法9条違反<br>6.18〜19　女性参政70周年記念シンポジウム「18歳からの選挙権　高校生が討論する『主権者になるということ』」（市川記念会）<br>7.10　第24回参議院議員通常選挙、女性28人当選—過去最高<br>7.13　イギリス与党保守党党首にテリーザ・メイ内相—同日、サッチャーに続き2人目の女性首相<br>7.25　日本公認会計士協会会長に関根愛子—女性初<br>7.26　米民主党、女性初の大統領候補にヒラリー・クリントン指名<br>7.26　自民党参院議員会長に橋本聖子—女性初<br>7.28　元従軍慰安婦支援の「和解・癒やし財団」発足（韓国）<br>7.31　東京都知事に小池百合子—女性初。8.2就任<br>8.3　総務相に高市早苗（衆・自、留任）、防衛相に稲田朋美（衆・自）、東京五輪担当相に丸川珠代（参・自）<br>8.8　天皇、生前退位に強い意向—ビデオメッセージで表明<br>8.9　消費者庁長官に岡村和美法務省人権擁護局長—3代連続で女性<br>8.11〜21　「私たちは『買われた』展」（Colabo他）<br>8.27　韓国野党「共に民主党」党首に秋美愛（チュ・ミエ）—女性初<br>8.28　「らいてうの家」開館10周年シンポジウム（長野）<br>9.2　「24条変えさせないキャンペーン、キックオフシンポジウム」（同実行委員会）<br>9.9　18、19歳の初投票率46.7％、20代より高く（総務省）—第24回参院選<br>9.15　民進党代表に蓮舫—民主党時代を通じて女性初。17.7.27辞任<br>9.26　「第1回女性市長による未来に向けた政策懇談会」（清原慶子三鷹市長）<br>9.28　「希望の塾」創設（小池百合子）—東京大改革に向けて<br>10.7　「今国会で推進法を成立させよう」緊急集会（Qの会）<br>10.17　「南スーダン『駆けつけ警護』ストップを！メッセージ提出アクション」（ママの会）<br>10.26　「2016年版世界男女格差報告書」発表（世界経済フォーラム）—日本111位<br>10.28〜30　「日本女性会議2016」（秋田）—みつめてみとめてあなたと私〜多様性（ダイバーシティ）とは<br>10.29　「男女共同参画社会に関する世論調査」発表（内閣府）—「出産後も働き続ける方がよい」54％<br>10.30　高知県いの町長に池田牧子—同町女性初<br>11.5〜6　女性参政70周年記念事業in関西「なんでやねん！70年経ってもまだこれか—女性の政治参画を増やすために」（市川記念会・同実行委員会）<br>11.8　米大統領選、クリントン候補敗北—17.1.20ドナルド・トランプ第45代大統領に就任<br>11.8　「女性の活躍推進に向けた財源確保に関する緊急提言」（全国知事会）<br>11.12　シンポジウム「ジェンダーの視点から選挙制度を問う」（日本学術会議）<br>11.13　山梨県北杜市長に渡辺英子—同県女性初 |

| 年号 | 内閣 | 事　項 |
|---|---|---|
| 2016<br>(平成28) | 安倍晋三Ⅲ | 11.16　シンポジウム「女性参政権獲得70年　過去・現在・未来」(東京弁護士会)<br>11.19　らいてう生誕130年記念シンポジウム「『私たちの現在』を考える」(平塚らいてうの会)<br>11.25　『市川房枝の言説と活動』3部作完成記念イベント (市川記念会)<br>11.26～27　第60回全国女性会館協議会全国大会<br>11.30　英国NGO活動家ヘレン・パンクハースト来日—超党派の女性の政治参画議員連盟らと意見交換<br>12.6　130周年記念レクチャー・コンサート「見せない半分／聴かない半分—クラシックの女性作曲家 “不在” の理由」(矯風会)<br>12.9　政治分野の男女共同参画推進法案提出 (自民・公明・維新)<br>12.20　オスプレイ配備に抗議声明 (婦民)<br>12.22　出生数98万1,000人—100万人を下回る (厚労省)<br>12.25　岡山県新見市長に池田一二三—同市女性初<br>12.26　辺野古埋め立て承認取消訴訟で最高裁判決に抗議声明 (ふぇみん) |
| 2017<br>(平成29) | | 1.8　アピール「12.28日韓『合意』は解決ではない！日本政府は「慰安婦」問題解決に立ちあがれ」(日本軍「慰安婦」問題解決全国行動)<br>1.29　性暴力を許さない「ビリーブマーチ」(ビリーブ—わたしは知っている他) —国会前などでパフォーマンス<br>2.8　「若年層を対象とした性暴力被害等の実態調査」(内閣府)<br>2.20　「選挙に関する報道についての要望」(婦人年連絡会)<br>2.22　「16年賃金構造基本統計調査」公表 (厚労省) —男性を100とした男女賃金格差は女性73.0に縮小、過去最少<br>2.25　共謀罪法案に抗議「共謀罪法案の国会提出に反対し断念を求める」(ふぇみん)。28日、婦人年連絡会も要望書「テロ等準備罪法案の国会提出をしないこと」を安倍首相、金田勝年法相に提出<br>3.8　ウイメンズ・マーチ (米国ほか)<br>3.13～24　国連女性の地位委員会—優先テーマ「変化する仕事の世界における女性の経済的エンパワーメント」<br>3.16　教員の旧姓使用認める (東京高裁) —女性教員が結婚後の通称使用などを求めた訴訟の控訴審で、女性と学校側が和解<br>3.26　香港行政長官に林鄭月娥 (キャリーラム) —女性初、7.1就任<br>3.26　青森県外ヶ浜町長に山崎結子—同県女性初<br>3.28　「働き方改革実行計画」(政府) —4.28院内集会「『働き方改革』ならこっち～女性も男性も人間らしく働ける社会を」(真のポジティブ・アクションを目指すネットワーク)<br>3.31　「プレミアム・ウィメンズクラブ」開講 (自民党) —政策課題を語る女性向け勉強会<br>4.1　第1回「慰安婦」博物館会議 (wam)<br>4.7　米国のシリア攻撃を支持する安倍政権に抗議 (YWCA)<br>4.10　院内集会「パープルに染めて！推進法案成立へ」(Qの会)<br>4.10　シンポジウム「世界がパリテ (男女均等) になったなら」(パリテ・キャンペーン実行委員会　東京)<br>4.15　シンポジウム「世界遺産のまち　白鳥のまちに　女性議員を！」(富岡女性懇談会・フェミニスト議連ら　群馬)<br>4.22　「女性の政治参画シンポ」(国際女性の地位協会)<br>4.26　シンポジウム「女性が輝く社会を目指して」(内閣府・昭和女子大学) —AV出演強要・「JKビジネス」等被害防止月間に開催<br>4.　「共謀罪」44議会が懸念—改正案反対や撤回要求<br>5.1　国連軍縮担当上級代表に中満泉—国連本部日本人女性初の最高位<br>5.11～13　世界女性サミット「ウーマノミクスを越えて」(東京) —初の日本開催<br>5.15　フランス大統領にマクロン就任—18日、男女同数内閣誕生<br>6.1　小池百合子東京都知事、「都民ファーストの会」代表に就任<br>6.9　イギリス下院総選挙で女性議員32％、208人—過去最多を更新<br>6.9　「2017年版男女共同参画白書」発表 (内閣府) —「女性活躍推進法による女性活躍の加速・拡大に向けて」<br>6.9　「ほんまもんの女性活躍推進をもとめて～国連CEDAWで発言した原告たちの実態から」(ワーキング・ウイメンズ・ネットワーク)<br>6.9　「希望のたね基金」発足—「日本軍性奴隷制問題解決のための正義記憶財団」募金キャンペーンの一環<br>6.16　天皇の退位等に関する皇室典範特例法公布——代限り退位容認<br>6.17　「核兵器を禁止する女性行進」(ニューヨーク　婦人国際自由連盟) —日本でも各地で行進 |

第4部　女性参政年表

| 年号 | 内閣 | 事　項 |
|---|---|---|
| 2017<br>(平成29) | 安倍晋三Ⅲ<br><br>（第3次改造）<br><br><br><br><br><br><br><br><br><br><br><br><br><br><br><br><br><br><br><br><br><br>安倍晋三Ⅳ | 6.18　フランス総選挙で女性は過去最多224人当選―21日、新設の閣僚ポストに女性が就任し、女性閣僚は過半数に<br>6.21　改正組織犯罪処罰法（共謀罪法）公布（7.11施行）―5.24YWCA、5.30婦民、6.14主婦連等廃案を求める抗議声明<br>6.22～26　第9回軍事主義を許さない国際女性ネットワーク会議（沖縄）<br>6.23　改正刑法公布（7.13施行）―性犯罪法定刑引き上げ、110年ぶりの改正<br>6.27　日本オリンピック委員会女性役員倍増し6人―橋本聖子ら3人留任、小谷実可子ら3人新任<br>6.29　セルビア首相にアナ・ブルナビッチ―女性初<br>6.30　キャリア女性合格484人、25.8％（人事院）―過去最高<br>7.2　女子学生サミット（日本学生会議所関西支部・日蘭学生会議　大阪）<br>7.3　「女性活躍を国際的に推進する議員連盟」発足（橋本聖子）<br>7.5　経産省特許庁長官に宗像直子―女性初<br>7.23　宮城県仙台市長に郡和子―2代続けて女性市長<br>7.27　稲田朋美防衛相、辞任―PKO部隊の日報隠蔽問題で引責<br>7.　「2016年版働く女性の実情」発表（厚労省）―女性管理職割合トップ3は高知、宮崎、鹿児島<br>8.3　法相に上川陽子（衆・自）、総務・女性活躍相に野田聖子（衆・自）<br>8.17　「戦争はごめん　女性のつどい」（婦団連）<br>8.19　「第63回母親大会 in 岩手」（同実行委員会）―アピール「子どもたちに『核兵器のない平和で明るい未来』を手渡すために、ともに力をあわせましょう」<br>8.23　17年度国家公務員採用一般試験（大卒程度試験）の合格者公表（人事院）―女性合格者33.8％、過去最高<br>9.9　「福岡国際女性シンポジウム」（福岡県・同県男女共同参画センター）<br>9.11　シンガポール大統領にハリマ・ヤコブ―女性初<br>9.18　同一賃金国際連合（EPIC）発足（ILO、UN ウイメン、OECD）<br>9.25　小池百合子東京都知事、新党「希望の党」立ちあげ、代表就任。11.14辞任<br>9.28　JK ビジネスで初の実態調査（警察庁）<br>9.30　国連NGO国内女性委員会60周年記念のつどい―リレートーク「響け！国連を動かす日本女性の声」<br>9.30～10.1　「全国シェルターシンポ2017 in 東京」（同ネット）<br>10.1　東京都武蔵野市長に松下玲子―同市女性初<br>10.5　「衆議院解散・総選挙にあたり、積極的な投票をよびかける声明」（婦人年連絡会）<br>10.7　パリテ・カフェ、キックオフ（三浦まりら呼びかけ）―衆院選を前に女性議員増を目指し話合い<br>10.9　在日朝鮮民主女性同盟結成70周年記念中央大会<br>10.12　米軍ヘリ墜落事故に対し、首相官邸と小野寺五典防衛相に抗議声明送付（婦民）、同28日安倍首相らに要望書提出（婦人年連絡会）<br>10.22　第48回衆議院議員総選挙、女性47人当選―女性候補者過去最多209人、17.7％<br>10.22　栃木県那須烏山市長に川俣純子―同県女性初<br>10.26　ニュージーランド首相にジャシンダ・アーダーン―女性3人目<br>11.1　法相に上川陽子（衆・自、留任）、総務・女性活躍担当相に野田聖子（衆・自、留任）<br>11.2　「2017年版男女平等指数」（世界経済フォーラム）―日本144カ国中114位、G7で最下位。うち政治分野123位<br>11.11　「こうして戦争は始まる―孫世代が出会う『銃後の女たち』」（ウイメンズアクションネットワーク）<br>11.13　ハリウッド女性らがセクハラに抗議デモ（アメリカ）―「# Me too」の呼びかけでセクハラ告発が世界中に拡散<br>11.14　野田総務相、経済界に女性の採用・登用の拡大等を要望<br>11.17　文科省「男女共同参画学習課」課名存続を求めて「院内意見交換会」（有志の会）―12.12閣議で「男女共同参画・共生社会学習推進課」として存続決定<br>11.19　国際男性デー「～枠組みから一歩踏み出そう～」（LEAN IN TOKYO〈リーンイン東京〉、昭和女子大）―参加者約1,100人<br>11.20　70周年記念式典（日本看護協会）<br>11.21　野党超党派で「『準強姦事件逮捕状執行停止問題』を検証する会」発足<br>11.22　緒方夕佳熊本市議、乳児連れで議会入場―開会40分遅れで「厳重注意処分」<br>11.27　署名「幼児教育・保育無償化は本当に必要な人から。圧倒的に足りていない保育の量と質の拡充を同時に！」安倍首相ら宛提出（希望するみんなが保育園に入れる社会をめざす会） |

第4部　女性参政年表

| 年　号 | 内閣 | 事　　　　　　　項 |
|---|---|---|
| 2017<br>(平成29) | 安倍晋三Ⅳ | 11.28　「なんかおかしくないですか？日本の政治」(Qの会) |
| | | 12.7　保育園に米軍機部品落下 (宜野湾市) ―「私達の上を飛ばないで下さい!!!」「落下物事故に強く抗議します！」などの声明相次ぐ |
| | | 12.8　「2017年 武器はいらない 核もいらない 12・8平和を守る母親全国連鎖行動」(母親大会) |
| | | 12.8　日弁連副会長枠にクオータ制導入 (15人中2人以上女性) のための候補者推薦委員会規則決定 |
| | | 12.11　「女性研究者を応援する会」設立―環境ホルモン学会 |
| | | 12.18　野田女性活躍担当相、自民、公明、希望の党幹部に女性議員候補者擁立等を要望 |
| | | 12.22　出産議員ネットワーク設立 (永野裕子ら) |
| | | 12.22　マタハラに賠償命令 (東京地裁) ―育休取得等の権利侵害で慰謝料等約700万円 |
| 2018<br>(平成30) | | 1.1　セクハラ撲滅キャンペーン「タイムズ・アップ」開始 (アメリカ) ―被害者支援基金設立 |
| | | 1.9　法律婚の夫側から別姓求め提訴 |
| | | 1.9　最高裁判事に宮崎裕子―女性6人目 |
| | | 1.12～18　フィン核兵器廃絶国際キャンペーン (ICAN) 事務局長来日 |
| | | 1.27　マタハラに賠償命令 (岐阜地裁) ―うつ病発症で慰謝料等約500万円 |
| | | 1.29　院内集会「『家庭教育支援法案』の何が問題か？」(24条変えさせないキャンペーン実行委員会) ―自民党提出の動きに対して |
| | | 1.29　ルーマニア首相にビリオカ・ダンチラ―女性初 |
| | | 1.30　不妊手術強制で国を提訴 (宮城県女性) ―旧優生保護法下、遺伝性疾患を理由に強制手術 |
| | | 1.31　防災担当国連事務次長補兼国連事務総長特別代表に水鳥真美―女性初、日本人4人目の事務総長特別代表 |
| | | 2.3　シンポジウム「イギリス女性参政権100周年」(市川記念会) |
| | | 2.5　加藤勝信厚労相に「生活保護費の減額に反対する要望書」(婦人年連絡会) |
| | | 2.12　英国王立芸術院第1回建築賞に長谷川逸子 |
| | | 2.13　「2017年家族の法制に関する世論調査」公表 (内閣府) ―選択的夫婦別氏制度導入に賛成は男女ともに42.5％、反対は29.3％ (女性28.3％、男性30.4％) で賛成が上回る |
| | | 3.1　「超党派パパママ議員連盟」設立総会 (会長・野田聖子) |
| | | 3.3　「# We Too Japan」設立キックオフイベント |
| | | 3.6　「旧優生保護法下における強制不妊手術について考える議員連盟」設立総会 (会長・尾辻秀久元厚労相) |
| | | 3.6　海上自衛隊司令に東良子1等海佐―女性初 |
| | | 3.8　国際女性デーに、ウイメンズ・マーチ東京ほか |
| | | 3.9　国際刑事裁判所 (ICC) 裁判官に赤根智子、日本人で3人目 |
| | | 3.12～23　国連女性の地位委員会―「農山漁村の女性・女児のジェンダー平等とエンパワーメント達成のためのチャレンジと機会」 |
| | | 3.13　成人年齢20歳を18歳に引き下げる民法改正案を閣議決定 |
| | | 3.15　ハーグ条約で最高裁初判断―人身保護請求の上告審判決で父親に引き渡しを認める |
| | | 3.16　初の「不妊治療と仕事の両立に係る諸問題についての総合的調査事業」(厚労省) |
| | | 3.24　子宮頸がんワクチン国際シンポ「世界のHPVワクチン被害は今」(薬害オンブズパースン会議) |
| | | 3.27　「政治分野における男女共同参画の推進に向けた地方議会議員に関する調査研究報告書」(内閣府) ―条例などに産前産後休暇の明文化なしは63％ |
| | | 3.27　「男女間における暴力に関する調査報告書」(内閣府) ―DV経験者は女性3人に1人 |
| | | 3.28　厚労相等宛、「旧優生保護法下での優生手術 (不妊手術) についての実態調査に関する要望書」(優生手術に対する謝罪を求める会) |
| | | 4.1　「岐阜女性政治塾」開講 (野田聖子) |
| | | 4.4　京都府舞鶴市での巡業中、土俵で倒れた舞鶴市長に女性が救命措置。これに対する「土俵は女人禁制」の場内アナウンスに女性首長ら抗議―同日、日本相撲協会謝罪。4.28理事会後、「緊急時は例外」との理事長談話 |
| | | 4.10　「4.10女性参政権記念イベント―誰もが働きやすい社会へ！パリテ議会 (男女均等) で実現しよう」(4.10アクション・ネットワーク実行委員会) |
| | | 4.10　日本司法支援センター (法テラス) 理事長に板東久美子、女性2人目 |
| | | 4.11　「女性議員誕生から72年　推進法成立で次のステップへ!!」(Qの会) |
| | | 4.12　政治分野における男女共同参画の推進に関する法律案 (内閣委員長提出)、全会一致で衆議院可決。5.16全会一致で参議院可決、成立。5.23公布・施行 |
| | | 4.14　署名活動「集めよう！3000万人署名　止めよう！9条改憲」(カトリック教会シスターら) |

135

第4部　女性参政年表

| 年　号 | 内閣 | 事　　　項 |
|---|---|---|
| 2018<br>(平成30) | 安倍IV | 4.19　福田淳一財務事務次官のセクハラ疑惑で、財務省に調査方法の撤回を求める署名2万<br>　　　7,000筆提出（角田由紀子ら）<br>4.20　福田財務事務次官のセクハラ疑惑を追及する野党合同集会。女性議員は抗議の黒服姿<br>　　　で参加—4.24福田次官、疑惑否定のまま閣議で辞任承認 |

# 第5部 資料編

　女性の政治参加を禁じた戦前の2法を含め、戦後、女性の政治的権利を保障した憲法や条約、そして2018年通常国会で成立した政治分野の男女共同参画推進法までを、成立順にまとめた。

　日本の衆議院、参議院も加盟している列国議会同盟作成の行動計画や、国連女性差別撤廃委員会による日本政府への勧告なども、今後女性の政治参画を進める環境整備のためのツールとなる。

# 1 集会及政社法 〈抜粋〉

1890年7月25日公布／1900年3月30日廃止

第一条　此ノ法律ニ於テ政談集会ト称フルハ何等ノ名義ヲ以テスルニ拘ラス政治ニ関ル事項ヲ講談論議スル為公衆ヲ会同スルモノヲ謂フ政社ト称フルハ何等ノ名義ヲ以テスルニ拘ラス政治ニ関ル事項ヲ目的トシテ団体ヲ組成スルモノヲ謂フ

第三条　日本臣民ニシテ公権ヲ有スル成年ノ男子ニアラサレハ政談集会ノ発起人タルコトヲ得ス

第四条　現役及召集中ニ係ル予備後備ノ陸海軍軍人警察官官立公立私立学校ノ教員学生生徒未成年者及女子ハ政談集会ニ会同スルコトヲ得ス

第二十五条　現役及召集中ニ係ル予備後備ノ陸海軍軍人警察官官立公立私立学校ノ教員学生生徒未成年者女子及公権ヲ有セサル男子ハ政社ニ加入スルコトヲ得ス

# 2 治安警察法 〈抜粋〉

1900年3月10日公布・施行／1945年11月21日廃止

第一条　政事ニ関スル結社ノ主幹者(支社ニ在リテハ支社ノ主幹者)ハ結社組織ノ日ヨリ三日以内ニ社名、社則、事務所及其ノ主幹者ノ氏名ヲ其ノ事務所所在地ノ管轄警察官署ニ届出ツヘシ其ノ届出ノ事項ニ変更アリタルトキ亦同シ

第五条　左ニ掲クル者ハ政事上ノ結社ニ加入スルコトヲ得ス

一　現役及召集中ノ予備後備ノ陸海軍軍人
二　警察官
三　神官神職僧侶其ノ他諸宗教師
四　官立公立私立学校ノ教員学生生徒
五　女子
六　未成年者
七　公権剥奪及停止中ノ者

2　女子及未成年者ハ公衆ヲ会同スル政談集会ニ会同シ若ハ其ノ発起人タルコトヲ得ス

3　公権剥奪及停止中ノ者ハ公衆ヲ会同スル政談集会ノ発起人タルコトヲ得ス

# 3 連合国軍総司令部の五大改革 〈抜粋〉

1945年10月11日指令

　ポツダム宣言の達成によって日本国民が数世紀にわたって隷属させられてきた伝統的社会秩序は匡正されるであらう。このことが憲法の自由主義化を包含することは当然である。人民はその精神を事実上の奴隷状態においた日常生活に対する官憲的秘密審問から解放され、思想の自由、言論の自由及び宗教の自由を抑圧せんとするあらゆる形態の統制から解放されねばならぬ。如何なる名称の政府のもとであれ、能率増進を装ひあるひはかかる要求のもとに大衆を統制することを停止せねばならぬ。これらの要求の履行において並びにそれによって企図された諸目的を達成するために余は貴下が日本の社会秩序において速やかに次の如き諸改革を開始しこれを達することを期待する

1　選挙権賦与による日本婦人の解放……日本婦人は政治体の一員として家庭の安寧に直接役立つ新しい概念の政府を日本に招来するであらう

# 4 衆議院議員選挙法 〈抜粋〉

1889年2月11日公布／1945年12月17日改正
／1950年4月15日廃止

第五条　帝国臣民ニシテ年齢二十年以上ノ者ハ選挙権ヲ有ス　帝国臣民ニシテ年齢二十五年以上ノ者ハ被選挙権ヲ有ス

## 5 日本国憲法 〈抜粋〉

1946年11月3日公布／1947年5月3日施行

第三章　国民の権利及び義務

第十四条　すべて国民は、法の下に平等であつて、人種、信条、性別、社会的身分又は門地により、政治的、経済的又は社会的関係において、差別されない。

第四章　国会

第四十四条　両議院の議員及びその選挙人の資格は、法律でこれを定める。但し、人種、信条、性別、社会的身分、門地、教育、財産又は収入によつて差別してはならない。


## 6 参議院議員選挙法 〈抜粋〉

1947年2月24日公布・施行／1950年4月15日廃止

第二章　選挙権及び被選挙権

第三条　衆議院議員の選挙権を有する者は、参議院議員の選挙権を有する。

第四条　日本国民で年齢三十年以上の者は、参議院議員の被選挙権を有する。


## 7 公職選挙法 〈抜粋〉

1950年4月15日公布／同5月1日施行
（2015年6月17日、「18歳選挙権」改正）

第二章　選挙権及び被選挙権

（選挙権）

第九条　日本国民で年齢満十八年以上の者は、衆議院議員及び参議院議員の選挙権を有する。

2　日本国民たる年齢満十八年以上の者で引き続き三箇月以上市町村の区域内に住所を有する者は、その属する地方公共団体の議会の議員及び長の選挙権を有する。

3　日本国民たる年齢満十八年以上の者でその属する市町村を包括する都道府県の区域内の一の市町村の区域内に引き続き三箇月以上住所を有していたことがあり、かつ、その後も引き続き当該都道府県の区域内に住所を有するものは、前項に規定する住所に関する要件にかかわらず、当該都道府県の議会の議員及び長の選挙権を有する。

4　前二項の市町村には、その区域の全部又は一部が廃置分合により当該市町村の区域の全部又は一部となつた市町村であつて、当該廃置分合により消滅した市町村（この項の規定により当該消滅した市町村に含むものとされた市町村を含む。）を含むものとする。

5　第二項及び第三項の三箇月の期間は、市町村の廃置分合又は境界変更のため中断されることがない。

（被選挙権）

第十条　日本国民は、左の各号の区分に従い、それぞれ当該議員又は長の被選挙権を有する。

一　衆議院議員については年齢満二十五年以上の者

二　参議院議員については年齢満三十年以上の者

三　都道府県の議会の議員についてはその選挙権を有する者で年齢満二十五年以上の者

四　都道府県知事については年齢満三十年以上の者

五　市町村の議会の議員についてはその選挙権を有する者で年齢満二十五年以上の者

六　市町村長については年齢満二十五年以上の者

2　前項各号の年齢は、選挙の期日により算定する。

## 8 婦人の参政権に関する条約〈抜粋〉

1953年3月31日第7回国連総会採択／1954年7月7日発効／
日本：1955年4月1日署名／同6月3日国会承認／同7月13日批准／
同10月11日公布・発効

第一条　[投票権]
　婦人は、あらゆる選挙において、なんらの差別も受けることなく、男子と同等の条件で、投票する権利を有する。

第二条　[被選挙権]
　婦人は、なんらの差別も受けることなく、男子と同等の条件で、国内法で定めるすべての公選による機関に選挙される資格を有する。

第三条　[公職につく権利]
　婦人は、なんらの差別も受けることなく、男子と同等の条件で、国内法で定める公職につき、及び国内法で定めるすべての公務を執行する権利を有する。

## 9 市民的及び政治的権利に関する国際規約（自由権規約）〈抜粋〉

1966年12月16日国連総会採択／1976年3月23日発効／
日本：1978年5月30日署名／1979年6月6日国会承認／
同6月21日批准／同8月4日公布／同9月21日発効

第二条　[締約国の義務]
1　この規約の各締約国は、その領域内にあり、かつ、その管轄の下にあるすべての個人に対し、人種、皮膚の色、性、言語、宗教、政治的意見その他の意見、国民的若しくは社会的出身、財産、出生又は他の地位等によるいかなる差別もなしにこの規約において認められる権利を尊重し及び確保することを約束する。

第三条　[男女同等の権利]
　この規約の締約国は、この規約に定めるすべての市民的及び政治的権利の享有について男女に同等の権利を確保することを約束する。

第二十五条　[政治に参与する権利]
　すべての市民は、第二条に規定するいかなる差別もなく、かつ、不合理な制限なしに、次のことを行う権利及び機会を有する。

(a)　直接に、又は自由に選んだ代表者を通じて、政治に参与すること。

(b)　普通かつ平等の選挙権に基づき秘密投票により行われ、選挙人の意思の自由な表明を保障する真正な定期的選挙において、投票し及び選挙されること。

(c)　一般的な平等条件の下で自国の公務に携わること。

第二十六条　[法律の前の平等]
　すべての者は、法律の前に平等であり、いかなる差別もなしに法律による平等の保護を受ける権利を有する。このため、法律は、あらゆる差別を禁止し及び人種、皮膚の色、性、言語、宗教、政治的意見その他の意見、国民的若しくは社会的出身、財産、出生又は他の地位等のいかなる理由による差別に対しても平等のかつ効果的な保護をすべての者に保障する。

## 10 女性差別撤廃条約（女性に対するあらゆる形態の差別の撤廃に関する条約）〈抜粋〉

1979年12月18日第34回国連総会採択／1981年9月3日発効／
日本：1980年7月17日署名／1985年6月24日国会承認／
同6月25日批准／同7月1日公布／同7月25日発効

第一条　[女性差別の定義]
　この条約の適用上、「女子に対する差別」とは、性に基づく区別、排除又は制限であつて、政治的、経済的、社会的、文化的、市民的その他のいかなる分野においても、女子（婚姻をしているかいないかを問わない。）が男女の平等を基礎として人権及び基本的自由を認識し、享有し又は行使することを害し又は無効にする効果又

は目的を有するものをいう。

第三条 ［保障措置］

　締約国は、あらゆる分野、特に、政治的、社会的、経済的及び文化的分野において、女子に対して男子との平等を基礎として人権及び基本的自由を行使し及び享有することを保障することを目的として、女子の完全な能力開発及び向上を確保するためのすべての適当な措置（立法を含む。）をとる。

第四条 ［差別とならない特別措置］

1　締約国が男女の事実上の平等を促進することを目的とする暫定的な特別措置をとることは、この条約に定義する差別と解してはならない。ただし、その結果としていかなる意味においても不平等な又は別個の基準を維持し続けることとなつてはならず、これらの措置は、機会及び待遇の平等の目的が達成された時に廃止されなければならない。

2　締約国が母性を保護することを目的とする特別措置（この条約に規定する措置を含む。）をとることは、差別と解してはならない。

第七条 ［政治的、公的活動における平等］

　締約国は、自国の政治的及び公的活動における女子に対する差別を撤廃するためのすべての適当な措置をとるものとし、特に、女子に対して男子と平等の条件で次の権利を確保する。

　(a)　あらゆる選挙及び国民投票において投票する権利並びにすべての公選による機関に選挙される資格を有する権利

　(b)　政府の政策の策定及び実施に参加する権利並びに政府のすべての段階において公職に就き及びすべての公務を遂行する権利

　(c)　自国の公的又は政治的活動に関係のある非政府機関及び非政府団体に参加する権利

## 11 男女共同参画社会基本法〈抜粋〉

1999年6月23日公布・施行

　我が国においては、日本国憲法に個人の尊重と法の下の平等がうたわれ、男女平等の実現に向けた様々な取組が、国際社会における取組とも連動しつつ、着実に進められてきたが、なお一層の努力が必要とされている。

　一方、少子高齢化の進展、国内経済活動の成熟化等我が国の社会経済情勢の急速な変化に対応していく上で、男女が、互いにその人権を尊重しつつ責任も分かち合い、性別にかかわりなく、その個性と能力を十分に発揮することができる男女共同参画社会の実現は、緊要な課題となっている。

　このような状況にかんがみ、男女共同参画社会の実現を二十一世紀の我が国社会を決定する最重要課題と位置付け、社会のあらゆる分野において、男女共同参画社会の形成の促進に関する施策の推進を図っていくことが重要である。

　ここに、男女共同参画社会の形成についての基本理念を明らかにしてその方向を示し、将来に向かって国、地方公共団体及び国民の男女共同参画社会の形成に関する取組を総合的かつ計画的に推進するため、この法律を制定する。

第一章　総則

（目的）

第一条　この法律は、男女の人権が尊重され、かつ、社会経済情勢の変化に対応できる豊かで活力ある社会を実現することの緊要性にかんがみ、男女共同参画社会の形成に関し、基本理念を定め、並びに国、地方公共団体及び国民の責務を明らかにするとともに、男女共同参画社会の形成の促進に関する施策の基本となる事項を定めることにより、男女共同参画社会の形成を総合的かつ計画的に推進することを目的とする。

（定義）

第二条　この法律において、次の各号に掲げる用語の意義は、当該各号に定めるところによる。

　一　男女共同参画社会の形成　男女が、社会の対等な構成員として、自らの意思によって社会のあらゆる分野における活動に参画する機会が確保され、もって男女が均等に政治的、経済的、社会的及び文化的利益を享受することができ、かつ、共に責任を担うべき社会を形成することをいう。

　二　積極的改善措置　前号に規定する機会に係る男女間の格差を改善するため必要な範

囲内において、男女のいずれか一方に対し、当該機会を積極的に提供することをいう。

（男女の人権の尊重）

第三条　男女共同参画社会の形成は、男女の個人としての尊厳が重んぜられること、男女が性別による差別的取扱いを受けないこと、男女が個人として能力を発揮する機会が確保されることその他の男女の人権が尊重されることを旨として、行われなければならない。

（社会における制度又は慣行についての配慮）

第四条　男女共同参画社会の形成に当たっては、社会における制度又は慣行が、性別による固定的な役割分担等を反映して、男女の社会における活動の選択に対して中立でない影響を及ぼすことにより、男女共同参画社会の形成を阻害する要因となるおそれがあることにかんがみ、社会における制度又は慣行が男女の社会における活動の選択に対して及ぼす影響をできる限り中立なものとするように配慮されなければならない。

（政策等の立案及び決定への共同参画）

第五条　男女共同参画社会の形成は、男女が、社会の対等な構成員として、国若しくは地方公共団体における政策又は民間の団体における方針の立案及び決定に共同して参画する機会が確保されることを旨として、行われなければならない。

（家庭生活における活動と他の活動の両立）

第六条　男女共同参画社会の形成は、家族を構成する男女が、相互の協力と社会の支援の下に、子の養育、家族の介護その他の家庭生活における活動について家族の一員としての役割を円滑に果たし、かつ、当該活動以外の活動を行うことができるようにすることを旨として、行われなければならない。

（国際的協調）

第七条　男女共同参画社会の形成の促進が国際社会における取組と密接な関係を有していることにかんがみ、男女共同参画社会の形成は、国際的協調の下に行われなければならない。

（国の責務）

第八条　国は、第三条から前条までに定める男女共同参画社会の形成についての基本理念（以下「基本理念」という。）にのっとり、男女共同参画社会の形成の促進に関する施策（積極的改善措置を含む。以下同じ。）を総合的に策定し、及び実施する責務を有する。

（地方公共団体の責務）

第九条　地方公共団体は、基本理念にのっとり、男女共同参画社会の形成の促進に関し、国の施策に準じた施策及びその他のその地方公共団体の区域の特性に応じた施策を策定し、及び実施する責務を有する。

（国民の責務）

第十条　国民は、職域、学校、地域、家庭その他の社会のあらゆる分野において、基本理念にのっとり、男女共同参画社会の形成に寄与するように努めなければならない。

（法制上の措置等）

第十一条　政府は、男女共同参画社会の形成の促進に関する施策を実施するため必要な法制上又は財政上の措置その他の措置を講じなければならない。

（年次報告等）

第十二条　政府は、毎年、国会に、男女共同参画社会の形成の状況及び政府が講じた男女共同参画社会の形成の促進に関する施策についての報告を提出しなければならない。

2　政府は、毎年、前項の報告に係る男女共同参画社会の形成の状況を考慮して講じようとする男女共同参画社会の形成の促進に関する施策を明らかにした文書を作成し、これを国会に提出しなければならない。

第二章　男女共同参画社会の形成の促進に関する基本的施策

（男女共同参画基本計画）

第十三条　政府は、男女共同参画社会の形成の促進に関する施策の総合的かつ計画的な推進を図るため、男女共同参画社会の形成の促進に関する基本的な計画（以下「男女共同参画基本計画」という。）を定めなければならない。

2　男女共同参画基本計画は、次に掲げる事項について定めるものとする。

一　総合的かつ長期的に講ずべき男女共同参画社会の形成の促進に関する施策の大綱

二　前号に掲げるもののほか、男女共同参画社会の形成の促進に関する施策を総合的かつ計画的に推進するために必要な事項

3　内閣総理大臣は、男女共同参画会議の意見を聴いて、男女共同参画基本計画の案を作成し、閣議の決定を求めなければならない。

4　内閣総理大臣は、前項の規定による閣議の決定があったときは、遅滞なく、男女共同参

画基本計画を公表しなければならない。

5　前二項の規定は、男女共同参画基本計画の変更について準用する。

（都道府県男女共同参画計画等）

第十四条　都道府県は、男女共同参画基本計画を勘案して、当該都道府県の区域における男女共同参画社会の形成の促進に関する施策についての基本的な計画（以下「都道府県男女共同参画計画」という。）を定めなければならない。

2　都道府県男女共同参画計画は、次に掲げる事項について定めるものとする。

　一　都道府県の区域において総合的かつ長期的に講ずべき男女共同参画社会の形成の促進に関する施策の大綱

　二　前号に掲げるもののほか、都道府県の区域における男女共同参画社会の形成の促進に関する施策を総合的かつ計画的に推進するために必要な事項

3　市町村は、男女共同参画基本計画及び都道府県男女共同参画計画を勘案して、当該市町村の区域における男女共同参画社会の形成の促進に関する施策についての基本的な計画（以下「市町村男女共同参画計画」という。）を定めるように努めなければならない。

4　都道府県又は市町村は、都道府県男女共同参画計画又は市町村男女共同参画計画を定め、又は変更したときは、遅滞なく、これを公表しなければならない。

（施策の策定等に当たっての配慮）

第十五条　国及び地方公共団体は、男女共同参画社会の形成に影響を及ぼすと認められる施策を策定し、及び実施するに当たっては、男女共同参画社会の形成に配慮しなければならない。

（国民の理解を深めるための措置）

第十六条　国及び地方公共団体は、広報活動等を通じて、基本理念に関する国民の理解を深めるよう適切な措置を講じなければならない。

（苦情の処理等）

第十七条　国は、政府が実施する男女共同参画社会の形成の促進に関する施策又は男女共同参画社会の形成に影響を及ぼすと認められる施策についての苦情の処理のために必要な措置及び性別による差別的取扱いその他の男女共同参画社会の形成を阻害する要因によって人権が侵害された場合における被害者の救済を図るために必要な措置を講じなければならない。

（調査研究）

第十八条　国は、社会における制度又は慣行が男女共同参画社会の形成に及ぼす影響に関する調査研究その他の男女共同参画社会の形成の促進に関する施策の策定に必要な調査研究を推進するように努めるものとする。

（国際的協調のための措置）

第十九条　国は、男女共同参画社会の形成を国際的協調の下に促進するため、外国政府又は国際機関との情報の交換その他男女共同参画社会の形成に関する国際的な相互協力の円滑な推進を図るために必要な措置を講ずるように努めるものとする。

（地方公共団体及び民間の団体に対する支援）

第二十条　国は、地方公共団体が実施する男女共同参画社会の形成の促進に関する施策及び民間の団体が男女共同参画社会の形成の促進に関して行う活動を支援するため、情報の提供その他の必要な措置を講ずるように努めるものとする。

## 12　ジェンダーに配慮した議会のための行動計画〈抜粋〉

2012年10月26日、列国議会同盟（IPU）第127回会議で採択

PartⅠ：前文及び目的

前文

　民主主義は常に評価され、再評価されなければならない。20世紀に世界中の民主主義に起きた最も顕著な変化の一つは、女性の有権者数と議員数が共に増加し、女性の政治参加が拡大したことである。

　これと並行して、ジェンダー平等と女性の地位向上は、国際的な政治・開発に関する課題の不可欠な要素となり、今や、ミレニアム開発目標（MDGs）の進展と達成の要と認識されている。ジェンダー平等は、男女が完全かつ平等な権利、責任及び機会を享受することを意味する。ジェンダー平等と女性の地位向上は人権で

あり、政治的及び法的な表現を要するものである。各国は、ジェンダー平等を含む女性の人権を推進し、尊重し、保護しなければならない。

これらの目標に向けて突き進むには直接的な行動が必要である。具体的な行動については、各国議会を取り巻く文化的、社会的、宗教的背景を考慮する必要があるかもしれないが、基本的に求められるのは、考え方や捉え方の大きな変化である。

ジェンダー平等という目標を擁護する上で、議会は適した立場にある。議会は、社会を反映しようとするものであり、だからこそ、有権者の変化も反映しなければならない。

ジェンダーに配慮した議会とは、その構成、組織構造、運営、方式及び業務において、男女双方のニーズ及び利益にかなう議会である。ジェンダーに配慮した議会は、女性の完全な参加を妨げる障壁を取り除き、社会全般の手本となる事例又は模範を示す。また、こうした議会は、ジェンダー平等を推進するため、その運営や資源を効果的に活用している。

ジェンダーに配慮した議会には、女性の完全な参加や、両性の議員及びスタッフ間における平等について、実質的、構造的又は文化的な障壁が存在しない。それは単に女性が働ける場であるだけでなく、女性が働きたい、貢献したいと思う場である。ジェンダーに配慮した議会は、社会におけるジェンダー平等と女性の地位向上を推進することによって、国内的にも国際的にも模範を示すことができる。

つまり、ジェンダーに配慮した議会とは、現代社会の平等に関する要求に対応し、また反映できる現代的な議会であり、究極的には、より効率的で効果的で合理的な議会ということになる。

## 目的

本行動計画は、より一層ジェンダーに配慮した議会を実現するための取組を支援するものである。女性議員の数にかかわらず、あらゆる議会が導入できる、7つの行動分野における幅広い戦略を提示する。

各国議会は本行動計画を自らの計画とし、各国の状況に応じて具体的な目的、行動、達成期限を定め、本行動計画の戦略の一部又は全部を国レベルで実施することが求められる。また、各国議会は、ジェンダーへの配慮という目標に向けた進捗状況を、定期的に監視し評価することが求められる。

ジェンダーに配慮した議会は、その組織構造、運営、方式、業務において、男女双方のニーズと利益にかなう。

ジェンダーに配慮した議会とは、以下のことを行う議会である。

1. 議会のあらゆる機関及び内部組織の構成員数における男女平等を推進し達成する。
2. 自国の議会に適したジェンダー平等のための政策枠組みを策定する。
3. 全ての業務においてジェンダー主流化を推し進める。
4. 女性の権利を尊重する組織文化を育み、ジェンダー平等を推進し、仕事と家庭の両立が図れるよう、男女双方の議員のニーズと実情に対応する。
5. ジェンダー平等を追求し擁護する男性議員の取組を認知するとともに活用する。
6. ジェンダー平等の推進と達成に向けて、各政党が積極的な役割を果たすように促す。
7. 議会スタッフにジェンダー平等を推進する能力と資源を備えさせ、女性上級職の採用と定着を積極的に奨励し、議会運営の業務全般におけるジェンダー主流化を徹底する。

### Part Ⅱ：行動計画の主要行動分野
### 行動分野 1
女性議員数の引上げと参加の平等の実現

参加の平等は、ジェンダーに配慮した変革を実施するための触媒たり得るとともに、ジェンダーに配慮した変革が成功した場合における重要な成果たり得る。

### 議会へのアクセス

20世紀中盤以降、女性議員の割合は増加しているものの、社会における女性の幅広い活躍に見合ったものとはなっていない。

ジェンダーに配慮した変革を通じ、議会へのアクセスを高めることによって、女性議員が増加し、その女性議員らは、ジェンダー配慮の原則の更なる実行を促すことができる。

議会は、この不均衡を解消するために以下に掲げる措置を少なくとも一つは実施すべきである。

◎各国の事情に応じて、各政党が選出する女性

候補者のより多くが選挙で「勝ち得る」位置を占められるような特別措置を講じ、女性議員枠を設けるべく選挙法及び憲法の改正を提案する。
◎女性候補者及び女性議員に対する暴力行為を糾弾し、かかる行為の防止と処罰のための法的及び実際的な措置を講じる。
◎議会における女性参加の重要性に関する意識向上キャンペーンを実施する。
◎メンターシップ・プログラムを支援し、女性議員が模範として議会の広報媒体やメディアで取り上げられるよう働きかける。
◎他国・他地域の議会への訪問研修を通じて、各国議会の経験やベスト・プラクティスの共有を促す。

### 地位及び役割における平等の実現

女性議員数は重要であるが、議会の要職に女性を就かせることも同じく重要である。

ジェンダーに配慮した議会という原則は、議員又は議会スタッフの要職として、女性がリーダー的立場を占めることによって更に前進する。かかる女性は、方針の決定に影響を与え、議会の手続や慣行を変え、他の女性の模範となり、議論に異なる視点を提供する立場にあるからである。

議会は、女性の指導的地位を高め、要職への登用におけるジェンダー平等をさらに徹底するため、以下に掲げる措置を少なくとも一つは導入すべきである。
◎議会の要職（委員会の長、内部部局又は役員会の幹部職など）への登用において、能力が同等もしくは議席数の割合に見合ったものである場合は女性が優先されるよう、アファーマティブ・アクションを講じ、内部規則を改正する。
◎定期的に男性議員と女性議員が交替で議会の要職に就くようにする。
◎議会組織上、可能な場合はリーダーを2名体制とし、男女1名ずつ任命する。
◎女性、子供、ジェンダー、家庭、健康、教育に関する委員会のみならず、全ての委員会において、女性議員に議席を比例配分もしくは均等配分によって割り当てるよう奨励する。
◎男性及び女性の議員就任前の経験が妥当であるか評価する際に、要職に就いている人物に対してその評価基準の緩和を求める。

### 行動分野2
### ジェンダー平等のための法律及び政策の強化

議会は、ジェンダー平等の原則を支持する法律や政策を実行することによって、ジェンダーにより一層配慮することが可能である。ジェンダー平等及びジェンダー主流化の法律を導入することは、ジェンダー平等の考え方に社会的文化的な変化をもたらす効果的な触媒となり得る。

議会は、ジェンダーに配慮した戦略、行動計画、運営及び支援に関する方針を実行することを通じてジェンダー平等を擁護することにより、社会の模範となることもまた、可能である。

### 国内法の制定

議会は、ジェンダー平等に向けて社会的文化的態度における変革を推進するという目標の下、以下に掲げる措置を講じるべきである。
◎ジェンダー平等を推進し擁護する法律を制定すべきである。ジェンダー平等のための法律が制定されていても、時代にかなっていないもしくは制定から10年以上経っている場合は、議会はこれを見直し、ジェンダー主流化の枠組みと法律の執行を監視し強化するための仕組みを取り入れる。

議会は、ジェンダー主流化の法的義務付けが確実に行われるよう、以下に掲げる措置を講じるべきである。
◎あらゆる政策と法律に関し、ジェンダーにどのような影響があるか、また女子差別撤廃条約、世界人権宣言、市民的及び政治的権利に関する国際規約、経済的、社会的及び文化的権利に関する国際規約などの国際規約に基づく締約国の義務との整合性が確保されているかについて、審査及び評価を行うことを求める法律又は仕組みの導入を検討する。

### 議会の戦略的方針と行動計画

議会は、社会におけるジェンダー平等の擁護に率先して取り組み、模範を示すために、以下に掲げる措置を講じるべきである。
◎以下について定めるジェンダー平等のための方針を策定する。
　▼本行動計画に含まれる措置を実施するに当たっての論理的根拠及び戦略的方向性
　▼一定期間内に議会がジェンダー平等に取り組むための具体的行動

▼適切な議会監視の仕組みによって定期的に測定される進捗状況の評価指標
◎ジェンダーに配慮した議会予算の編成を行い、進捗状況を監視するための説明責任の仕組みを整備する。

## 議会の運営及び支援に関する方針
◎メディア・広報に関する方針の進展
ジェンダー平等推進の重要性が十分理解され、最大限の可視性が確保されるよう、議会は以下に掲げる措置を講じるべきである。
▼ジェンダー広報戦略を策定して、伝えるべきメッセージ、メッセージを送る対象者、方法、時期を明確にする。
▼マスメディアや、ウェブサイトを含む議会独自の広報手段を通じ、ジェンダー平等に向けた活動や成果を広報する。
◎反ハラスメント及び反差別に関する方針の進展
全ての議員や議会スタッフが、あらゆる形態の差別やハラスメント(性的嫌がらせを含む)のない環境で仕事ができるように、以下に掲げる措置を講じるべきである。
▼全議員に礼儀をわきまえた行動を求め、性差別的と受け取られる言葉や行動を罰する行動規範を定める。
▼苦情の受付と対処のための独立組織を設置するなど、全議員及び議会スタッフに適用しうる国内法の整備と並行して、反差別・反ハラスメント方針を策定し、実施する。
▼議院規則も含め、あらゆる公式文書で使用される言葉において、ジェンダーへの配慮を徹底する(例として、男性代名詞「彼」を使って議員に言及しないこと、チェアマンではなくチェアパーソンもしくはチェアという言葉を用いることなど)。

## 行動分野3
## あらゆる議会業務におけるジェンダー平等の主流化
あらゆる分野において、男女それぞれの能力および寄与を生かしつつ、男女双方の具体的な懸念、ニーズ、制約に対処できるように方針が定められることのみによって、初めてジェンダーの不平等の効果的な解決を図ることができる。
議会業務においてジェンダーの考え方を主流化することは、ジェンダー主流化が男女間に存在する経済的、社会的、政治的及び法的な相違を認識するプロセスであるために、ジェンダーへの配慮において効果的な変化となる。

## ジェンダー主流化実現に向けたコミットメント
議会は、その業務の全分野にジェンダーに関する要素を組み入れる機会を設け、明確に示すことによって、ジェンダー主流化の実現に向けたコミットメントを示すべきである。この点について、議会は以下に掲げる措置を講じるべきである。
◎成人女性・成人男性、少女・少年のための法案や予算割当の意味も含めた、法律及び予算に関する議論を促す(例:ジェンダー平等のための予算支出や割当を議論するため、時間を確保する、または特別セッションを開催すること)。
◎ジェンダーに関する明確な法律評価ガイドライン又はツールキット(例:予算を含むあらゆる法規に適用されるジェンダーに関するチェックリスト)を策定する。
◎議事予定において、ジェンダー平等に関する特別討論またはジェンダーに関する大臣質疑の時間を設け、男性議員にも女性議員にも積極的な参加を促す。
◎ジェンダー問題の調査を担当する委員会が、その職務を果たすのに十分な時間と資源(ジェンダー問題に詳しいスタッフなど)、調査結果や提言を本会議に報告する機会、議会の他の委員会と同じ権限と責任(証拠書類の請求、証人や大臣の聴取、調査結果や提言の報告など)を持てるようにする。
◎非公式な女性議員部会であろうと議会の専門委員会であろうと、ジェンダー主流化に取り組む機関が、議会の主要機関に研究や法律審査の結果を報告する公式な仕組みを設けるようにする。報告が行われない場合は、その理由を示さなければならない。

## ジェンダー主流化のための組織構造および仕組みの確立
ジェンダー主流化の推進には、以下のことも必要である。(1)男女それぞれの状況を示すジェンダー別データや定性的情報を取得すること、(2)ある状況における資源配分、機会、制約、権限について成人女性・成人男性、少女・少年の

間に認められる差異に着目したジェンダー分析を実施すること、(3)ジェンダー平等に関する目標の達成やジェンダー関係の変化の度合いを測る指標を確立するなど、ジェンダーへの配慮状況を監視し評価する仕組みを制度化すること。

議会は、以下に掲げる仕組みのうち、それぞれの状況に最も適していると思われるものを少なくとも一つは導入すべきである。

◎ジェンダー平等に関する専門委員会：ジェンダーの視点から政策、法律及び予算を審査することを任務とする委員会。公的機関、学術機関、民間機関を含む様々な組織や個人から、政府のプログラムや活動の効果について意見を聴取するとともに、委員会と全国的女性組織、市民社会組織（CSO）、研究機関、大学との強力な連携関係を構築する。

◎議会の全委員会におけるジェンダー主流化：全委員会の所属議員は男女問わず、自らの考えに応じて、政策、法律及び予算の問題におけるジェンダーの意義について取り組むことが求められ、ジェンダー問題に詳しい議会調査スタッフが補佐する。

◎女性部会：ジェンダー平等に関する問題を検討議題とする組織で、女性議員（希望があれば男性議員も可）によって構成され、あらかじめ取り決めた議題に取り組む。全国的女性組織、市民社会組織、研究機関、大学との強力な連携が確立することによって効果を発揮する。

◎議長の諮問グループ：超党派の女性及び男性議員で構成されるジェンダー平等に関する諮問グループ。議長直属機関で、ジェンダー平等に関する議会の方向性と議題を定める。

◎専門研究ユニット又は図書館員・調査スタッフ：ジェンダー平等に関する専門研究ユニット。または、ジェンダー問題に関する専門知識を持ち、最新の情報、書籍、コンピュータ、オンラインデータベースを利用でき、ジェンダー分析を補佐できる図書館員・調査スタッフ。

### 行動分野4
### ジェンダーに配慮したインフラ及び議会文化の整備又は改善

議会は他の職場と同じように、あるいはそれ自体が、家族に優しい政策及びインフラの提供、差別とハラスメントの防止に関連した政策、議会の資源及び設備の公平な配分に関する政策の実施を通じてジェンダー配慮の原則を支持することによって、模範として社会の役に立つべきである。

### 仕事と家庭の両立支援

議会は、世界中の女性が育児に関して不相応な時間を費やし続けているという事実を認識し、職場方針及びインフラが両性の議員が現在直面している仕事と家庭の実態を反映したものとなるよう、以下に掲げる措置を講じるべきである。

◎審議時間を変更（例：審議を圧縮して行う週を設ける、審議開始時刻を早める、遅い時間の議決を避ける、学校のスケジュールに審議日程を合わせる）して、議員が選挙区に帰り家族と過ごせる時間を増やす。

◎議院内に託児所やファミリールームを設け、開会中も議員が家族と過ごせるようにする。

◎子供が誕生した際は、男性議員も女性議員も育児休暇を取得できるようにする。

◎長期育児休暇が実施できない場合に、公務上の理由に加え、育児休暇を審議日程に欠席する正当な理由として認めるといった代替案を検討する。

◎授乳中の議員が審議に出席しなくていいように、代理投票やペアリング制度を利用できるようにする。

### 差別とハラスメントの無い職場環境の促進

議会は、安全で敬意が払われ、差別やハラスメントのない職場環境を確保するために、以下に掲げる措置を講じるべきである。

◎議会の儀礼、服装規定、人の呼び方や言葉遣い、慣習、規則についてジェンダーに基づいた分析を行う。

◎全議員を対象にジェンダーに関する意識向上の研修セミナーを実施し、新人議員の任命は必ずジェンダーに配慮した方法で行うようにする。これは、新人の女性議員に助言する、女性議員を経験豊かな議員（男女いずれでも）と組ませる、議会でうまくやっていく方法について先輩女性議員が説明するといった方法で行うことができる。

### 公平な資源と設備の提供

議会は、両性のニーズに合った議院内設備の

提供と公平な資源配分を確保するために、以下に掲げる措置を講じるべきである。

◎全議員向けに提供されている設備のジェンダー評価を行う。

◎議員手当や議員旅費の支給は公平かつ透明な方法で行われるようにし、議員代表団における男女構成比は可能であればバランスのとれたものにする。

### 行動分野5
### 両性の議員全員がジェンダー平等に責任を持つ

あらゆる組織構造、方式及び業務におけるジェンダー平等という究極の目標に基づいた、ジェンダーに配慮した議会は、男性議員の支援及び関与なくしては実現しない。社会の価値観を変え、ジェンダーに関する男性の意識向上を図ることによって、ジェンダー平等に関する男女の連携の強化につながってきた。

議会は以下に掲げるような、連携を推し進める戦略を採用するべきである。

◎男性議員と女性議員によるジェンダー平等に関する法律の共同提案を促す。

◎ジェンダー平等に関する委員会の共同委員長・副委員長として両性の議員を任命する。

◎男性にとって興味深いジェンダー政策に関する問題を調査する委員会を設置する。

◎国際女性デーや女性に対する暴力撤廃の国際デーなど、ジェンダーに関する問題の認知に関する議会行事への男性議員の参加を促す。

◎ジェンダー平等もしくはジェンダー主流化に関するスタディツアーや国際派遣における男女構成比を、バランスのとれたものにする。

◎男性議員向けのジェンダーに配慮した研修プログラムを提供する。

### 行動分野6
### 政党がジェンダー平等の擁護者となるよう奨励する

政党は多くの場合、最も有力な政治組織の形態であり、両性の議員とも、この政党という仕組みを使ってジェンダー平等の達成に関する法律の制定をめざす。

議会は、政党に対して以下のジェンダー平等に関する措置を取り入れるよう働きかけるべきである。

### 党所属の女性議員の数を増やすために
◎議会における女性の参入及び在職を促進する一時的な特別措置の導入を検討する。

◎党内執行機関の要職への起用は男女平等に行う。

◎議員当選した党員と選挙に出馬する意欲のある女性候補を組み合わせ、選挙活動の様々な側面に関する研修やマスメディア対応の訓練を行うなど、女性候補者養成指導制度を認める。

◎党所属の女性候補者と採用・在職率を改善する目標を持つ女性議員に対する支援ネットワークを構築する。

### ジェンダーに配慮した会議設定や業務慣行を導入するために
◎家庭における役割と重ならないような会議日程を組む。

◎家庭での役割を果たせるよう会議の予定時刻を厳守する。

### ジェンダー主流化の仕組みを構築するために
◎明確なジェンダー主流化戦略と、その実施状況の監督、監視、評価を行う党内専門委員会の設置を含む、包括的なジェンダー平等計画を策定する。

◎各政党に対し、文書を作成する際はジェンダーに配慮した言葉遣いをするよう促す。

### 議会内委員会のポストを公平に男女に割り振るために
◎委員会や委員会幹部職に党員を任命するにあたっては、透明性のある任命方法を採用し、党員の多様な能力、経験、委員会の任務に関する希望をなるべく反映するよう、各党に働きかける。政党は、男女の能力が同等の場合は女性を優先的に任命することもできる。

### 行動分野7
### 議会スタッフにおけるジェンダーへの配慮とジェンダー平等の促進

ジェンダーに配慮した議会は、議員だけでなく議員を支援する多くのスタッフのジェンダー平等の擁護者である。議会の運営管理部門は、職場の文化やインフラを見直し、全てのスタッフがジェンダー平等という目標に向けた議会の取組を支援できるようにしなければならない。

この点について、議会および議会の運営管理部門は、以下に掲げる措置を講じるべきである。

◎苦情の受付と対処のための独立機関を設置することを含め、全ての議会スタッフに適用される反差別・反ハラスメント方針を策定し、実施する。

◎議会の運営管理部門における女性スタッフの数と勤続年数を評価する。

◎男女の能力が同等の場合や幹部職の女性比率が低い場合は女性を優先的に議会内のポストに任命するアファーマティブ・アクションの導入の可能性を探るべく、新たな委員会を設置するか、既存の委員会に当該任務を委託する。

◎ジェンダー平等の原則及びジェンダーに配慮した議会が全員の利益となる理由を説明するため、全ての議会スタッフを対象としてジェンダー配慮に関する意識向上セミナーを実施する。

◎ジェンダーに基づいた立法、予算及び政策の分析を行うための議会スタッフの能力を構築する。

資料出所：『Plan of Action for Gender-sensitive Parliaments』（IPU 列国議会同盟 2012 年／日本語版＝参議院事務局国際部国際会議課）

## 13 第４次男女共同参画基本計画〈抜粋〉　2015年12月25日閣議決定

第２部　施策の基本的方向と具体的な取組
第２分野　政策・方針決定過程への女性の参画拡大
＜基本的考え方＞

女性は我が国の人口の半分、労働力人口の４割余りを占め、政治、経済、社会など多くの分野の活動を担っている。女性の活躍が進むことは、女性だけでなく、男女が共に暮らしやすい社会の実現につながるものである。

政府は、12 年前の平成 15（2003）年に「社会のあらゆる分野において、2020 年までに、指導的地位に女性が占める割合が、少なくとも 30％程度となるよう期待する」との目標を掲げ、取組を進めてきた。この目標は必ずしも国民運動と呼べるほどまでは社会全体で十分共有されなかったこともあり、我が国における女性の参画は、諸外国と比べ低い水準にとどまっている。

こうした中で、平成 24 年 12 月に発足した第二次安倍内閣では、「女性活躍」を政府の最重要課題として主流化し、これまで成長戦略を通じ、ポジティブ・アクション（積極的改善措置）等について様々な取組を進めてきた。国の本省課室長相当職以上に占める女性の割合、地方公共団体の本庁課長相当職以上に占める女性の割合や民間企業の課長相当職以上に占める女性の割合の伸びは、いずれも高まり、女性の就業率も上昇するなど社会全体で女性の活躍の動きが拡大し、我が国社会は大きく変わり始めており、こうした取組に対して国内のみならず海外からも注目されるようになっている。

「指導的地位に女性が占める割合を 30％程度とすること」（以下「30％目標」という。）は、社会の多様性と活力を高め我が国経済が力強く発展していく観点や、男女間の実質的な機会の平等を担保する観点から極めて重要な目標であり、30％目標を目指すことを国民の間でしっかり共有するとともに、現在の国民の間での女性の活躍に関する機運の高まりをチャンスと捉え、女性の参画拡大の動きを更に加速していく必要がある。そのため、女性の採用・登用・能力開発等のための事業主行動計画の策定を義務付ける女性活躍推進法に基づき、適材適所の登用に留意しつつ、更に踏み込んだポジティブ・アクションの実行等を通じて積極的な女性の採用・登用を進め、国民の機運を更に高めていくべきである。

社会のあらゆる分野において、2020 年までに、指導的地位に女性が占める割合が、少なくとも 30％程度となるよう期待し、引き続き更なる努力を行うのは当然である。その上で、女性の参画が遅れている分野においては、まずは将来指導的地位に成長していく女性の人材プールを厚くするため、継続就業やワーク・ライフ・バランス等の環境整備はもちろん、研修・育成を含めた幅広い支援等の取組を大胆に進め、将来の 30％に着実に結び付けていくことが重要である。具体的目標については、あらゆる努力を行えば達成し得る高い水準の目標を設定するとともに、それに加えて将来指導的地位へ成長

していく人材プールに関する目標を定める。

　特に、政治分野における女性の参画拡大は重要である。民主主義社会では、男女が政治的意思決定過程に積極的に参画し共に責任を担うとともに、多様な意思が政治や社会の政策・方針決定に公平・公正に反映され、均等に利益を享受することができなければならず、新たな制度の構築や制度の抜本的な見直しが行われる中で、女性の関心事項を含め、男女共同参画の推進に向けた政策・方針を政治的な優先課題に反映させることも重要である。また、経済分野においても、将来にわたって多様性に富んだ持続可能な経済社会を実現するためには、多様な人材の能力の活用等の観点から重要な担い手としての女性の役割を認識し、女性の活躍の機会を拡大していく必要がある。これらを通じて、あらゆる分野での女性の参画拡大を進めていく。

＜目標※＞

| 項　目 | 現　状 | 目標（期限） |
|---|---|---|
| 衆議院議員の候補者に占める女性の割合 | 16.6%（平成26年） | 30%（平成32年） |
| 参議院議員の候補者に占める女性の割合 | 24.2%（平成25年） | 30%（平成32年） |

※　政府が政党に働きかける際に、政府として達成を目指す努力目標であり、政党の自律的行動を制約するものではなく、また、各政党が自ら達成を目指す目標ではない。

## 1　政治分野

### 施策の基本的方向

　政治分野における女性の参画拡大は、政治に多様な民意を反映させる観点から極めて重要である。政治分野が率先垂範してあるべき姿を示すことができるよう、政党等における実効性のあるポジティブ・アクションの導入を促すべく、政府として、必要な調査研究や情報提供を行うとともに、政党等に対し積極的に働きかけを行う。

### 具体的な取組

ア　国の政治における女性の参画拡大

①　女性活躍推進法に基づき民間企業等が行う取組内容を踏まえ、政党に対し、女性の活躍に関する現状の把握・分析、女性候補者等における数値目標の設定や人材育成等の取組を含めた行動計画の策定・情報開示等に向けた自主的な取組の実施を要請する。（内閣府）

②　候補者の一定割合を女性に割り当てるクオータ制等ポジティブ・アクション導入について、各政党において検討が進められるよう、調査研究を行い、参考となる情報等も活用しつつ、各政党に対し、自主的な導入に向けた検討を要請する。（内閣府）

③　両立支援体制の整備等を始めとした女性議員が活躍しやすい環境の整備について、政党等に要請する。（内閣府）

イ　地方の政治における女性の参画拡大

①　平成27年に地方議会議員の出産に伴う欠席規定の明確化を要請したことを踏まえ、地方議会における議員の両立支援体制等の状況等を把握する。また、地方議会において、候補者における女性の割合が高まるよう、両立支援体制の整備等も含めた環境整備について、政党や地方六団体に要請する。（内閣府）

②　女性の地方公共団体の長や議会議長のネットワークの形成について、政党や地方六団体に要請する。（内閣府）

ウ　政治分野における女性の参画状況の「見える化」の推進

①　女性の政治参画の必要性・意義について、広く情報提供を行う。また、国や地方の政治分野における女性の参画状況（女性党員、女性役員、女性候補者等の比率等）等について調査し、国民に分かりやすい形で提示するなど、政治分野における女性の参画状況の「見える化」を推進する。（内閣府）

《注》男女共同参画社会基本法に基づき、「基本的な考え方」は2025年度末、「施策の基本的方向」及び「具体的な取組」は2020年度末までを見通して定められた。

第5部　資料編

## 14 国連女性差別撤廃委員会第63会期 第7・8次日本定期報告に関する総括所見 〈抜粋〉

2016年3月7日

Ｃ．主要な懸念事項と勧告

政治的及び公的活動への参加

30. 委員会は、締約国が、数値目標や、2020年までに政治的、公的、私的活動における指導的地位に占める女性の割合を30パーセントとするという具体的な目標を定めた第3次及び第4次男女共同参画基本計画を策定することによって、政治的及び公的活動への女性の参加を推進しようという努力に留意する。しかし、委員会は、以下のことを引き続き懸念する。

(a) 立法府、政府及び地方（市）行政レベル（訳注・都道府県、市区町村を含む）、並びに司法、外交分野及び学術領域における女性の参加が少ないこと

(b) 政治的及び公的活動における男女間の事実上の平等を促進することをめざす、法令による暫定的特別措置がないこと

(c) 意思決定のできる地位に占める、障害のある女性、アイヌ、部落、在日コリアン女性など民族的及びその他のマイノリティ女性の割合が少ないこと

31. 委員会は、前回の勧告（CEDAW/C/JPN/CO/6、para.42）を繰り返すとともに、締約国に、以下のことを求める。

(a) 選出及び任命される地位における女性の完全かつ平等な参加を加速するため、本条約第4条第1項、暫定的特別措置に関する一般勧告第25号（2004年）、並びに政治的及び公的活動における女性に関する委員会の一般勧告第23号（1997年）に従って、法令によるクオータ制など、より多くの暫定的特別措置を採用すること

(b) 第3次及び第4次男女共同参画基本計画が設定した、2020年までに立法府、政府及び地方（市）行政レベル（訳注・都道府県、市区町村を含む）、並びに司法、外交サービス分野、及び学術領域を含むあらゆるレベルにおいて、指導的地位に占める女性の割合を30パーセントに到達させるとの目標の効果的な実現を確保すること

(c) 障害のある女性、アイヌ、部落、在日コリアン女性など民族的及びその他のマイノリティ女性が、意思決定のできる地位に占める割合を増やすため、暫定的特別措置を含む具体的措置をとること

資料出所：『国際女性　年報第30号』（国際女性の地位協会 2016年刊）

## 15 議会におけるジェンダーへの配慮の評価 自己評価ツールキット 〈抜粋〉

2016年、列国議会同盟（IPU）作成

ツールキットの目的

　この自己評価のツールキットは、議会とその議員が、どのように「ジェンダーに配慮」をしているかをチェックするときに役立つものである。評価に際しては、「ジェンダーに配慮した議会のための行動計画」と併せてその報告書を参照されたい。いずれも IPU のウエッブサイト（www.ipu.org）からダウンロードできる。

　個々の議会におけるジェンダー配慮の程度は異なり、世界中で改善の余地がある。このツールキットは、政治的システムやその発展の段階を問わず、すべての議会に関連するものである。

　自己評価のプロセスは、議会をランクづける

ものではなく、その議会を強化するための優先事項を決定するために、議会の長所と短所を確認するのに役立つものである。

　このツールキットは、議員、議会事務局の政策決定者、議会スタッフの間で議論するための枠組みを提供する。その方法は、政策枠組みと議会の業務についての質問を含む。質問のテーマは以下の7つである。

• 議会における女性の存在：人数と地位

• ジェンダー平等のための法的、政策的枠組み

• 議会の業務を通してジェンダー平等を主流化する仕組み

• ジェンダーに配慮する文化を支えるインフラ

*151*

と政策

- 全議員によるジェンダー平等に関する責任の共有
- 政党がジェンダー平等の擁護者となる必要性
- ジェンダー平等の成果を支える議会スタッフの役割

　質問は、事実や排他的な反応を引き出すのではなく、議論を活発にするために慎重に作られた。自己評価を行うグループは、質問に答える時、議論がまとまらなくても、真剣に議論をすることが期待される。

　議論をすることによって、議会での進展のための優先事項のビジョンを共有し、またこれを表明するようにと導くべきである。

　自己評価の効果は、議論をした後の結果と、議会がよりジェンダーに配慮することを確実にするためにとられた継続的な行動に対して、判断されるべきである。

　以下のセクションは自己評価を行うにあたっての助言である。

## セクションB　質問
### 質問1－女性の人数と地位

　その名の示すとおり議会制民主主義は、議会が、代表している人々を反映することを求めている。したがって議会における女性の参加は、民主主義の問題である。世界的に女性の政治参加は徐々に進んできているが、議会に何人の女性議員がいるか、何人が指導的地位を占めているかは、考慮する必要がある。

1.1　議会への女性の選出あるいは任命を可能にする要因は何か。／さらなる進出を妨げているものは何か。

1.2　有権者の代表としての現在の人数は、満足のいくものか（議員にとって。選挙民にとって。国や国際的な目標に則してどうか）。／ある程度の女性の代表の数を確保するためには、どのような仕組みがあり得るか。

1.3　特別な方法（例えば議席割当制）によって選ばれ、あるいは任命された女性は、男性との自由競争で選ばれた女性と同等の扱いを受けているか。

1.4　女性は指導的地位の何パーセントを占めているか。／女性は議会においてどのような指導的地位を占めているか。／指導的地位は

どのようにして割り当てられるか。

1.5　女性が議会における指導的地位に近づくことを保証する方法は何かあるか。／もしあるなら、どういうものか。／もしないなら、採用されるべきか。／各委員会は男性と女性が共同で委員長を務めることができるか。そうすべきか。

1.6　すべての委員会において男性と女性は委員になっているか。／ほとんどを女性が占めるのはどの委員会か。／どの委員会において女性の委員が少ないか、あるいは存在しないか。／委員会の委員はどのようにして決定されるのか。／女性のステレオタイプな関心は委員会の委員によって強められているか。

1.7　議会で働いている女性の人数や、女性が就いている指導的地位について、どのようなチェックが行われているか。／もし熱心なチェック組織があれば、その組織は議会に対して公正かつ定期的な報告を行うことを求められているか。

### 質問2－法政策および枠組み

　議会には、立法が男性あるいは女性に対して差別をしないこと、ジェンダー平等を促進する結果をもたらすこと、という基本的役割がある。これは、国レベルでは、ジェンダー平等法を含むジェンダーに配慮した立法の枠組みを履行することによって成し遂げられる。議会はまた、ジェンダー平等を促進する手本の役割を果たすことができる。例えば、議会内のプロセスや規則が議員のだれをも差別しないことを保証することができる。またジェンダーに配慮した行動計画や戦略計画を企画し、実行に移すことができる。

### 国の枠組み

2.1　国のどのような法律がジェンダー平等を保証しているか。／憲法はどのようにジェンダーに配慮しているか。／過去2～5年間に、ジェンダー平等を進めるため議会が採択した最も重要な法律は何か。

2.2　ジェンダー平等関連の立法は議会でどのように始まり、修正されたか。／その過程を改善する必要性はあったか。

2.3　ジェンダー主流化を義務付ける政府と議会を横断した法律や政策はあるか。／あるなら、議会での実施を監督する責任は誰がどのよう

に負うか。／ないなら、そのような法律あるいは政策は必要か。

### 議会の業務

2.4　現行法や提案された法律が、女性差別撤廃条約や他の国際的または地域的なジェンダー平等の義務を順守することを、議会はどのようにして確実にするか。

2.5　議会は男性と女性への異なった影響を計るため、ジェンダーの観点から法律を分析するか。／分析するなら、誰がどのようにその責任を持つか。

### 議会の政策と実施

2.6　議会の規則はジェンダーに配慮しているか。／議会の規則がジェンダーの観点から分析されてきたなら、その分析は誰がどのように責任を持ったか。

2.7　議会は包括的戦略計画またはジェンダー平等を推進する行動計画を持っているか。／持っているなら、計画はどのように実施、チェック、評価されるか。／持っていないなら、ジェンダー平等計画はどのように発展させられるか。

2.8　議会には他の行動計画はあるか。／あるなら、それはジェンダーに配慮したものか。それらの計画のチェックと評価を確実にする仕組みはあるか。／ないなら、どうしたら計画をジェンダーに配慮したものにできるか。

### 質問3－ジェンダー平等の主流化

　議会は、ジェンダー平等が組織的に喚起され、法律、政策、予算の影響がジェンダーの観点から分析されることを確実にするための仕組みと専門知識を必要とする。この仕組みは、議会の委員会や女性コーカスが担いうる。重要な論点についてのネットワークなど、あまり公式ではない組織もこれを担い得る。制度や仕組みの形がどうであれ、国の女性機構と民間の女性団体との関係は必要不可欠である。

3.1　議会の業務上、ジェンダー平等を主流化するためにどのような仕組みや組織が使われているか。／例えばジェンダー平等に関する専門の委員会や女性のコーカスはあるか。それらはジェンダー中心か。そこには情報や助言を提供するジェンダー専門のデスクや部署

はあるか。／一つ以上の上記の仕組みや組織が設立されるべきか。

3.2　ジェンダーの主流化のため、議会はどのようなツールを設けたか。／ジェンダーの観点から法律を評価するために、議会はチェックリストを作成したか。／議会は性別で集約されたデータを利用できるか。利用できるなら、それはどのように活用されているか。／議会の業務にジェンダー平等を主流化するため、他の有効なツールはあるか。／ジェンダー主流化のための十分なリソースは確保されているか。

3.3　議会におけるジェンダー平等の責任を負う組織はどのように有効か。／それは国の女性機構、市民社会組織、民間部門、メディアその他とどのような関係があるか。／十分な影響力はあるか。／スタッフや会議室、予算などはうまく調達されているか。／ジェンダー平等のサポートについて、どのような変化をもたらすことができたか。／議会における位置づけは改善されるべきか、または格上げされるべきか。

3.4　もし議会に女性のコーカスがあれば、それはどのような働きをするか。／それはどのように組織され、決定はどのように行われるか。／女性コーカスのメンバー以外の人たちは、コーカスをどう受け止めているか。

3.5　ジェンダー平等に関わる議会の機関が一つ以上あるところでは、お互いにどのように関わっているか。／そこに正式な協力の仕組みはあるか。／その関係は効果的に機能しているか。

3.6　ジェンダー平等は予算や予算の管理プロセスにおいて主流化されているか。／もし主流化されているなら、このプロセスで何か困難なことはあるか。／主流化されていないならば、どうすればジェンダー平等がこのプロセスの中で主流化され得るか。

### 質問4－議会の文化、環境、政策

　女性は、これまで男性に比べて議会に入るのが遅い傾向があった。そのため議会の設備や手続きは、通常男性によって男性のために作られている。その結果、議会の日常的な業務や施設が男性と女性の議員に異なった影響を与え得る。議員は議会の中で明文化、あるいは明文化されていない規則や規範に従うことが期待され

第5部　資料編

ている。これらが議会の文化となり、議員が仕事をする上で快適と感じる（逆もあるが）職場空間を作っている。特に初めて議会に入った時、議員がそうした文化に適応することは難しい。

4.1　一般的に、ジェンダー平等は議会でどのように受け止められているか。／ジェンダー平等に対する理解とサポートを強めるための対策はとられているか。／議会においてジェンダー平等へのサポートを強めるため、有効となる他の対策はあるか。

4.2　言語、慣習、服装規定などの議会における文化を、ジェンダーの視点からどのように説明するか。それはジェンダーに配慮しているか、ジェンダーニュートラル(性中立的)か、それともジェンダーブラインド（ジェンダーをないものとして扱っている）か。

4.3　議会において、女性に対する差別的で侮蔑的な固定観念はあるか。／あるなら、どのようにして排除することができるか。

4.4　議会の建物は、ジェンダーの視点で再検討されたことはあるか。／利用できるサービスは主に女性が要求したものも含むか。／議会の建物は、そこで働く女性や男性のニーズにどのように応えているか。／議会の建物は、乳幼児を伴う議員にどのように対応しているか。例えば、授乳中の母親のための特別な部屋や託児室、またはファミリールームはあるか。／議会は託児室を提供するか。／議会にそれらの施設があることはどのように重要か。

4.5　議会の労働条件は議員が仕事と家庭のバランスをとることを可能にしているか。／審議時間は、議員が家族との十分な時間を過ごすことを可能にしているか。／議員は、男女とも十分な育児休暇、出産休暇を取れるか。／女性あるいは男性の議員がこれらの休暇を取得して不在の場合、議会での投票はどのように扱われるか。

4.6　議会は、施設面と象徴的な意味の双方において、ジェンダーに配慮した職場であるか。／議会内の事務所の広さや設備の割り当ては、どういう基準で決められるか。／建物内の部屋の名称は、男女のリーダーや歴史的人物を反映しているか。／これを決定する責任者は誰か。／建物内に展示してある芸術作品は、女性と男性両方のアーティストに依頼

されているか。

4.7　議会は、差別、性差別、いやがらせがない職場であることを保証する政策があるか。／行動規範はあるか。それは議会での適切な行動を保証するために有効に利用されているか。／どうすればよりジェンダーに配慮した行動規範となるか。／いやがらせや差別の苦情を申し立てるための反ハラスメント政策や仕組みは整っているか。苦情は効率よく処理されているか。／差別に対する政策はあるか。

4.8　どのような基準で議員の出張の割り当てを決定しているか。／出張は、男性と女性の議員の間で公平に割り当てられるという合意はあるか。合意がないなら、何がそれを妨げているのか。

4.9　議会の情報通信（あるいはメディア）、アウトリーチ政策は、ジェンダーに配慮しているか、ジェンダーニュートラル(性中立的)か、それともジェンダーブラインド（ジェンダーをないものとして扱っている）か。／これらの政策は、ジェンダー平等について、議会にどのように反映され、可視化され得るか。／議会で作られる広報資料はジェンダーの視点から再検討されているか。それは、ソーシャルメディアを含んでいたか。／議会内の公的イベントにおいて、男女の議員は同数で参加するか。

**質問5－男性と責任を分担すること**

ほとんどの社会で、ジェンダー不平等を持続させている社会規範に立ち向かっていく重要性を、男女ともに次第に意識してきている。加えて、若い男性の間でも同様の問題についての意識が高まった結果、ジェンダー平等に関する男女間のパートナーシップが一層強くなってきた。

ジェンダー平等は、男女の支持と参加なしでは達成不可能である。その上、社会的経済的な発展は、あらゆる形態の不平等の根絶が先決であることは明白である。選挙民がもはや、政治分野で女性の不参加はありえないと思っていることを、議員は理解している。

5.1　ジェンダー平等は男性にも関わることであり、彼らの責任の一部でもあることが理解されているか。／男性議員は、ジェンダー平等に関する法律を提案、あるいは共同提案し

154

第5部　資料編

てきているか。／一般的に男性がこれらの問題に取り組む動機は何か。

5.2　男性議員は、ジェンダー平等の立場を公的に表明しているか。もし表明しているなら、どのような案件を公的に支持する傾向があるか。／男性は、ジェンダー平等を討論する議会でどのくらい定期的に発言しているか。／男性議員は、ジェンダー平等問題に関して、どのくらい度々選挙民の関心を呼び起こしているか。

5.3　ジェンダー平等問題への男性の関与と貢献を、女性はどのように受け入れるか。

5.4　ジェンダー平等を扱う委員会のリーダーシップを、男女の議員は分かち合えるか、また分かち合うべきか。

5.5　男女の議員に対して専門的に向上し、訓練する機会が用意されているか。それはジェンダー平等の問題に関するセミナーを含むか。

5.6　男性はジェンダー平等、またはジェンダー主流化を扱うスタディツアーや国際会議などの代表団に含まれているか。

5.7　議会は、ジェンダーパートナーシップのロールモデルだと考えられるか。／もし考えられるなら、なぜパートナーシップは成功したか。／もしそうでないなら、どうすればパートナーシップを強められるか。

### 質問6－政党

政党は、一般的に透明性に欠けると見られているので、ジェンダー平等に関する説明責任は、議会に比べてあまりない。しかし政党は、次第に政治組織で支配的地位を占め、議員が選出される主な手段となっている。政治におけるジェンダー平等の問題は、政党においても真剣に取り上げられる必要がある。

6.1　ジェンダーに配慮した政党であると定義される要因は何か。／一般的に、現在議会に議席を持つ政党はジェンダーに配慮をしていると思われているか。

6.2　政党は、女性党員の数を増やす必要があるか。／もしあるなら、どのように行われるべきか。／政党の執行機関に、ジェンダークオータは適用されているか。

6.3　政党の取り決めなど（例えば会議の時間、規約、指導的立場への昇進プロセス）は、女

性の参加を奨励するものか。／もしそうなら、どのような事例か。／もしそうでないなら、これらの取り決めはどのように改善されるべきか。

6.4　政党は、ジェンダー平等に関する政策をどのように進展させているか。／例えば、政党内に女性コーカスやジェンダー平等に関するグループ、委員会はあるか。

6.5　ジェンダー平等問題は、政党の綱領の中でどの程度明確に謳われているか。

6.6　政党は、有権者に対してジェンダー平等への取り組みを伝えているか。／もし伝えているなら、どのようにして。

6.7　政党の議員はジェンダーについての固定観念を広めているか。／もしそうなら、このような行動は内部的にどう扱われるか。

6.8　もし可能なら、政党は、どのようにしてジェンダー平等の政策や立法に影響を与え、提案できるか。

### 質問7－議会スタッフ

議会もまた議院、委員会、個々の議員をサポートする多くの専門家が働く職場である。多くの議会において、議会スタッフの労働条件は政府の職員と似ているか、全く同じだが、国会議員の労働条件とは同じではない。しかし、議会開会中、議会スタッフは政府職員よりも議員と同じ時間を働き続けることが多い。その意味で、議会スタッフに当てはめて方針を再検討することは価値がある。

7.1　議会事務局で働いている男女スタッフの数はバランスがとれているか。／もしとれているなら、そのバランスを確実にするための特別な方策を採ったか。／もしとれていないなら、アンバランスを是正する特別な方策を採るべきか。／議会の部門や部署に、性別アンバランスはあるか。／スタッフ採用委員会を立ち上げる責任は誰にあるか。委員にはジェンダーに関する要件が適用されるか。

7.2　議会事務局の上級スタッフは男女同数か。／どの部門や部署が女性に率いられているか。

7.3　議会事務局には、差別、性差別、ハラスメントがない職場にすることを確実にする指針はあるか。／いやがらせや差別の苦情を申し立てるための反ハラスメント政策や、仕組

155

みは整っているか。苦情は効率よく処理されているか。／差別に対する政策はあるか。／同一賃金の方針はあるか。もしあるなら、どのような仕組みが男女のスタッフ間の差別解消を保証しているか。

7.4　男女が平等に昇進する機会はあるか。

7.5　議会の労働条件は、スタッフが仕事と家庭のバランスをとれるようになっているか。／男女スタッフの育児休暇、出産休暇は十分か。／扶養家族のいるスタッフに対し、育児や高齢者介護費のための財政支援はあるか。／議会での長い審議時間に対してスタッフはどのように補償されているか。

7.6　議会の建物は、乳幼児を伴うスタッフにどのように対応しているか。／スタッフは授乳室や託児室、ファミリールームなどの部屋を使えるか。／議会は育児施設を設置しているか。

7.7　議会事務局のスタッフには、ジェンダー

平等の専門家もいるか。／その専門スタッフは、すべての議員のために、または議会の委員会のためにサービスを提供しているか。／議会において、ジェンダー担当スタッフはどのように受け入れられているか。／専門スタッフは、ほかの事務局スタッフと同じ情報を得ているか。／彼らはすべての立法について専門的な助言をすることができるか。

7.8　ジェンダー平等に取り組む議会スタッフには、専門的に向上する機会はあるか。／この機会は、男女すべてのスタッフに与えられているか。／スタッフの仕事に対する評価は、ジェンダー平等にかかわる目標も含むか。


資料出所：『Evaluating the gender sensitivity of parliaments　A self-assessment toolkit』（IPU 列国議会同盟 2016 年／（公財）市川房枝記念会女性と政治センター縫田グループ仮訳）

# 16 政治分野における男女共同参画推進法

2018年5月23日公布・施行

（目的）

第一条　この法律は、社会の対等な構成員である男女が公選による公職又は内閣総理大臣その他の国務大臣、内閣官房副長官、内閣総理大臣補佐官、副大臣、大臣政務官若しくは大臣補佐官若しくは副知事若しくは副市町村長の職（次条において「公選による公職等」という。）にある者として国又は地方公共団体における政策の立案及び決定に共同して参画する機会が確保されること（以下「政治分野における男女共同参画」という。）が、その立案及び決定において多様な国民の意見が的確に反映されるために一層重要となることに鑑み、男女共同参画社会基本法（平成十一年法律第七十八号）の基本理念にのっとり、政治分野における男女共同参画の推進について、その基本原則を定め、並びに国及び地方公共団体の責務等を明らかにするとともに、政治分野における男女共同参画の推進に関する施策の基本となる事項を定めることにより、政治分野における男女共同参画を効果的かつ積極的に推進し、もって男女が共同して参画する民主政治の発展に寄与することを目

的とする。

（基本原則）

第二条　政治分野における男女共同参画の推進は、衆議院議員、参議院議員及び地方公共団体の議会の議員の選挙において、政党その他の政治団体の候補者の選定の自由、候補者の立候補の自由その他の政治活動の自由を確保しつつ、男女の候補者の数ができる限り均等となることを目指して行われるものとする。

2　政治分野における男女共同参画の推進は、自らの意思によって公選による公職等としての活動に参画し、又は参画しようとする者に対するこれらの者の間における交流の機会の積極的な提供及びその活用を通じ、かつ、性別による固定的な役割分担等を反映した社会における制度又は慣行が政治分野における男女共同参画の推進に対して及ぼす影響に配慮して、男女が、その性別にかかわりなく、その個性と能力を十分に発揮できるようにすることを旨として、行われなければならない。

3　政治分野における男女共同参画の推進は、男女が、その性別にかかわりなく、相互の協力と社会の支援の下に、公選による公職等と

しての活動と家庭生活との円滑かつ継続的な両立が可能となることを旨として、行われなければならない。

（国及び地方公共団体の責務）

第三条　国及び地方公共団体は、前条に定める政治分野における男女共同参画の推進についての基本原則（次条において単に「基本原則」という。）にのっとり、政党その他の政治団体の政治活動の自由及び選挙の公正を確保しつつ、政治分野における男女共同参画の推進に関して必要な施策を策定し、及びこれを実施するよう努めるものとする。

（政党その他の政治団体の努力）

第四条　政党その他の政治団体は、基本原則にのっとり、政治分野における男女共同参画の推進に関し、当該政党その他の政治団体に所属する男女のそれぞれの公職の候補者の数について目標を定める等、自主的に取り組むよう努めるものとする。

（実態の調査及び情報の収集等）

第五条　国は、政治分野における男女共同参画の推進に関する取組に資するよう、国内外における当該取組の状況に関する実態の調査並びに当該取組に関する情報の収集、整理、分析及び提供（次項及び第九条において「実態の調査及び情報の収集等」という。）を行うものとする。

2　地方公共団体は、政治分野における男女共同参画の推進に関する取組に資するよう、当該地方公共団体における実態の調査及び情報の収集等を行うよう努めるものとする。

（啓発活動）

第六条　国及び地方公共団体は、政治分野における男女共同参画の推進について、国民の関心と理解を深めるとともに、必要な啓発活動を行うよう努めるものとする。

（環境整備）

第七条　国及び地方公共団体は、政治分野における男女共同参画の推進に関する取組を積極的に進めることができる環境の整備を行うよう努めるものとする。

（人材の育成等）

第八条　国及び地方公共団体は、政治分野における男女共同参画が推進されるよう、人材の育成及び活用に資する施策を講ずるよう努めるものとする。

（法制上の措置等）

第九条　国は、実態の調査及び情報の収集等の結果を踏まえ、必要があると認めるときは、政治分野における男女共同参画の推進のために必要な法制上又は財政上の措置その他の措置を講ずるものとする。

　　　附　則

この法律は、公布の日から施行する。


　　　理　由

　政治分野における男女共同参画が、国又は地方公共団体における政策の立案及び決定において多様な国民の意見が的確に反映されるために一層重要となることに鑑み、政治分野における男女共同参画を効果的かつ積極的に推進するため、男女共同参画社会基本法の基本理念にのっとり、政治分野における男女共同参画の推進について、その基本原則を定め、並びに国及び地方公共団体の責務等を明らかにするとともに、政治分野における男女共同参画の推進に関する施策の基本となる事項を定める必要がある。これが、この法律案を提出する理由である。

**女性参政70周年記念 女性と政治資料集**

2018年5月15日　　第1刷発行

編集・発行　　公益財団法人市川房枝記念会女性と政治センター
　　　　　　　〒151-0053 東京都渋谷区代々木2-21-11 婦選会館
　　　　　　　TEL 03-3370-0238,0239　FAX 03-5388-4633
　　　　　　　E-mail fitikawa@trust.ocn.ne.jp
　　　　　　　URL https://www.ichikawa-fusae.or.jp
　　　　　　　振替 00100-1-170790

印　刷　所　　（有）山猫印刷所

©公益財団法人市川房枝記念会女性と政治センター　　2018 Printed in Japan
ISBN978-4-901045-18-6

# 市川房枝記念会女性と政治センターの本

## 市川房枝と女性参政権の歴史

### 市川房枝の言説と活動 3部作
市川房枝の全体像解明のための基礎資料

**1 年表で検証する公職追放**
1937－1950 2008年11月刊

**2 年表でたどる婦人参政権運動**
1893－1936 2013年5月刊

**3 年表でたどる人権・平和・政治浄化**
1951－1981 2016年7月刊

- 市川房枝研究会編
- A5判・各 239P/335P/387P
- 各 1800円/2000円/2300円
  函付セット 6300円

### 市川房枝生誕100年記念 3部作
婦選運動ひとすじの全生涯を集大成

**市川房枝と婦人参政権運動**

婦選運動などの市川の主要活動を物語る写真や資料約330点を収載した図録。随想藤田たき、解説兒玉勝子。

- 1992年5月刊
- B5判・100P・2427円

**復刻 私の国会報告**

5期25年参議院議員として毎年発行した「国会報告」全26冊を完全復刻。解説元秘書の紀平悌子、山口みつ子、岡野敏子、近藤千浪。

- 1992年5月刊
- B6判・503P・2718円

**市川房枝の国会全発言集**
参議院会議録より採録

本会議や委員会で行った質疑232回を採録。各発言要旨をキーワード化した索引付き。解説山口美代子。

- 1992年5月刊
- A4判・687P・4660円

**市川房枝理想選挙の記録**

1953～81年に実践した理想選挙全6回の記録冊子の合本。

- 2003年11月刊
- B6判・372P・2800円

**婦人参政関係史資料Ⅰ(1918-1946) 目録**

市川房枝記念会図書室所蔵の貴重な史資料群の目録。件名・標題・サブ標題・刊行年（和暦・西暦）・内容注記などを収載。

- 2010年9月刊
- B5判・314P・3000円

## 現代の課題

**女性展望**

1954年市川房枝創刊。女性と政治の情報誌。インタビュー、座談会、調査にもとづく解説など、地域で活動する方や議員の必携の書。

- B5判・28～32P
- 年間購読料 3800円（隔月刊）・税/〒込み
  各号 664円（税/〒込み）

地方政治ドキュメントⅡ
**議会はあなたを待っている**
市川房枝政治参画フォーラムでの学びと実践から

20都府県46人の選挙運動・議会活動・地域活動のレポート。選挙費用収支報告付。

- 2014年3月刊
- A5判・220P・1500円

**住民参加型選挙運動ハンドブック 入門編**

女性議員を志す女性と、送り出したい女性への現職議員からのメッセージ。

- 2010年10月刊
- A5判・31P・477円

**地域から変える 女性たちが変える**
男女共同参画社会をめざして

北海道から沖縄まで14道県の女性たちが語り合った「女性展望」座談会を単行本化。

- 2009年10月刊
- A5判・188P・1200円

**全国組織女性団体名簿 2016年版**

全国組織95団体の所在地、代表者、目的、活動方針、役員名簿他。全国の女性関係施設リスト付き。

- 2016年12月刊
- A5判・140P・1500円

女性参政資料集 2015年版
**全地方議会女性議員の現状**

4年ごとの統一地方選直後の全国一斉調査。都道府県別・議会別・党派別女性議員数、女性議員比率の県内・全国順位リスト、女性議員氏名リスト他。

- 2015年11月刊
- B5判・120P・2000円

---

**公益財団法人市川房枝記念会女性と政治センター**

〒151-0053 東京都渋谷区代々木 2-21-11 婦選会館　TEL 03-3370-0238　FAX 03-5388-4633
Email fjichikawa.moushikomi@fork.ocn.ne.jp　URL www.ichikawa-fusae.or.jp　価格は特記以外、本体価格。送料実費。　振替 00100-1-170790

# 女性衆議院議員氏名（大選挙区・中選挙区・小選挙区 1946〜2017年）

*市川房枝記念会女性と政治センター*

行われた衆議院議員総選挙で当選した女性議員を都道府県別、選挙区順に見た（「太線」上は当選、補欠選挙での当選。同選挙区に複数の当選者がある場合は、当選回数順、50音順とした。❾参照。

対象となった総選挙（回・実施年）：

㉓1947・㉔1949・㉕1952・㉖1953・㉗1955・㉘1958・㉙1960・㉚1963・㉛1967・㉜1969・㉝1972・㉞1976・㉟1979・㊱1980・㊲1983・㊳1986・㊴1990・㊵1993・㊶1996・㊷2000・㊸2003・㊹2005・㊺2009・㊻2012・㊼2014・㊽2017

各回当選者数：15, 12, 9, 9, 11, 7, 7, 7, 8, 7, 11, 9, 8, 7, 12, 14, 7, 15, 14, 20, 24, 16, 18, 23

| 都道府県 | 累計（人） | 実数（人） |
|---|---|---|
| 北海道 | 11 | 8 |
| 青森県 | 1 | 0 |
| 岩手県 | 0 | 0 |
| 宮城県 | 5 | 2 |
| 秋田県 | 2 | 2 |
| 山形県 | 1 | 1 |
| 福島県 | 6 | 4 |
| 茨城県 | 3 | 3 |
| 栃木県 | 2 | 2 |
| 群馬県 | 4 | 3 |
| 埼玉県 | 15 | 5 |
| 千葉県 | 5 | 5 |
| 東京都 | 72 | 27 |
| 神奈川県 | 16 | 13 |
| 新潟県 | 19 | 6 |
| 富山県 | 1 | 1 |
| 石川県 | 0 | 0 |
| 福井県 | 1 | 1 |
| 山梨県 | 7 | 4 |
| 長野県 | 6 | 6 |
| 岐阜県 | 2 | 1 |
| 静岡県 | 10 | 7 |
| 愛知県 | 11 | 4 |
| 三重県 | 4 | 2 |
| 滋賀県 | 2 | 1 |
| 京都府 | 33 | 6 |
| 大阪府 | 13 | 13 |
| 兵庫県 | 19 | 7 |
| 奈良県 | 6 | 4 |
| 和歌山県 | 1 | 1 |
| 鳥取県 | 1 | 1 |
| 島根県 | 2 | 2 |
| 岡山県 | 7 | 4 |
| 広島県 | 4 | 4 |
| 山口県 | 9 | 6 |
| 徳島県 | 2 | 2 |
| 香川県 | 1 | 1 |
| 愛媛県 | 0 | 0 |
| 高知県 | 2 | 2 |
| 福岡県 | 7 | 4 |
| 佐賀県 | 1 | 1 |
| 長崎県 | 2 | 2 |
| 熊本県 | 1 | 1 |
| 大分県 | 1 | 1 |
| 宮崎県 | 1 | 1 |
| 鹿児島県 | 2 | 2 |
| 沖縄県 | 2 | 2 |
| 合計（人） | 344 | 152 |

# 付録2　都道府県別女性参議院議員氏名（地方区・選挙区　1947～2016年）

| 都道府県 | ①1947 | ②1950 | ③1953 | ④1956 | ⑤1959 | ⑥1962 | ⑦1965 | ⑧1968 | ⑨1971 | ⑩1974 | ⑪1977 | ⑫1980 | ⑬1983 | ⑭1986 | ⑮1989 | ⑯1992 | ⑰1995 | ⑱1998 | ⑲2001 | ⑳2004 | ㉑2007 | ㉒2010 | ㉓2013 | ㉔2016 | 累計(人) |
|---|---|---|---|---|---|---|---|---|---|---|---|---|---|---|---|---|---|---|---|---|---|---|---|---|---|
| 北海道 | | | | | | | | | | 小笠原貞子 | | 小笠原貞子 | 小笠原貞子 | | 高崎裕子 | | | | | | | 徳永エリ | | 徳永エリ 田名部匡代 | 3 |
| 青森県 | | | | | | | | | | | | | | | | | | | | | | | | | |
| 岩手県 | | | | | | | | | | | | | | | | | | | | | | | | | |
| 宮城県 | | | | | | | | | | | | | | | | | | | | | | | | | |
| 秋田県 | | | | | | | | | | | | | | | | | | | | | | | | | |
| 山形県 | | | | | | | | | | | | | | | | | | | | | | | | | |
| 福島県 | | | | | | | | | | | | | | | | | | | | | | | | | |
| 茨城県 | | | | *中村登美 | | | | | 岩上妙子 | | 森山眞弓 | | 森山眞弓 | *狩野安 | 森山眞弓 | 狩野安 | 狩野安 | | | | 上野通子 | | 上野通子 | | 2 |
| 栃木県 | | | | | | | | | | | | | | | | | | | | | | | | | |
| 群馬県 | | | | 最上英子 | 最上英子 | | | | | | | | | | | | | | | | | | | | 2 |
| 埼玉県 | | | | | | | | | | | | | | | | | | | | | | | | | |
| 千葉県 | | | | | | | | | | | | | | | | | | | | | | | | | |
| 東京都 | 深川タマヱ | 深川タマヱ | | 市川房枝 | 市川房枝 | 市川房枝 | | | | | 糸久八重子 | 糸久八重子 | 小野清子 | 小野清子 | 浜四津敏子 井上美代 | 円より子 | 大河原雅子 | | 竹谷とし子 | 丸川珠代 吉川佳世子 | 丸川珠代 竹谷とし子 | 大河原雅子 吉川沙織 | 丸川珠代 吉川佳世 | 竹谷とし子 | |
| 神奈川県 | | | | | 相原くに | | | | | | | 千葉景子 | 千葉景子 | | 千葉景子 松あきら | 千葉景子 | 松あきら | | 千葉景子 | 松あきら | 牧山弘恵 | 牧山弘恵 | 三原じゅん子 | 三原じゅん子 川口順子 | |
| 新潟県 | | | | | | | | | | | | | 大淵絹子 | 大淵絹子 | 大淵絹子 | | | | 森裕子 | 森裕子 | 森裕子 | | 森裕子 | 森裕子 | |
| 富山県 | | | | | | | | | | | | | | | | | | | | | | | | | |
| 石川県 | | | | | | | | | | | | | | | | | | | | | | | | | |
| 福井県 | | | | | | | | | | | | | | | | | | | | | | | | | |
| 山梨県 | 平野成子 | | | | | | | | | | | | | | | | | | | | | | 宮沢由佳 | | |
| 長野県 | | | | | | | | 川野辺静 | | | | | | | | | | | | | | | | | |
| 岐阜県 | | | | | | | | | | | | | | | | | | | | | | | | | |
| 静岡県 | | | | | | 長谷部ひろ | | | | | | | | 前畑幸子 | 未広真樹子 | | | | | 坂本由紀子 | 谷岡郁子 | 藤師寺道代 | 坂本由紀子 平山佐知子 | 平山佐知子 | |
| 愛知県 | | | | | | | | | | | | | | | | | | | | | 安井美沙子 | | 薬師寺道代 伊藤孝恵 | |
| 三重県 | | | | | | | | | | | | | | | | | 三重野栄子 | 三重野栄子 | | | | 高瀬弘美 | | 高瀬弘美 | |
| 滋賀県 | | | | | | | | | | | | | | | | | | | | | | | | | |
| 京都府 | | | | | | | | 笹野貞子 | 笹野貞子 | | | | | 西川登紀子 | 西川登紀子 | 西山登紀子 | | | 林久美子 | 林久美子 | | 林久美子 | | | |
| 大阪府 | | | | | | | | *渋谷タケ子 | 渋谷タケ子 | | | | | | 大野つや子 | 大野つや子 | 大野つや子 | | | 鳥井亜紀子 | 姫井由美子 | 倉林明子 | 小野田紀美 | |
| 兵庫県 | | | | | | | 萩原幽香子 | 中沢伊登子 | 中沢伊登子 | 渡部通子 | 安武洋子 | 抜山映子 | | 乾晴美 | 松下忠洋 | | | | | | | | 伊藤孝江 | |
| 奈良県 | | | | | | | | | | | | | | | | | | | | | | | | | |
| 和歌山県 | | | | | | | | | | | | | | | | | | | | | | | | | |
| 鳥取県 | | | | | | | | | | | | | | | | | | | | | | | | | |
| 島根県 | | | | | | | | | | | | | | | | | | | | | | | | | |
| 岡山県 | | | | 近藤鶴代 | 近藤鶴代 | | | | | | | | | 森暢子 | 森暢子 | | 石田美栄 | | | | | 高木佳保里 | 小野田紀美 | |
| 広島県 | | | | | | | | | | | | | | | 栗原君子 | | | | | | | | 宮沢由佳 | |
| 山口県 | | | | | | | | | | | | | | | | | | | | | | | | | |
| 徳島県 | | | *紅露みつ | 紅露みつ | 紅露みつ | 紅露みつ | | 安部キミ子 | | | | | | | | | | | | | | | | |
| 香川県 | | | | | | | | | | | | | | | | 高橋紀世子 | | | | | | 植松恵美子 | | |
| 愛媛県 | | | | | | | | | | | | | | *三回福雄 | *三回福雄 | | | | | | | | 西回福雄 | |
| 高知県 | | | | | | | | | | | | | | 篠崎年子 | 篠崎年子 | 三重野栄子 | | | | | | | | |
| 福岡県 | | | | | | | | | | | | | | 紀平悌子 | | | 後藤博子 | | | | | | |
| 佐賀県 | | | | | | | | | | | | | | | | | | | | | | | | | |
| 長崎県 | | | | | | | | | | | | | | | | | | | | | | | | | |
| 熊本県 | | | | | | | | | | | | | | | | | | | | | | | | | |
| 大分県 | | | | | | | | | | | | | | | | | | | | | | | | | |
| 宮崎県 | | | | | | | | | | | | | | | | | | | | | | | | | |
| 鹿児島県 | | | | | | | | | | | | | | | | | | | | | | | | | |
| 沖縄県 | | | | | | | | | | | | | | | | | | | | *島尻安伊子 | 島尻安伊子 | | | |
| 合計(人) | 3(補欠2含む) | 2 | 4 | 2 | 3 | 2 | 2 | 3 | 5(補欠2含む) | 3 | 2 | 3 | 2 | 6(補欠4含む) | 12(補欠2含む) | 7 | 10(補欠2含む) | 10 | 7 | 9(補欠2含む) | 14 | 8 | 11 | 17 | 145 |

〈注〉1947～2016年に行われた参議院通常選挙の地方区・選挙区で当選した女性議員を都道府県別に見た。（*は繰り上げ当選。補欠選挙での当選。同選挙区に複数の当選者がある場合は、当選回数順、50音順とした。❷参照。）

資料出所：（公財）市川房枝記念会女性と政治センター